Paris

Gabriele Kalmbach

Reise-Taschenbuch

Inhalt

Schnellüberblick	6
Hauptstadt des Savoir Vivre	8
Lieblingsorte	10

Reiseinfos, Adressen, Websites

Informationsquellen	14
Wetter und Reisezeit	17
Tipps für Kurztrips und längere Aufenthalte	18
Anreise und Verkehrsmittel	22
Übernachten	25
Essen und Trinken	31
Einkaufen	41
Ausgehen – Abends und Nachts	47
Feste und Festivals	56
Aktiv sein, Sport, Wellness	58
Museen	60
Reiseinfos von A bis Z	64

Panorama – Daten, Essays, Hintergründe

Steckbrief Paris	70
Geschichte im Überblick	72
Pariser Stadtlandschaften	78
Auf die Barrikaden	83
Belle Époque – das Paris der Jahrhundertwende	85
Wohnzimmer für den Flaneur – die Pariser Passagen	88
Paris goes Manhattan – La Défense	90
Stadt der Bohème, Treffpunkt der Avantgarde	92
Paris und das Kino	95
Einkaufsparadies für Feinschmecker	98
Welthauptstadt der Mode	100
Pariser Sterneköche	102

Inhalt

Unterwegs in Paris

Notre-Dame und Seine-Inseln — 106
Der Mittelpunkt Frankreichs — 108
Île de la Cité — 108
Palais de Justice — 110
Rund um Notre-Dame — 113
Île Saint-Louis — 115

Marais und Bastille — 118
Stadtpaläste und Partyspots — 120
Rund um das Picasso-Museum — 120
Beim Musée Carnavalet — 122
An der Place des Vosges — 124
Rund um die Place de la Bastille — 131
Am Quai des Célestins — 132

Quartier Latin — 138
Das Studentenviertel — 140
Rund um Saint-Séverin — 140
Am Boulevard Saint-Michel — 142
Sorbonne und Panthéon — 146
Rund um Moschee und Botanischen Garten — 148

Saint-Germain-des-Prés — 154
Das intellektuelle Rive Gauche — 156
Am Seine-Ufer — 156
Musée d'Orsay — 158
Rund um Saint-Germain-
   des-Prés — 160
Am Jardin du Luxembourg — 162

Trocadéro und Invalidendom — 170
Unter dem Eiffelturm — 172
Trocadéro und Palais de Chaillot — 172
Am Palais de Tokyo — 178
Rund um den Eiffelturm — 180
Zum Hôtel des Invalides — 182

Inhalt

Louvre und Centre Pompidou	186
Rive Droite – das rechte Ufer	188
Musée du Louvre	188
Die Tuilerien	192
Rue de Rivoli und Palais Royal	198
An der Place des Victoires	203
Rund um das Centre Pompidou	203
Am Hôtel de Ville	207
Champs-Élysées und Opéra	212
Prächtige Avenuen, elegante Boulevards	214
Champs-Élysées	214
Rund um Grand und Petit Palais	218
Place de la Concorde	219
Zum Boulevard Haussmann	220
Rund um die Oper	222
Grands Boulevards	224
Montmartre	230
Der ›Berg von Paris‹	232
Rund um Sacré Cœur	232
Place des Abbesses	239
Montmartre-Friedhof	239
Pigalle	240
Der Clignancourt-Flohmarkt	244
Montparnasse	246
Unter dem dunklen Turm	248
Rund um Gare Montparnasse	248
Rue de la Gaîté	251
Montparnasse-Friedhof	251
Am Boulevard Montparnasse	254
Außerhalb des Zentrums	258
Ausflüge rund um Paris	260
Parc de Bercy	260
La Villette	261
Versailles	270
Saint-Denis	274
La Défense	276
Sprachführer	278
Kulinarisches Lexikon	280
Register	282
Abbildungsnachweis/Impressum	288

Inhalt

Auf Entdeckungstour

Adelspaläste im Marais	128
Der Friedhof Père Lachaise	134
Die Thermen von Lutetia	144
Der Da Vinci Code und Saint-Sulpice	164
Ein Revolutionär der Bildhauerei – im Musée Rodin	184
Monets Seerosen in der Orangerie	194
Unter dem Pflaster von Paris – die neue Métro	228
Montmartre der Künstler	236
Ein Besuch in der Unterwelt	256
Das Paris der Pariser – auf dem Canal Saint-Martin	266

Karten und Pläne

Notre-Dame und Seine-Inseln	110
Marais und Bastille	124
Quartier Latin	142
Saint-Germain-des-Prés	158
Trocadéro und Invalidendom	174
Louvre und Centre Pompidou	196
Champs-Élysées und Opéra	216
Montmartre	234
Clignancourt-Flohmarkt	244
Montparnasse	250

▶ Dieses Symbol im Buch verweist auf die Extra-Reisekarte Paris

Das Klima im Blick

Reisen verbindet Menschen und Kulturen. Wer reist, erzeugt auch CO_2. Der Flugverkehr trägt mit bis zu 10 % zur globalen Erwärmung bei. Wer das Klima schützen will, sollte sich – wenn möglich – für eine schonendere Reiseform entscheiden. Oder Projekte von *atmosfair* unterstützen: Flugpassagiere spenden einen kilometerabhängigen Beitrag für die von ihnen verursachten Emissionen und finanzieren damit Projekte zur Verringerung des CO_2-Ausstoßes in Entwicklungsländern *(www.atmosfair.de)*. Auch der DuMont Reiseverlag fliegt mit *atmosfair!*

Schnellüberblick

Montmartre
In Montmartre und Pigalle, dem einstigen Rotlichtviertel, gibt es noch verträumt-dörfliche Ecken. Hauptattraktion ist die Kirche Sacré Cœur oder vielmehr der Blick auf Paris von ihren Treppen. Es lohnt sich auch, durch die Straßen am Montmarte-Hügel zu schlendern. Der große Flohmarkt, die Puces de Clignancourt, liegt gleich hinter der Stadtautobahn. S. 230

Champs-Élysées und Opéra
Von den legendären Champs-Élysées geht es zur Belle-Époque-Oper und in das Paris des 19. Jahrhunderts – wo Warenhäuser Theatern gleichen und glasüberdachte Passagen mit altmodischen Läden die Bühne für Flaneure bilden. S. 212

Trocadéro und Invalidendom
Im 7. Arrondissement, dem Faubourg Saint-Germain, ließ sich die Aristokratie einst luxuriöse Stadtpaläste bauen, in denen heute überwiegend Ministerien residieren. Hauptattraktionen in diesem ruhigen Viertel sind Eiffelturm, der Invalidendom, Rodin-Museum und Musée du Quai Branly. S. 170

Saint-Germain-des-Prés
Mit Buchhandlungen und Antiquitätenläden, Kunstgalerien, Jazzclubs und Kinos ist das schöne Viertel ideal zum Shoppen und Stöbern. Besonders romantisch: die Bouquinisten am Seine-Quai. Rund um die Place de Sèvres finden sich viele schicke Boutiquen der großen Couturiers. S. 154

Louvre und Centre Pompidou
Der Louvre, eines der größten Kunstmuseen der Welt, und der Tuilerien-Park liegen mitten im Zentrum von Paris. Rund um das Centre Pompidou und das unterirdische Einkaufszentrum Forum des Halles bestimmen Jeansboutiquen, Imbisse und Souvenirläden den Charakter dieses Stadtteils. S. 186

Marais und Bastille
Das Marais ist mit seinem Flair und den vornehmen Stadtpalais rund um die Place des Vosges ideal zum Flanieren. Im Bastille-Viertel sind Passagen und romantische Hinterhöfe zu entdecken. S. 118

Notre-Dame und Seine-Inseln
Auf der Île de la Cité, rund um Notre-Dame, tummeln sich Touristen aus aller Welt. Die Île Saint-Louis dagegen ist idyllisch ruhig. S. 106

Quartier Latin
Das Viertel rund um die Universität war schon zu Zeiten der Römer besiedelt. Zentrale Achse ist der Boulevard Saint-Michel, nahe der Sorbonne geprägt von studentisch-jugendlicher Szene. Richtung Jardin des Plantes wird es deutlich ruhiger. S. 138

Montparnasse
In den goldenen und verrückten 1920er-Jahren war es das Künstlerviertel, heute herrscht unterhalb der Tour Montparnasse, dem ersten Wolkenkratzer der Stadt, liebenswertes Pariser Alltagsleben. Abends ist Montparnasse mit seinen Kinos und Brasserien ein beliebtes Ausgehviertel. S. 246

Die Autorin

Mit Gabriele Kalmbach unterwegs
Schon als Kind träumte Gabriele Kalmbach von Frankreich, später schrieb sie Sprach-Guides, Reiseführer und gab Anthologien über das Land heraus. In Paris kann die Autorin jeder Jahreszeit etwas abgewinnen – der Winter ist die Zeit für ausgiebige Museumsbesuche, Kochkurse, gemütliche Teestunden im Salon de thé und den Schlussverkauf, das Frühjahr ist ideal für Radtouren in versteckten Seitenstraßen und um die ersten Sonnenstrahlen auf Caféterrassen zu genießen, der Sommer verlockt zu Siesta im Park und romantischen Abenden am Wasser, der Herbst reizt mit Theater, Oper und Konzerten.

Hauptstadt des Savoir Vivre

»Schlaraffenland und gelobtes Land, Kultstätte der Intelligenz, Metropole der Lebenslust und Quelle der Kultur« hat der kubanische Schriftsteller Alejo Carpentier, der selbst lange dort gelebt hat, von Paris geschwärmt – und wer würde ihm nicht zustimmen?

Pariser Mythen
»Mit einem Taxi nach Paris, nur für einen Tag …«: Es gibt viele gute Gründe, nach Paris zu reisen – Haute Couture und Nouvelle Cuisine, Luxus und Lebensart, Kunst und Kultur im Überfluss. Paris ist die Stadt der Frühlingsgefühle, der Liebe und der Verliebten, die Stadt der Belle Époque und der modernen Architektur, Metropole der Lebenslust und der Nonchalance, Ort der Zuflucht für Emigranten und Ort der Verlockung für Provinzler, Stadt der Revolution und der Aufklärung, blau-weiß-rot beflaggte Machtzentrale der Grande Nation. Paris ist die Stadt der gediegenen Großbourgeoisie und der Künstlerbohème, der Flaneure und *fashion victims*, der Gourmets und Genießer. Paris ist eine Stadt, die das Alte erhält, ohne nostalgisch zu sein, die trotzdem in Bewegung ist und dabei menschlich bleibt. Paris ist romantisch, geistreich, faszinierend, poetisch und spektakulär, aber auch widersprüchlich, fordernd, überheblich, snobistisch.

Die Stadt ist ein Mythos, eine Legende – und ein Moloch. Es gibt viele gute Gründe, nicht in Paris leben zu wollen: Der Alltag ist schnell, wenn nicht hektisch, der Verkehr aggressiv, die astronomischen Mietpreise machen sprachlos, das Gedrängel zur Rushhour in der Métro kann man nur stoisch ertragen, der Sonnenplatz im Lieblingscafé ist meist schon besetzt.

Paris entdecken
Für den Besucher, der ein Wochenende oder eine Woche kommt, überwiegt jedoch der Zauber der Seine-Metropole. Gleich, ob man zum ersten Mal in Paris eintrifft oder zum x-ten Mal wie-

Der Jardin des Plantes mit dem Naturkundemuseum

derkommt, jeder empfindet den ›Klimawechsel‹. Das hat nichts mit dem Wetter oder der Lage der französischen Hauptstadt zu tun – es ist die Atmosphäre, die einen umfängt und die aus Geschichte und Kultur der Stadt, dem Lebensgefühl und der Lebensart der Pariser entsteht. Notre-Dame, Eiffelturm und Louvre gehören zweifellos zu einem klassischen Sightseeing-Wochenende, aber die spezifische Anziehungskraft der Stadt erlebt der Besucher auch ganz ›nebenbei‹. Gerade die vielen alltäglichen Erlebnisse am Rande machen den Charme der Stadt aus – und Paris so ›pariserisch‹. Selbst das scheinbar touristisch Verfälschte, Unauthentische wie die Place du Tertre am Montmartre kann ein unvermitteltes Comeback erleben.

Paris abseits der Highlights

Wer nicht zum ersten Mal nach Paris fährt, wird mehr sehen wollen als nur die Klassiker. In den äußeren Arrondissements ist es längst nicht so touristisch und teuer wie in der Stadtmitte. Zwei der schönsten Pariser Parks (Parc André Citroën im Westen, Parc Bercy im Osten) finden sich hier. Generell ist der Pariser Osten Objekt hochgesteckter städteplanerischer Ambitionen. Ende der 1980er besann man sich auf die Industriebrachen jenseits der Bastille und der Gare de Lyon. Das Finanzministerium, Palais Omnisport, Parc de Bercy und die Nationalbibliothek am Seine-Ufer gegenüber kündeten zuerst von den Veränderungen, jüngst eröffnete in den alten Docks en Seine die neue Mode-Hochschule.

Einen Teil des 13. Arrondissements nennen die Pariser Chinatown. Rund um die Place d'Italie haben Einwanderer aus Vietnam, Kambodscha, Laos und anderen asiatischen Ländern dem Viertel mit Restaurants, Supermärkten, Reisebüros und Suppenküchen fernöstliches Flair verliehen. Ein Ausflug in eine andere Welt.

Auch Belleville, das 20. Arrondissement im Nordosten, ist ein Stadtteil mit multikultureller Vielfalt. Hier leben neben Immigranten aus Asien vor allem Muslime und Juden aus Nordafrika. Schön: der Blick vom Parc de Belleville; besonders bunt: der Wochenmarkt im Viertel.

Mittelalterliche Skulptur in der Cité de l'Architecture, S. 176

Rue Montorgueil mit der Pâtisserie Stohrer, S. 210

Lieblingsorte!

Restaurantmeile Cour Saint-Émilion im Village de Bercy, S. 262

Gartencafé Muscade im Innenhof des Palais Royal, S. 200

Kneipe Le Petit Fer à Cheval im Marais-Viertel, S. 126

Blick von der Aussichtsterrasse des Institut du Monde Arabe (IMA), S. 150

Die Reiseführer von DuMont werden von Autorinnen und Autoren geschrieben, die ihr Buch ständig aktualisieren und daher immer wieder dieselben Orte besuchen, gleichzeitig aber beständig nach Neuem Ausschau halten. Irgendwann entdeckt dabei jede Autorin und jeder Autor seine ganz persönlichen Lieblingsorte. Plätze mit einem besonderen Flair, Orte, die einem den Blick für neue Trends oder vergangene Zeiten öffnen oder einfach nur eine entspannte Atmosphäre bieten – eben Wohlfühlorte, an die man immer wieder zurückkehren möchte.

Cineastentreffpunkt mk2 Quai de Seine, S. 268

Französisch shoppen im Kaufhaus Bon Marché, S. 168

Reiseinfos, Adressen, Websites

Logenplatz mit Blick auf die Glaspyramide am Louvre: Café Marly

Informationsquellen

Infos im Internet

So gut wie alle touristischen Anbieter haben eine eigene Website, viele darunter auch mit englischer Sprachversion, seltener mit deutscher. Wer spezielle Informationen sucht, erzielt bessere Ergebnisse über eine französische Suchmaschine (z. B. www.yahoo.fr). Französische Akzente spielen im Web keine Rolle. An dieser Stelle sind vornehmlich allgemeine Internetlinks angegeben, mit Informationen zu Sehenswürdigkeiten und Events, Einkaufs- und Ausgehtipps. Hotelbuchung s. Übernachten (S. 25), Restaurants s. Essen und Trinken (S. 31).

www.paris.fr
Offizielle Website der Stadt Paris, u. a. aktuelle News und Beschreibungen zu Museen, Märkten, Parks, Universitäten und Touren mit dem Fahrrad durch Paris (auch engl.).

www.parissi.com
Eine ›junge‹ Seite, die sich auf Trends, Nightlife, Musik, Kino, Mode und TV konzentriert (auch engl.). Mit vielen Tipps zu Hotels, Bars und Restaurants für junge Erwachsene und Junggebliebene. Als Club-Mitglied kann man im interaktiven Bereich chatten, das Forum nutzen oder die zahlreichen Musik- und Shoppingtipps durchklicken.

www.parisvoice.com
Englischsprachiges Online-Magazin für Pariser und Touristen. Mit aktuellem Veranstaltungskalender, großem Szeneführer und tollen Redaktionstipps, ob zu lesenswerten Paris-Blogs, Immobilienerwerb, Picknickplätzen, vegetarischen Lokalen oder Kurzausflügen in die Umgebung. Auch hier kann man die Seite interaktiv nutzen mit Marktplatz, Chaträumen und Foren.

www.parisinfo.com
Website des Tourist Office mit allgemeinen Infos und Möglichkeit zur Onlinereservierung von Hotels, Ausflügen und Tickets (auch dt. Version). Weiter findet man Restaurants, Events und praktische Tipps. Recht neu ist die Rubrik »Tourisme durable« mit Informationen zum nachhaltigen Reisen. Erhöht die Vorfreude vor der Reise: die Fotogalerie mit Panoramaaufnahmen von Paris.

www.timeout.com/paris
Das englischsprachige Stadtmagazin ›Time Out‹ hat auch eine eigene Redaktion in Paris, die einen jährlich aktualisierten Stadtführer herausgibt sowie das umfangreiche und stets wohlinformierte Special ›Eating & Drinking‹. Auf der Website gibt es aktuelle Tipps für alle Rubriken von Hotels bis zu Events. Mit den Extra-Rubriken ›Family & Kids‹ und ›Gay & Lesbian‹.

www.frankreich-info.de
Die deutschsprachige Frankreich-Website umfasst News zu Politik und Wirtschaft, Kultur, Sport sowie Wissenswertes zum Studium im Nachbarland. Auch die allgemeinen Reiseinformationen und die zahlreichen Links helfen bei der Reisevorbereitung und vor Ort.

www.franceguide.com
Offizielle Informationswebsite für Tourismus in Frankreich, mit deutsch- und französischsprachigen Domains für Deutschland, Österreich und die Schweiz.

Informationsquellen

Tourismusinformation

… in Deutschland:
ATOUT France
Zeppelinallee 37
60325 Frankfurt/Main
info.de@franceguide.com
http://de.franceguide.com

… in Österreich:
ATOUT France
Lugeck 1–2/ Stg. 1/Top 7
1010 Wien
Tel. 015 03 28 92 (9–15 Uhr)
http://at.franceguide.com

… in der Schweiz:
ATOUT France
info.ch@franceguide.com
http://ch.franceguide.com

… in Paris:
Office de Tourisme, 25, rue des Pyramides, 1. Arr., Métro: Pyramides (M7, 14), www.parisinfo.com, keine telefonische Auskunft, Juni–Okt. tgl. 9–19, Nov.–Mai Mo–Sa 10–19, So 11–19 Uhr. Das OT informiert über Veranstaltungen, Öffnungszeiten, Stadtrundfahrten, versorgt mit Stadt- und Métro-Plänen, Hotel- und Restaurantverzeichnissen und reserviert Zimmer (ab Zwei-Sterne-Hotels) sowie Theater- und Konzertkarten. Kleine Zweigstellen in Gare du Nord und Gare de l'Est, am Montmartre (72, bd. Rochechouart) und an Champs-Élysées, Ecke Avenue Marigny.

Lesetipps

Louis Aragon: »Pariser Landleben« (1927). Im Roman aus der Epoche der Surrealisten spielen vornehmlich die Passage de l'Opéra und der Parc des Buttes-Chaumont eine Rolle. Aragons Roman »Die Viertel der Reichen« (1936) führt in die vornehmen Quartiers im Pariser Westen.

Honoré de Balzac: »Comédie Humaine« (1842–1850). Immer wieder ist Paris Schauplatz des über 90 Werke umfassenden Werks – das ehrgeizige Projekt Balzacs eines Panoramas der bürgerlichen Gesellschaft. Neben Romanen vor dem Hintergrund Pariser Lebens im 19. Jh. entstanden auch kurze Erzählungen und Novellen, die sich den »Boulevards von Paris«, dem »Antlitz von Paris«, den »Pariser Straßen«, den »Pariserinnen« oder der »Börse« widmen.

Lion Feuchtwanger: »Exil« (1968). Der Roman spielt im Paris des Jahres 1935, in dem Flüchtlinge aus Nazi-Deutschland Zuflucht gesucht haben und um ihr Überleben kämpfen.

Julien Green: »Paris« (1983). Als Spaziergänger auf langen Streifzügen vermittelt Green mit Impressionen und flüchtigen Eindrücken ein Bild vom Paris der Gassen, Hinterhöfe und des unspektakulären Alltags abseits der Sehenswürdigkeiten.

Ernest Hemingway: »Paris – ein Fest fürs Leben« (1964). Die Erinnerungen des amerikanischen Schriftstellers an die 20er-Jahre in Paris gehören zu den berühmtesten Beschreibungen der Lost Generation.

All diese Bücher gab und gibt es in unterschiedlichen Übersetzungen und Ausgaben. Leider kann nicht garantiert werden, dass alle Bücher auch stets lieferbar sind. Bei vergriffenen Titeln helfen Internet-Antiquariate (www.justbooks.de, www.zvab.com) weiter. Da es viele unterschiedliche Taschenbuch- und Hardcover-Ausgaben gibt, sind hier nur die Titel mit dem Jahr der Ersterscheinung, aber ohne Verlag und Ort angegeben.

Reiseinfos

Arthur Holitscher: »Narrenführer durch Paris und London« (1925). Der deutsch-ungarische Reiseschriftsteller zeigt ein Paris nach dem Ersten Weltkrieg, Momentaufnahmen einer technikbesessenen, hektischen Zeit zwischen zwei Weltkriegen.

Victor Hugo: Im 19. Jh. haben zwei Romane das Paris-Bild mitgeprägt: »Notre-Dame de Paris« zeigt uns die Stadt von oben aus der Kirchturmperspektive, »Die Elenden« (1862) das Paris der Barrikadenkämpfe der 1830er-Jahre. Hugos Gavroche wurde zum Inbegriff des Pariser Straßenjungen.

Gaston Leroux: »Das Phantom der Oper« (1910). Der Erfolg des Romans, zu dem den französischen Autor ein Besuch der unterirdischen Gewölbe der Pariser Oper inspiriert hatte, begann erst mit der Hollywood-Verfilmung 1925 und vor allem der Musical-Adaption« (1986) von Andrew Lloyd Webber.

Louis-Sébastien Mercier: »Tableau de Paris« (1781/90). Das am Vorabend der Französischen Revolution veröffentlichte Pariser Inventar ist die erste quasi soziologische Beschreibung einer Großstadt. Mercier verzeichnet Stadtviertel und Gassen, Märkte und Manufakturen, Institutionen und sonderbare Berufe und versammelt Beobachtungen von außergewöhnlichem kulturhistorischen Wert.

Henry Miller: »Stille Tage in Clichy« (1966). Der amerikanische Schriftsteller hat mit seinem mehrfach verfilmten Skandalbuch Pigalle, Montmartre und der Zeit der freien Liebe und sexuellen Exzesse der 1960er-Jahre ein literarisches Denkmal gesetzt.

Patrick Modiano: »Dora Bruder« (1998). In diesem Buch recherchiert der Erzähler das Verschwinden eines jüdischen Mädchens während der Besetzung von Paris durch die Nazis. Auch in vielen weiteren seiner Romane, etwa

den Bänden der Pariser Trilogie, ist der Schauplatz Paris.

Henri Murger: »Bohème. Szenen aus dem Pariser Künstlerleben« (1847–49). Der französische Autor lebte in jungen Jahren in einer Gruppe von Bohemiens im Quartier Latin. In seinem Roman, Vorlage für Puccinis Oper »La Bohème«, tauchen seine Freunde kaum verhüllt als Protagonisten auf.

George Orwell: »Erledigt in Paris und London« (1933). In dieser packenden Sozialreportage schildert Orwell die Welt ›von unten‹ – er arbeitete selbst als Tellerwäscher in Pariser Hotels zur Zeit der großen Depression.

Raymond Queneau: »Zazie in der Metro« (1959). Der von Louis Malle verfilmte Roman beschreibt die Abenteuer eines Mädchens aus der Provinz in Paris.

Gertrude Stein: »Autobiographie von Alice B. Toklas« (1933). Neben ihrer Lebensgefährtin und sich selbst hat die amerikanische Schriftstellerin auch die Künstlerrunde um Picasso und Matisse porträtiert. Ebenfalls lesenswert: »Paris, Frankreich« (1940).

Eugène Sue: »Die Geheimnisse von Paris« (1843). Der erste Fortsetzungsroman in einer Zeitung wurde bei Erscheinen schlagartig zum Bestseller. Er war aber nicht nur spannender Lesestoff, sondern stellte auch kritisch die sozialen Probleme seiner Zeit dar.

Émile Zola: »Rougon-Macquart« (1871–93). In diesem insgesamt 20 Bände umfassenden Romanzyklus schildert Zola gleich mehrere zentrale Aspekte Pariser Stadtgeschichte im 19. Jh. Im Mittelpunkt des Romans »Der Bauch von Paris« (1873) stehen die legendären Markthallen, im »Paradies der Damen« (1883) das Aufkommen der großen Warenhäuser, in »Die Beute« (1871) die Stadtsanierung und in »Das Geld« (1891) die Pariser Börse und Finanzskandale.

Wetter und Reisezeit

Paris im Frühjahr und Sommer

Schon im Februar sitzen die Café- und Restaurant-Gäste unter Heizstrahlern draußen. Das milde Klima verlängert die Reisezeit für Paris von März bis Oktober: Die durchschnittliche Jahrestemperatur ist etwas höher als in Mitteleuropa, das Frühjahr beginnt entsprechend früher. Auch die Spanne zwischen wärmstem und kältestem Monat ist geringer (Jan. 6 °C, im Juli 25 °C). Ostern und Pfingsten zählen zu den beliebtesten Reiseterminen – man muss daher besonders frühzeitig eine Unterkunft reservieren.

Die schönsten Monate für eine Parisreise sind Mai, Juni und September, Oktober mit angenehmen Temperaturen für ausgedehnte Stadtspaziergänge. Im Juli und August kann es mit mehr als 30 Grad auch mal heiß werden – viele Einwohner verlassen die Stadt jetzt. Manche Restaurants schließen für einige Wochen, doch bei sommerlichen Temperaturen locken Bootsfahrten und Aktionen wie Paris Plage, Freiluftkino und Openair-Konzerte. Beim Sommerfestival Paris Quartier d'Été werden auch Parks, Gärten und Plätze für Veranstaltungen genutzt.

Paris im Herbst und Winter

Im Herbst steht die Kultur im Vordergrund, neben Ausstellungen und der FIAC (Kunstmesse) vor allem Theater- und Opernpremieren, für die man vorab Karten bestellen sollte. Das Festival d'Automne mit Konzerten, Tanz- und Theateraufführungen zieht sich bis weit in den Dezember. Die Haupt-

Gut zu wissen
Die aktuelle **Wettervorhersage** ist unter www.wetteronline.de, www.meteo.fr und in den Tageszeitungen zu finden. Die aktuellen Events: Die wöchentlich erscheinenden Veranstaltungskalender Pariscope und L'Officiel des Spectacles informieren über Kino-, Theater-, Konzertprogramme, Ausstellungen und Öffnungszeiten.

stadt bietet auch im Winter Abwechslungsreiches. Wer sich bei Kälte (nur selten unter 0 Grad) oder Regen lieber drinnen aufhält, hat die Auswahl unter rund 150 Museen und kann auch in überdachten Passagen sowie Cafés und Teesalons im Warmen bleiben. Im Januar, der oft regnerisch ist, lockt der Schlussverkauf – nicht nur Mode wird reduziert, sondern auch Wäsche, Geschirr und andere Waren.

Klimadiagramm Paris

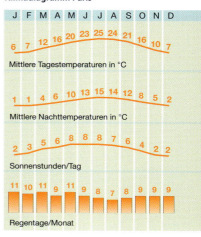

Tipps für Kurztrips und längere Aufenthalte

Paris ist vor allem eine Kulturmetropole der Superlative: mit dem Louvre – dem größten Museum der Welt, vielen weiteren bedeutenden Sammlungen vom Picasso-Museum (bis Frühjahr 2013) über das Musée d'Art Moderne im Centre Pompidou bis zum Musée d'Orsay, mit über 150 Theatern und Konzertstätten, drei Opernhäusern und mehr als 300 Kinos.

Man kann aber auch einfach nur zum Einkaufen nach Paris fahren. Der schönste Stadtteil für einen Schaufensterbummel ist Saint-Germain-des-Prés, Luxusläden konzentrieren sich zwischen Madeleine, Rue du Faubourg Saint-Honoré und Avenue Montaigne, Einkaufsparadiese sind zudem die großen Pariser Kaufhäuser.

Paris auf die Schnelle

Paris klassisch: Vormittags ein Spaziergang von Notre-Dame zum Louvre und durch den Tuilerien-Park bis zu den Champs-Élysées, nachmittags Bummel durch Saint-Germain-des-Prés und Jardin du Luxembourg, Pause im Café Flore oder Deux Magots, einkaufen in den Galeries Lafayette, abends Meeresfrüchte in einer Brasserie, am nächsten Tag zum Flohmarkt, auf den Eiffelturm und zum Friedhof Père Lachaise.

Paris trendy: Ins Musée d'Art Moderne im Centre Pompidou, Spaziergang durch Passagen und das Montorgueil-Viertel, ein Glas Sekt im Café Marly, nachmittags ein Besuch im Musée d'Orsay, dann ein Bummel im Marais, abends essen im Spoon und Cocktail im Barrio Latino an der Bastille. Am nächsten Vormittag Abstecher zum Parc de Bercy mit Brunch im Village, danach eine geführte Radtour oder ein Spaziergang auf dem Viaduc des Arts.

Paris exotisch: Das Institut du Monde Arabe und die Moschee besichtigen, Pfefferminztee im maurischen Café, nachmittags ein Abstecher nach Chinatown, abends marokkanisch essen. Am nächsten Vormittag zum Markt in Belleville oder an der Place d'Aligre, mittags ein Falafel in der Rue des Rosiers als Imbiss, dann ins Museum am Quai Branly oder das Musée Guimet mit asiatischer Kunst.

Paris romantisch: Klassiker fürs Händchenhalten und romantische Küsse sind die Fußgängerbrücke Pont des Arts über die Seine oder der Square du Vert-Galant auf der Île de la Cité, nachmittags statt Sightseeing eine Seine-Rundfahrt oder eine Kanaltour bis zum Parc de la Villette. Verklärte Stimmung schafft ein nächtlicher Blick über Pariser Dächer, etwa vom Eiffelturm oder vom Arc de Triomphe. Am Sonntag geht's über steile Treppen am Montmartre hinauf zur Kirche Sacré Cœur und der Aussicht auf Paris. Nachmittags gibt's je nach Jahreszeit Tee oder Eis im Flore-en-l'Île auf der Île Saint-Louis, anschließend entspannt man im Jardin du Luxembourg. Und abends genießt man Austern in der Brasserie La Coupole in Montparnasse.

Paris mit Muße

Paris für die Kunst: Allein im Louvre kann man durchaus eine ganze Woche verbringen. Und abends hat man die Qual der Wahl zwischen Theater, Ballett, Oper, Boulevardkomödie, Revue,

Tipps für Kurztrips und längere Aufenthalte

Paris hat viele Ecken für romantische Momente – zum Beispiel im Marais-Viertel

Kabarett, Konzert und Kino – für herausragende Aufführungen sollte man allerdings schon lange vorher Karten reservieren. Die meisten Websites bieten komfortable Buchungsmöglichkeiten – oder bitten Sie Freunde, wenn Sie selbst kein Französisch sprechen, per E-Mail oder Telefon vorzubestellen.

Paris kulinarisch: Die Kochkunst gehört in Frankreich – zumal in Paris – zur Kultur. Gourmets können eigentlich nur immer wieder nach Paris fahren, so zahlreich sind Klassiker der Haute Cuisine, neue Talente der Nouvelle Cuisine, Spitzenköche der Regionalküche und aus aller Welt. Und selbstverständlich sind auch Kochkurse in Paris möglich, im Atelier des Chefs etwa finden sie in einer Glaskabine mitten in der Geschirrabteilung der Galeries Lafayette statt sowie im BHV Rivoli und im Printemps Nation, größer ist das Kochstudio in der Rue de Penthièvre (www.atelierdeschefs.fr).

Spurensuche in Paris: Auch die Spurensuche kann man zum Anlass einer Paris-Reise machen und dem Wirken von Filmemachern, Dichtern, Malern oder Musikern an literarischen Schauplätzen und Filmkulissen, in Künstlerateliers, auf Friedhöfen oder Architekturmonumenten nachforschen. Die Recherche zu Themen wie die Künstlerbohème von Montparnasse oder Montmartre (s. S. 236), die Passagen des 19. Jh. (s. S. 88), Jugendstilbauten, Le Corbusier, die Stadtplanung des Baron Haussmann oder die Grands Travaux des 20. Jh. lässt sich über die französische Wikipedia-Seite (fr.wikipedia.org) gut vorbereiten.

Romantisches Paris

Allein die Pariser Parks und Straßencafés machen Paris zur Welthauptstadt der Romantik, hier muss man Plätze

Reiseinfos

Mein Tipp

Mit dem Batobus über die Seine

Für diesen originellen, allerdings langsamen Bootspendelverkehr auf der Seine kann man sich eine Tages-, Zwei- oder Fünftageskarte kaufen und an acht Haltestellen aus- und wieder zusteigen: Eiffelturm, Musée d'Orsay, Saint-Germain-des-Prés, Notre-Dame, Jardin des Plantes, Hôtel-de-Ville, Louvre, Champs-Élysées (www.batobus.com, Feb., März 10.30–16.30 Uhr, April, Mai, Sept., Okt. 10–19 Uhr, Juni–Aug. 10–21.30 Uhr, ca. alle 25 Min., Tagesticket 14 €, zwei Tage 18 €, fünf Tage 21 €, Kinder und Jugendliche unter 16 Jahre 7 €, 9 €, 10 €).

mit Flair nicht erst suchen, man findet sie an jeder Straßenecke. Die Stadt zieht jeden in ihren Bann – und jeder behält eigene Lieblingsorte in der Erinnerung. Kein Wunder, dass Verliebte gerne in die Seine-Metropole fahren.

Romantische Parks: Jeder der vielen schönen Pariser Parks – die nach ganz unterschiedlichen gartenarchitektonischen Konzepten angelegt wurden – hat seinen eigenen Reiz. Für manche organisierten Themenreisen und Stadtführungen für Paris-Fortgeschrittene öffnen sogar Privatgärten ihre Pforten. Neben den Klassikern Jardin du Luxembourg und Tuilerien-Park lohnen auch Parc Monceau, Parc André Citroën, Parc de Bercy, Parc de la Villette, Parc des Buttes-Chaumont und die Stadtwälder Bois de Vincennes und Bois de Boulogne den Abstecher. Für einen verträumten Nachmittag im Grünen einfach einen der grünen Stühle kapern, in einem netten Schmöker stöbern oder die Spaziergänger beobachten. Eine Oase der Stille in der Betriebsamkeit der Großstadt ist auch der Garten des Palais-Royal.

Romantische Plätze: Unter den Plätzen mit Blick auf die Seine ist der Square du Vert-Galant beliebt. Die kleine Grünanlage liegt fast auf gleicher Höhe mit der Seine. Neben Verliebten trifft man hier auch Angler oder mal ein Kamerateam, das die schöne Kulisse nutzt. Denn von der Inselspitze bietet sich mit Louvre, Pont des Arts und Institut de France ein Panorama, wie es pariserischer nicht sein kann. Weitere nette Ecken am Wasser findet man auf der Île Saint-Louis und an der Uferpromenade, die bei Notre-Dame beginnt und sich bis zum Pont d'Austerlitz erstreckt. Am Quai Saint-Bernard unterhalb des Botanischen Gartens gibt es direkt an der Seine amphitheaterähnliche Halbkreise, zu denen Stufen hinunterführen. Dort wird bei schönem Wetter Tango getanzt; für einen warmen Sommerabend ideal. Romantisch ist auch der Blick vom Pont des Arts, der ältesten Fußgängerbrücke in Paris, die 1803 gebaut wurde (in den 1980er-Jahren erneuert).

Romantische Museen: Unter den Museen ist das Rodin-Museum in einem prächtigen Stadtpalais ein Anwärter auf die Aufnahme in die Liste besonders romantischer Orte, nicht nur weil die Skulptur »Der Kuss« vielleicht zum Nachahmen verleitet. Auch ein hübscher Garten lädt hier zum Verweilen ein – mit Blick auf weitere Skulpturen des Bildhauers, »Der Denker« etwa oder »Die Bürger von Calais«.

Tipps für Kurztrips und längere Aufenthalte

Romantische Aussicht: Unvergessliche Momente bieten die vielen wunderbaren Aussichtspunkte. Romantiker zieht es zu den Treppen am Montmartre, unterhalb von Sacré Cœur; schön ist auch der Blick vom Panthéon oder vom Arc de Triomphe, der Eiffelturm begeistert besonders abends, wenn er beleuchtet ist. Auch ein nächtlicher Blick vom Hochhaus Tour Montparnasse auf die Lichter der Stadt ist durchaus reizvoll.

Romantisch Ausgehen: Für ein sommerliches Abendessen draußen eignen sich die kleine Place du Marché Sainte-Cathérine, die Place du Marché Saint-Honoré, beide mit mehreren Restaurants, und die Lokale am Canal Saint-Martin. Bei knappem Budget tut's möglicherweise auch ein Picknick am Seine-Ufer, z. B. am Square du Vert Galant oder am Quai de la Tournelle – stimmungsvoll kann auch so ein Abend sein. Romantische Abendstimmung bietet auch das Café Marly am Louvre – bei einem Glas Champagner mit Blick auf die erleuchtete Glaspyramide!

Romantisch im Regen: Selbst für verregnete Nachmittage findet man in Paris Abhilfe: Tee und hervorragenden Kuchen kann man in traditionsreichen Teesalons und bei Pâtissiers wie Angelina, Mariage Frères und Ladurée genießen oder süßen Pfefferminztee im maurischen Café der Moschee trinken. Als Luxusvariante: eine stilvolle Zeremonie im Grandhotel, ob im Crillon oder Meurice.

Stadtrundfahrten

Bustouren im Sommer sind besonders schön mit oben offenen Doppeldeckern. **Open Tour** fährt auf vier Routen zu den wichtigsten Sehenswürdigkeiten; Tages- und Zweitageskarte (29 €, 32 €) erlauben es, an rund 60 Haltestellen beliebig aus- und wieder zuzusteigen (www.parislopentour.com).

Auch einige Buslinien eignen sich für eine individuelle Stadtrundfahrt, etwa der **Balabus,** der Mitte April bis Sept. an Sonn- und Feiertagen nachmittags die wichtigsten Sehenswürdigkeiten abfährt (siehe www.ratp.fr).

Bootstouren auf der Seine sind mit mehreren Gesellschaften möglich, Abfahrtsstellen gibt es am Pont-Neuf, am Pont de l'Alma und am Pont d'Iéna unterhalb des Eiffelturms.

Mein Tipp

Im Canauxrama auf dem Canal Saint-Martin

Eine ausgefallene Entdeckungsfahrt ist der zweieinhalbstündige Trip über den Canal Saint-Martin – ab Port de l'Arsénal nahe der Bastille geht es zunächst unterirdisch los, unter dem Boulevard Richard Lenoir entlang und danach gemächlich durch mehrere Schleusen stadtauswärts Richtung La Villette (s. S. 266). Canauxrama, Port de l'Arsénal, Métro: Bastille (M1, M5, M8), Abfahrt 9.45 und 14.30 Uhr, Preis ca. 16 €, ermäßigt 8,50/12 € (Tickets online preiswerter) oder in umgekehrter Richtung vom Bassin de la Villette, Métro: Jaurès (M2, M5), Abfahrt 9.45 und 14.45 Uhr, April–Okt., Juni–Sept. auch Abendtouren mit Musikprogramm, www.canauxrama.com.

Anreise und Verkehrsmittel

Einreisebestimmungen

EU-Bürger benötigen ebenso wie Schweizer einen gültigen Personalausweis oder Reisepass. Die Aufenthaltsdauer für EU-Bürger ist unbegrenzt, für Schweizer ist bei über drei Monaten eine Aufenthaltserlaubnis vorgeschrieben. Auch Kinder unter 16 Jahren benötigen einen Ausweis, entweder den Kinderreisepass oder einen Personalausweis.

Zoll
Mitglieder der EU dürfen Waren für den Eigenbedarf ausführen. Richtwerte: 800 Zigaretten, 10 l alkoholische Getränke von über 22 % Vol., 10 l von weniger als 22 %, 90 l Wein oder 110 l Bier). Für Nicht-EU-Bürger ist die zollfreie Ausfuhr begrenzt (200 Zigaretten, 1 l Spirituosen, 2 l Wein).

Anreise

... mit dem Flugzeug
Von allen großen Flughäfen Deutschlands, Österreichs und der Schweiz wird Paris mehrmals täglich angeflogen, meist der Flughafen Charles de Gaulle-Roissy, 25 km nördlich. Orly, der zweite internationale Flughafen, liegt 16 km südlich von Paris. Transfer zwischen den Flughäfen und der Stadt s. u.

RER: Vom Flughafen Charles de Gaulle-Roissy (Terminal 1 und 2) mit der RER-Linie B hat man u. a. Verbindung zu den Stationen Gare du Nord und Châtelet-Les Halles (40 Min.), etwa alle 15 Min., 5–24 Uhr. Von Orly fährt die RER-Linie Orlyval zur RER B (Antony), alle 6 Min., 6–22 Uhr.

Air-France-Busse (www.lescarsairfrance.com) fahren von beiden Flughäfen in die Stadt und zurück. Ab Charles de Gaulle-Roissy über Porte Maillot bis Étoile ca. alle 12 Min. (Fahrzeit 40 Min.) oder alle halbe Stunde über Gare de Lyon zur Gare Montparnasse (50 Min.); ab Orly etwa alle 12 Min. über Gare Montparnasse bis Étoile (30 Min.), oder über Gare Montparnasse bis Invalides. Alle vier Buslinien verkehren von etwa 6 bis 23 Uhr, die Tickets ab Roissy kosten 15 €, 16,50 €, ab Orly 11,50 €, Hin- und Rückfahrtickets sind günstiger.

RATP-Busse (www.ratp.fr): Roissybus bis zur alten Oper alle 15–20 Min. (6–23 Uhr, 50 Min.), Orlybus zur Place Denfert-Rochereau alle 15–20 Min. (6–23 Uhr, 30 Min.).

Taxis kosten ab Charles de Gaulle-Roissy etwa 50 €, ab Orly etwa 40 €. Standplätze und Telefonnummern unter der Flughafen-Website www.adp.fr, Rubrik Accès/Getting to the airport.
Info: Flughafen Charles de Gaulle und Flughafen Orly: www.adp.fr.

... mit der Bahn
Am günstigsten und bequemsten ist die Anreise mit der Bahn – in Paris nützt ein Auto wenig und die Parkhäuser sind teuer. Mit dem schnellen Thalys von Essen, Düsseldorf, Köln, Aachen, dem ICE/TGV ab Frankfurt oder Stuttgart sowie Frühbuchertarifen ab anderen deutschen Großstädten, Basel, Zürich und Wien kommt man preiswert nach Paris (www.thalys.com, www.raileurope.de oder .ch). Von Innsbruck, München, Stuttgart, Saarbrücken, Ulm, Berlin und Hannover erreicht man Paris mit der DB City Night Line. Information und Buchung über www.nachtzugreise.de bzw. www.citynightline.de.

Paris besitzt sechs Kopfbahnhöfe: An der **Gare du Nord** enden Züge aus Norddeutschland, an der **Gare de l'Est** aus Süddeutschland, Österreich und der Schweiz. An allen Bahnhöfen kann man in Métro, RER oder Taxis umsteigen. SNCF Auskunft und Reservierung: www.sncf.fr.

… mit dem Auto

Bei der Anreise von Norden sind etwa 15 € Autobahngebühren *(péage)* einzukalkulieren, von Osten mit 35 €, die auch mit Kreditkarte bezahlt werden können (www.autoroutes.fr).

… mit dem Bus

Viele Busunternehmen bieten preiswerte Städtetouren an, meist Wochenendpauschalangebote mit Hotel. Tipp: Auf die Lage der Hotels achten, die besonders günstigen Angebote gelten meist für Kettenhotels am Stadtrand von Paris.

Autofahren

Promillegrenze: 0,5.

Pannenhilfe: AIT-Assistance kann auf Autobahnen über Notrufsäulen, auf anderen Straßen unter 08 00 08 92 22 auch in deutscher Sprache, angefordert werden. ADAC-Notrufnummer für Frankreich: 08 25 80 08 22 (Festnetz), 0033 825 80 08 22 (mobil).

Verkehrsregeln: Geschwindigkeitslimit auf Autobahnen 130 km/h (110 km/h bei nasser Fahrbahn), auf Schnellstraßen 110 (90) km/h, auf Landstraßen 90 (80) km/h, innerhalb von Orten 50 km/h. Wer den Führerschein noch kein Jahr besitzt, darf nicht schneller als 90 km/h fahren. Verstöße wie Falschparken und Überschreiten der Tempolimits werden mit ausgesprochen hohen Bußgeldern belegt.

Parken: In Paris sollte man sein Auto in einem Parkhaus abstellen (teuer). Infos: www.parkingsdeparis.com. In der Stadt kommt man mit Métro und Bus

schneller durchs Verkehrsgewühl, entgeht der leidigen Parkplatzsuche und dem Gewirr der vielen Einbahnstraßen. Die Automaten für Parkscheine *(horodateurs)* funktionieren nur noch bargeldlos mit Chipkarten (»Paris Carte« mit Guthaben zu 15 € und 40 € in Bar-Tabacs erhältlich, www.paris.fr/station nement). So, Fei und im August ist das Parken frei. Gelbe Streifen am Fahrbahnrand signalisieren Parkverbot.

Verkehrsmittel in Paris

Métro, RER und Bus

Die Métro, die **Pariser U-Bahn,** ist die schnellste und preiswerteste Art, sich fortzubewegen. Das Métro-Netz ist dicht und tagsüber sind die Bahnen eng getaktet (2–6 Min.). Doch auch nach 19 Uhr muss man nicht länger als 7–10 Min. warten. Kleine Übersichtspläne gibt es in großen Metro-Stationen; Infos im Internet: www.ratp.fr.

Ein einziges **Ticket** gilt für den gesamten Stadtbereich, einschließlich Umsteigen. Erst außerhalb der Zone 1, etwa zu den Flughäfen, gibt es gestaffelte Tarife. Ein **Carnet,** ein Zehnerblock, ist günstiger (12,50 €) als zehn einzelne Fahrscheine (1,70 €).

Daneben gibt es die Tageskarte **Mobilis,** die für alle ÖPNV-Linien gilt (6,30 € für Zone 1 und 2), sowie die Touristenkarte **Paris Visite** für 1, 2, 3 oder 5 Tage, für Zone 1–3 (Stadtgebiet) von 9,30 € bis 29,90 €. Sie gilt für alle Verkehrsmittel der RATP (Métro, RER, Bus, Tramway), den Funiculaire de Montmartre, Montmartrobus, die Nachtbusse (Noctilien) und die Nahverkehrszüge der SNCF. Mit Paris Visite für Zone 1–5 kann man auch Versailles, Saint-Denis und die Flughäfen erreichen. Oft bekommt man auf diese Tickets zudem Ermäßigung in Museen und manchmal auch in Geschäften.

Reiseinfos

Carsharing

Bertrand Delanoë, sozialistischer Bürgermeister von Paris, will andere europäische Städte noch toppen: Er kündigte ein Carsharing-Angebot mit 3000 Elektroautos an rund 1100 Stationen an: **Autolib** heißt das System, das im Frühjahr 2012 installiert sein soll. Die Autos können online gebucht werden (www.autolib-paris.fr). Nach persönlicher Anmeldung mit Personalausweis, Führerschein und Kreditkarte erhält man eine Chipkarte, mit der sich die Tresore mit den Autoschlüsseln öffnen lassen.

Es gibt fünf **S-Bahn-Linien** (RER), die mit den Buchstaben A, B, C, D und E benannt und mit dem Métro-Netz verbunden sind. Die Linien bedienen die Vororte (z.B. La Défense, Saint-Denis oder Versailles) und die Flughäfen. Innerhalb des Stadtgebiets gelten die normalen Métro-Tickets, außerhalb sind die Tarife gestaffelt.

Für **Busse** gelten dieselben Fahrkarten, allerdings ist beim Umsteigen ein neues Ticket fällig. An den Haltestellen (gelb-rote Schilder) sind die Nummer der Linie, die Zonen-Einteilung sowie die Fahrtroute angegeben. Busse verkehren Mo–Sa etwa 6.30–20.30 Uhr, wenige auch bis Mitternacht. Sonntags gelten gesonderte Fahrpläne.
Nachts unterwegs: Die Métro verkehrt von 5.30 bis 1 Uhr, Fr und Sa bis 2.15 Uhr. Aber auch danach ist man nicht auf Taxis angewiesen. Mehr als 45 Nachtbuslinien starten von der Place du Châtelet (av. Victoria) oder den Bahnhöfen zwischen 0.30 und 5.30 Uhr etwa stündlich Richtung Peripherie und zurück (www.noctilien.fr, auch deutsch). Die Haltestellen sind an blauen Schildern zu erkennen, die Busse müssen jedoch per Handzeichen angehalten werden.

Fahrrad

2007 startete Bürgermeister Delanoë das **Vélib-System** (von *vélo libre),* das heute ca. 20 000 Fahrräder an knapp 1500 Leihstationen bereitstellt. Es handelt sich um robuste graue Räder, die mit permanenter LED-Beleuchtung und einem Transportkorb ausgestattet sind. Die Tarife von Vélib wurden für kurze Nutzungszeiten konzipiert, um den Radverleihern keine Konkurrenz zu machen. Als Grundgebühr zahlt man pro Tag 1,70 €, pro Woche 8 €, die Jahreskarte Carte Vélib kostet 29 €. Zur Teilnahme wird eine EC/Maestro-Karte oder Kreditkarte benötigt, über die alle Kosten abgerechnet werden. Die ersten 30 Minuten jeder Fahrstrecke sind kostenfrei, die erste halbe Stunde danach 1 €, die zweite halbe Stunde 2 €, die dritte 4 €, ab 20 Std. werden 150 € täglich berechnet. Wer an der Ziel-Station keine freie Parkbucht vorfindet, hat noch 15 weitere Minuten, um eine freie Station zu suchen. Mindestalter ab 14 Jahre. Infos: www.velib.paris.fr

Taxi

In Paris kann man vorbeifahrende Taxis heranwinken sowie über die Funkzentralen telefonisch bestellen. Das weiße Dachschild ist erleuchtet, wenn der Fahrer frei ist und Gäste akzeptiert. Es gibt drei Tarife: A gilt tagsüber; B nachts, So und feiertags; C für Fahrten außerhalb des eigentlichen Stadtgebiets bis zum Périphérique. Man muss auf dem Rücksitz Platz nehmen.

Die Tarife sind für europäische Großstädte vergleichsweise günstig. Es gibt Zuschläge für Gepäck sowie für Fahrten von und zu Bahnhöfen oder Flughäfen. Taxiruf:
Alpha: Tel. 01 45 85 85 85,
www.alphataxis.fr
G7: Tel. 01 47 39 47 39, www.taxisg7.fr
Taxis Bleus: Tel. 08 91 70 10 10,
www.taxis-bleus.com

Übernachten

Französische Hotels werden mit Sternen klassifiziert, Vier-Sterne-Hotels entsprechen bereits hohen Ansprüchen. In Mittelklassehotels kann man meist zwischen Bad oder Dusche wählen, wobei Zimmer mit Bad etwas teurer sind. Einfache Hotels für bescheidene Ansprüche haben meist sehr kleine Zimmer. Über die tatsächliche Qualität eines Hauses geben die Hotelkategorien jedoch keine Auskunft (etwa ob der Service gut ist, die Ausstattung geschmackvoll oder die Lage ruhig).

Die Zimmer sind meist mit einem Doppelbett ausgestattet; wer separate Betten haben möchte, muss dies bei der Buchung angeben. Das Frühstück ist meist nicht im Preis inbegriffen. Kaum ein Haus der einfachen Kategorie und der Mittelklasse verfügt über eine eigene Parkmöglichkeit.

Da Paris das ganze Jahr über ein beliebtes Reiseziel ist, gibt es keine preiswertere Nebensaison. Aber immer mehr Hotels bieten Rabatte bei fester Onlinebuchung ohne Stornomöglichkeit. Zudem sollte man sechs bis zwölf Wochen im Voraus reservieren, besonders frühzeitig für Feiertage wie Ostern und Pfingsten sowie während der Haute-Couture-Modeschauen im

Hotels online buchen

In Paris gibt es rund 1500 Hotels. Wer auf eigene Faust sucht, kann dazu die Hoteldatenbank des Office de Tourisme nutzen (www.parisinfo.com), in der man nach Kategorie, Arrondissement und Métro-Station suchen kann. Hotelrecherche ist auch über alle Paris-Websites (s. S. 14) und Dienste wie www.parishotels.com, www.hrs.de oder www.france-hotel-guide.com möglich.

Januar und Juli. Am einfachsten geschieht dies per Fax oder Mail unter Angabe der Kreditkartennummer.

Luxushotels

Die traditionsreichen Pariser Luxushotels der Superlative wie Crillon, Plaza Athénée, Bristol, Ritz, Meurice und Four Seasons George V bieten jeden erdenklichen Komfort und kosten von 750 € aufwärts bis zu 10 000 € für eine Suite. Hier eine Auswahl der besten Hotels in noch dreistelliger Preislage.

Extravaganter Boudoir-Stil – **Hôtel Costes 1**: ▶ M8, 239, rue Saint-Honoré, Métro: Tuileries (M1), 75001 Paris, Tel. 01 42 44 50 00, Fax 01 42 44 50 01, www.hotelcostes.com, DZ 550–750 €, Suite 750–2800 €. Die Costes-Brüder, Besitzer der Cafés Marly und Beaubourg, haben das frühere Hôtel de France et Choiseul so opulent mit Antiquitäten und Pomp ausstatten lassen, dass es bei zahlungskräftiger Klientel aus Mode, Film und TV unter die beliebtesten Luxushotels aufrückte.

Eleganter Retro-Mix – **L'Hôtel 2**: ▶ Karte 2, N9, 13, rue des Beaux-Arts, Métro: Odéon (M4, M10), 75006 Paris, Tel. 01 44 41 99 00, Fax 01 43 25 64 81, www.l-hotel.com, DZ 285–660 €, Suite 800 €. Das Interieur des legendären Hotels, in dem Oscar Wilde 1900 starb, wurde von Jacques Garcia gemäß seinem Motto »nur mehr ist mehr« gestaltet oder besser gesagt: dekoriert. Der französische Einrichter setzte ganz auf nostalgischen Prunk und luxuriöse Eleganz – jedes der 20 Zimmer ist anders eingerichtet. Pool und Hamam im Keller. Eindrucksvoll: das Treppenhaus.

Reiseinfos

Klassisch-modern – **Hôtel Montalembert** 3: ▶ M9, 3, rue de Montalembert, Métro: Rue du Bac (M12), 75007 Paris, Tel. 01 45 49 68 68, Fax 01 45 49 69 49, www.montalembert.com, EZ, DZ 370–500 €, Suiten 600–800 €. Das elegante Hotel mit 56 Zimmern am linken Seine-Ufer (7. Arr.) wurde von Dekorateur Christian Liaigre modern und schick ausgestattet – von Wohnmagazinen oft fotografiertes Beispiel perfekten Geschmacks. Die Hotelbar wird gern von Prominenz aus Verlags-, Mode- und Designbranche frequentiert.

Ruhig und versteckt – **Pavillon de la Reine** 4: ▶ Q9, 28, place des Vosges, Métro: Bastille (M1, M5, M8) oder Chemin-Vert (M8), 75003 Paris, Tel. 01 40 29 19 19, Fax 01 40 29 19 20, www.pavillon-de-la-reine.com, EZ, DZ 380–490 €, Suiten 610–950 €. Romantisches Luxushotel in einem versteckten Hinterhaus an der Place des Vosges; 55 Zimmer und Suiten mit Stilmöbeln, einige auch modern eingerichtet. Sehr ruhige Lage im Marais, begrünter Innenhof.

Ehrwürdige Mauern – **Relais Christine** 5: ▶ Karte 2, N 10, 3, rue Christine, Métro: Saint-Michel (M4) oder Odéon (M4, M10), 75006 Paris, Tel. 01 40 51 60 80, Fax 01 40 51 60 81, www.relais-christine.com, EZ, DZ 380–490 €, Suiten 570–850 €. Das charmante Hotel mit 51 hellen und geräumigen Zimmern in einem ehemaligen Kloster (16. Jh.) liegt in einer ruhigen Nebenstraße zwischen Saint-Germain und Quartier Latin. Mit Garten.

Gehobener Komfort

Ländliche Atmosphäre – **Hôtel de l'Abbaye Saint-Germain** 6: ▶ M 10, 10, rue Cassette, Métro: Saint-Sulpice (M4), 75006 Paris, Tel. 01 45 44 38 11, Fax 01 45 48 07 86, www.hotelabbayeparis.com, DZ 260–390 €, Suite 480–550 €. Ländlich-elegantes Hotel mit 44 Zimmern in ruhiger Lage nahe Jardin du Luxembourg. Im Sommer Frühstück im begrünten Innenhof. Sehr freundlicher Service. Die Standardzimmer sind nicht

Viele kleine Hotels in Paris bezaubern mit dem Charme vergangener Zeiten

Übernachten

groß, aber gemütlich, die Suiten großzügig und mit Balkon oder Terrasse.

Design-Ambiente – **Hôtel Artus** **7** : ▶ Karte 2, N 10, 34, rue de Buci, 75006 Paris, Métro: Odéon (M4, M10), Tel. 01 43 29 07 20, Fax 01 43 29 67 44, www.artushotel.com, DZ 250–310 €, Suite 430 €. Designhotel in warmen Braun- und Rottönen in der belebten Marktstraße von Saint-Germain. Moderne Möbel, Lampen und Dekor kontrastieren mit dem alten Gebäude. 27 Zimmer, teils mit Balkon und Whirlpool.

Auf der Seine-Insel – **Hôtel Jeu de Paume** **8** : ▶ Karte 2, P 10, 54, rue St-Louis-en-l'Île, Métro: Pont-Marie (M7), 75004 Paris, Tel. 01 43 26 14 18, Fax 01 40 46 02 76, www.jeudepaumehotel.com, EZ 185–255 €, DZ 285–360 €, Suite 450–560 €. Vornehmes Hotel mit 30 Zimmern in einem Gebäude aus dem 17. Jh. auf der Île Saint-Louis, mit Fachwerk und Holzbalken, geschmackvoll in Pastelltönen mit Antiquitäten und Terrakottafliesen ausgestattet.

Traditionell französisch – **Hôtel des Marronniers** **9** : ▶ Karte 2, N 10, 21, rue Jacob, Métro: Saint-Germain-des-Prés (M4), 75006 Paris, Tel. 01 43 25 30 60, Fax 01 40 46 83 56, www.hotel-marronniers.com, EZ 145–180 €, DZ 185–210 €. Hotel mit 37 Zimmern in ruhiger Lage in einem Hinterhaus. Frühstück im Wintergarten oder Garten mit Kastanienbäumen *(marronniers),* Zimmer mit Stilmöbeln und Eichenbalken. Von den Zimmern nach hinten Blick auf die Kirche Saint-Germain.

Farbenprächtig-theatral – **Hôtel du Petit Moulin** **10** : ▶ Q 9, 29–31, rue de Poitou, Métro: Sébastien-Froissart (M8), 75003 Paris, Tel. 01 42 74 10 10, Fax 01 42 74 10 97, www.paris-hotel-petitmoulin.com, EZ, DZ 190–250 €, Suite

290–350 €. Design-Hotel mit 17 Zimmern im ruhigeren Teil des Marais (3. Arr.). Im Innern der beiden benachbarten, äußerlich ganz schlichten Gebäude aus dem 17. Jh. wird es barockelegant: die überaus extravagante Ausstattung von der Tapete bis zum Bettbezug stammt von Modedesigner Christian Lacroix.

Geschmackvoll und gemütlich – **Relais Saint-Germain** **11** : ▶ Karte 2, N 10, 9, carrefour de l'Odéon, Métro: Odéon, (M4, M10), 75006 Paris, Tel. 01 43 29 12 05, Fax 01 46 33 45 30, www.hotel-paris-relais-saint-germain.com, EZ 220 €, DZ 285–370 €, Suite 395 €. Yves Camdeborde, eigentlich ein bekannter Koch, agiert jetzt auch als Hotelier. Sein mit warmen Farben und bunten Stoffen ausgestattetes Hotel mit 21 Zimmern liegt nahe der belebten Place de l'Odéon mitten in Saint-Germain.

Mittelklasse

Französisch-plüschig – **Hôtel de la Bretonnerie** **12** : ▶ Karte 2, P 9, 22, rue Sainte-Croix de la Bretonnerie, Métro: Hôtel de Ville (M1, M11), 75004 Paris, Tel 01 48 87 77 63, Fax 01 42 77 26 78, www.bretonnerie.com, DZ 145–175 €, Suite 200–225 €. Hotel mit 29 Zimmern in einem Gebäude des 17. Jh., zentral gelegen in einer dennoch ruhigen Seitenstraße im Marais nahe dem Centre Pompidou.

Klassik-Design – **Hôtel Le Clos Médicis** **13** : ▶ O 11, 56, rue Monsieur-le-Prince, Métro: Odéon (M4, M10), 75006 Paris, Tel. 01 43 29 10 80, Fax 01 43 54 26 90, www.closmedicis.com, EZ 180 €, DZ 220–310 €, Suite 495 €. Drei-Sterne-Hotel mit 38 Zimmern nahe Boulevard Saint-Michel und Jardin du Luxembourg. In Braun- und Naturtönen, aber

Reiseinfos

doch sehr modern eingerichtet, als Hôtel de Charme qualifiziert, kleiner Patio.

Landhausstil – **Hôtel des Grandes Écoles** 14: ▶ P 11, 75, rue du Cardinal-Lemoine, Métro: Cardinal-Lemoine, (M10), 75005 Paris, Tel. 01 43 26 79 23, Fax 01 43 25 28 15, www.hotel-grandes-ecoles.com, EZ, DZ 120–145 €. Hotel nahe Place de la Contrescarpe und Panthéon im Landhausstil mit Blümchentapeten und -textilien; die 51 Zimmer sind ruhig und komfortabel. Die drei zwei- und dreistöckigen Gebäude aus dem 19. Jh. gruppieren sich um einen ruhigen, grünen Innenhof.

Mit Sauna – **Les Jardins du Luxembourg** 15: ▶ Q 1, 5, impasse Royer-Collard, Métro, RER: Luxembourg (RER B), 75005 Paris, Tel. 01 40 46 08 88, Fax 01 40 46 02 28, www.les-jardins-du-luxembourg.com, EZ, DZ 120–175 €. Das kleine Hotel mit 26 Zimmern liegt recht ruhig in einer Sackgasse im Quartier Latin beim Jardin du Luxembourg.

Schlicht-farbenfroh – **Hôtel La Manufacture** 16: ▶ P 13, 8, rue Philippe de Champaigne, Métro: Place d'Italie (M5, M6, M7), 75013 Paris, Tel. 01 45 35 45 25, Fax 01 45 35 45 40, www.hotel-la-manufacture.com, EZ, DZ 155–230 €. Hotel mit 57 Zimmern nahe der Place d'Italie. Die Besitzerinnen haben das Hotel mit weiblich-eleganter, moderner Note ausstatten lassen: Eichenparkett, weiße Wände und Bäder, Naturtöne mit farbigen Akzenten (moderne Gemälde, knallbunte Teppiche und Textilien).

Ton in Ton – **Hôtel Thérèse** 17: ▶ Karte 2, N 8, 5–7, rue Thérèse, Métro: Palais-Royal (M1, M7) oder Pyramides (M7, M14), 75001 Paris, Tel. 01 42 96 10 01, www.hoteltherese.com, DZ 160–320 €. Das familiär geführte Hotel mit 43 Zim-

mern liegt zentral nahe dem Louvre und zugleich versteckt in einer Seitenstraße. Bei der Ausstattung setzt man auf zeitgenössische Klassik, viel Holz, edle Möbel, sanfte Farben. Drei Preiskategorien, die Deluxe-Zimmer deutlich teurer.

Provence in Paris – **Hôtel de la Tulipe** 18: ▶ K 9, 33, rue Malar, Métro: La Tour-Maubourg (M8), 75007 Paris, Tel. 01 45 51 67 21, Fax 01 47 53 96 37, www.hoteldelatulipe.com, EZ 145 €, DZ 165–185 €, Appartements 300 €. Eine ruhige Straße zwischen Eiffelturm und Invalidendom und ein Hotel wie in der Provinz: Eingerichtet im rustikalen und farbenfrohen provenzalischen Stil, mit begrüntem Patio. Einige alte Mauern sind erhalten ge blieben; andere Wände leuchten Gelb, Blau oder Rostrot. Familiär-freundliche Atmosphäre.

Klein, aber fein – **Hôtel de la Place du Louvre** 19: ▶ Karte 2, O 9, 21, rue des Prêtres-Saint-Germain-l'Auxerrois, Métro: Pont-Neuf (M7), Louvre-Rivoli (M1), 75001 Paris, Tel. 01 42 33 78 68, Fax 01 42 33 09 95, www.paris-hotel-place-du-louvre.com, EZ 125–135 €, DZ 160–205 €. Hotel direkt am Louvre. Die modern eingerichteten Zimmer sind nach Malern benannt und mit Kunst dekoriert. Rabatte bei Vorauszahlung ohne Storno.

Zentrale Lage – **Hôtel de la Place des Vosges** 20: ▶ Q 10, 12, rue de Birague, Métro: Bastille (M1, M5, M8) oder Saint-Paul (M1), 75004 Paris, Tel. 01 42 72 60 46, Fax 01 42 72 02 64, www.hotelplacedesvosges.com, EZ, DZ 100–150 €. 16 einfache Zimmer in einem Gebäude aus dem 17. Jh. im Marais, in einer ruhigen Seitenstraße nahe der Place des Vosges.

Angesagt – **Hôtel Amour** 21: ▶ N 5, 8, rue Navarin, Métro: Saint-Georges

Übernachten

Mein Tipp

Farbenfroh im Marais
Wer nicht allzu viel Geld anlegen will und zudem relativ zentral in einem der angesagtesten Pariser Viertel wohnen möchte, ist mit dem Hôtel Jeanne d'Arc gut beraten. Das traditionelle Stadthaus mit 36 Zimmern (auch Drei- und Vierbett) liegt mitten im Marais nahe der hübschen Place du Marché Sainte-Catherine. Zur Place des Vosges und zur Place de la Bastille geht man nur wenige Minuten. Die Zimmer sind nicht allzu groß, aber sehr angenehm dekoriert und in bunten lebhaften Farben gehalten. Freundlicher Service.
Hôtel Jeanne d'Arc [22]: ▶ Q 9, 3, rue de Jarente, 75004 Paris, Tel. 01 48 87 62 11, Fax 01 48 87 37 31, www.hoteljeannedarc.com, Métro: Saint-Paul, EZ 62–90 €, DZ 90–116 €, Frühstück 7 €.

(M12), 75009 Paris, Tel. 01 48 78 31 80, kein Fax, www.hotelamourparis.fr, EZ 105 €, DZ 155–285 €. Das kleine, von Designern und Künstlern dekorierte Hotel wird sehr lässig-entspannt geführt. Von den 20 Zimmern sind ausnahmsweise die zur Straße hin ruhiger, da Lobby, Terrasse und Gartenhof für ein betriebsames und beliebtes Restaurant genutzt werden.

Einfache Hotels

In dieser günstigsten Hotelkategorie entsprechen die Preise von 80–120 € fürs Doppelzimmer etwa denen von Jugendhotels. An Komfort und Ausstattung sollten daher auch keine höheren Erwartungen gestellt werden.

Einfach und zentral – **Hôtel Malar** [23]: ▶ K 9, 29, rue Malar, Métro: La Tour-Maubourg (M8), 75007 Paris, Tel. 01 45 51 38 46, Fax 01 45 55 20 19, www.hotelmalar.com, EZ 117–135 €, DZ 135–155 €. Hotel mit 22 Zimmern im Ministerienviertel nahe dem Eiffelturm, ruhig und fast provinziell wirkend.

Designhotel – **Hôtel Mama Shelter** [24]: ▶ V 9, 109, rue de Bagnolet 20. Arr., Métro: Gambetta (M3), Tel. 01 43 48 48 48, www.mamashelter.com, DZ 90–500 €. Das Hotel mit 170 Zimmern, ein modernes Gebäude mit Beton-Ästhetik, liegt nahe dem Friedhof Père Lachaise im Multikulti-Viertel Belleville. WLAN-Zugang und in den Bädern aus ökologischen Gründen meist Duschen statt Badewannen. Frühbucher im Internet können viel am Zimmerpreis sparen.

Mit Aussicht – **Hôtel Regyn's Montmartre** [25]: ▶ N 4, 18, place des Abbesses, Métro: Abbesses (M12), 75018 Paris, Tel. 01 42 54 45 21, Fax 01 42 23 76 69, www.regynsmontmartre.com, EZ 70–100 €, DZ 90–145 €. Hotel mit 22 kleinen, ansprechenden Zimmern in Montmartre. Von den oberen Etagen Blick über die Stadt oder auf Sacré Cœur.

Rustikal – **Familia Hotel** [26]: ▶ P 11, 11, rue des Écoles, Métro: Cardinal-Lemoine (M10), 75005 Paris, Tel. 01 43 54 55 27, Fax 01 43 29 61 77, www.familiahotel.com, EZ 92 €, DZ 110–130 €. Stilvoll eingerichtetes Hotel mit 30 Zim-

Reiseinfos

mern an der belebten Rue des Écoles. Mit Gobelins, gemusterten Tapeten und Textilien.

Schlicht – **Hôtel Tiquetonne** **27**: ▶ Karte 2, P8, rue Tiquetonne, Métro: Étienne-Marcel (M4), 75002 Paris, Tel. 01 42 36 94 58, Fax 01 42 36 02 94, www.hotel tiquetonne.fr, EZ, DZ 40–60 €. Hotel in der Fußgängerzone nahe der Marktstraße Rue Montorgueil, recht hellhörig und etwas in die Jahre gekommen, 45 zum Teil große Zimmer. Hauptpluspunkt ist die zentrale Lage.

Mit Zweirädern – **Hôtel du Nord** **28**: ▶ Q7, 47, rue Albert-Thomas, Métro: Jacques-Bonsergent (M5) oder République (M3, M5, M8, M9, M11), 75010 Paris, Tel. 01 42 01 66 00, Fax 01 42 01 92 10, www.hoteldunord-leparivelo. com, EZ 70 €, DZ 70–100 €. Das kleine Hotel mit 24 Zimmern setzt auf Flohmarktinterieur, freigelegte Steinmauern und liebevolle Details. Hostel-Atmosphäre, eigener Fahrradverleih!

Witzig-schrill – **Hôtel Mayet** **29**: ▶ L 11, 3, rue Mayet, Métro: Duroc (M10, M13), 75006 Paris, Tel. 01 47 83 21 35, Fax 01 40 65 95 78, www.mayet.com, EZ 120 €, DZ 140–175 €. Witzig-individuell eingerichtetes, farbenfrohes Hotel mit 23 Zimmern in grau-weiß-rotem Ikea-Stil. Frühstück im Gewölbekeller.

Jugendherberge & -hotels

Am Kanal – **St. Christopher's** **30**: ▶ S4, 68–74, quai de la Seine, Métro: Riquet, (M7), 75019 Paris, Tel. 01 40 34 34 40, www.st-christophers.co.uk/paris-hos tels, im Mehrbettzimmer ab 30 €/Pers., DZ mit Gemeinschaftsbad 47 €/Pers. Neues, schick gestyltes Hostel der britischen Kette St. Christopher's Inns. Die Lage am Kanal beim Bassin de la Vil-

lette ist einzigartig. Die Zimmer sind einfach, aber modern, es gibt eine Bar und ein Internetcafé.

Jugendherberge – **Auberge de Jeunesse Jules Ferry** **31**: ▶ R 7, 8, bd. Jules-Ferry, Métro: République (M3, M5, M8, M9, M11), 75011 Paris, Tel. 01 43 57 55 60, Fax 01 43 14 82 09, www.fuaj.org, ab 23 € im Mehrbettzimmer, ab 32 € im DZ.

Jugendhotels – **Hôtels MIJE:** www. mije.com, Tel. 01 42 74 23 45, Fax 01 40 27 81 64, Reservierung möglich. Pro Person im EZ 49 €, im DZ 36 €, Dreibettzimmer 32 €, Mehrbettzimmer 30 €, mit Frühstück. Drei Pariser Jugendhotels sind in historischen Gebäuden untergebracht. Maximal sieben Übernachtungen für 18–30-Jährige, 1–7 Uhr wird die Tür verschlossen, Handtücher müssen mitgebracht werden, keine gemischtgeschlechtliche Unterbringung. **Fauconnier** **32**: ▶ Karte 2, Q 10, 11, rue du Fauconnier, Métro: Pont-Marie (M7), 75004 Paris. **Fourcy** **33**: ▶ Karte 2, Q 10, 6, rue de Fourcy, Métro: Saint-Paul (M1), 75004 Paris. **Maubuisson** **34**: ▶ Karte 2, P 10, 12, rue des Barres, Métro: Hôtel de Ville (M1, M11), 75004 Paris.

Appartements
Ab einer Woche Aufenthaltsdauer gibt es möblierte Appartements vom Studio bis zur großen Wohnung.
France Appartements: 97, av. des Champs-Élysées, 75008 Paris, Tel. 01 56 89 31 00, Fax 01 56 89 31 01, www.rent apart.com
Paris Appartements Services: 20, rue Bachaumont, 75002 Paris, Tel. 01 40 28 01 28, Fax 01 40 28 92 01, www.paris-apts.com

Essen und Trinken

Wie Sie das richtige Restaurant finden?

… mit diesem Buch

Auf den folgenden Seiten finden Sie eine Auswahl an Adressen, die das gesamte kulinarische Spektrum in Paris widerspiegeln: von Vertretern der klassischen Haute Cuisine in gehobenen Restaurants über Spitzenküche in legereren und familiären Bistros bis zu großen Brasserien, in denen auch noch zu später Stunde serviert wird, und günstigen Traditionslokalen. Dazu die schönsten Cafés der Metropole von legendär über modern bis chic und angesagte Szenelokale. Ausnahmslos alle Adressen lohnen den mitunter längeren Weg quer durch die Stadt.

Weitere Adressen, darunter auch gute und günstige Stadtteilrestaurants, finden Sie bei der Beschreibung der einzelnen Stadtviertel (Übersicht s. u.).

Hier können Sie sich selbst umsehen …

Sie haben Hunger und möchten sich spontan für ein Lokal entscheiden? In Saint-Germain (6. Arr.), im Quartier Latin (5. Arr.) und im Marais (4. Arr.) finden Sie dank der großen Auswahl an Cafés, Bistros und Restaurants sicher irgendwo noch einen hübschen Platz – auch ohne Reservierung.

Wenn es etwas Exotisches und nicht zu teuer sein soll: Rund um die Rue Sainte-Anne (1. und 2. Arr.) gibt es viele japanische Lokale, oder Sie fahren Sie mit der Métro nach Chinatown

Die Gastronomie in Paris

Notre-Dame und Seine-Inseln
– Stadtviertelkarte S. 110
– Restaurantbeschreibungen S. 116

Marais und Bastille
– Stadtviertelkarte S. 124
– Restaurantbeschreibungen S. 132

Quartier Latin
– Stadtviertelkarte S. 142
– Restaurantbeschreibungen S. 152

Saint-Germain-des-Prés
– Stadtviertelkarte S. 158
– Restaurantbeschreibungen S. 163

Invalidendom und Trocadéro
– Stadtviertelkarte S. 174
– Restaurantbeschreibungen S. 182

Louvre und Centre Pompidou
– Stadtviertelkarte S. 196
– Restaurantbeschreibungen S. 208

Champs-Elysées und Opéra
– Stadtviertelkarte S. 216
– Restaurantbeschreibungen S. 225

Montmartre
– Stadtviertelkarte S. 234
– Restaurantbeschreibungen S. 241

Montparnasse
– Stadtviertelkarte S. 250
– Restaurantbeschreibungen S. 254

Reiseinfos

(13. Arr., nahe der Place d'Italie) oder ins Multikultiviertel Belleville (20. Arr.).

Die Gastronomie der Stadt

Nirgendwo gibt es mehr Restaurantsterne pro Quadratkilometer als in Paris, nirgendwo eifern mehr talentierte Köche ihren großen Vorbildern nach. Die Küche in Paris ist die raffinierteste, vielseitigste, beste der Welt. Mit zwei Einschränkungen: Die Diktatur des Neuen führt schon mal dazu, dass in Modelokalen dem Ambiente und Styling mehr Aufmerksamkeit gewidmet wird als der Küche. Wirklich ärgerlich ist, dass manchmal die Erfolg ein bislang auch im Service erstklassiges Restaurant dazu verführt, alles in Windeseile zu servieren, um den Tisch noch ein weiteres Mal zu besetzen.

Einer der großen Vorzüge von Paris ist die Vielseitigkeit der Auswahl. Neben der klassischen Haute Cuisine ist

---

Restaurant-Führer

Guide GaultMillau: Jährlich neu aufgelegter, einflussreicher Restaurant- und Hotelführer, subjektiver und entschiedener im Urteil als der Michelin.

Guide Michelin: Jährlich neu aufgelegter traditionsreicher Restaurant- und Hotelführer, eine Institution, konservativer im Urteil als der GaultMillau.

Taschen's Paris: Hotels, Restaurants & Shops. Sehr persönliche Empfehlungen von Angelika Taschen, eine Art Trendguide für Paris.

Im Internet:

www.gaultmillau.fr
www.viamichelin.fr
www.eatinparis.com
www.bestrestaurantsparis.com
www.timeout.com/paris/restaurants-cafes/

---

auch die regionale französische Küche von auvergnatisch bis provenzalisch gut vertreten sowie international die Küche aus aller Welt, von den Antillen über Marokko bis Vietnam. Nur Vegetarier haben es schwer in Paris: Insgesamt gibt es kaum zwei Dutzend vegetarische Restaurants. Doch kann man gut auf nordafrikanische und jüdische Restaurants und ihre Gemüsegerichte und Vorspeisen zurückgreifen.

Bistro, Restaurant oder Brasserie?

Bistros sind meist kleine Lokale, die zum Teil noch ihre schöne alte Innenausstattung besitzen. Es gibt preiswerte und luxuriöse Varianten, serviert werden entweder die Klassiker der französischen Bistroküche (Hausmannskost) oder regionale Spezialitäten – häufig in Paris vertreten sind die deftige Küche des französischen Südwestens und aus Lyon. Gegenüber der strengen Etikette der Haute Cuisine-Restaurants erlebt das legerere und familiärere Bistro seit kurzem wieder eine Renaissance, so dass viele Starköche der Spitzengastronomie preiswertere Zweitlokale eröffnet haben.

Brasserien (Brauhäuser), meist sehr große, betriebsame Lokale, servieren auch zu später Stunde noch, häufig Gerichte mit elsässischem Einschlag und riesige Meeresfrüchte-Platten. Die schönsten besitzen noch ihre originale Belle-Époque-Ausstattung.

Weinbistros *(bar à vin)* bieten zur großen Auswahl offener Weine in der Regel zu jeder Tageszeit kleine Gerichte an, von Aufschnitt *(charcuterie)* und belegten Broten *(tartines)* bis hin zu kleinen warmen Mahlzeiten.

Menü oder Formule du jour

Eine traditionelle französische Mahlzeit besteht aus einem *menu* mit drei oder mehr Gängen, in der Regel Vorspeise, Hauptgericht und Dessert oder

Essen und Trinken

Käse. Dafür lässt man sich im hektischen Paris fast nur noch abends Zeit. Mittags nehmen immer mehr Pariser nur noch ein leichtes Mittagessen zu sich, ein Sandwich, einen Salat, maximal zwei Gänge. Dieser Nachfrage nach ›Fastfood‹ entspricht die *formule,* ein günstiges Tagesangebot, bei dem ein Tagesgericht *(plat du jour)* wahlweise mit Vor- oder Nachspeise serviert wird.

Soweit es Menüs gibt, sind bei den Restaurants die Preise angegeben sowie ein Circawert für das Essen *à la carte.* Im Durchschnitt können in Bistro, Brasserie oder Restaurant inklusive Wein etwa 35–50 € veranschlagt werden. Mittags bieten auch die Restaurants der Luxusklasse viel preisgünstigere Menüs an, so dass man nur die Hälfte dessen bezahlt, womit man normalerweise rechnen müsste.

Spitzenküche

Avantgarde – **Pierre Gagnaire:** ▶ J 6, 6, rue Balzac, 8. Arr., Métro: George-V (M1), Tel. 01 58 36 12 50, www.pierre-gagnaire.com, Mo–Fr 12–13.30, 19.30–21.30, So 19.30–21 Uhr, Sa geschl. und So mittags, Menü 95 € (mittags werktags), 245 €, à la carte 350 €. Pierre Gagnaire, der Avantgardist unter den Sterneköchen, wird auch schon mal in einer Kunstzeitschrift interviewt. Gagnaire komponiert Produkte, Aromen, Farben und Formen zu überwältigenden, neobarocken Tellerinszenierungen. Das Restaurant dagegen ist wohltuend schlicht und dezent eingerichtet – vielleicht um der Kochartistik nicht den Auftritt zu stehlen.

Prachtvoll – **Le Grand Véfour:** ▶ Karte 2, N 8, 17, rue de Beaujolais, 1. Arr., Métro: Palais-Royal (M1, M7), Tel. 01 42 96 56 27, Fax 01 42 86 80 71, Fr abends,

Sa/So geschl., www.grand-vefour.com, Menü 90 € (mittags), 270 €, à la carte 230 €. Das über 200 Jahre alte Restaurant unter den Arkaden des Palais Royal besitzt noch sein originales, denkmalgeschütztes Interieur: spektakuläre Wanddekoration und Deckengemälde im Directoire-Stil. Einst speisten hier Gäste wie Napoléon Bonaparte, Victor Hugo, Colette und Cocteau, heute bietet Zwei-Sterne-Spitzenkoch Guy Martin zeitgemäße französische Küche für höchste Ansprüche.

Raffiniert und einfallsreich – **Guy Savoy:** ▶ H 6, 18, rue Troyon, 17. Arr., Métro: Charles de Gaulle – Étoile (M1, M2, M6), Tel. 01 43 80 40 61, www.guy-savoy.com, Di–Fr 12–14, 19.30–22.30, Sa 19.30–22.30 Uhr, Menü 130 € (mittags), 315 €, 360 €, à la carte 300 €. Guy Savoy, einer der Topköche Frankreichs, steht für perfekte Zubereitung und hält nichts von Schnickschnack auf dem Teller. Schwerpunkt auf der alle drei Monate wechselnden Karte sind Fisch, Geflügel und Gemüse. Dem Spitzenrestaurant gesellte Savoy mehrere Bistros als (eigenständige) Ableger unter Regie seiner Schüler bei, in denen man günstiger speist.

Günstige Traditionslokale

Volksspeisung – **Chartier:** ▶ O 7, 7, rue du Fbg. Montmartre, 9. Arr., Métro: Grands Boulevards (M8, M9), www.restaurant-chartier.com, keine Reservierung, tgl. 11.30–14.30, 18–21.30 Uhr, à la carte um 20–25 €. Ein großes (350 Plätze), lautes und ausgesprochen preiswertes Speiselokal *(bouillon),* wie es im 19. Jh. noch weit mehr gab – eine echte Pariser Institution. Man sollte hier keine kulinarischen Höhenflüge erwarten, die Gerichte sind sehr schlicht. Es wird schnell serviert und ab-

Reiseinfos

geräumt, weil immer Gäste warten, teils auch Schlange stehen. Das Jahrhundertwendedekor – Wandspiegel, Stuckverzierungen und das Glasdach – steht unter Denkmalschutz.

Volkstümlich – **Polidor:** ▶ O 10/11, 41, rue Monsieur-le-Prince, 6. Arr., Métro: Odéon (M4, M10), Tel. 01 43 26 95 34, www.polidor.com, Mo–So 12–14.30, 19–0.30 Uhr, So nur bis 23 Uhr, Menü 22 €, 29 €. Einfaches, seit 1845 bestehendes Speiselokal mit Patina. In geselliger Enge bestellt man preiswerte Tagesgerichte wie Blutwurst, Kaninchen in Senfsauce oder *petit salé* (geschmortes Kasslerfleisch). Großer Andrang, hoher Geräuschpegel.

Brasserien

Stylish – **Alcazar:** ▶ Karte 2, N 9, 62, rue Mazarine, 6. Arr., Métro: Odéon (M4, M10), Tel. 01 53 10 19 99, www.alcazar.fr, tgl. 12–15, 19–1 Uhr, Menü 35 € (mittags), 40 €. In dem ehemaligen Revuetheater Alcazar richtete Terence Conran eine moderne, puristische Brasserie ein. Schon in London und München hat der englische Designer XXL-Restaurants in Mode gebracht. Auch hier überzeugt das edel-schlichte Interieur, in dem typische Brasserie-Elemente (rote Sitzbänke, Spiegel) elegant ins Moderne übersetzt wurden. Die Küche ist französisch mit asiatischen Akzenten und nicht gerade preiswert.

Belle Époque – **Bofinger:** ▶ R 10, 3, rue de la Bastille, 4. Arr., Métro: Bastille (M1, M5, M8), Tel. 01 42 72 87 82, www.bofingerparis.com, Mo–Fr 12–15, 18.30–1, Sa, So 12–1 Uhr, Menü 35 €, à la carte 50 €. Die 1864 von einem Elsässer eröffnete älteste Brasserie in Paris ist stets voll und laut – und ein echter Klassiker. In der spektakulären

Belle-Époque-Einrichtung unter einer Glaskuppel werden Meeresfrüchte-Plateaus, Sauerkrautplatten und Schweinsfüße serviert.

Montparnasse-Legende – **La Coupole:** ▶ M 12, 102, bd. du Montparnasse, 14. Arr., Métro: Vavin (M4), Tel. 01 43 20 14 20, www.flobrasseries.com/Coupoleparis, tgl. 12–2 Uhr, Menü 23,50 € (mittags), 35 €, à la carte 50 €. Statt eines Menüs bestellt man hier am besten Meeresfrüchte. Die große Artdéco-Brasserie in Montparnasse gibt es bereits seit 1927. Die zeitweise vom Abriss bedrohte Pariser Institution wurde restauriert; schön sind die mit Fresken dekorierten Pfeiler. Das La Coupole ist offen für alle Gäste – von der bürgerlichen Familie bis zum trendigen Publikum.

Brasserie-Klassiker – **Flo:** ▶ P 7, 7, cour des Petites-Écuries, 10. Arr., Métro: Château-d'Eau (M4), Tel. 01 47 70 13 59, www.floparis.com, tgl. 12–1.30 Uhr, Menü 23,50 € (mittags), 35 €, à la carte 50 €. Die Belle-Époque-Brasserie nahe der Gare du Nord ist populär und stets sehr belebt. Elegant balancieren die Kellner an vollen Tischen und warten den Gästen vorbei – die Schlange reicht auch schon mal bis auf die Straße. Schwerpunkt der Karte: deftige elsässische Küche mit *choucroute* (Sauerkraut mit Würsten und Fleisch), Meeresfrüchte und Fisch.

Bistros & Restaurants

Botschaft des Zentralmassivs – **Ambassade d'Auvergne:** ▶ Karte 2, P 8, 22, rue du Grenier St-Lazare, 3. Arr., Métro: Etienne Marcel (M4), Tel. 01 42 72 31 22, www.ambassade-auvergne.com, tgl. 12–14, 19.30–22.30 Uhr, Menü 20 € (mittags), 30 €, 40 €, 55 €, 65 €, à la

Essen und Trinken

Im Chartier kann man für Pariser Verhältnisse recht preiswert essen

carte um 40 €. Das auvergnatische Restaurant ist seit Jahren ein Klassiker. Auf der Karte: Linsen aus Le Puy, Kohlsuppe, gefüllter Kohl mit Roquefortsauce, Fleischgerichte. Als Abschluss die hervorragenden Käse des Zentralmassivs, zum Menü ein Saint-Pourçain oder Boudes – regionale Küche vom Feinsten.

Provinzküche veredelt – **Aux Lyonnais:** ▶ O 7, 32, rue Saint-Marc, 2. Arr., Métro: Bourse (M3), Tel. 01 42 96 65 04, www.alain-ducasse.com, www.auxlyonnais.com, Di–Fr 12–14, Di–Sa 19.30–23 Uhr, Sa mittags, So und Mo geschl., Menü 34 €, à la carte 50 €. Sternekoch Alain Ducasse hat das Traditionsbistro nahe der Börse übernommen. Im sehenswerten Interieur (mit Majorelle-Kacheln von 1890) serviert man verfeinerte Lyoneser Gerichte. Vorspeisen wie Paté kommen in Einmachgläsern, manche Hauptgerichte im gusseisernen Pfännchen an den Tisch. Früh reservieren, die Mischung aus rustikal und raffiniert ist derzeit sehr angesagt – zumal in so perfekter Form.

Fleischeslust – **AOC:** ▶ P 11, 14, rue des Fossés St-Bernard, 5. Arr., Métro: Jussieu (M7, M10), Tel. 01 43 54 22 52, www.restoaoc.com, Di–Sa 12–14, 19.30–23 Uhr, So geschl., Menüs 29 € (mittags), à la carte 40 €. Deftige südwestfranzösische Küche in angenehmem Ambiente: in freundlichen Erdtönen

35

Reiseinfos

gestrichene Wände, zurückhaltende Deko, netter Service. Schwerpunkt sind die empfehlenswerten Fleischgerichte von Grillteller über *andouillette* bis Schweinebäckchen *(joue de porc)*.

Klassische Bistroküche – **Aux Crus de Bourgogne:** ▶ Karte 2, O 8, 3, rue Bachaumont, 2. Arr., Métro: Les Halles (M4) oder Sentier (M3), Tel. 01 42 33 48 24, www.auxcrusdebourgogne.com, Mo–Fr 12–14.30, 19.45–22.30 Uhr, Menü 29 €, à la carte 40 €. Französische Hausmannskost in einfach-rustikaler Umgebung. Vor allem mittags herrscht gesellige Stimmung in diesem beliebten Jahrhundertwende-Bistro mit Patina. Seit das Viertel zur Fußgängerzone wurde, kann man hier bei schönem Wetter auch draußen sitzen.

Echte Fusion-Küche – **Ze Kitchen Galerie:** ▶ Karte 2, O 10, 4, rue des Grands-Augustins, 6. Arr., Métro: Saint-Michel (M4), Tel. 01 44 32 00 32, www.zekitchengalerie.fr, Mo–Fr 12–14.30, 19–23, Sa 20–22.30 Uhr, Menü 39 € (mittags), 68 €, 80 €, à la carte um 70 €. Bis auf den wirklich blöden Namen ist die Kitchen Galerie rundherum empfehlenswert. Der Service ist für Pariser Verhältnisse überdurchschnittlich, die Einrichtung ruhiges Understatement. Hinter einem Glasfenster sieht man die Küchenbrigade wirbeln, auf der Karte findet man eine spannende Liaison von moderner Haute Cuisine und asiatischen Küchentraditionen. Tipp: In Nr. 25 der Rue des Grands-Augustins gibt es als Zweitlokal das etwas preiswertere KGB.

Trendy – **Macéo:** ▶ Karte 2, N 8, 15, rue des Petits-Champs, 1. Arr., Métro: Palais-Royal (M1, M7) oder Bourse (M3), Tel. 01 42 97 53 85, www.maceorestaurant.com, Mo–Fr 12–14.30, 19–23, Sa 19–23 Uhr, Menü 33 €, 38 €, 48 €, à la carte um 65 €. Mark Williamson, der Besitzer des Weinbistros Willi's Wine Bar (s. S. 208), hat nahe dem Palais Royal ein Restaurant in schönem Second Empire-Dekor eröffnet. Die Karte bietet kreative, leichte Mittelmeer-Gerichte, französische Klassiker und auch vegetarische Gerichte. Die Weine sind nicht gerade günstig, aber doch ihren Preis wert. Reservierung wird empfohlen, oft gibt es nur noch Plätze im Barbereich (niedrige Tische). Sehr freundliche Bedienung.

Mein Tipp

Essen im Showroom
Das Restaurant im Renault-Showroom eignet sich bestens für eine echt parisierische Mittagspause. Man sitzt auf engen Laufstegen oberhalb der ausgestellten Autos, die vom Personal mit fedrigen Staubwedeln von jedem Staubkörnchen befreit werden. Karte und Küche sind auf eilige Mittagsgäste eingestellt. Sehr begehrt: die Plätze am Fenster.
L'Atelier Renault: ▶ K7, 53, av. des Champs-Elysées, 8. Arr., Métro: Franklin D. Roosevelt (M1, M9), www.atelier.renault.com, tgl. 10–1 Uhr, George-V, Formule 18–22 € (mittags).

State of the Art – **Comptoir du Relais Saint-Germain:** ▶ Karte 2, N 10, 5, carrefour de l'Odéon, 6. Arr., Métro: Odéon, (M4, M10) Tel. 01 44 27 07 97, Di–Do 12–18, 20.30–23, Fr, Sa, So 12–23 Uhr, Menü 50 €. Der renommierte Yves Camdeborde, der zuvor im Régalade und in den Luxushotels Crillon und Ritz gekocht hat, hat das Hotel Relais Saint-Germain nahe Place de l'Odéon erwor-

Essen und Trinken

ben und dieses Minibistro nebenan gleich dazu. Statt großer Karte gibt's nur ein Menü, das täglich wechselt. Unbedingt reservieren, abends ist bis zu sechs Monate im Voraus ausgebucht!

Kreativ und köstlich – **Chez Michel:** ▶ P 5, 10, rue de Belzunce, 10. Arr., Métro: Gare du Nord (M4, M5), Tel. 01 44 53 06 20, Mo 19–23.30, Di–Fr 12–14, 19–23.30 Uhr, Menü 32 €, à la carte um 50 €. Thierry Breton bietet in diesem urtümlichen Bistro (nahe Nordbahnhof) bretonische Küche, von mariniertem Lachs, Muscheln oder Austern bis zu Rindsbraten, Täubchen, Rotbarbe und Petersfisch, erstklassig zubereitet und jeden Abstecher wert. Gleich nebenan läuft, ebenfalls unter der Regie von Thierry Breton, das Chez Casimir (6, rue de Belzunce, Tel. 01 48 78 28 80).

Denkmal im Bahnhof – **Le Train Bleu:** ▶ R 11, Gare de Lyon, Place Louis Armand, 12. Arr., Métro: Gare de Lyon, (M1, M14), Tel. 01 43 43 09 06, www.le-train-bleu.com, tgl. 11.30–15, 19–23 Uhr, Menü 55 €, 68 €, 98 €, à la carte 65 €. Das schönste Bahnhofsrestaurant der Welt in der Gare de Lyon besitzt eine fantastische Belle-Époque-Ausstattung mit Wand- und Deckenmalereien. Die Qualität der Lyoneser Küche wird dem Ambiente nicht immer ganz gerecht – dies jedoch ist unbedingt einen Besuch wert.

Wie in den guten, alten Zeiten – **Chez Georges:** ▶ Karte 2, O 8, 1, rue du Mail, 2. Arr., Métro: Bourse (M3) oder Sentier (M3), Tel. 01 42 60 07 11, Mo–Sa 12–14.30, 19–23 Uhr, à la carte 50 €. Ein Bistroklassiker, in dem die Zeit stehengeblieben scheint (nur die Preise wurden aktualisiert). Auch auf der Karte bewährte Klassiker, Ochsenmaulsalat und Hering, *entrecôte* und Seezunge.

Jüdischer Imbiss

Chez Marianne ist ein Delikatessenladen im jüdischen Viertel im Marais, in dem man auch essen kann: Als Imbiss kann man sich individuell einen Mezze-Teller zusammenstellen: Auberginen-, Sesam-, Kichererbsenpüree, Falafel, Kefta, Tarama, eingelegte Paprika oder türkischer Salat. Dazu den hauseigenen Gamay-Wein und zum Abschluss Pfefferminztee.
Chez Marianne: ▶ Karte 2, Q 9, 2, rue des Hospitalières-Saint-Gervais, 4. Arr., Métro: Saint-Paul (M1), Tel. 01 42 72 18 86, tgl. 11.30–24 Uhr, Mezze plus Getränk um 20 €.

Alles in üppigen Portionen und in geselliger Enge.

Aus aller Welt

Couscous-Variationen – **Chez Omar:** ▶ Q 8, 47, rue de Bretagne, 3. Arr., Métro: Arts et Métiers (M3, M11), Tel. 01 42 72 36 26, Mo–Sa 12–14.30, 19–24 Uhr, à la carte 30 €. Nordafrikanisch-orientalische Küche, vor allem guter Couscous in verschiedenen Variationen, mit Huhn, Lamm, Merguez oder Gemüse. Das einfache Lokal mit Patina und lebhafter Atmosphäre ist schon lange bei Medienszene, Galeristen und Künstlern beliebt. Da man nicht reservieren kann, muss man für einen Tisch meist anstehen.

Cross-Over-Küche – **Spoon at Marignan:** ▶ K 7, 14, rue Marignan, 8. Arr., Métro: Franklin Roosevelt (M1, M9), Tel. 01 40

Reiseinfos

Das Café Les Deux Magots, einst Treffpunkt der Intellektuellen vom Rive Gauche

76 34 44, www.alain-ducasse.com, www.spoon.tm.fr, Mo–Fr 12–14.30, 19.30–22.30 Uhr, Sa, So geschl., Menü 33 € (mittags), 75 €, à la carte um 80 €. Starkoch Alain Ducasse verfolgt im Ableger Spoon das Konzept World- oder Fusion-Küche. Und das so erfolgreich, dass man unbedingt früh reservieren sollte. Es gibt keine Gerichte auf der Karte – stattdessen stellt man sich aus Zutaten, Beilagen, Gewürzen und Zubereitungsarten (Dampf, Wok, Grill, heißer Stein ...) aus aller Welt seine ganz persönliche Kreation zusammen.

Fisch

Alles aus dem Meer – **Les Fables de la Fontaine:** ▶ K9, 131, rue Saint-Dominique, 7. Arr., Métro: École Militaire, (M8), Tel. 01 44 18 37 55, http://les fablesdelafontaine.net, tgl. 12–14.30, 19.15–23 Uhr, Menü 35 € (mittags), Überraschungsmenü mit sechs Gängen 90 €, à la carte 65 €. Das kleine (wie so oft in Paris sitzt man hier Ellbogen an Ellbogen), auf Fisch und Meeresfrüchte spezialisierte Lokal führen zwei Schüler von Christian Constant, der in derselben Straße das Café Constant, das Gourmetrestaurant Violon d'Ingres und das Les Cocottes führt. Hervorragende, frische Gerichte von Hummerravioli, Langusten und Jakobsmuscheln bis zu diversen Fischgerichten.

Trendy – **Gaya Rive Gauche:** ▶ M9, 44, rue du Bac, 7. Arr., Métro: Rue du Bac, (M12), Tel. 01 45 44 73 73, www.pierre-

Essen und Trinken

auch offen glasweise. Eher kleine Karte mit relativ preiswerten Tagesgerichten auf einer Schiefertafel.

Bodenständig – **La Tartine:** ▶ Karte 2, Q 9, 24, rue de Rivoli, 4. Arr., Métro: Hôtel de Ville (M1, M11), Mo, Do–So 8.30–22, Mi 12–22 Uhr. Beliebtes Pariser Weinbistro im Marais mit Schwerpunkt auf Beaujolais-Weinen.

Cafés

Schicker Logenplatz am Louvre – **Café Marly:** ▶ Karte 2, N 8, 93, rue de Rivoli, 1. Arr., Métro: Palais-Royal (M1, M7), 8–2 Uhr. Das schickste Pariser Café unter den Arkaden des Louvre mit Blick auf die Glaspyramide. Im Innern ließ Besitzer Gilbert Costes einen eleganten Stilmix in Rot-Blau kreieren, halb Second-Empire, halb modernes Design. Besonders schön abends, wenn Louvre und Pyramide beleuchtet sind. So exklusiv wie die Lage sind auch die Preise.

gagnaire.com, Mo–Sa 12–14.30, 19.30–22.45 Uhr, à la carte 85 €. Star- und Sternekoch Pierre Gagnaire hat aus dem Lokal ein elegantes Fischbistro gemacht. Ob Austern, Muscheln, geräucherter Hering oder Seezunge – die Gerichte sind leicht und erfindungsreich, die Weinkarte passend.

Weinbistros

Viel junges Publikum – **Le Coude-Fou:** ▶ Karte 2, P 9, 12, rue Bourg-Tibourg, 4. Arr., Métro: Hôtel de Ville (M1, M11), Tel. 01 42 77 15 16, tgl. 12–14, 19–2, Küche 19.30–23 Uhr, à la carte 35 €. Einfaches Bistro im Marais, mit bunten Wandfresken, kleinen Holztischen und jungem Publikum. Recht viele Weine

Modernes Literatencafé – **Café Beaubourg:** ▶ Karte 2, P 9, 100, rue Saint-Martin, 4. Arr., Métro: Rambuteau, (M11), bis 1 Uhr. Von Christian de Portzamparc (dem Architekten der Cité de la Musique) eingerichtetes Café, ein modernes Äquivalent zu den Literatencafés der Rive Gauche der 1950er-Jahre. Das postmoderne Interieur und die schöne Terrasse mit Blick auf das Centre Pompidou schätzen Künstler, Intellektuelle und die Schickeria von Paris.

Café und Szene-Bar – **Le Petit Fer à Cheval:** ▶ Karte 2, Q 9, s. Lieblingsort S. 126.

Pariser Café-Legende – **Les Deux Magots:** ▶ Karte 2, N 10, 6, place St-Ger-

39

Reiseinfos

main-des-Prés, 6. Arr., Métro: Saint-Germain (M4), bis 1.30 Uhr, www.lesdeuxmagots.fr. Eine Pariser Institution, in den 1960ern berühmter Treffpunkt der Intellektuellen, schöner Blick auf

Am Wasser
Am Quai Montebello ankern einige Boote mit Verglasung oder offenem Dach, für Gäste, die bei einem Café oder einer schlichten Mahlzeit direkt neben Notre-Dame die Atmosphäre am Wasser genießen wollen. Einige weitere Bootslokale zog es an die Seine-Quais im 12. und im 13. Arrondissement.

die Kirche Saint-Germain. Die Legende zieht natürlich Touristen aus aller Welt an, aber es ist tatsächlich ein Erlebnis.

Berühmt – **Café de Flore:** ▶ Karte 2, N 10, 172, bd. Saint-Germain, 6. Arr., Métro: Saint-Germain (M4), bis 2 Uhr, www.cafe-de-flore.com. Das legendäre, von Schriftstellern frequentierte Café ist immer noch eins der schönsten in Paris, auch wenn der Ruhm sich auf die Preise niederschlägt.

Salons de thé

Eine Institution – **Angelina:** ▶ M 8, 226, rue de Rivoli, 1. Arr., Métro: Tuileries, (M1). Von der österreichischen Familie Rumpelmayr gegründeter Salon de thé im schönsten Belle-Époque-Dekor. Noch heute ist das Lieblingslokal von Proust eine Institution an der Rue de Rivoli – oft bilden sich Warteschlangen für einen freien Tisch. Gerühmt wird die heiße Schokolade; Spezialität: Mont-Blanc, ein Gebäck mit Kastanienpüree und Sahne.

Mit Ausblick – **Le Flore en l'Île:** ▶ Karte 2, P 10, 42, quai d'Orléans, 4. Arr., Métro: Pont-Marie (M7). Kleiner Teesalon auf der Île Saint-Louis mit wunderbarem Blick auf Notre-Dame und die Île de la Cité. Eis von Berthillon.

Orientalisch – **Café Maure:** ▶ P 12, 39, rue Geoffroy-Saint-Hilaire, 5. Arr., Métro: Censier-Daubenton (M7), tgl. 9–23.30 Uhr. Im Teesalon der Pariser Moschee nahe dem Botanischen Garten trinkt man süßen Pfefferminztee. Der sehenswerte Raum mit bunten Kacheln, Sitzbänken und bemalter Holzdecke wird im Sommer um zwei kleine Innenhöfe erweitert (s. auch S. 149).

Feine Pâtisserie – **Ladurée:** ▶ M 7, 16, rue Royale, 8. Arr., Métro: Madeleine (M8, M12, M14), Mo–Do 8.30–19.30, Fr, Sa 8.30–20.30, So 10–19.30 Uhr, Verkauf 10–19 Uhr, www.ladurée.fr. Der vornehme Salon de thé eröffnete 1862 und besitzt noch das Interieur im Second Empire-Stil. Das Ambiente passt zu den Luxusläden ringsum und der betuchten Klientel – die Preise allerdings auch. Köstliche Schokoladenkuchen, berühmte *macarons* (auch als Souvenir in edlen gefütterten Kartons). Filialen auf den Champs-Élysées, im Kaufhaus Printemps und in der Rue Bonaparte.

Einkaufen

Paris ist ein Einkaufsparadies – jedenfalls, wenn man die Preisschilder einfach ignoriert. Neben Wein, Champagner und teuren Düften ist die Haute Couture Frankreichs wichtigster Exportschlager. Paris ist noch immer die Modehauptstadt der Welt (s. S. 100).

Die größte Auswahl an Parfüm und Kosmetik bieten die vornehmen Kaufhäuser Printemps und Galeries Lafayette nahe der Oper und das Bon Marché, das einzige Kaufhaus auf dem linken Ufer. Die schönsten Viertel für einen ausgiebigen Schaufensterbummel sind Saint-Germain-des-Prés und das Marais mit vielen hübschen Boutiquen und Spezialläden. Preiswerte modische Jeans- und Sportswear, Dessous, Modeschmuck und Accessoires findet man im Quartier Latin am Boulevard Saint-Michel und im Hallenviertel rund um die Rue Saint-Denis.

Für Feinschmecker und Hobbyköche bietet Paris viele Gelegenheiten, sich mit französischen Delikatessen und Lebensmitteln aus aller Welt zu versorgen. Absolute Topadressen sind die Feinkostgeschäfte Hédiard und Fauchon an der Madeleine-Kirche. Auch die Lebensmittelabteilung des Bon Marché und die vielen Spezialgeschäfte für Pralinen und Schokolade, Käse, Senf, Olivenöl, Gänseleber, Kaviar oder exotische Gewürze sind eine einzige Versuchung. Und daneben gibt es Fachgeschäfte für edle Tischwäsche, Porzellan, Glas und Profiküchenutensilien, in denen man viel Geld lassen möchte.

Antiquitäten findet der Sammler im Village Saint-Paul im Marais, im Louvre des Antiquaires am Palais-Royal sowie in der Rue Jacob und ihren Nebenstraßen in Saint-Germain-des-Prés, mit etwas Glück auch auf dem Flohmarkt an der Porte de Clignancourt.

Antiquitäten

Antiquitätenviertel – **Carré Rive Gauche:** ▶ M/N 9/10, Métro: Saint-Germain (M4), www.carrerivegauche.com. In Saint-Germain-des-Prés, im sogenannten Carré Rive Gauche, haben sich in Rue Jacob, Rue des Saints-Pères, Rue de l'Université und umliegenden Straßen viele Antiquitätenhändler angesiedelt.

Wertvolle Kunst – **Louvre des Antiquaires:** ▶ Karte 2, N 8, 2, place du Palais Royal, 1. Arr., Métro: Palais-Royal (M1, M7), www.louvre-antiquaires.com. Di–So 11–19 Uhr, im Juli, Aug. So gesch. Etwa 250 Händler unter einem Dach, die sorgfältig restaurierte Kunstschätze zu hohen Preisen anbieten.

Trödel – **Village Saint-Paul:** ▶ Q 10, Rue Saint-Paul, 4. Arr., Métro: Saint-Paul (M1), Do–Mo 11–18 Uhr. In Hinterhöfen versteckte Trödelläden (ca. 40 Händler) im Marais laden zum Stöbern ein.

Soldes! Soldes!

Im Januar und im Juli verwandeln sich Kaufhäuser wie Edelboutiquen in Wühltische – beim Winter- und beim Sommerschlussverkauf gibt es kräftige Rabatte. In einem Zeitraum von sechs Wochen wird gleich mehrmals reduziert – übrigens nicht nur Mode, sondern auch Tisch- und Bettwäsche, Geschirr und andere Waren. In den ersten Wochen gibt's Nachlässe um 50 %, wird die *deuxième marque* ausgerufen, werden die Neupreise um 75 % oder sogar bis zu 90 % unterboten.

Reiseinfos

Bücher & CDs

Über die Kochkunst – **Librairie Gourmande:** ▶ O 7, 92–96, rue Montmartre, 2. Arr., Métro: Sentier (M3), www.librairiegourmande.fr, Mo–Sa 11–19 Uhr. Alles zu Gastronomie und Önologie: alte und neue Kochbücher, Sachbücher über kulinarische Themen, Lebensmittelkunde, Wein, Tafelsitten und Essgewohnheiten.

Bücher und Multimedia – **Fnac:** Frankreichs umsatzstärkste Buch- und Medienhandelskette; neben Büchern ein riesiges Angebot an Musik und Elektronik. Drei große Märkte stehen zur Wahl:
▶ Karte 2, O 8, Forum des Halles, 1. Arr., Métro: Les Halles (M4), Mo–Sa 10–20 Uhr,
▶ M 11, 136, rue de Rennes, 6. Arr., Métro: Montparnasse-Bienvenüe (M4, M6, M12, M13), Mo–Sa 10–20 Uhr,
▶ J 7, 74, av. des Champs-Élysées, 8. Arr., Métro: George-V (M1), Mo–Sa 10–23.45 Uhr, So 12–23.45 Uhr.

Anspruchsvolle Literatur – **La Hune:** ▶ Karte 2, N 10, 170, bd. Saint-Germain, 6. Arr., Métro: Saint-Germain-des-Prés (M4), Mo–Sa 10–23.45 Uhr. Die klassische Rive-Gauche-Buchhandlung – 1944 gegründet und seit den 1950ern an dieser Stelle – führt anspruchsvolle Literatur, Theorie, Kunst, Design, Architektur.

Outdoorspezialist – **Au Vieux Campeur:** ▶ O 11, 48, rue des Ecoles, 6. Arr., Métro: Cluny-La Sorbonne (M10), www.auvieuxcampeur.fr, Mo–Mi, Fr 11–19.30, Do 11–21, Sa 10–19.30 Uhr. Hauptgeschäft des Sport- und Wanderspezialisten, in den benachbarten Seitenstraßen mehr als ein Dutzend weitere Läden, darunter einer mit umfangreicher Auswahl an Karten und Reiseführern.

Flohmärkte

Clignancourt-Flohmarkt – **Marché aux Puces de Saint-Ouen:** ▶ nördlich O 3, Métro: Porte de Clignancourt (M4) oder Garibaldi (M13), www.les-puces.com, Sa 9–18, So 10–18, Mo 11–16 Uhr (Mo öffnet nur etwa die Hälfte der Händler). Einer der größten Flohmärkte der Welt, s. S. 244.

Echter Flohmarkt – **Marché aux Puces de Vanves:** ▶ südlich K 13, Av. Georges Lafenestre, Rue Marc Sangnier, 14. Arr., Métro: Porte de Vanves (M13), http://pucesdevanves.typepad.com, Sa, So 9–14 Uhr. Ein echter Flohmarkt, allerdings sind auch hier viele Händler unter den Verkäufern. Es empfiehlt sich, frühmorgens zu kommen.

Geschenke & Souvenirs

Kult, häufig kopiert – **Colette:** ▶ M 8, 213, rue Saint-Honoré, 1. Arr., Métro: Tuileries (M1), www.colette.fr, Mo–Sa 11–19 Uhr. Der Concept-Store wählt aus Trend-Labels das aus, was gerade angesagt ist: Wohnzubehör, Designobjekte, CDs, Mode, Kosmetik. Mal gibt es eine Nail-Bar, mal arbeitet eine Floristin. Top-Treff für Insider ist auch die Mineralwasserbar im Untergeschoss.

Für ambitionierte Hobbyköche – **E. Dehillerin:** ▶ Karte 2, O 8, 18, rue Coquillère, Métro: Les Halles (M4), www.e-dehillerin.fr, Mo 9–12.30, 14–18, Di–Sa 9–18 Uhr. Gestylt ist der Laden wirklich nicht, sondern eher eine Art Warenlager – aber einer der bestsortierten Küchenläden Frankreichs. Das Sortiment reicht vom Wiegemesser bis zum Kochtopf für eine Hundertschaft, s. S. 206.

Papierkunst – **Papier Plus:** ▶ Karte 2, P 10, 9, rue du Pont-Louis-Philippe,

Einkaufen

Shopping auf der Avenue Montaigne

4. Arr., Métro: Saint-Paul (M1) oder Pont-Marie (M7), www.papierplus.com, Mo–Sa 12–19 Uhr. Edles Schreibzubehör, Papiere und Karton in allen Farben und Stärken, Stifte, Notiz-, Adress-, Tagebücher und Kalendarien.

Französisches Design – **Sentou:** www.sentou.fr, Di–Sa 10–19 Uhr. Zeitgenössisches Design, u. a. von Tsé & Tsé (u. a oft kopierte Reagenzglaskette Vase d'Avril), 100drine, Brigitte de Bazelaire und Isamu Noguchi: Papierlampen und Lichterketten, Vasen, Mobiliar in ungewöhnlichen Formen und Farben.
▶ Karte 2, P 10, 29, rue François Miron, 4. Arr., Métro: Hôtel de Ville (M1, M11),
▶ M 10, 26, bd. Raspail, 7. Arr., Métro: Rue du Bac (M12)

Kaufhäuser

Luxuskaufhaus – **Bon Marché:** ▶ M 10, 5, rue Babylone, 7. Arr., Métro: Sèvres-Babylone (M10, M12), www.lebonmarche.fr, Mo–Mi, Sa 10–20, Do, Fr 10–21 Uhr, Grande Epicerie Mo–Sa 8.30–21 Uhr. Das einzige Kaufhaus (seit 1852) auf dem Rive Gauche, sehr schick, mit großer Auswahl an Designermode und Accessoires sowie überwältigender Lebensmittelauswahl im Nebengebäude.

Mit Glaskuppel – **Galeries Lafayette:** ▶ N 6, 40, bd. Haussmann, 9. Arr., Métro: Chaussée-d'Antin (M7, M9), www.galerieslafayette.com, Mo–Sa 9.30–19.30, Do bis 21 Uhr. Große Parfümerieabteilung, hochwertige Mode, Dessous, Accessoires; Küchen- und Wohnabteilung im Gebäude gegenüber.

Department Store französisch – **Au Printemps:** ▶ M 6, 64, bd. Haussmann, 9. Arr., Métro: Havre-Caumartin (M3, M9), www.printemps.fr, Mo–Sa 9.30–19, Do bis 22 Uhr. Alle großen Marken sind in der Modeabteilung vertreten. Schön auch das Restaurant im obersten Stockwerk, das eine vielfarbige Belle-Époque-Glaskuppel besitzt.

Reiseinfos

Delikatessen

Feinkost vom Feinsten – **Hédiard:**
▶ M 7, 21, place de la Madeleine, 8. Arr., Métro: Madeleine (M8, M12, M14), www.hediard.fr, Mo–Sa 9–20.30 Uhr. Seit 1894 *der* Delikatessenladen von Paris, ein Mekka für Genießer. Allein schon die verlockend arrangierten Schaufenster lohnen den Abstecher. Zusammen mit Fauchon, das gleich gegenüber liegt, der definitive Spitzenreiter unter den Pariser Feinkostläden.

Edle Trüffel – **Maison de la Truffe:**
▶ M 7, 19, place de la Madeleine, 8. Arr., Métro: Madeleine (M8, M12, M14), www.maison-de-la-truffe.com, Mo–Sa 10–22 Uhr. Kostbare Trüffel (schwarze um 900 €/kg), auch getrüffelter Essig, Trüffelsauce, Olivenöl mit Trüffel.

Feinste Teesorten – **Mariage Frères:**
www.mariagefreres.com, tgl. 10.30–19.30 Uhr,
▶ Karte 2, O 10, 13, rue des Grands-Augustins, 6. Arr., Métro: Saint-Michel (M4). Teeliebhaber können aus mehr als 500 Sorten wählen, angeschlossen sind ein netter, ruhiger Salon de thé und ein kleines Teemuseum.
▶ Karte 2, P 9, 30, rue du Bourg-Tibourg, 4. Arr., Métro: Hôtel de Ville (M1, M11).

Mode & Accessoires

Vielseitig weiblich – **Agnès B.:** www.agnesb.fr, Mo–Sa 10–19 (Winter), 10.30–19.30 Uhr (Sommer),
▶ Karte 2, O 8, Rue du Jour, 1. Arr., Métro: Les Halles (M4),
▶ Karte 2, N 10, 22, rue Saint-Sulpice, 6. Arr., Métro: Saint-Sulpice (M4). Mehrere Läden für Herren, Damen und

---

Pariser Kaufhäuser

Die drei großen Pariser Kaufhäuser Galeries Lafayette, Printemps und Bon Marché lohnen zu jeder Saison einen Besuch, besonders aber zu Weihnachten, wenn sie in vollem Lichterglanz erstrahlen. Neben den Luxusmarken aus Mode und Kosmetik kann man hier auch bezahlbaren französischen Schick finden, und das in einem jeweils eindrucksvollen Ambiente.

Kinder mit qualitativ guter, zeitlos klassischer Mode.

Schrill – **Antoine et Lili:** ▶ Karte 2, N 10, 87, rue de Seine, 6. Arr., Métro: Odéon (M4, M10), www.antoineetlili.com, Di–Sa 10.30–19.30, So, Mo 12.30–19 Uhr. Poppiger Szeneladen mit Vorliebe für Pink und freche, preisgünstige Mode. Teils wird die eigene Marke vertrieben, teils andere junge Designer. Viele Filialen in Paris.

Business-Mode – **Barbara Bui:** www.barbarabui.com, Mo–Sa 10–19.30 Uhr,
▶ Karte 2, O 8, 23, Rue Étienne-Marcel, 2. Arr., Métro: Étienne-Marcel (M4),
▶ K 7, 50, av. Montaigne, 8. Arr., Métro: Franklin D. Roosevelt (M1, M9).
Puristische City-Mode aus feinen Stoffen, Schuhe, Accessoires, oft in dunklen, gedeckten Farben. Preiswertere Zweitkollektion.

Avantgarde – **Comme des Garçons:**
▶ L 7, 54, rue du Fbg. Saint-Honoré, 8. Arr., Métro: Madeleine (M8, M12, M14), www.comme-des-garcons.com, Mo–Sa 11–19 Uhr. Androgyne Mode mit Kultstatus von Rei Kawakubo; Parfümerie s. S. 46.

Vintage – **Didier Ludot:** ▶ Karte 2, N 8, 20–24, Galerie Montpensier, 1. Arr.,

44

Einkaufen

Métro: Palais-Royal (M1, M7), www.didierludot.fr, Mo–Sa 10.30–19 Uhr. Secondhand-Mode und Accessoires im Palais Royal: Klassiker der 1920er bis 1970er, z.B. von Balenciaga, Chanel, Balmain …

Tragbar, bequem, sexy – **Isabel Marant:**
▶ R 10, 16, rue de Charonne, 11. Arr., Métro: Bastille (M1, M5, M8) oder Ledru-Rollin (M8), Mo–Sa 10.30–19.30 Uhr, www.isabelmarant.tm.fr. Die junge Fashiondesignerin Isabel Marant ist mit ihrer femininen Meltingpot-Mode in Paris sehr erfolgreich.

Japanisch – **Issey Miyake:** www.isseymiyake.com, Mo–Sa 11–19 Uhr,
▶ M 10, 201, bd. Saint-Germain, 7. Arr. Métro: Rue du Bac (M12),
▶ M 7, 11, rue Royale, 8. Arr., Métro: Concorde (M1, M8, M12) oder Madeleine (M8, M12, M14).
Weite Schnitte aus gefältelten, plissierten, wattierten, geknoteten Textilien. Der Japaner experimentiert gerne damit, wie man aus einem einzigen Stück Stoff ohne Nadel und Faden ein Kleidungsstück schaffen kann.

Bunt und schrill – **JC de Castelbajac:**
▶ Karte 2, O8, 10, rue Vauvilliers, 1. Arr., Métro: Les Halles (M4), www.jc-de-castelbajac.com, Mo–Sa 11–19 Uhr. Knalliges Design von Couturier Jean-Charles de Castelbajac und Newcomern der internationalen Fashionszene: Mode, Accessoires und sogar Möbel.

Unkonventionell – **Jean Paul Gaultier:**
▶ Karte 2, N 7/8, 6, rue Vivienne, Galerie Colbert, 2. Arr., Métro: Bourse (M3), www.jeanpaulgaultier.com, Mo–Fr 10–19, Sa 11–19 Uhr. JPG's Entwürfe changieren zwischen (ironischer) Respektlosigkeit und klassischer Eleganz. Shops auch im Bon Marché und in den Galeries Lafayette.(s. S. 43)

Multikulti – **Kenzo:** www.kenzo.com, Mo 11.30–19.30, Di–Sa 11–19.30 Uhr.
▶ Karte 2, O8, 3, place des Victoires, 2. Arr., Métro: Bourse (M3),
▶ Karte 2, O9, 1, rue du Pont Neuf, 1. Arr., Métro: Pont-Neuf (M7).
Stets neue Farbkombinationen und Einflüsse aus aller Welt werden ganz unfolkloristisch kombiniert.

Trendboutique – **Marc de Marc Jacobs:**
▶ M8, 19, place du Marché Saint-Honoré, 1. Arr., Métro: Pyramides (M7, M14) oder Tuileries (M1), www.marcjacobs.com, Mo–Sa 10–19 Uhr. Die eigene Linie von Ex-Vuitton- und demnächst vermutlich Dior-Chefdesigner Marc Jacobs, dem neuen Star der internationalen Fashionszene: Mode, Taschen und Accessoires.

Reine Wolle – **Sonia Rykiel:** ▶ M 10, 179, bd. Saint-Germain-des-Prés, 6. Arr., Métro: Saint-Germain-des-Prés, (M4), www.soniarykiel.com, Mo–Sa 10–20 Uhr. Über vier Jahrzehnte im Modebusiness erfolgreich: die Altmeisterin des Strick. Weichfallende Strickmode, Kleider und Accessoires für Karrierefrauen (Pendant für Herrenmode: Nr. 194).

Nobel – **Louis Vuitton:** ▶ J7, 101, Champs-Élysées, 8. Arr., Métro: George V, www.vuitton.com, Mo–Sa 10–20 Uhr. Der Flagshipstore präsentiert die Edelmarke für Mode, Gepäck und Accessoires zeitgenössisch und modern.

Puristisch – **Yohji Yamamoto:** www.yohjiyamamoto.co.jp, Mo–Sa 11–19 Uhr.
▶ Karte 2, O8, 25, rue du Louvre, 1. Arr., Métro: Étienne Marcel (M4),
▶ M8, 4, rue Cambon, 1. Arr., Métro: Concorde (M1, M8, M12).
Puristische japanische Mode in minimalistischer Boutique, die Adidas-Linie Y-3 gibt's in der Rue du Louvre.

Reiseinfos

Parfüm & Kosmetik

Die Kaufhäuser Galeries Lafayette, Printemps und Bon Marché haben die größten Parfümerieabteilungen, in denen Düfte und Lotionen aller großen Marken jeweils an eigenen Ständen präsentiert werden.

Französisch – **Annick Goutal:** ▶ M 8, 14, rue de Castiglione, 1. Arr., Métro: Tuileries (M1), Mo–Sa 10–19 Uhr, www.annickgoutal.com. Im (so femininen) Reich der Flakons und Duftwasser setzen sich nur selten weibliche Riechprofis durch: Annick Goutal ist die Ausnahme. Eau d'Hadrien, Eau de Charlotte, Eau du Ciel und andere Parfüms.

Japanisch – **Shiseido:** ▶ Karte 2, N 8, 142, galerie de Valois, 1. Arr., Métro: Palais-Royal (M1, M7), www.salons-shiseido.com, Mo–Sa 11–19.30 Uhr. Japanische Düfte und Kosmetik in trendigdüsterem Laden im Palais-Royal im Stil einer Parfümerie aus dem 19. Jh. Ausgestellt werden nur die Parfümflakons, Tiegel und Tuben sind in Schränke verbannt.

Eigenwillig und stylish – **Comme des Garçons:** ▶ M/N 7/8, 23, place du Marché St-Honoré, 1. Arr., Métro: Pyramides (M7, M14), www.comme-des-garcons.com, Mo–Sa 11–19 Uhr. Eigenwillig wie

die Mode der japanischen Stylistin Rei Kawakubo ist auch die minimalistische Parfümerie gegenüber der gläsernen ›Markthalle‹ von Ricardo Bofill.

Kosmetik – **Shu Uemura:** ▶ Karte 2, N 10, 176, bd. Saint-Germain, 6. Arr., Métro: Saint-Germain-des-Prés (M4), www.shuuemura.com, Mo 11–19, Di–Sa 10–19 Uhr. Japanische Kosmetikserie in edel-schlichten Behältnissen. Große Farbpalette, gute Beratung, schöne Visagistenpinsel und Necessaires.

Schuhe & Lederwaren

Tradition trifft Avantgarde – **Robert Clergerie:** ▶ M 10, 5, rue du Cherche-Midi, 6. Arr., Métro: Sèvres-Babylone (M10, M12), Mo–Sa 10–19 Uhr, www.robertclergerie.fr. Der Trendsetter der internationalen Schuhmode fertigt elegante Modelle. In derselben Straße auch Schuhläden von Fausto Santini, Camper u. a.

High Snobiety – **Hermès:** www.hermes.com, Mo–Sa 10.30–18.30 Uhr. ▶ L 7, 24, rue du Faubourg-Saint-Honoré, 8. Arr., Métro: Madeleine (M8, M12, M14), ▶ M 10, 17, rue de Sèvres, 6. Arr., Métro: Sèvres-Babylone (M10, M12). Feinstes Leder für Handtaschen, Portemonnaies und Gürtel in klassischem Schick. Für das Markenzeichen des einstigen Sattlerbetriebs, edle und schon legendäre Seidentücher, muss frau schon ein wenig mehr ausgeben.

Fast wie von Hand genäht – **Heschung:** ▶ M 10, 20, rue du Vieux Colombier, 6. Arr., Métro: Saint-Sulpice (M4), www.heschung.com, Mo–Sa 10–19 Uhr. Seit 1934 werden die sportlich-eleganten Schuhe aus hochwertigem Leder und in handwerklicher Qualität im Elsass gefertigt. Eine Investition wert!

Sonntags im Marais

Sonntags, wenn in fast allen Pariser Stadtvierteln die Straßen verödet sind und die Rollläden an den Geschäften heruntergelassen, flanieren Menschenmengen über die Rue des Francs-Bourgeois und die Nachbarstraßen. Seit hier die Boutiquen sonntags öffnen, drängeln sich die Pariser auf den handtuchschmalen Gehwegen.

Ausgehen – Abends und Nachts

Wie in allen Metropolen wechselt schnell, was gerade bei den *noctambules* (Nachtschwärmern) der Film-, Musik-, Modeprominenz und ihrem Fußvolk angesagt ist, auch hängt es teilweise vom Wochentag ab, wo ›man‹ hingeht. Beliebt sind Events und Motto-Abende, die von Gast-DJs oder professionellen Partyorganisatoren an wechselnden, gern ausgefallenen Locations gestaltet werden. Insgesamt ist das Pariser Nachtleben eher harmlos, dafür sehr teuer, wenn nicht unerschwinglich. Infos im Internet: www.parissi.com, www.parisvoice.com.

Die Pariser Nacht beginnt in Bars und Szenelokalen, in denen man ›ein Glas mit Freunden‹ trinkt – unter den vielen anderen, die ebenfalls unter sich sein wollen. Erst weit nach Mitternacht füllen sich die Diskotheken; dort wird mindestens Fr und Sa Eintritt verlangt (um 15–20 €). Die besten Viertel zum Ausgehen sind Saint-Germain, Bastille, Les Halles, Marais und Oberkampf.

Bars & Szenelokale

Snobby – **Barfly:** ▶ J7, 49, av. George-V, 8. Arr., Métro: George-V (M1), Mo–Sa 18–2 Uhr. Schicke Bar im Stil nobler New Yorker Clubs, in der Menschen aus Mode- und Filmszene verkehren, mit Eingangskontrolle. Im ›Goldenen Dreieck‹ der Haute Couture unweit der Champs-Élysées, mittags (12–15 Uhr) Restaurant mit Yuppie-Food wie Sushi oder Crossover-Küche, teuer.

Salsa und mehr – **Barrio Latino:** ▶ R 10, 46–48, rue du Fbg. St-Antoine, 11. Arr., Métro: Bastille (M1, M5, M8), www.buddha-bar.com, tgl. 12–2 Uhr. Das rie-

Disco-Boot Batofar am Seine-Ufer bei der neuen Nationalbibliothek

Reiseinfos

sige Restaurant nahe der Place de la Bastille beeindruckt durch Höhe und Ausmaße. Mehrere Galerien (eine nur für VIPs) umrunden den von Stardesigner Martins (der auch Man Ray und Buddha Bar ausstattete) gestalteten Raum mit showreifer Treppe. Um hier zu essen, ist das Licht etwas düster; um das pompöse Ambiente zu bestaunen, reicht ein Cocktail an der Bar.

Das Original, oft kopiert – **Buddha Bar:** ▶ L 7, 8, rue Boissy d'Anglas, 8. Arr., Métro: Concorde (M1, M8, M12), Mo–Fr 12–15, 19–2, Sa, So 19–2 Uhr, www.buddha-bar.com. Großes Szene-Restaurant nahe Place de la Concorde, mit stimmungsvollem Dämmerlicht und riesigem, bronzenem Buddha. Die fernöstlich-kalifornisch inspirierte Küche lockt Models, Designer und deren Anhang.

Shabby Chic – **Café Charbon:** ▶ S 8, 109, rue Oberkampf, 11. Arr., Métro: Parmentie (M3), bis 2 Uhr. Der große, hohe Raum mit der Patina von hundert Jahren Rauch, mit Kachelboden und dekorativen Regaleinbauten über der Bar hat es schon in Bildbände und Filme geschafft. Das Café mit junger, fast alternativer Atmosphäre, wie man sie eher aus Amsterdam kennt, hat den Ruf der Rue Oberkampf begründet (s. S. 137).

Raucherclub – **Chacha Club:** ▶ Karte 2, O 8, 47, rue Berger, 1. Arr., Métro: Châtelet (M1, M4, M7, M14), Mo–Sa 20–5 Uhr, www.chachaclub.fr. Das allgemeine Rauchverbot lässt auch in Paris eigens eingerichtete Raucherclubs florieren. Im Chacha, Restaurant, Bar und Club am Forum des Halles, entscheiden Türsteher, wer hier Einlass findet.

Brunch am Kanal – **Chez Prune:** ▶ Q 7, 36, rue Beaurepaire, 10. Arr., Métro: République (M3, M5, M8, M9, M11), tgl. 8–1.45 Uhr. Das Lokal am Canal

Hotelbars

Hotelbars führten lange ein Schattendasein in Paris – es gab nur wenige legendäre wie die Hemingway Bar im Ritz an der Place Vendôme. Auch ansonsten gibt es in Frankreich keine ausgeprägte Barkultur – vielleicht, weil es ein Weinland ist, haben Cocktails und Longdrinks es schwer. Neuerdings locken stylische Lounges und Hotelbars wie die des Montalembert, Crillon oder des Plaza Athénée jede Menge junges Volk in die traditionsreichen Grandhotels. Und vor allem in neuen, sich sehr trendy gebenden Designhotels wie Kube, Mama Shelter und Murano Urban Resort entwickelt sich in Paris, was in New York oder London schon seit Jahrzehnten angesagt ist.

Saint-Martin hat sich schnell jede Menge Fans erworben, ob zum Frühstücken, auf einen Apéritif oder um den Abend in ausgelassener Atmosphäre ausklingen zu lassen.

Neokolonial – **Le Fumoir:** ▶ Karte 2, O 9, 6, rue de l'Amiral-de-Coligny, 1. Arr., Métro: Louvre (M1, M7), tgl. 11–2 Uhr, www.lefumoir.com. Mit Blick auf den Louvre sitzt man hier in großen, gemütlichen Ledersesseln oder im hinteren, als Bibliothek eingerichteten Raum. Mit den schlammbraunen Wänden und der Bar scheint das Lokal einem Bild von Hopper entsprungen. Angesagtes Restaurant (mit Crossover-Küche), nett ist auch ein Besuch auf einen Cocktail oder zum Tee.

Sank Roo Doe Noo – **Harry's New York Bar:** ▶ N 7, 5, rue Daunou, 2. Arr., Métro: Opéra (M3, M7, M8), tgl. 10.30–4 Uhr, www.harrys-bar.fr. Die 1911 von einem amerikanischen Jockey eröffnete Bar (die Mahagonivertäfelung

Abends und Nachts

wurde aus New York importiert) ist ein lebendiger Mythos. Die Cocktails Bloody Mary, Side Car und Blue Lagoon wurden hier erfunden. Kosmopolitisches Publikum, natürlich viele US-Expats. »Sank Roo Doe Noo« ist übrigens die amerikanische Verballhornung der Adresse.

American Bar – **Montana:** ▶ Karte 2, N 10, 28, rue Saint-Benoit, 6. Arr., Métro: Saint-Germain-des-Prés (M4), bis 2 Uhr. Schmale Bar in edlem Schwarz direkt neben dem Café de Flore und in derselben Straße wie ein paar bekannte Pariser Jazzclubs.

Latino-Charme – **La Perla:** ▶ Karte 2, P9, 26, rue François-Miron, 4. Arr., Métro: Hôtel de Ville (M1, M11), www.cafepacifico-laperla.com, tgl. 12–2 Uhr, Bar im Marais mit guten Cocktails und vielen Sorten Tequila. Eine überwiegend französische Klientel schätzt auch die mexikanische Küche, doch das Ecklokal ist vor allem als Bar zu empfehlen.

Diskotheken

Im türkischen Bad – **Les Bains Douches:** ▶ Karte 2, P8, 7, rue du Bourg-l'Abbé, 3. Arr., Métro: Étienne-Marcel (M4), tgl. ab 23.30 Uhr, www.lesbainsdouches.net. Schickes Publikum, Pariser Jetset und Models, streng filternde Türsteher, das ehemalige türkische Bad ist der Dauerbrenner unter den Pariser Diskotheken, gespielt wird vor allem Trance und Techno.

Nostalgie pur – **Le Balajo:** ▶ R 10, 9, rue de Lappe, 11. Arr., Métro: Bastille (M1, M5, M8), Do ab 22, Fr, Sa ab 23.30 Uhr, www.balajo.fr. Legendärer Tanzclub im originalen, leicht kitschigen 1930er-Jahre-Dekor, heute Diskothek, Musik von 50er-Jahre über Salsa bis Disco.

Auf dem Wasser – **Batofar:** ▶ S 13, 11, quai François Mauriac, 13. Arr., Métro: Quai de la Gare (M6), tgl. ab 23 Uhr, www.batofar.org. Das rote, 1965 ausrangierte Feuerlöschschiff ankert vor der Nationalbibliothek. DJs aus aller Welt oder Livemusik. Mit Bar, Restaurant, Multimedia, Ausstellungen.

Latin-Rhythmen – **Chapelle des Lombards:** ▶ R 10, 19, rue de Lappe, 11. Arr., Métro: Bastille (M1, M5, M8), Do–Sa ab 23 Uhr. Karibische, afro- und lateinamerikanische Musik, Salsa, hier herrscht lebhafte Stimmung bis in die frühen Morgenstunden, das multikulturelle Publikum schwooft sich in Schweiß.

Dancefloor – **Cithéa:** ▶ S 8, 114, rue Oberkampf, 11. Arr., Métro: Parmentier (M3), tgl. 22–6 Uhr. In der fürs nächtliche Ausgehen, Sehen und Gesehenwerden beliebten Rue Oberkampf ist das Cithéa, ein ehemaliges Kino und Theater, der angesagte Dancefloor. Ob mit Livemusik oder vom Band – die Nächte dauern bis zum Morgengrauen.

Weltmusik rockt – **Divan du Monde:** ▶ N 5, 75, rue des Martyrs, 18. Arr., Métro: Pigalle (M2, M12), tgl. ab 20.30, Club ab 23.30 Uhr, www.divandumonde.com. Musikclub am Montmartre, nahe der Place Pigalle, mit Livemusik von World bis Rock, danach Disco, Hip Hop oder Samba – Tanzen steht hier im Mittelpunkt. Wechselnde DJs, bunt gemischtes Publikum.

Junge Szene – **Le Gibus:** ▶ Q 7, 18, rue du Fbg. du-Temple, 10. Arr., Métro: République (M3, M5, M8, M9, M11), Mi–So ab 23.30 Uhr, www.gibus.fr,. Gegründet 1967, später der erste Punk-Schuppen in Paris. Heute Rock, Jungle, Techno, Salsa, Rave oder House, zum

Reiseinfos

Teil auch Livekonzerte. Junges Publikum, deutlich unter 30 ist man hier alt. Regelmäßig Gay-Nächte.

Discofabrik – **La Loco:** ▶ N 5, 90, bd. de Clichy, 18. Arr., Métro: Blanche (M2), Di–So ab 23 Uhr, www.laloco.com, Eintritt 12–15 €. In der Discofabrik am Montmartre (neben dem Moulin Rouge) tummeln sich am Wochenende um die 1000 Gäste auf drei Stockwerken und 2500 m². Sehr junges Publikum, gute Lichttechnik, alle Arten von Musik, Techno, Funk, Rock, New Wave … Viel schwules Publikum, im Keller mit Darkroom.

Gay & Lesbian

Die Kneipenszene für Gays ist weit größer als für Lesben und konzentriert sich im Marais, rund um die Rue Sainte-Croix de la Bretonnerie (www.parisgay.com).

Gemütlich – **Amnesia:** ▶ Karte 2, Q 9, 42, rue Vieille-du-Temple, 4. Arr., Métro: Hôtel-de-Ville (M1, M11), tgl. 10.30–2 Uhr. Gemütlicher Gay-Treff im jüdischen Teil des Marais. Am Wochenende Brunch.

Schräg – **Banana Café:** ▶ Karte 2, O 9, 13, rue de la Ferronnerie, 1. Arr., Métro: Châtelet (M1, M4, M7, M14), tgl. 16.30 Uhr bis Morgengrauen. Angesagte Bar nahe dem Centre Pompidou, Prominente aus Showbizz, schräge, aufgedrehte Szene.

Extravagant – **Le Queen:** ▶ J 7, 102, Champs-Élysées, 8. Arr., Métro: George-V (M1), tgl. ab 23.30 Uhr, www.queen.fr. Erfolgreiche Disco an den Champs-Élysées. Mi Respect Party (Hetero), wechselnde Musikrichtungen. Extravagantes Gay-Publikum.

Rappelvoll – **Quetzal:** ▶ Karte 2, P 9, 10, rue de la Verrerie, 4. Arr., Métro: Hôtel de Ville (M1, M11), Mo–Fr 14–2, Sa, So 16–2 Uhr. Die angesagte Bar im Marais ist immer rappelvoll. Junge Gay-Szene. Rundherum, etwa in der Rue des Archives und Rue Vieille-du-Temple, weitere Bars.

Lesbisch – **3w kafé:** ▶ Karte 2, Q 9, 8, rue des Écouffes, 4. Arr., Métro: Hôtel de Ville (M1, M11), tgl. 18–2 Uhr. Kleine Bar im Marais mit junger lesbischer Szene: lebhafte Stimmung, Ausstellungen von Künstlerinnen.

Theater, Oper, E-Musik

Mehr als 120 Theater heben allabendlich den Vorhang – das Angebot reicht vom staatlich subventionierten Schauspielhaus über experimentierfreudige Avantgardebühnen bis zum Boulevardtheater. Nicht zuletzt gibt es unzählige Klein- und Kleinsttheater, etwa zu Bühnen umfunktionierte Lastkähne am Seine-Ufer.

Nationaltheater – **Comédie-Française:** ▶ Karte 2, N 8, Place Colette, 1. Arr., Métro: Palais-Royal (M1, M7), Tel. 08 25 10 16 80 (gebührenpflichtig), www.comedie-francaise.fr. Das Nationaltheater Frankreichs seit der Gründung im 17. Jh. – im Repertoire vor allem Klassiker von Molière, Corneille, Racine, Marivaux bis Nerval, dazu inzwischen aber auch Moderne Heroen wie Sartre oder Genet. Zweite Bühne ist das kleine Théâtre du Vieux Colombier mit 330 Plätzen (21, rue du Vieux Colombier, 6. Arr., Métro: Saint-Sulpice).

Tanztheater – **Théâtre de la Ville:** ▶ Karte 2, O 9, 2, place du Châtelet, 4. Arr., Métro: Châtelet (M1, M4, M7, M14), Tel. 01 42 74 22 77, www.theatre delaville-paris.com. Zeitgenössisches

Abends und Nachts

Das Pariser Nachtleben ist oft geprägt von den Kulturen der Welt

Tanztheater, internationale Gastchoreographen.

Welttheater – **Odéon – Théâtre de l'Europe:** ▶ N 11, Place Paul-Claudel, 6. Arr., Métro: Odéon (M4, M10), Tel. 01 44 85 40 40, www.theatre-odeon.fr. 1983 von Giorgio Strehler gegründet; renommierte Regisseure und Ensembles aus aller Welt sind mit anspruchsvollen modernen und klassischen Theaterproduktionen auf dieser Bühne zu Gast, die Stücke werden oft in der Originalsprache inszeniert.

Peter Brook – **Bouffes du Nord:** ▶ Q 5, 37bis, bd. de la Chapelle, 10. Arr., Métro: La Chapelle (M2), Tel. 01 46 07 34 50, www.bouffesdunord.com. Belle-Époque-Theater, in dem Peter Brook seit den 1970er-Jahren mit multinationaler Besetzung inszeniert. Der Verfechter des »unmittelbaren Theaters« sucht neue Zugänge zum klassischen Repertoire. Die melancholische Aura verblichenen Belle-Époque-Prunks gibt den Stücken den Hintergrund, unter Verzicht auf jede Bühnenmaschinerie.

Ariane Mnouchkine – **Théâtre du Soleil/Cartoucherie:** ▶ Karte 4, E 3, Bois de Vincennes, Route du Champ-des-Manœuvres, 12. Arr., Métro: Château

Reiseinfos

de Vincennes (M1) und Shuttlebus oder Bus 112, www.theatre-du-soleil.fr, Tel. 01 43 74 87 63. Die seit 1970 in eine Spielstätte verwandelte Muniti-

Kartenvorverkauf

Kartenvorverkauf für Theater, Konzerte, Kabarett bei Fnac (s. S. 42) und Virgin Megastore (s. S. 226). Einige Theater wollen lieber Reservierungen per Internet, die Telefonnummern sind daher gebührenpflichtig. Bei der Comédie-Française kann man per Internet zwei Monate vorab reservieren, telefonisch erst zwei Wochen vorher.

onsfabrik nutzen mehrere Bühnen, darunter das Théâtre du Soleil von Ariane Mnouchkine, das u. a. gefeierte Shakespeare- und Antikenprojekte auf die Bühne brachte.

Operetten – **Opéra Comique:** ▶ N7, 5, rue Favart, 2. Arr., Métro: Richelieu-Drouot (M8, M9), Tel. 08 25 00 00 58 (gebührenpflichtig), www.opera-comique.com. Operetten und Komödien.

Musiktheater – **Châtelet – Théâtre musical de Paris:** ▶ Karte 2, O 9, Place du Châtelet, 4. Arr., Métro: Châtelet (M1, M4, M7, M14), Tel. 01 40 28 28 40, www.chatelet-theatre.com. Hochrangige Inszenierungen zeitgenössischer Opern, Konzerte und Tanztheater in einem (städtischen) Theater in Konkurrenz zur (staatlichen) Oper. Gastspiele, kein eigenes Ensemble.

Kleine Oper und Ballett – **Palais Garnier:** ▶ N7, Place de l'Opéra, 9. Arr., Métro: Opéra (M3, M7, M8), Tel. 08 92 89 90 90 (gebührenpflichtig), aus dem Ausland 331 72 29 35 35, www.opera deparis.fr. Ballett und Opern-Aufführungen in prächtigem Dekor.

Klassik – **Théâtre des Champs-Élysées:** ▶ J8, 15, av. Montaigne, 8. Arr., Métro: Alma-Marceau (M9), Tel. 01 49 52 50 50, www.theatrechampselysees.fr. Hier gastieren international renommierte Ensembles und Solisten. Bedient werden die Sparten Oper, orchestrale Klassik, Kammermusik, aber auch Tanz mit Ballett und Modern, Jazz-Konzerte sowie Gesang.

Bastille-Oper – **Opéra de Paris – Bastille:** ▶ R 10, 11bis, av. Daumesnil, 12. Arr., Métro: Bastille (M1, M5, M8), Tel. 08 92 89 90 90 (gebührenpflichtig), aus dem Ausland 331 72 29 35 35, www.opera deparis.fr. Die neue Oper mit 2700 Plätzen hat nach Anlaufschwierigkeiten inzwischen das internationale Renommee erlangt, das eine Weltstadt wie Paris erwarten lässt. Hervorragende Inszenierungen bringen die ausgeklügelte Technik und Akustik zur Geltung.

Neue Musik – **Ensemble InterContemporain:** ▶ U 3, 223, av. Jean-Jaurès, Cité de la Musique, 19. Arr., Métro: Porte de Pantin (M5), www.ensembleinter.com. Der Komponist und Dirigent Pierre Boulez gründete 1976 das Ensemble, um die »Verbreitung zeitgenössischer Musik zu sichern«. Heute zählt das Orchester, das eine feste Spielstätte in der Cité de la Musique in La Villette besitzt, zu den wenigen, die ›Neue Musik‹ virtuos interpretieren und so ein Publikum für die oft als unzugänglich geltenden zeitgenössischen Werke gewinnen.

Jazzclubs

Seit den 1950er-Jahren ist Paris die Jazz-Metropole Europas; die immer wieder totgesagte, aber lebendige Szene profitiert vor allem davon, dass alle internationalen Stars bei Europa-

Abends und Nachts

tourneen stets in Paris gastieren. Die legendären, verräucherten Jazzkeller in Saint-Germain und im Quartier Latin gibt es zum Teil immer noch, andere haben sich am rechten Ufer angesiedelt, in der Rue des Lombards im Hallenviertel gleich mehrere. Das New Morning gilt dank des hochkarätigen Programms als feinste Pariser Jazzadresse.

Klassischer Jazzkeller – **Caveau de la Huchette:** ▶ Karte 2, O 10, 5, rue de la Huchette, 5. Arr., Métro: Saint-Michel (M4), www.caveaudelahuchette.fr. Verräucherter Jazzkeller im Studentenviertel, der in Filmen aus den 1950er-Jahren häufig zu sehen war. Seither hat sich wenig geändert. Rock'n' Roll, Traditional Jazz, Swing.

Clubatmosphäre – **Au Duc des Lombards:** ▶ Karte 2, O 9, 42, rue des Lombards, 1. Arr., Métro: Châtelet (M1, M4, M7, M14), www.ducdeslombards.com. Klassischer Livejazz in Clubatmosphäre, oft renommierte Musiker. Reservierung empfohlen. Die Akustik ist allerdings nicht die beste.

Jazz-Institution – **New Morning:** ▶ P 7, 7–9, rue des Petites-Écuries, 10. Arr., Métro: Château-d'Eau (M4), www.newmorning.com. Im bekanntesten und größten (450 Plätze) Pariser Jazzclub sind internationale Stars zu Gast. Jazz, Blues, Soul, US-, lateinamerikanische und afrikanische Musiker.

Klein – **Sunset Sunside:** ▶ Karte 2, O 9, 60, rue des Lombards, 1. Arr., Métro: Châtelet (M1, M4, M7, M14), www.sunset-sunside.com. Kleiner Jazzkeller mit vielen *aficionados,* die den Musikern andächtig ihre Aufmerksamkeit widmen. Jazz-Vocal, Latin-Jazz, Newcomer und international bekannte Jazz-Ensembles.

Kinos

Paris ist eine Stadt für Cineasten. Zahlreiche Programmkinos zeigen ständig Filme in der Originalsprache (*version originale,* abgekürzt *v. o.*) in Retrospektiven und thematischen Reihen – von Hollywoodklassikern über Autorenfilme bis zu unbekannten Filmen aus der Dritten Welt.

Kinogeschichte – **Cinémathèque française:** ▶ S 13, 51, rue de Bercy, Métro: Bercy (M6, M14), Mo, Mi–Sa 12–19, Do bis 22 Uhr, So 10–20 Uhr, www.cinematheque.fr. Die 1936 von Henri Langlois gegründete Cinémathèque im ehemaligen American Center (Architekt Frank Gehry) im Parc de Bercy zeigt Ausstellungen sowie Filmretrospektiven und thematische Reihen.

Archiv – **Forum des Images:** ▶ Karte 2, O 8, Forum des Halles, 2, rue du Cinéma, 1. Arr., Métro: Châtelet-Les Halles (M1, M4, M7, M14), www.forumdesimages.fr, Di–Fr 12.30–23.30, Sa, So 14–23.30 Uhr. Filmarchiv im Forum des Halles, mit eigenem Kinoprogramm s. S. 206.

Leinwandspektakel – **Gaumont Grand Écran Italie:** ▶ südl. P 13, 30, place d'Italie, 13. Arr., Métro: Place d'Italie (M5,

Freiluftkino
Zum besonderen Erlebnis wird jeden Sommer das Festival de Cinéma en plein air im Parc de la Villette – unter freiem Himmel laufen auf großer Leinwand Filmklassiker. Im Juli und August gibt es darüber hinaus jeden Abend gegen 23 Uhr Openair-Kino im Parc de la Villette (Programm im Pariscope), der Eintritt ist gratis, Liegestuhl und Decke kann man mieten.

Reiseinfos

M6, M7). Das Kino mit der größten Leinwand.

Kugelkino – **La Géode:** ▶ T3, 26, av. Corentin-Cariou, 19. Arr., Métro: Porte de la Villette (M7), Di–So 10.30–20.30 Uhr, www.lageode.fr. In der glitzernden Kugel des Hemisphärenkinos mit 1000-Quadratmeter-Leinwand taucht man direkt ins Filmgeschehen ein (im Parc de la Villette, s. S. 261).

Unter Denkmalschutz – **Le Grand Rex:** ▶ O7, 1, bd. Poissonnière, 2. Arr.,Métro: Bonne Nouvelle (M8, M9), www.legrandrex.com. Art-déco-Kino mit großer Leinwand (2600 Plätze). Das größte Kino Europas zeigt vor allem internationale Kassenschlager. Kulissen und Technik können besichtigt werden (Dauer circa 45 Min., Mi–So 11–17 Uhr).

Am Wasser – **MK2:** ▶ R4, 14, quai de Seine und 7, quai de la Loire, 19. Arr., Métro: Stalingrad (M2, M5, M7). 12 Programmkinos in Bootshangars direkt am Wasser. Vom zugehörigen Café mit Terrasse (Rendez-vous des Quais) schöner Blick auf das Bassin de la Villette, s. S. 268. Shuttle-Boot zwischen den beiden Ufern.

Kabarett

Café-Théâtres, kleine Theater mit Kabarettprogramm, in denen man auch essen, zumindest aber etwas trinken kann, sind eine französische Spezialität. Da der Witz eher auf Wortspielen als auf Klamauk aufbaut, sind allerdings gute Sprachkenntnisse Voraussetzung für ein ungetrübtes Vergnügen.

Satire, Scherz und Ironie – **Blancs-Manteaux:** ▶ Karte 2, P9, 15, rue des Blancs-Manteaux, 4. Arr., Métro: Hôtel de Ville (M1, M11), Tel. 01 48 87 15 84, www.blancsmanteaux.fr. Satirisches Kabarett in altem Gewölbekeller im Marais, eines der ältesten Café-Théâtres in Paris.

Revue im Paradis Latin

Abends und Nachts

Comedy – **Café de la Gare:** ▶ Karte 2, P9, 41, rue du Temple, 4. Arr., Métro: Hôtel de Ville (M1, M11), Tel. 01 42 78 52 51, www.cdlg.fr. Über einen Innenhof zu erreichen, in einem alten Gebäude im Marais, erfolgreiche Ein- oder Zwei-Mann- bzw. Frau-Shows. Hier begannen Coluche und Depardieu ihre Karriere.

Revuetheater

Alle Revuetheater zeigen meist mehrere Shows: mit Diner um 19/20 Uhr (um 135–180 €), mit Champagner (um 80–100 €) gegen 21/22 Uhr und evtl. um 23 Uhr/Mitternacht.

Aufwendig – **Lido:** ▶ J7, 116, av. des Champs-Élysées, 8. Arr., Métro: George-V (M1), Tel. 01 40 76 56 10, www.lido.fr. Klassisches Revuetheater seit 1946, mit millionenschwerem Aufwand inszeniert.

Heimat des Cancan – **Moulin Rouge:** ▶ N5, 82, bd. de Clichy, 18. Arr., Métro: Blanche (M2), Tel. 01 53 09 82 82, www.moulin-rouge.com. Im berühmtesten Varieté der Welt und Wahrzeichen des Pariser Rotlichtviertels Pigalle wurde einst der Cancan erfunden.

Sexy und amüsant – **Crazy Horse:** ▶ J8, 12, av. Georges-V, 8. Arr., Métro: Alma-Marceau (M9), Tel. 01 47 23 32 32, www.crazy-horse.fr. Die nackten Tänzerinnen werden von Lichttechnik so raffiniert eingehüllt, dass sie fast angezogen wirken.

Revue – **Paradis Latin:** ▶ P11, 28, rue du Cardinal-Lemoine, 5. Arr., Métro: Cardinal-Lemoine (M10), Tel. 01 43 25 28 28, Di geschl., www.paradislatin. com. Revue mit Cancan-Nostalgie, Oben-ohne-Girls und Artistik.

Konzerthallen

Zwischen NME und Rap – **Élysée Montmartre:** ▶ O5, 72, bd. Rochechouart, 18. Arr., Métro: Anvers (M2), Tel. 01 44 92 45 45, www.elyseemontmartre.com. Rap-, Reggae-, Rock-Konzerte in einem ehemaligen Vaudeville-Theater in Montmartre, das früher als Boxkampfarena diente und heute auch als Dancefloor fungiert. Regelmäßig NME-Sessions mit aktuellem Brit-Pop.

Livemusik – **La Cigale/La Boule Noire:** ▶ O5, 120, bd. Rochechouart, 18. Arr., Métro: Pigalle (M2, M12), Tel 01 49 25 81 75, www.lacigale.fr, www.laboulenoire.fr. Rockkonzerte, Worldmusic und Brit-Pop in einem ehemaligen Vaudeville-Theater.

Legendär – **Olympia:** ▶ M7, 28, bd. des Capucines, 9. Arr., Métro: Opéra (M3, M7, M8) oder Madeleine (M8, M12, M14), Tel. 08 92 68 33 68 (gebührenpflichtig), www.olympiahall.com. Für französische Chansonniers und Popgrößen gilt ein Auftritt hier als das I-Tüpfelchen ihrer Karriere.

Chanson – **Les Trois Baudets:** ▶ N5, 64, bd. de Clichy, 18. Arr., Métro: Blanche (M2), www.lestroisbaudets.com, Di–Sa 18.30–1.30 Uhr, Konzerte meist um 20.30 Uhr. Mit dem Trois Baudets wurde am Fuß des Montmartre ein traditionsreiches Theater wiedereröffnet, das sich ausschließlich der französischen Musik und dem Chanson widmen will.

Zelthalle – **Zénith:** ▶ T/U3, 211, av. Jean-Jaurès, 19. Arr., Métro: Porte de Pantin (M5), www.le-zenith.com. Ursprünglich als Provisorium gedachte Zelthalle mit 6400 Plätzen für große Rock- und Popkonzerte im Parc de la Villette.

Feste und Festivals

Paris als Kulturstadt

Von Oktober bis Dezember kann man in Paris begutachten, was auf den großen Bühnen der Welt gerade gespielt wird: Das **Festival d'Automne** präsentiert die internationale Theater-, Musik- und Tanzszene (www.festival-automne.com). Der Schwerpunkt liegt auf Nordamerika, Westeuropa und Japan, osteuropäisches und außereuropäisches Theater haben nur einen geringen Anteil. Häufig zu Gast mit Inszenierungen waren etwa Pina Bausch, Luc Bondy, Robert Wilson, Klaus Michael Grüber. Die Vielzahl von Aufführungsorten und die Programmvielfalt unterscheiden das Festival von klassischen Festspielorten wie Avignon, Bayreuth oder Salzburg. Spielstätten: Odéon, Théâtre de la Ville, Théâtre du Châtelet.

Journées du Patrimoine

Anlässlich der »Tage des Kulturerbes« in der zweiten Septemberhälfte kann man kostenlos viele Gebäude besichtigen, die sonst der Öffentlichkeit verschlossen bleiben (www.culture.fr). Am Tag der offenen Tür bilden sich dann lange Schlangen, z. B. für den Blick hinter die Kulissen des Élysée-Palasts (www.elysee.fr), Sitz des Staatspräsidenten, oder des Hôtel Matignon, Sitz des Premierministers.

Kunst- und Buchmesse

Große Messen sind die **FIAC** (Foire internationale d'art contemporain, www.fiac-paris.com), die Anfang Oktober alljährlich versammelt, was an Galerien Rang und Namen hat.

Ende März findet der **Salon du Livre** statt, die französische Buchmesse (www.salondulivreparis.com).

Feste feiern

Silvester auf den Champs-Élysées – ein besonderes Vergnügen! Private Feuerwerksknallerei ist zwar verboten, aber auf der Pariser Prachtstraße wird trotzdem ausgelassen gefeiert.

Am 21. Juni, zur **Fête de la Musique,** kann man das ganze Spektrum der Musik auf einmal erleben – Folk und

Festkalender

Januar und Februar
Neujahr – Grande Parade de Paris: Umzug mit Wagen, Musiktruppen, Pompom-Girls, ab Porte Saint-Denis.
Salon du Cinéma: Kinomesse im Parc de la Villette. www.salonducinema.com. Mitte Januar
Chinesisches Neujahrsfest: Chinatown (im 13. Arr.), www.mairie13.paris.fr. Ende Januar/Anfang Februar
Salon International de l'Agriculture: Landwirtschaftsmesse, Paris Expo, Porte de Versailles, www.salon-agriculture.com. Ende Februar, Anfang März

März und April
Paris Marathon: Rund 35000 Läufer. Start/Ziel auf Champs-Elysées. www.parismarathon.com. Anfang April
Foire du Trône: Großer Jahrmarkt im Bois de Vincennes (Pelouse de Reuilly). www.foiredutrone.com. April/Mai

Mai und Juni
Printemps des Musées: Freier Eintritt in vielen Museen. www.printempsdesmusees.culture.fr. Erster So im Mai
Course au Ralenti: Oldtimer-Rallye in der Rue Lepic. Ende Mai

Feste und Festivals

Punk, Klassik und Tango, Jazz und World Music, Rock und Chanson – und zudem alles gratis. Auf Plätzen und Straßen spielen gleichzeitig Profis und Dilettanten, Solisten und Big Bands.

Am 14. Juli, dem **Nationalfeiertag,** gibt es eine große Militärparade auf den Champs-Élysées (eine der größten der Welt). Am Vorabend gibt es auf den großen Plätzen, vor allem auf der Place de la Bastille, Feuerwehrbälle *(bal des sapeurs-pompiers),* riesiges Feuerwerk.

Immer Anfang Oktober findet die **Nuit blanche** statt: Unter einem wechselnden Thema werden eine Nacht lang renommierte Orte der Stadt für Konzerte, Spektakel und Events geöffnet und effektvoll illuminiert.

Wer mal die Provinz in Paris erleben möchte, besucht Ende Februar, Anfang März den **Salon de l'Agriculture,** ›den größten Bauernhof der Welt‹ (www.salon-agriculture.com). Hier kann man sämtliche AOC-Spezialitäten Frankreichs verkosten.

French Tennis Open: Stade Roland Garros. www.frenchopen.org. Ende Mai/Anfang Juni
Puces du Design: Flohmarkt für Designklassiker und Vintagemode am Quai de la Loire (19e). www.pucesdudesign.org. Anfang Juni
Designers Days: Tag der offenen Tür des Designs. www.designersdays.com. Mitte Juni
Fête de la Musique: Konzerte auf Plätzen und Straßen, in Kirchen und Parks und an vielen anderen Orten in Paris, von Klassik bis World Music, von Jazz bis Rock. In der Regel kostenlos. www.fetedelamusique.fr. 21. Juni
Gay Pride March: Schwulen- und Lesbenparade, www.fiertes-lgbt.org., Ende Juni
Paris Jazz Festival: Kostenlose Jazzkonzerte im Parc Floral (Bois de Vincennes). www.parcfloraldeparis.com. Juni und Juli

Juli und August
14. Juli – Nationalfeiertag: 14. Juli
Festival du Cinéma en Plein-air: Open-air-Kino im Parc de la Villette (19e).

Eintritt kostenlos. www.villette.com. Juli bis Ende Aug.
Tour de France: Die letzte Etappe des Radrennens führt durch Paris und endet auf den Champs-Elysées. www.letour.fr. Ende Juli
Paris Plage: Juli/August – Auf der Schnellstraße am rechten Seine-Ufer werden 3000 t Sand aufgeschüttet, Palmen und Liegestühle aufgestellt. Fertig ist der Stadtstrand!

September bis Dezember
Jazz à la Villette: Zehn Tage Jazz im Parc de La Villette (19e). www.jazzalavillette.com. Anfang Sept.
Journées du Patrimoine: Tag der offenen Tür, www.jp.culture.fr. 3. Septemberwochenende
Festival d'Automne: Herbstfestival, Ende September bis Dezember
Fête des Vendanges: Weinlese in Montmartre. www.fetedesvendangesdemontmartre.com. Anfang Okt.
Nuit blanche: www.paris.fr., s. o., Anfang Okt.
Festival d'Art Sacré: Kirchenmusik, www.festivaldartsacre.new.fr. Dez.

Aktiv sein, Sport, Wellness

Inline-Skaten & Joggen

Freitag nachts gehören die Pariser Straßen den **Skatern**. Im Durchschnitt 12 000 Menschen – Alte und Junge, Einheimische und Touristen – rollen allwöchentlich auf wechselnden Strecken durch die Hauptstadt. Startpunkt der dreistündigen Rallye ist bei der Gare Montparnasse (14. Arr.), los geht es gegen 21.30 Uhr. Freiwillige Helfer organisieren die Straßenabsperrungen, und eine eigens abgestellte Gruppe von Polizisten sorgt für die Sicherheit der Teilnehmer. Ein Gemeinschaftserlebnis mit viel Tempo – für Anfänger daher nicht zu empfehlen (www.pariroller.com).

Viele **Jogger** bevorzugen die Stadtwälder Bois de Boulogne und Bois de Vincennes wegen ihrer Größe, beliebt sind aber auch die kleinen, zentraler gelegenen Parks Buttes-Chaumont und Monceau sowie – zusammen mit Radfahrern und Skatern – die sonntags autofreien Seine-Uferstraßen.

Kochkurs

Die Kochschule **Atelier des Chefs** hat gleich mehrere Küchen-Ateliers in Paris, in denen Kochkurse stattfinden. Eins davon mitten im Kaufhaus Lafayette – eine Glaskabine in der Küchenabteilung von Lafayette Maison, ein weiteres im Kaufhaus BHV Rivoli am Hôtel de Ville. Halb- und mehrstündige Kurse, auch am Mittag (!), nachmittags und abends (um 17 € bis 75 €). Anmeldung online unter www.atelierdeschefs.com, Kurse auf Französisch.

Radfahren

Paris entwickelt sich immer mehr zur Stadt auch für Radfahrer (s. Vélib S.

Sonntags gehören die autofreien Uferstraßen den Joggern und Skatern

58

Sport und Wellness

24). Für touristisches Sightseeing mit Mieträdern sind ruhigere Seitenstraßen und Touren zum Bois de Boulogne oder Bois de Vincennes durchaus angenehm. An Sonntagen werden manche Straßen und Seine-Quais ganz für den Verkehr gesperrt, z. B. auch die Strecke entlang dem Canal Saint-Martin. Räder kann man z. B. ausleihen bei:

Paris à Vélo c'est sympa: ▶ R 9, 22, rue Alphonse Baudin, 11. Arr., Métro: Richard Lenoir (M5), Tel. 01 48 87 60 01, www.parisvelosympa.com.

Neben dem Fahrradverleih sind geführte Touren mit dem Rad im Angebot. Diese Art, Paris auf ruhigen Nebenstraßen und Schleichwegen zu entdecken, findet immer mehr Freunde.

Schwimmen & Strand

Alle Bäder haben unregelmäßig, täglich anders geöffnet (Info: Pariscope und www.piscines.paris.fr). Im Juli/August wird an den Seine-Quais Sand aufgeschüttet für die Aktion Paris Plage (s. S. 57).

Piscine des Halles: ▶ Karte 2, O 8, Forum des Halles, Niveau -3, Zugang über Porte du Louvre (Bourse du Commerce) und Porte du Jour (vor Saint-Eustache), 1. Arr., Métro: Châtelet-Les Halles (M1, M4, M7, M14), http://piscine.equipement.paris.fr/Piscine_Suzanne_Belioux_(Les_Halles), Eintritt 4 €. Modernes Hallenbad mit 50-m-Becken.

Piscine de Pontoise: ▶ P 11, 19, rue de Pontoise, 5. Arr., Métro: Maubert-Mutualité (M10). Métro: Maubert, http://piscine.equipement.paris.fr/Piscine_Pontoise, Öffnungszeit aktuell erfragen. Vielfotografiertes Art-déco-Schwimmbad, Becken 33 x 15 m, Eintritt 4,50 €.

Piscine Josephine Baker: ▶ S 13, Quai François Mauriac, 13. Arr., Métro: Bibliothèque François Mitterrand (M14), http://piscine.equipement.paris.fr/Pis

cine_Joséphine_Baker, Eintritt 3 €, wechselnde Öffnungszeiten. Das neue Hallenbad ist ein Schiff und liegt vor der Nationalbibliothek am Ufer vertäut. Im Sommer kann das große Glasdach geöffnet werden.

Wellness

Hammam de la Mosquée: ▶ P 12, 39, rue Geoffroy Saint-Hilaire, 5. Arr., Métro: Censier-Daubenton (M7), Frauen: Mo, Mi, Do, Sa 10–21, Fr 14–21 Uhr, Männer: Di 14–21, So 10–21 Uhr. Das orientalische Dampfbad der Moschee ist wirklich ein Ort, um richtig zu entspannen: Die Schwitzräume mit ansteigendem Hitzegrad sind mit Marmor ausgekleidet, dezentes Licht trägt zum Wohlgefühl bei. Massage ist möglich, aber nicht im Eintrittspreis (15 €) enthalten. Ideal nicht nur für kalte Tage.

Les Bains du Marais: ▶ Karte 2, P 9, 31, clos des Blancs-Manteaux, 4. Arr., Métro: Rambuteau (M11), Tel. 01 44 61 02 02, www.lesbainsdumarais.com, Frauen: Mo, Di, Mi. Männer: Do, Fr, gemischt: Mi abends 19–23 Uhr, Sa und So. Dampfbad im Marais, mit Schönheitssalon, in warmen Farben ausgestattet, Klientel ist Werbe-, Film- und Modelprominenz und Wannabees.

La Bulle Kenzo: ▶ Karte 2, O 9, 1, rue du Pont Neuf, 1. Arr., Métro: Point Neuf (M7), Tel. 01 73 04 20 04, www.labullekenzo.com, Mo–Sa 10–20 Uhr, Beauty-Tag um 400 €. Über ihrem Flagshipstore hat die japanische Modefirma Kenzo in der 4. Etage ein stylisches Day Spa eröffnet, in dem man sich bei einem ganz persönlichen Wohlfühltag von einer Shopping-Attacke erholen kann. Zur Auswahl stehen diverse Massagen und Beauty-Behandlungen. Eine Ruheoase für gestresste Städterinnen mitten in Paris, die es bereits in alle Frauen- und Glamourmagazine geschafft hat.

Museen

Die meisten staatlichen Museen sind dienstags geschlossen, städtische Museen montags. Wichtig für die beliebten Oster- oder Pfingstreisen nach Paris: An Feiertagen sind fast alle Museen geschlossen! Sonntags ist überall mit großem Andrang zu rechnen.

Architekturmuseum – **Cité de l'Architecture et du Patrimoine:** ▶ H 8, Place du Trocadéro, 16. Arr., Métro: Trocadéro (M6, M9), www.citechaillot.fr, Mi–Mo 11–19, Do bis 21 Uhr. S. 175

Musik – **Cité de la Musique:** ▶ U 3, 221, av. Jean-Jaurès, 19. Arr., Métro: Porte de Pantin (M5), www.cite-musique.fr, Di–Sa 12–18, So 10–18 Uhr. S. 265

Wissenschaftsmuseum – **Cité des Sciences et de l'Industrie:** ▶ T 3, 30, av. Corentin Cariou, 19. Arr., Métro: Porte de la Villette (M7), www.cite-sciences.fr, Di–Sa 10–18, So 10–19 Uhr. S. 264

Kunst-Avantgarde – **Fondation Cartier:** ▶ N 13, 261, bd. Raspail, 14. Arr., Métro: Raspail (M4, M6), Di–So 11–20, Do bis 22 Uhr, http://fondation.cartier.com. S. 253

Schwarzweiß – **Fondation Henri Cartier-Bresson:** ▶ L 13, 2, impasse Lebouis, 14. Arr., Métro: Gaîté (M13), www.henricartierbresson.org, Di, Do, Fr, So 13–18.30, Mi 13–20.30, Sa 11–18.45 Uhr, Eintritt 6 €, erm. 4 €. Ausstellungen zum Lebenswerk des Fotografen in einem schönen Atelierhaus in Montparnasse.

Art Brut – **Fondation Dubuffet:** ▶ L 11, 137, rue de Sèvres, 6. Arr., Métro: Duroc (M10, M13), Mo–Fr 14–18 Uhr, Eintritt 6 €, erm. 4 €. Das ehemalige Atelier von Jean Dubuffet.

Fotografie, Video, Film – **Jeu de Paume:** ▶ M 8, 1, place de la Concorde, 8. Arr., Métro: Concorde (M1, M8, M12), www.jeudepaume.org, Di 12–21, Mi–Fr 12–19, Sa, So 10–19 Uhr. S. 198

Kunstlocation – **Le 104:** ▶ R 3, 104, rue d'Aubervilliers, 19. Arr., Métro: Riquet (M7), www.104.fr, Di–Fr 12–20, Sa, So 11–20 Uhr. Seit 2008 gibt es im Nordosten von Paris einen neuen Ort für die zeitgenössische Kunstszene: die »Pompes Funèbres«, das städtische Bestattungsinstitut, wurde renoviert und fungiert als multidisziplinäres Zentrum. Regelmäßig stellen hier ansässige Künstler ihre Werke dem breiten Publikum in Zeitausstellungen vor.

Balzac in Paris – **Maison de Balzac:** ▶ G 10, 47, rue Raynouard, 16. Arr., Métro: Passy (M6), www.balzac.paris.fr, Di–So 10–18 Uhr. S. 178

Fotografie-Ausstellungen – **Maison Européenne de la Photographie:** ▶ Karte 2, Q 10, 5–7, rue de Fourcy, 4. Arr., Métro: Saint-Paul (M1), www.mep-fr.org, Mi–So 11–20 Uhr. S. 132

Militärgeschichte – **Musée de l'Armée:** ▶ K 9, 2, av. de Tourville, 7. Arr., www.invalides.org, Métro: Invalides (M8, M13), April–Sept. tgl. 10–18, So 18.30, Di bis 21 Uhr, sonst 10–17, So 17.30 Uhr. Ticket gilt auch für den Invalidendom mit Napoléons Grab. S. 182

Jüdische Kunst – **Musée d'Art et d'Histoire du Judaïsme:** ▶ Karte 2, P 9, 71, rue du Temple, 3. Arr., Métro: Rambuteau (M11), www.mahj.org, Mo–Fr 11–18, So 10–18 Uhr, Sa und an jüdischen Feiertagen geschl. S. 122

Museen

Herkules als Bogenschütze von Bourdelle im Musée d'Orsay

Moderne Kunst – **Musée d'Art Moderne:** ▶ Karte 2, P 9, im Centre Pompidou, 4. Arr., Métro: Rambuteau (M11) oder Hôtel de Ville (M1, M11), www.centrepompidou.fr, Mi–Mo 11–21 Uhr. S. 205

Moderne Malerei – **Musée d'Art Moderne de la Ville de Paris:** ▶ J 8, Palais de Tokyo, 11, av. du Prés.-Wilson, 16. Arr., Métro: Alma-Marceau (M9), www.mam.paris.fr, Di–So 10– 18 Uhr. S. 179

Kunsthandwerk, Mode, Design – **Musée des Arts décoratifs:** ▶ Karte 2, N 8, 107, rue de Rivoli, 1. Arr., Métro: Alma-Marceau (M1, M7), www.lesartsdecoratifs.fr, Di–So 11–18 Uhr, Do bis 21 Uhr, Métro: Palais-Royal. Mit Museum für Mode sowie für Werbung. S. 192

Bildhauer-Museum – **Musée Bourdelle:** ▶ L 12, 16, rue Antoine-Bourdelle, 15. Arr., Métro: Montparnasse-Bienvenüe (M4, M6, M12, M13), www.bourdelle.paris.fr, Di–So 10–18 Uhr. S. 251

Pariser Stadtgeschichte – **Musée Carnavalet:** ▶ Q 9, 23, rue de Sévigné, 3. Arr., Métro: Saint-Paul (M1) oder Bastille (M1, M5, M8), www.carnavalet.paris.fr, Di–So 10–18 Uhr. S. 122

Chinesische Kunstsammlung – **Musée Cernuschi:** ▶ K 5, 7, av. Velasquez, 8. Arr., Métro: Monceau (M2) oder Villiers (M2, M3), www.cernuschi.paris.fr, Di–So 10–18 Uhr, Eintritt frei. Sammlung in einem Palais am Parc Monceau.

Filmgeschichte – **Musée du Cinéma/Cinemathèque francaise:** ▶ S 13, 51, rue de Bercy (im Parc de Bercy), Métro: Bercy (M6, M14), Mo, Mi–Sa 12–19, So 10–20 Uhr, Eintritt 5 €, erm. 4 €. S. 53, 260

Im Stadtpalais – **Musée Cognacq-Jay:** ▶ Q 9, 8, rue Elzévir, 3. Arr., Métro: Saint-Paul (M1), www.cognacq-jay.paris.fr, Di–So 10–18 Uhr. S. 123

Atelier von Delacroix – **Musée Eugène Delacroix:** ▶ N 10, 6, place de Furstenberg, 6. Arr., Métro: Saint-Germain-des-Prés (M4), www.musee-delacroix.fr, Mi–Mo 9.30–17 Uhr. S. 160

Wachsfigurenkabinett – **Musée Grévin:** ▶ O 7, 10, bd. Montmartre, 9. Arr., Métro: Grands Boulevards (M8, M9), www.grevin.com, Mo–Fr 10–18.30, Sa, So 10–19 Uhr. S. 225

Asiatische Kunst – **Musée Guimet – Musée national des Arts Asiatiques:**

Reiseinfos

▶ H 8, 6, place d'Iéna, 16. Arr., Métro: Iéna (M9), www.museeguimet.fr, Mi–Mo 10–18 Uhr. S. 178

Museum zur Zeitgeschichte – **Musée d'Histoire Contemporaine:** ▶ K 9, Hôtel des Invalides, Esplanade des Invalides, 7. Arr., Métro: Varenne (M13), Di–Fr 10–13, 14–17.30, Mo, So 10–13 Uhr. S. 182

Geschichte Frankreichs – **Musée de l'Histoire de France:** ▶ Karte 2, P 9, 60, rue des Francs-Bourgeois, 3. Arr., Métro: Rambuteau (M11), www.musee histoiredefrance.fr, Mi–Fr 10–12.30, 14–17.30, Sa, So 14–17.30 Uhr. S. 122

Museum für Naturgeschichte – **Muséum d'Histoire Naturelle:** ▶ Q 12, 57, rue Cuvier, 5. Arr., Métro: Gare d'Austerlitz (M10) oder Jussieu Grande Galerie (M7, M10), www.mnhn.fr, Mi–Mo 10–18 Uhr, alle anderen Abteilungen Mi–Mo 10–17 Uhr. S. 149

Geschichte des Menschen – **Musée de l'Homme:** ▶ G 9, Place du Trocadéro, 16. Arr., Métro: Trocadéro (M6, M9), www.museedelhomme.fr, bis Frühjahr 2013 geschl. S. 174

Gemälde im Stadtpalais – **Musée Jacquemart-André:** ▶ K 6, 158, bd. Haussmann, 8. Arr., Métro: St-Augustin (M9), Miromesnil (M9, M13) oder St-Philippe-du-Roule (M9), www.musee-jacquemart-andre.com, tgl. 10–18 Uhr, Café 12–17.30 Uhr. Gemäldesammlung. S. 222

Kunst aus sechs Jahrtausenden – **Musée du Louvre:** ▶ Karte 2, N 9, Eingang: Pyramide im Innenhof, 1. Arr., Métro: Palais-Royal (M1, M7), www.louvre.fr, Mo, Do, Sa, So 9–18 Uhr, Mi, Fr bis 21.45 Uhr (ab 18 Uhr erm. Eintritt). S. 188

Skulpturen – **Musée Maillol:** ▶ M 10, 61, rue de Grenelle, 7. Arr., Métro: Rue du Bac (M12), www.museemaillol.com, tgl. 10.30–19 Uhr, Fr bis 21.30 Uhr, Eintritt 11 €, erm. 9/7 €. Zeichnungen, Gemälde und v. a. Skulpturen von Aristide Maillol (1861–1944), daneben die Privatsammlung von Dina Vierny, Galeristin und über ein Jahrzehnt Maillols Modell und Muse. In Saint-Germain, nahe Boulevard Raspail.

Schifffahrt – **Musée de la Marine:** ▶ G 8, Place du Trocadéro, 16. Arr., Métro: Trocadéro (M6, M9), www.museemarine.fr, Mi–Mo 10–18 Uhr. S. 174

Monet-Werke – **Musée Marmottan:** ▶ westlich F 9, 2, rue Louis-Boilly, 16. Arr., Métro: La Muett (M9), www.marmottan.com, Di–So 10–18, Do bis 20 Uhr, Eintritt 10 €, erm. 5 €. Privatsammlung mit Werken Claude Monets. Da das großbürgerliche Heim der Sammlerfamilie Marmottan am Rand des Bois de Boulogne liegt, lässt sich der Besuch gut mit einem Spaziergang verbinden.

Modemuseum – **Musée de la Mode et du Costume – Palais Galliera:** ▶ J 8, 10, av. Pierre-I.-de Serbie, 16. Arr., Métro: Iéna (M9), www.galliera.paris.fr, bis 2013 geschl. S. 178

Münzmuseum – **Musée de la Monnaie:** ▶ Karte 2, N 9, 11, quai de Conti, 6. Arr., Métro: Pont-Neuf (M7), www.monnaie deparis.fr, Di–Fr 11–17.30, Sa, So 12–17.30 Uhr, bis 2013 geschl. S. 157

Montmartre – **Musée de Montmartre:** ▶ O 4, 12, rue Cortot, 18. Arr., Métro: Abbesses (M12), www.museedemontmartre.com, Di–So 11–18 Uhr. S. 236

Symbolismus – **Musée Gustave Moreau:** ▶ N 6, 14, rue de La Rochefoucauld, 9. Arr., Métro: Trinité (M12), www.musee-moreau.fr, Mo, Mi, Do 10–12.45, 14–17.15, Fr–So 10–17.15 Uhr,

Museen

Eintritt 5 €, erm. 3 € Uhr. Wohnhaus und Atelier des Künstlers (1826–1889) mit Gemälden und Zeichnungen.

Kunst des Mittelalters – **Musée du Moyen Âge – Hôtel de Cluny – Thermes:** ▶ Karte 2, O 10, 6, place Paul Painlevé, 5. Arr., Métro: Cluny-La Sorbonne (M10), www.musee-moyenage.fr, Mi–Mo 9.15–17.45 Uhr. S. 142, 144

Stadtpalais – **Musée Nissim de Camondo:** ▶ K 5, 63, rue de Monceau, 8. Arr., Métro: Villiers (M2, M3), Mi–So 10–17.30 Uhr. Interieur aus dem 18. Jh., das Graf Moïse de Camondo zusammentrug: wertvolle Möbel, Teppiche, Tapisserien, Keramiken, Gemälde, Skulpturen.

Kunstsammlung – **Musée de l'Orangerie:** ▶ L 8, Place de la Concorde, 8. Arr., Métro: Concorde (M1, M8, M12), www.musee-orangerie.fr, Mi–Mo 9–18 Uhr. S. 193, 194

Museum des 19. Jh. – **Musée d'Orsay:** ▶ M 9, 1, rue de Bellechasse, 7. Arr., Métro: Solférino (M12), www.musee-orsay.fr, Di–So 9.30–18, Do bis 21.45 Uhr. S. 158

Picasso – **Musée Picasso:** ▶ Q 9, 5, rue de Thorigny, 3. Arr., Métro: Saint-Paul (M1), www.musee-picasso.fr, wegen Umbau bis Frühjahr 2013 geschl. S. 120

Weltkunst – **Musée du Quai Branly:** ▶ J 9, Quai Branly, 7. Arr., Métro: Pont de l'Alma (RER C), Alma-Marceau (M9) oder Iéna (M9), www.quaibranly.fr, Di, Mi, So 11–19, Do, Fr, Sa 11–21 Uhr. S. 181

Skulpturen – **Musée Rodin:** ▶ L 10, 77, rue de Varenne, 7. Arr., Métro: Varenne (M13), www.musee-rodin.fr, Di–So 10–16.45 Uhr, im Sommer 10–17.45 Uhr. S. 184

Technikgeschichte – **Musée des Techniques – Arts et Métiers:** ▶ P 8, 60, rue Réaumur, 3. Arr., Métro: Arts et Métiers (M3, M11), www.arts-et-metiers.net, Di–So 10–18 Uhr, Do bis 21.30 Uhr. Das Museum für Technik, Handwerk und Gewerbe dokumentiert die Geschichte der industriellen Revolution in sieben Bereichen: Energie, Kommunikation, wissenschaftliche Instrumente, Werk- und Baustoffe, Konstruktion, Mechanik und Transport. S. 203

Dichter-Wohnung – **Musée Victor Hugo:** ▶ Q 10, 6, place des Vosges, 4. Arr., Métro: Bastille (M1, M5, M8), www.musee-hugo.paris.fr, Di–So 10–18 Uhr. S. 131

Künstlerkolonie – **Musée de la Vie Romantique:** ▶ N 5, 16, rue Chaptal, 9. Arr., Métro: Saint-Georges (M12), www.vie-romantique.paris.fr, Di–So 10–18 Uhr, Eintritt frei. 1830 zog der niederländische Maler Ary Scheffer (1795–1858) in das Nouvelle Athènes genannte malerische Viertel, in dem sich damals eine ganze Künstlerkolonie niederließ. Zu den Freitagstreffen kamen so bekannte Künstler wie Ingres, Delacroix, Turgenjew, Liszt, Chopin und George Sand (1804–76). Die Schriftstellerin wohnte ganz in der Nähe, und so wird auch an die Dichterin erinnert.

Atelier – **Musée Zadkine:** ▶ N 12, 100 bis, rue d'Assas, 6. Arr., Métro: Vavin (M4) oder Notre-Dame-des-Champs (M12), www.zadkine.paris.fr, Di–So 10–18 Uhr. S. 254

Zeitgenössische Kunst – **Site de création contemporaine:** ▶ J 8, Palais de Tokyo, 11, av. du Président-Wilson, 16. Arr., Métro: Alma-Marceau (M9), www.palaisdetokyo.com, Di–So 12–24 Uhr. S. 180

Reiseinfos von A bis Z

Adressen

Die Pariser Adressen sind hier im Buch jeweils mit dem Arrondissement angegeben. Diese zählen vom Stadtzentrum am Louvre (1. Arr.) bis zum 20. Arrondissement im Nordosten der Stadt schneckenförmig im Uhrzeigersinn nach außen (s. Umschlagkarte). Die Nummer des Arrondissements ist Teil der Postleitzahlen, z. B. 75001 für das erste Arrondissement. Bei Privatadressen gibt es oftmals keine Klingeln und Klingelschilder, sondern nur Nummerncodes als Türöffner.

Ärzte & Apotheken

Öffentliche Krankenhäuser bieten einen 24-Stunden-Notdienst (s. Notruf). Die Auslandskarte (EHIC), die gesetzlich Versicherte EU-Bürger bei ihrer Krankenkasse erhalten, erleichtert die Abrechnung. Bei niedergelassenen Ärzten sind die Behandlungskosten sofort zu bezahlen, in Deutschland kann mit der Krankenversicherung die Rückerstattung geregelt werden. Sinnvoll ist der Abschluss einer zusätzlichen Reisekrankenversicherung, da sonst nur die in Deutschland üblichen Sätze erstattet werden.

Rund um die Uhr geöffnet ist die **Apotheke Pharmacie Dhéry**, 84, av. des Champs-Élysées, 8. Arr., Métro: George-V (M1), Tel. 01 45 62 02 41.

Diplomatische Vertretungen

Deutsche Botschaft
13, av. Franklin-Roosevelt, 8. Arr., Métro: Franklin-Roosevelt (M1, M9)

Tel. 01 53 83 45 00, Fax 01 43 59 74 18
www.auswaertiges-amt.de

Österreichische Botschaft
6, rue Fabert, 7. Arr., Métro: Invalides (M8, M13), Tel. 01 40 63 30 68, Fax 01 45 55 63 65, www.bmaa.gv.at

Schweizer Botschaft
142, rue de Grenelle, 7. Arr., Métro: Varenne (M13), Tel. 01 49 55 67 00, Fax 01 49 55 67 67, www.amb-suisse.fr

Feiertage

1. Januar: Neujahr
var. Karfreitag und Ostermontag
1. Mai: Tag der Arbeit
8. Mai: Waffenstillstand 1945
var.: Christi Himmelfahrt
var.: Pfingstmontag
14. Juli: Nationalfeiertag
15. August: Maria Himmelfahrt
1. November: Allerheiligen
11. November: Waffenstillstand 1918
25. Dezember: Weihnachten

Fundbüro

Objets trouvés, 36, rue des Morillons, 15. Arr., Métro: Conventio (M12), Tel. 08 21 00 25 25 (gebührenpflichtig, Mo, Mi, Fr 8.30–17, Di, Do 8.30–20 Uhr

Geld

Währung ist der Euro, der in Frankreich jedoch *öro* gesprochen wird, der Cent wird immer noch Centimes genannt. 1 Euro hat in Frankreich eine Kaufkraft von 88 Cent (Statistisches Bundesamt, Nov. 2010). EC/Maestro-

Reiseinfos

Karten werden an den meisten Bankautomaten akzeptiert, seltener jedoch in Supermärkten oder an Tankstellen.

Zahlen per **Kreditkarte** ist in Frankreich weit verbreitet und sehr viel üblicher als in Deutschland. Karten von Visa, MasterCard, Diners Club oder AmEx akzeptieren fast alle Hotels und Tankstellen, Restaurants und Kaufhäuser. Auch Autobahngebühren können problemlos mit Kreditkarte bezahlt werden.

Um bei Problemen mit der elektronischen Kartenabfrage nicht mittelos dazustehen, sollte man dennoch genügend Bargeld in der Tasche haben.

Internet

Die Stadt hat rund 260 Hotspots eingerichtet, an denen man mit dem »Paris Pass Wi-Fi« gratis ins Netz gehen kann. Infos unter www.paris.fr.

Kinder

Eine Weltstadt wie Paris ist für und mit Kindern ziemlich anstrengend. Aber wenn Sie Ihren neugierigen Kids (ab ca. 8 Jahre) das Erlebnis Paris einmal bieten wollen, hier ein paar Tipps, mit denen der Familienurlaub in der Großstadt trotzdem gelingt: Für sommerliches Wetter gibt es neben den vielen Parks (zum Teil mit Karussells, Modellsegelbootverleih, Spielplätzen, Ponyreiten) auch noch den Botanischen Garten, in dem die schönen Gewächshäuser, ein kleines Labyrinth und das Muséum d'Histoire Naturelle mit ausgestopften Tieren und Walfischskeletten für gute Stimmung sorgen.

Für Regenwetter gibt es viele weitere interessante Museen: das Wachsfigurenkabinett im Musée Grévin, die Cité des Sciences et de l'Industrie, in der man die Welt der Technik und Wissenschaft auf spielerische Weise entdecken kann, die Cité de la Musique mit Instrumenten und Klangproben auf Kassette, das Musée des Arts et Métiers mit Doppeldeckern und Oldtimern, das neue Musée du Quai Branly mit Kunst aus fünf Kontinenten. In einigen werden deutsch besprochene Kassetten und Kopfhörer verliehen. Für etwas größere Kinder schön gruselig: die Knochen und Schädel in den Katakomben (s. S. 256). Ein flaues Gefühl im Magen machen auch manche effektvollen Filme auf der halbkugelförmigen Leinwand der Géode im Parc de la Villette. Und zum Essen geht es ins Chartier (s. S. 33) oder ins Polidor (s. S. 34): Man isst auch mit der ganzen Familie noch preiswert, ohne langes Zeremoniell und trotz der Touristen in echt französischem Ambiente.

Notruf

SOS Médecins (Notarzt):
Tel. 01 47 07 77 77
SOS Dentaires (Zahnarzt):
Tel. 01 43 37 51 00
SOS Optique (Optiker)
Tel. 01 48 07 22 00
SAMU (Rettungswagen): Tel. 15
Polizei: Tel. 17; **Feuerwehr:** Tel. 18

Öffnungszeiten

Banken sind in der Regel entweder Mo–Fr oder Di–Sa 9–17 Uhr geöffnet, **Geschäfte** Mo–Sa 9–19 Uhr, **Supermärkte** (hypermarchés) oft bis 21 Uhr, **Postämter** Mo–Fr 8–19, Sa 8–12 Uhr. **Restaurants** legen meist So oder Mo einen Ruhetag ein, und schließen im August. **Museen** sind Mo (städtische) oder Di (staatliche) sowie an Feiertagen geschlossen, größere haben einen Abend die Woche (oft Do) lange geöffnet.

Reiseinfos

Post

Die Hauptpost, 48–52, rue du Louvre, 1. Arr., Métro: Les Halles (M4), ist tgl. 24 Std. rund um die Uhr geöffnet. Briefmarken gibt es in Postämtern und den Bar-Tabacs, erkenntlich an einer roten Raute; Brief (bis 50 g) 1,85 €, Postkarte 0,77 €.

Rauchen

Das strikte Rauchverbot in Frankreich, zunächst auf öffentliche Gebäude, Gesundheitsinstitutionen, Schulen, Bahnhöfe etc. beschränkt, gilt seit Januar 2008 auch für Hotels, Restaurants, Cafés, Bars, Diskotheken und Casinos. Wie in anderen Ländern schon länger, muss man zum Rauchen vor die Tür.

Reisen mit Handicap

Paris macht es Behinderten nicht leicht: Zwar geben die meisten Hotels und Restaurants an, ob sie für Rollstullfahrer zugänglich sind, aber das war es auch schon. Infos: www.paris-tourist office.com unter tourisme & handicap.

Ein großes Handicap: Weder Métro noch Busse sind auf Behinderte eingerichtet. Nur die neue Météor-Linie und Teile der RER-Linien A und B sind für Rollstuhlfahrer zugänglich.

Reisekasse

Paris ist teuer. Der Trick, die Franc-Preise einfach nicht umzurechnen, funktioniert mit dem Euro nicht mehr, die Preise sind unübersehbar hoch.

Bei Einkäufen kann man sparen, wenn man im Juli oder Januar nach Paris reist. Dann haben alle Geschäfte *soldes,* Schlussverkauf (s. S. 41). Wer

länger als ein Wochenende und zu mehreren Personen fahren will, sollte alternativ zur Übernachtung im Hotel über ein möbliertes Appartement nachdenken (s. S. 30). Viele Hotels bieten außerdem Rabatte bei Online-Buchung an. Beim Essen zu sparen empfiehlt sich dagegen überhaupt nicht: Selbst Fastfood ist teuer und nirgendwo sonst kann man mit etwas mehr Budget so gut essen wie in Paris.

Sicherheit

Paris unterscheidet sich wenig von anderen Großstädten; es gelten die üblichen Regeln für die eigene Sicherheit: Nachts meidet man besser abgelegene Gegenden sowie unsichere Stadtteile (z. B. Umgebung der Métro-Stationen Strasbourg-Saint-Denis, Stalingrad, Belleville und Châtelet-Les Halles) und generell die Vororte.

Im Gedrängel – ob in der Métro, im Bahnhof oder auf dem Flohmarkt – sollte man verstärkt auf Portemonnaie bzw. Handtasche und Gepäck achten.

Sportveranstaltungen

Ausgesprochen groß ist das Interesse der Franzosen am **Rugby.** Einige Spiele des Sechs-Nationen-Turniers Grand Tournois finden im März im Stade de France in Saint-Denis statt.

Besucherscharen ziehen auch die anderen großen Sportereignisse an, der **Paris Marathon** (www.parismara thon.com) im April, die internationalen Tennismeisterschaften **French Tennis Open** im Stadion Roland Garros Ende Mai, Anfang Juni (www.french open.org) und ganz besonders der legendäre Radklassiker **Tour de France,** dessen letzte Etappe auf den Champs-Élysées endet (www.letour.fr).

Reiseinfos

Start des Paris-Marathon, einer der berühmtesten Läufe Europas

Die Pariser Erstliga-Fußballmannschaft **Paris Saint-Germain** (www.psg.fr) spielt im Parc des Princes südwestlich am Périphérique, einen Fanshop gibt es an den Champs-Élysées.

Telefonieren

In Frankreich sind alle **Telefonnummern** zehnstellig, man muss immer die gesamte Nummer wählen. Die **Auslandsvorwahl** nach Frankreich ist 0033, dann folgt die Teilnehmernummer ohne die Null. Nach Deutschland wählt man 0049, die Ortsnetzkennzahl ohne Null und die Nummer des Teilnehmers, nach Österreich 0043 und in die Schweiz 0041.

In öffentlichen **Telefonzellen** kann man mit Chipkarten *(télécartes)* telefonieren, die in Postämtern und den Tabac-Bars zu 50 oder 120 Einheiten verkauft werden. Eine Bedienungsanleitung für die Apparate gibt es auch in Deutsch. Preiswertere Tarife für Auslandsgespräche gelten Mo–Fr 19–8 Uhr, Sa, So, Fei ganztägig. Auskunft: 12
Mobil: Alle gängigen Handys funktionionieren in Frankreich automatisch. Wer in Frankreich angerufen wird, trägt die Kosten für die Weiterleitung aus Deutschland ins Ausland, der Anrufer zahlt nur die normalen Gebühren. Achtung vor der Mailbox-Kostenfalle: schalten Sie die Benachrichtigungsfunktionen aus!

Trinkgeld

Obwohl die Bedienung im Preis inbegriffen ist, gehört es zum guten Ton, im Café oder im Restaurant Trinkgeld zu geben. Als Richtwert: 5 % des Rechnungsbetrages. Auch Taxifahrer, Stadtführer, das Hotelpersonal und Garderobieren erwarten ein Trinkgeld.

Panorama – Daten, Essays, Hintergründe

Die Kathedrale Notre-Dame von der Île Saint-Louis gesehen

Steckbrief Paris

Daten und Fakten
Name: Paris
Fläche: 105 km², Ost-West- und Nord-Süd-Ausdehnung je knapp 20 km
Lage: 28 bis 130 m über Meeresspiegel, auf 48°51' N, 2°21' O (Notre Dame)
Einwohnerzahl: 2,18 Mio. für die Stadt Paris innerhalb des Boulevard périphérique, 11,6 Mio. im Großraum Île de France (Stand: 2008)
Ortsname: In der Antike hieß die Stadt Lutetia und war vom gallischen Stamm der Parisier bewohnt, daraus entwickelte sich um 300 der Name Paris.
Stadtwappen: Das Pariser Wappen zeigt ein weißes Flussschiff auf rotem Grund und bezieht sich damit auf die römische Hafengründung, als die Stadt Station einer Flussflottille der Römer war. Seit 1358 erscheinen im Feld darüber die goldenen Lilien des Königswappens auf blauem Grund.

Petite Couronne zusammengefasst. Die anderen vier, Yvelines (78), Val d'Oise (95), Essonne (91) und Seine-et-Marne (77), umschließen als Grande Couronne diesen inneren Ring.

Lage und Größe
Paris liegt in der Region Île de France im nördlichen Drittel Frankreichs. Durch das Pariser Becken fließt die Seine nach Norden, mit 775 km drittlängster Fluss Frankreichs (nach Loire und Rhône). Höchste Erhebung: Montmartre (129 m).

Frankreich ist in 95 Departements (ohne Überseedepartements) unterteilt, davon beansprucht der Großraum Paris (Région Parisienne) acht Departements. Paris (75) wiederum besteht aus 20 Arrondissements (die Postleitzahlen beginnen mit 750, danach folgen die Ziffern 01 bis 20, die das Arrondissement angeben). Drei der acht Departements, Hauts-de-Seine (92), Seine-Saint-Denis (93) und Val-de-Marne (94), umgeben die Stadt und werden häufig unter der Bezeichnung

Geschichte
Nahe einer gallischen Siedlung der Parisier an der Seine gründeten die Römer 52 v. Chr. einen Flusshafen. Nach dem Fall des Imperiums übernahmen die fränkischen Könige den Statthalterpalast auf der Seine-Insel. Um 1090 ließ König Philippe Augustus den Louvre als Königsburg bauen, hier residierten die Könige bis ins 17. Jh. Unter Louis XIV. und in der Epoche des Absolutismus stieg Paris zur bedeutendsten Stadt Europas auf. In der Französischen Revolution bildeten sich hier die Grundlagen der bürgerlichen Gesellschaft. Kaiser Napoléon III. ließ im 19. Jh. die berühmten breiten Boulevards anlegen und die Stadt umfassend modernisieren. Das 20. Jh. sah Paris als Ausrichter wegweisender Weltausstellungen; der deutschen Besatzung im

Zweiten Weltkrieg entging sie ohne große Zerstörungen. In jüngster Vergangenheit erlebte die Stadt neue Architekturexperimente wie in La Défense, aber auch eine enorme Zuwanderung aus den einstigen Kolonien Frankreichs.

Bevölkerung

Von den rund 63,4 Mio. Einwohnern Frankreichs leben im Großraum Paris fast 12 Mio. Menschen – jeder fünfte Franzose ist in der Hauptstadtregion zuhause. Die 2,18 Mio. Einwohner in der eigentlichen Stadt innerhalb des *Boulevard périphérique* werden pro Jahr rund 20 000 weniger. Während das eigentliche Stadtgebiet Einwohner verliert, wächst die *banlieue,* die Vorstädte, immer mehr. Mit gut 11,6 Mio. Menschen ist die Metropolregion Paris heute nach Moskau, Istanbul und London die viertgrößte Europas. Mehr als 1,6 Mio. der insgesamt 6,6 Mio. Ausländer Frankreichs leben in der Île de France , davon rund 25 % Nordafrikaner, 15 % Portugiesen, 15 % Schwarzafrikaner und 5 % Südostasiaten.

Stadtverwaltung und Politik

Paris ist die Hauptstadt der Republik Frankreich. Der Staatspräsident, der für fünf Jahre direkt gewählt wird, verfügt über weitreichende Machtbefugnisse: Er ernennt und entlässt den Premierminister, ist oberster Befehlshaber der Streitkräfte, beruft hohe Beamte und Richter des obersten Gerichtshofs, kann die Abgeordnetenversammlung auflösen. Zudem besitzt er umfassende Sondervollmachten im Notstandsfall. Das Parlament besteht aus zwei Kammern, der alle fünf Jahre direkt gewählten Abgeordnetenver-

sammlung *(Assemblée nationale)* und dem Senat, der alle drei Jahre zu einem Drittel indirekt von Delegierten der Wahlkreise gewählt wird. Die beiden Kammern sind in ihren legislativen Funktionen stark vom Präsidenten bzw. der Regierung abhängig.

Wirtschaft und Tourismus

Der Ballungsraum Paris ist bedeutender Schwerpunkt von Industrie, Handel und tertiärem Sektor und erwirtschaftet fast ein Drittel des Bruttoinlandsprodukts von Frankreich. Vier Fünftel der 500 größten Wirtschaftsunternehmen des Landes haben ihren Hauptsitz in Paris, dazu kommen Forschungsinstitutionen, ein Großteil der staatlichen Verwaltung, Hochschulen, internationale Organisationen. Auch die jährlich rund 26 Mio. Touristen aus aller Welt, rund 1000 Kongresse pro Jahr und 100 Messen bilden eine wichtige Einnahmequelle für die Stadt.

Verkehr

Paris, konkret die achtspurige Ringautobahn *Boulevard périphérique* (kurz Périph' genannt), ist der Verkehrsknotenpunkt für ganz Frankreich, alle Autobahnen münden hier ein. Gleiches gilt für das Eisenbahnnetz, das von den sechs Pariser Kopfbahnhöfen ausgeht, zudem besitzt Paris den zweitgrößten Binnenhafen Europas und zwei Flughäfen (Charles de Gaulles-Roissy und Orly). Die innerstädtische Métro ist die viertälteste der Welt (1900 eröffnet) und mit 212,5 km Gesamtlänge eines der weltweit größten U-Bahn-Netze. Darüber hinaus betreibt die RATP die Vorortbahnen RER, die ebenfalls innerhalb der Stadt fahren bzw. sie durchqueren.

Geschichte im Überblick

Antike und fränkische Zeit

um 200 v. Chr.
Auf einer Insel in der Seine, der heutigen Île de la Cité, siedelt ein keltischer Stamm, den die Römer Parisii (Parisier) nennen.

1.–3. Jh.
Caesar erwähnt in »De Bello Gallico« die befestigte Keltensiedlung Lutetia, die nach neuesten Ausgrabungen auf dem Gebiet des heutigen Nanterre lag. Nach der Eroberung gründeten die Römer an der Seine-Furt bei der Île de la Cité und am linken Ufer einen Flusshafen. Gemessen an anderen gallo-römischen Städten wie Arles (Arelate) oder Lyon (Lugdunum) in den schon über 100 Jahre länger romanisierten Gebieten Südfrankreichs kommt Lutetia eher geringe Bedeutung zu.

um 250
Die Legende berichtet, der Grieche Dionysios sei zur Missionierung der Parisier an die Seine gekommen. Vom römischen Präfekten zum Tode verurteilt, wurde der Bischof auf dem Montmartre-Hügel (Mons Martyrium) enthauptet. Da ergriff der Heilige seinen Kopf mit beiden Händen und ging in nördliche Richtung – bis zu der Stelle, an der sich heute die Basilika von Saint-Denis erhebt. Als Saint Denis wurde der Märtyrer Schutzpatron der fränkischen und französischen Könige.

451
Genoveva (frz. Geneviève), eine Christin aus Nanterre, verhindert die Einnahme der Stadt durch Attila und seine Hunnen. Sainte Geneviève wird seitdem als Patronin der Stadt verehrt.

um 496
Der Frankenkönig Chlodwig (Clovis) aus dem Geschlecht der Merowinger wird in Reims getauft. Sein Übertritt zum Christentum legt den Grundstein zur Verschmelzung der fränkischen und der gallisch-römischen Kultur.

800
Karl der Große (Charlemagne), seit 768 König der Franken, herrscht über ein Reich, das sich von der Nordsee bis zum Mittelmeer ausdehnt, und wird von Papst Leo III. in Rom zum Kaiser des Heiligen Römischen Reiches gekrönt. Mit dem Aufstieg der Karolinger verlagert sich der Reichsmittelpunkt; als Residenz zieht Karl der Große Aachen vor.

9. Jh.
Wiederholt Raubzüge der Normannen, die über die Seine kommen.

Kapetinger, Valois und Bourbonen

987
Hugo Capet wird in Reims zum Herrscher über ein verkleinertes westfränkisches Königreich gekrönt und begründet die neue Dynastie der Kapetinger mit dem Machtzentrum in der Île de France, während mächtige Vasallen wie die Grafen und Herzöge der Normandie, Bretagne, Aquitaniens, der Gascogne und von Toulouse zunächst noch wohlhabendere und größere Gebiete kontrollieren.

12.–13. Jh.	Unter Philippe II. Augustus (1180–1223) erlebt Paris einen mächtigen Aufschwung. Eine große Handelsmesse wird etabliert, eine Stadtmauer gebaut, der Louvre befestigt, die Stadt zählt rund 200 000 Einwohner. Die Universität gewinnt europaweit große Bedeutung.
1337–1453	Mit dem Tod von Charles IV. 1328 stirbt die Linie der Kapetinger aus. Der aus dem Nachfolgestreit entstandene Hundertjährige Krieg gegen England hinterlässt ein durch Hungersnöte, Pestepidemien und Kriegsgreuel erschöpftes und entvölkertes Frankreich, das nun jedoch unter der Zentralgewalt der Valois fest geeint ist. Zeitweilig ist Paris von den Engländern besetzt, und auch Jeanne d'Arc belagert die Hauptstadt ohne Erfolg. 1431 wird der englische König Henry VI. in Notre-Dame zum französischen König gekrönt.
15. Jh.	Paris verliert an Bedeutung, die Könige ziehen das Loire-Tal vor, in dem prächtige Schlösser erbaut werden.
1572	Die Hochzeit von Henri de Navarre, dem späteren König Henri IV., mit Marguerite, der Tochter von König Henri II. (gen. Reine Margot), wird zum Blutbad: In der Bartholomäusnacht fallen in Paris rund 2000 adlige Hugenotten einem Massaker zum Opfer, der Höhepunkt der blutigen Religionskriege in Frankreich (1562–1598).
1589	Henri IV. aus dem Geschlecht der Bourbonen wird König. Vier Jahre später konvertiert der Protestant zum katholischen Glauben.

Königliche Prachtentfaltung im Jardin du Luxembourg

1598	Das Edikt von Nantes gewährt den Protestanten bedingte Religionsfreiheit.
1610	Henri IV. stirbt. Die Kardinäle Mazarin und Richelieu leiten unter dem unmündigen Kronprinz Louis XIII. die Staatsgeschäfte und ebnen der absoluten Monarchie den Weg. Es beginnt eine Epoche immenser Macht und großen Einflussreichtums für Frankreich.
1661–1715	Louis XIV. verlegt seinen Hof nach Versailles, das er zum prunkvollsten Schloss Europas ausbauen lässt. Kriege und die aufwendige Hofhaltung führen fast zum Staatsbankrott.
1685	Aufhebung des Religionsedikts von Nantes: Rund 250 000 protestantische Hugenotten müssen aus Frankreich fliehen.

Revolution und Erstes Kaiserreich

14. Juli 1789	Mit dem Sturm auf die Bastille, das verhasste Staatsgefängnis im Osten von Paris, nimmt die Französische Revolution ihren Auftakt.
1790–1792	Adelsprivilegien werden abgeschafft, die Menschenrechte erklärt und Frankreich zur Republik ausgerufen. Die zentralistische Struktur des Landes wird politisch oder wirtschaftlich noch forciert. Auch gegen die Regionalsprachen wird radikal vorgegangen.
1793	Louis XVI., seit 1774 König, stirbt unter der Guillotine.
1794	Tausende von ›Konterrevolutionären‹ werden hingerichtet; schließlich endet auch Robespierre, der fanatische Revolutionär und Organisator der ›Schreckensherrschaft‹ (terreur), auf dem Schafott.
1804	Napoléon Bonaparte krönt sich nach seinem kometenhaften Aufstieg in Notre-Dame – im Beisein des Papstes – selbst zum Kaiser und dehnt sein Reich über fast ganz Westeuropa aus.
1815	Napoléon wird nach Elba verbannt, der Bourbone Louis XVIII., Bruder des hingerichteten Königs, restauriert die Königsherrschaft.

Von der Julimonarchie bis zum Ersten Weltkrieg

Juli 1830	Juli-Revolution: Nach drei Tagen blutiger Straßenkämpfe (Les Trois Glorieuses) wird König Charles X. gestürzt und von dem ›Bürgerkönig‹ Louis-Philippe abgelöst.
1848	Februar-Revolution: Der Versuch, monarchische Traditionen des Ancien Régime mit parlamentarisch-demokratischen Regierungsformen

zu vereinbaren, ist gescheitert. Mit der Abdankung von Louis-Philippe endet die Juli-Monarchie und beginnt die Zweite Republik. Um 1850 hat Paris über 1 Mio. Einwohner.

1852–1870 Zweites Kaiserreich: Napoléon III., der Neffe Napoléons und seit 1848 Präsident der Republik, wird nach einem Staatsstreich zum Kaiser gekrönt. Unter seiner Regie und der seines Präfekten Baron Haussmann erfährt das Pariser Stadtbild die tiefgreifendsten Veränderungen in seiner Geschichte (s. S. 225). Die Industrialisierung Frankreichs beginnt, Paris wandelt sich zur modernen Metropole. 16 Dörfer, darunter Belleville, Bercy, Passy und Montmartre, werden eingemeindet. Das Stadtgebiet verdoppelt sich, die Bevölkerung wächst auf 1,6 Mio. Einwohner.

1870–1871 Im Deutsch-Französischen Krieg belagern feindliche Truppen die französische Hauptstadt, in der Tausende an Krankheit und Hunger sterben. Nach der französischen Niederlage bei Sedan gerät der Kaiser in deutsche Kriegsgefangenschaft und dankt ab.

1871 Die Pariser Kommune, die erste Rätedemokratie, endet im Bürgerkrieg: Während der ›blutigen Woche‹ *(Semaine sanglante)* im Mai sterben rund 20 000 Arbeiter, niedergemetzelt von den Versailler Regierungstruppen. Der Aufstand, als sozialistische Utopie begonnen, als Blutbad beendet, führt zur Dritten Republik, die innerhalb von 60 Jahren nicht weniger als 95 Regierungen zählt – keine ist länger als drei Jahre im Amt.

Die beiden Weltkriege

1914–1918 1,4 Mio. Tote und Vermisste, die Zerstörung wichtiger Industrien im Ersten Weltkrieg und hohe materielle Verluste trotz der Reparationszahlungen seitens Deutschlands hinterlassen Frankreich nachhaltig geschwächt, obwohl es zu den Siegermächten gehört.

1936–1938 In den 30er-Jahren ist die Dritte Republik zunehmend unregierbar; der Zerfall der Regierungsstabilität wird auch durch das Bündnis der republikanischen Kräfte (Sozialisten, Kommunisten, Liberale) nicht verhindert. Die Bemühungen der Volksfront (Front populaire) unter Regierungschef Léon Blum im sozialen Bereich (Lohnerhöhungen, 40-Stunden-Woche, Anerkennung gewerkschaftlicher Betriebsräte, bezahlter Urlaub) führen zu Kapitalflucht.

1939–1944 *Drôle de guerre* (Kriegsposse) nennen die Franzosen den Zweiten Weltkrieg zunächst – über acht Monate verhalten sich an der Maginot-Linie die Armeen beider Länder nur abwartend. Am 10. Mai beginnt mit der ›Westoffensive‹ der Deutschen *le blitzkrieg:* Schon am 14. Juni wird Paris besetzt (sowie ganz Nord- und Westfrankreich). Nach der Niederlage regiert im ›unbesetzten‹ Süden der greise Marschall Pétain mit einem quasi-faschistischen Regime den sogenannten Vichy-Staat (nach dem Regierungssitz). 1942, nach der Landung alliierter Truppen in Nordafrika, rücken deutsche Soldaten jedoch auch in die ›freie Zone‹ ein.

Aug. 1944

Befreiung von Paris, nachdem im Juni 1944 alliierte Truppen in der Normandie gelandet waren. General de Gaulle, der am 18. Juni 1940 aus London zur Fortsetzung des Kampfes aufgerufen hatte, zieht an der Spitze französischer Truppen in die Hauptstadt ein, in der Widerstandskämpfer den Deutschen heftige Kämpfe geliefert hatten.

Die zweite Hälfte des 20. Jahrhunderts

1946–1958

Die Vierte Republik knüpft institutionell an die Dritte Republik an – gegen den Willen de Gaulles, der 1947 als provisorischer Staatschef zurücktritt, wird eine Verfassung mit starker Stellung des Parlaments und der Parteien angenommen. Durch Parteienzersplitterung kommt es zu enormer politischer Instabilität: in nur 11 Jahren wechseln 25 Regierungen einander ab. Das französische ›Wirtschaftswunder‹ verhindert das Zerbrechen des inneren Konsenses, doch außenpolitisch versetzen die verlustreichen und erfolglosen Kolonialkriege in Indochina und Algerien der Vierten Republik den Todesstoß.

1958

De Gaulle wird an die Macht zurückgeholt, als die Armee mit einem Putsch droht. Die neue Verfassung der Fünften Republik garantiert eine starke Exekutive unter einem Staatspräsidenten mit weitreichenden Rechten, für den es kaum eine parlamentarische Kontrolle gibt.

1968

Mai-Revolte: Studentenunruhen in Paris führen zu Straßenschlachten und Krawallen in ganz Frankreich; andere Bevölkerungsteile schließen sich dem Protest an. Ein Generalstreik legt Frankreich lahm.

1969–1973

Nach de Gaulles Rücktritt wird Georges Pompidou sein Nachfolger.

1974–1981

Valéry Giscard d'Estaing ist Staatspräsident. Ab 1977 gibt es erstmals seit 1871 wieder einen Bürgermeister in Paris: Jacques Chirac regiert Paris bis 1995, als er Präsident wird.

1981–1995

François Mitterrand, der Kandidat der Sozialisten, gewinnt die Wahl gegen den amtierenden Präsidenten d'Estaing. Nach 23 Jahren haben die linken Parteien zum ersten Mal die Mehrheit gegenüber den Konservativen. 1988 Wiederwahl Mitterrands.

1995–2001 Mit Jacques Chirac als neuem Staatspräsidenten kommt 1995 die Rechte wieder an die Macht. Nachfolger als Bürgermeister von Paris wird Jean Tiberi.

Das 21. Jahrhundert
2001 Bertrand Delanoë von der sozialistischen PS wird mit Unterstützung der französischen Grünen zum Bürgermeister von Paris gewählt und löst damit eine lange Reihe konservativer Vorgänger ab. Der jahrzehntelangen konservativen Kommunalpolitik setzt Delanoë ein Programm entgegen, das Paris offener, liberaler und grüner machen soll. 2008 wird er im Amt bestätigt.

2007 Bei den Präsidentschaftswahlen gewinnt Nicolas Sarkozy von der rechts-konservativen UMP und löst Chirac im Élysée-Palast ab.

2010–2012 Bürgermeister Delanoë installiert ein Carsharing-System mit zukünftig über 3000 Elektroautos an 1100 Stationen in Paris. Nicolas Sarkozy ruft internationale Architekten zum Wettbewerb für ein »Grand Paris« auf, für den Großraum als Megastadt, in der um 2050 zwölf Millionen Menschen und mehr wohnen sollen. Der Bau neuer Hochhäuser mit über 300 m Höhe wird beschlossen (s. S. 91).

Statue Napoléons beim Invalidendom

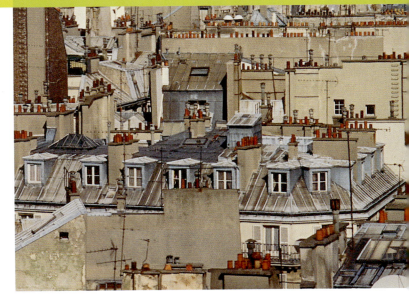

Als ›Stadt der 100 Dörfer‹ wurde die Weltstadt oft charakterisiert; gemeint war, dass jedes Stadtviertel seinen eigenen Charakter hatte, seine Gesetze und Gewohnheiten, seine besondere soziale Struktur, seinen eigenen Stil und Reiz.

Paris wird in 20 Bezirke *(arrondissements)* eingeteilt, die, beginnend mit dem 1. Arrondissement, rund um den Louvre schneckenförmig und im Uhrzeigersinn nach außen gezählt werden. Jeder dieser administrativen Stadtteile gliedert sich wiederum in vier *quartiers,* eben jene fast dörflichen Viertel. Die 20 Arrondissements, die von dem rund 35 km langen Stadtautobahnring *(Périphérique)* eingeschlossen werden, zählen rund 2,1 Mio. Einwohner und gelten als das eigentliche Paris. Der gesamte Großraum jenseits des Périphérique wird trotz seiner knapp 10 Mio. Einwohner als *banlieue* bezeichnet, als Vorort, wenn nicht gar schon als Provinz.

Literatencafés, die rechte mondäne auf Börse, Boulevards, Banken und Haute Couture. An der Rive Droite haben die ehrwürdige Comédie-Française, die alte und die neue Oper ihren Sitz, hier liegen die eleganten Einkaufsviertel um Rue du Faubourg Saint-Honoré, Avenue Montaigne und Place Vendôme, hier gelten die Champs-Élysées als schönste Avenue der Welt. Hier konzentrieren sich die Luxushotels, hier stehen der Präsidentenpalast und mit dem Louvre das größte Museum der Welt.

Die großbürgerlichen *beaux quartiers* im Westen wiederum trennen

Pariser Stadtlandschaften

Die Seine teilt Paris in *rive gauche* und *rive droite,* in linkes und rechtes Ufer. Die intellektuelle linke Stadthälfte ist stolz auf Sorbonne und andere Universitäten, renommierte Gymnasien, Kunstakademie, Verlage, Buchhandlungen, Programmkinos und

Welten vom armen und traditionell ›roten‹ Osten der Arbeiter. Die ›richtige‹ Adresse auf der Visitenkarte ist in Paris ebenso wichtig wie die Eliteschule im Lebenslauf und der Händedruck vom Patron im Prominentenrestaurant. Im Gotha der Stadtviertel gilt das 16. Arrondissement zwischen Bois de Boulogne, Trocadéro und Arc de Triomphe als das vornehmste und hochnäsigste Viertel von Paris, in dem die Crème der Gesellschaft logiert. Der vermögenden Bourgeoisie setzen allerdings die Neureichen zu – *très snob* möchten auch Ölscheichs, afrikanische Diktatoren und Popstars residieren.

Im Osten dagegen siedelte sich die ärmere Bevölkerung in Arbeiter- und Handwerkervierteln an. Und noch ärmlicher wirken die Straßenzüge der

Über den Dächern von Paris erhebt sich die Basilika Sacré Cœur von Montmartre

Einwandererviertel wie Belleville (20. Arr.) oder Barbès (18. Arr.).

Planerische Visionen

Seit den 1980er-Jahren besteht der Anspruch, das Ungleichgewicht durch stadtplanerische Eingriffe zu beseitigen. Bewusst wurden einige der *grands travaux* im benachteiligten Pariser Osten angesiedelt: Cité des Sciences und Cité de la Musique in La Villette, der Park Belleville, Bastille-Oper und Finanzministerium, der Park de Bercy, Palais Omnisports und die neue Nationalbibliothek. Und jenseits der Nationalbibliothek und des Finanzministeriums (im 12. und 13. Arr.) wird am Seine-Ufer weiter gebaggert und gebaut. Unlängst eröffnete dort Docks-en-Seine, das neue Mode- und Designzentrum, in einem umgebauten Lagerhaus am Seine-Ufer.

Im Zentrum hat Paris sein Gesicht in den vergangenen Jahrzehnten tiefgreifend verändert. Vor allem die acht Arrondissements der Innenstadt sind immer mehr von sozialer Entmischung betroffen, Kleingewerbe und geringverdienende Mieter ziehen in die Vororte, Einzelhändler geben auf, Fastfood-Lokale und Textil-Filialisten wie Zara oder Gap übernehmen ihren Platz – oder noch eine Luxusboutique, noch ein Designladen. Weder Jacques Chirac, der als Bürgermeister vor allem daran interessiert schien, aus Paris eine Handels- und Wirtschaftsmetropole zu machen, noch François Mitterrand, dessen urbanistisches Konzept stets ins Gigantomanische ging, konnten oder wollten offensichtlich das volkstümliche Kleine-Leute-Paris retten.

2001 trat der bis heute amtierende Bürgermeister Bertrand Delanoë mit dem Vorhaben an, Paris wieder lebenswerter für Fußgänger und Radfahrer zu machen; Ziele sind Bürgerbeteiligung, Neuverteilung des öffentlichen Raumes zwischen den Verkehrsteilnehmern, umweltverträgliche Stadtpolitik, Rückgang des Autoverkehrs. Mit Ideen wie dem Vélib, der Installierung eines dichten Netzes von Stationen für preiswerte Leihfahrräder, und vielen eher kleinteiligen Maßnahmen, ist er der Realisierung dieser Ziele einen großen Schritt näher gekommen.

Die Stadtviertel

Die studentisch-jugendliche Szene rund um die Universität Sorbonne prägt das **Quartier Latin,** das seinen

Namen nicht den alten Römern verdankt, deren Thermen und Amphitheater hier noch zu besichtigen sind, sondern dem Latein, das an der mittelalterlichen Universität gesprochen wurde.

Das Stadtviertel **Saint-Germain-des-Prés** vereint kluge Köpfe und elegante Mode. Berühmt machten das Viertel vor allem die die Buchverlage und die Literaten-Cafés, in denen etwa Sartre und Beauvoir Stammgäste waren, allen voran Les Deux Magots und Le Flore. Mit zahllosen Buchhandlungen und Antiquitätenläden, Kunstgalerien und Modeboutiquen, Jazzclubs und Kinos ist Saint-Germain eines der schönsten Viertel zum Schlendern und Schauen.

Die beiden **Seine-Inseln** sind vom Charakter ganz unterschiedlich: Auf der Île de la Cité, rund um Notre-Dame, ist die im Mittelalter so dichte Besiedlung Verwaltungsbauten wie dem Polizeipräsidium und dem Justizpalast gewichen. Die kleinere Île Saint-Louis wirkt durch ihre Abgelegenheit wie ein Dorf – mitten im Zentrum von Paris.

Im **Marais,** dem architektonisch schönsten Viertel von Paris, setzen vornehme Adelspaläste rund um die Place des Vosges einen aristokratischen Akzent. Unter das jüdische Paris rund um die Rue des Rosiers mit koscheren Metzgern und Bäckern haben sich schicke Restaurants und Boutiquen und auch Bars der Gay-Szene gemischt.

Eingang der neuen Nationalbibliothek mit Blick auf einen der Buchtürme

Les Halles und **Montorgueil** heißen die Viertel nahe dem Centre Pompidou. Jeansboutiquen, Platten- und Postkartenläden, Jazzclubs und Szenelokale bestimmen den Charakter dieses touristisch belebten Stadtteils, der durch den Bau des Kulturzentrums sein Gesicht stark verändert hat. Seit das benachbarte Viertel Sentier rund um die Marktstraße Rue Montorgueil Fußgängerzone wurde, entwickelt es sich zum belebten Trendviertel.

Im **Faubourg Saint-Germain** ließ sich die Aristokratie im 17. und zu Beginn des 18. Jh. luxuriöse Stadtpaläste erbauen, in denen heute überwiegend Ministerien und Botschaften untergebracht sind. Hauptanziehungspunkte in diesem ruhigen Viertel sind Eiffelturm, Invalidendom mit dem Grab Napoléons, Rodinmuseum und Musée d'Orsay.

In **Montmartre** ist die Hauptattraktion die Kirche Sacré Cœur oben auf dem Hügel oder vielmehr der Blick auf Paris von den Treppen davor. Neben sehr touristischen gibt es hier auch noch dörfliche Ecken. Pigalle, seit langem das Rotlichtviertel von Paris, hat sich seit einigen Jahren auch als Clubbing-Piste etabliert. Zwischen Sexshops und Peepshows mischen sich angesagte Bars, Konzertsäle und Dancefloors.

Abseits des Mainstream

In **Montparnasse,** dem Künstlerviertel der 1920er-Jahre, zerstörten in den 1970er-Jahren neue Bauten wie der Montparnasse-Bahnhof und der Wolkenkratzer Tour Montparnasse die historisch gewachsene Struktur. Einige legendäre Lokale erinnern noch an diese Ära und zum Ausgehen ist das Viertel nach wie vor beliebt.

Östlich der **Bastille** und der neuen Oper lockte zunächst billiger Wohnraum Künstler und Galeristen in das einstige Viertel der Möbelbauer und Buchbinder. Fabriketagen und Hinterhofwerkstätten wurden zu Lofts ausgebaut, schicke Bistros und Bars machten sich breit. Der Erfolg der nächtlichen Amüsiermeile Rue de Lappe, in der ein junges Publikum die Nacht zum Tag macht, droht jedoch umzukippen: Immer schneller wechseln die Lokale, die echte Szene wandert an die Ränder ab, an den Canal Saint-Martin, nach Oberkampf, Ménilmontant oder Montreuil.

Belleville, ein ehemaliges Arbeiterviertel im Nordosten, ist der multikulturelle Stadtteil von Paris, in dem sich Asiaten, Nord- und Schwarzafrikaner recht einträchtig miteinander angesiedelt haben. Mehr als 80 Nationalitäten soll das Viertel zählen.

Einen Teil des 13. Arrondissements nennen die Pariser **Chinatown.** Rund um die Place d'Italie haben Einwanderer aus Vietnam, Kambodscha, Laos und anderen asiatischen Ländern dem Viertel mit Restaurants, Supermärkten, Reisebüros und Suppenküchen fernöstliches Flair verliehen.

Multimediashow Paris Story
Eine Art audio-visuellen Spaziergang durch Paris bietet die Multivisionsschau Paris Story. Mit 25 Diaprojektoren verfolgt man auf einer Panoramaleinwand die Geschichte von Paris von der Römerzeit bis zur Gegenwart (in zwölf Sprachen).
11bis, rue Sribe, 9. Arr., Métro: Opéra (M3, M7, M8), www.parisstory.com, jede volle Stunde 10–18 Uhr, Eintritt 10 €, erm. 6 €, Familien 26 €.

Auf die Barrikaden

1989 feierte ganz Paris das Bicentenaire, den 200. Jahrestag der Französischen Revolution mit pompösen offiziellen Festlichkeiten, und der sozialistische Staatspräsident Mitterrand lud Vertreter der sechs reichsten Nationen als Staatsgäste zum Weltwirtschaftsgipfel ein. Doch stießen die gigantische Vermarktung des Jahrestages und der millionenteure Festrummel auch auf Kritik seitens der französischen Linken.

An der Place de la Bastille, dort, wo einst die Revolution begann, demonstrierte das ›Volk von Paris‹ gegen Apartheid, Hunger, die letzten Kolonien, die wirtschaftliche Ausbeutung der Dritten Welt. Auch die Revolution sei schließlich keine Idee der Reichen gewesen, und das Motto »Freiheit, Gleichheit, Brüderlichkeit« müsse in einem zeitgemäßen Sinne ausgelegt werden.

Zu sehen ist in Paris fast nichts mehr von jener leidenschaftlichen, umstürzlerischen Epoche am Ende des 18. Jh., aus der am Ende eine blutige wurde: 1793 schlug die Revolution in eine Schreckensherrschaft um.

Vom Aufstand zum Terror

In der radikalen Phase, der sogenannten Grande Terreur, endeten Tausende von Bürgern unter dem Fallbeil – am Ende wurden allerdings auch die Täter Robespierre (36 Jahre), Danton (34 Jahre) und Saint-Just (27 Jahre) Opfer der Guillotine. Die von dem gleichnamigen Arzt konstruierte Enthauptungsmaschine stand anfänglich auf dem heute so versöhnlich Place de la Concorde (Eintracht) genannten Platz, 1793 wurde dort auch König Louis XVI. hingerichtet. Später wurde sie auf die Place de la Nation verlagert.

Wie von der damaligen Guillotine blieben auch von der Bastille keine Überreste erhalten. Umrisse in der Pflasterung der Place de la Bastille markieren den Standort des einstigen Staatsgefängnisses, dessen Erstür-

Revolution zum Anfassen
Revolutionstouristen können in Museen den Schauer historischer Ereignisse erleben: Modelle von Guillotine und Bastille sind im **Musée Carnavalet** zu betrachten, mit Wachsfiguren nachgestaltete Szenen wie die Ermordung Marats im **Musée Grévin**, die Zellen von Marie-Antoinette und Robespierre sind in der Conciergerie zugänglich. Wer sich weiterführende Literatur einsteckt, wird auf der Spurensuche unter anderem auch zu den Revolutionsfesten auf dem **Champs de Mars** am Eiffelturm geführt, zu den Gräbern der revolutionären Vordenker im **Panthéon** und auf den **Cimetière de Picpus** an der Place de la Nation, wo die Massengräber der Guillotinierten in der Phase des *terreur* lagen.

mung am 14. Juli 1789 als offizieller Beginn der Französischen Revolution gilt. Allerdings war bereits vorher spürbar, dass die Tage des Ancien Régime gezählt waren.

Ende des Ancien Régime

Konfliktpotenzial war zum einen der empörende Gegensatz zwischen Arm und Reich – während Bauern von der Abgabenlast erdrückt wurden und die städtischen Unterschichten am Existenzminimum lebten, nahm die Verschwendungssucht bei Adligen und Geistlichen schwindelerregende Ausmaße an. Zwei Missernten trieben den Getreidepreis so sehr in die Höhe, dass das tägliche Brot für die Armen unerschwinglich wurde. Alte Feudalrechte und das aristokratische Monopol auf Spitzenposten in Militär und Verwaltung stießen beim aufstrebenden Bürgertum auf Empörung und Widerstand, da aufgrund einer als willkürlich empfundenen Rangordnung der gesellschaftlich wirksamsten Kraft der Aufstieg verwehrt blieb.

Zwar waren dann die sieben Gefangenen, die am 14. Juli aus der Bastille befreit wurden, wenig geeignet, als Vorzeigeopfer königlicher Willkür und Märtyrer der Freiheit zu dienen, doch der Stein war ins Rollen gebracht. Wer mehr lesen will über die einzelnen Etappen der sich nun überstürzenden Ereignisse und den geistigen, politischen und sozialen Umbruch (Abschaffung der Monarchie, Begründung einer Republik, Zentralisierung Frankreichs, Säkularisierung von Klöstern und Kirchen, Einführung eines dezimalen Kalenders), der auch europaweite Konsequenzen hatte, kann aus einer ganzen Bibliothek historischer Werke auswählen.

Belle Époque – das Paris der Jahrhundertwende

Schon 1856 schrieb Theodor Fontane: »Um sich hier zu amüsieren, bedarf es gewisser guter und schlechter Eigenschaften, die ich beide nicht habe. Zunächst muss man Französisch können [...], außerdem muss man Libertin sein, Hazard spielen, Mädchen nachlaufen, Rendezvous verabreden, türkischen Tabak rauchen, das Billardqueue zu handhaben wissen und so weiter.«

Um 1900 wird Paris erneut zur *ville lumière*, zur Lichterstadt, und zur Hauptstadt Europas. Hatte das 18. Jh. Licht im übertragenen Sinne von Aufklärung gebracht, so machte im 19. Jh. die künstliche Straßenbeleuchtung im wörtlichen Sinne die Nacht zum Tag. Abends erstrahlen die Boulevards in einem glitzernden Meer von Gaslichtern und zahlloser in Licht und Musik getauchter Cafés und Tanzlokale. Die bittere Niederlage im Krieg 1870/71 ist verwunden, es herrschen wieder Frieden und Wohlstand, ja Überfluss, und so wird die Zeit zwischen 1880 und 1910 zur ›Belle Époque‹.

Eine aufregende Ära

Technische Errungenschaften wie die ›Fee Elektrizität‹, die drahtlose Telegraphie, der ›Métropolitain‹ (U-Bahn), die ersten Automobile und der Kinematograph ziehen Menschenscharen aus vielen Ländern zu den großen Weltausstellungen. Paris ist in allen Belangen tonangebend. Bei den Opern-

Auch heute noch wird Cancan getanzt, wenn auch freizügiger als damals

premieren feiert sich die zu Geld ge-
kommene Großbourgeoisie selbst.
Champagner fließt auf rauschenden
Festen, die kokette Pariserin erlebt die
Warenhäuser als ›das Paradies der Da-
men‹, das Reich des Luxus und der Mo-
den. Im Moulin Rouge wird der frivole
Cancan getanzt, Cabarets wie Le Chat
noir und Mirliton pflegen ätzenden
Spott und beißende Ironie.

Kokotten und Kurtisanen

Es ist die große Ära der *café-concert,
café-théâtre, café-chantant* oder *mu-
sic-hall* genannten Vaudevilles mit
volkstümlichem Unterhaltungspro-
gramm, in denen Sänger und Sängerinnen wie die Mistinguette (1873–
1956), Maurice Chevalier (1888–1970),
Yvette Guilbert (1867–1944) und Aristide Bruant (1851–1925) populäre
Chansons und derbe Gassenhauer vor-
tragen. Magier, Bauchredner, Panto-
mimen, Akrobaten, Clowns und Jong-
leure verliehen dem Abend Jahrmarkt-
flair und Tänzerinnen wie Jane Avril,
Nini patte en l'air (Pfoten in der Luft)
und La Goulue (Die Gierige) mit Valentin le Désossé (Der Knochenlose) zeigten beim Cancan ihre Spitzenunterwä-
sche. Paris wurde zur Attraktion der
»Nachtlokal-Weltenbummler« (Walter
Mehring).

Vor allem Henri de Toulouse-Lautrec
hat die Welt der Varietés unsterblich
gemacht und ihre nächtlichen Königinnen porträtiert. Für Frank Wedekind, der seit 1891 mehrfach nach Paris kam und dort drei Jahre verbrachte,
ist dies das ›Babylon‹, das er liebt, die
Welt der Balletteusen und des Zirkus,
Theaters und Tingeltangels, der Ko-
kotten und leichten Amouren, der Gri-
setten und Artisten, ein Paris des Aben-

teuers, der Sünde und Sinnlichkeit, des
Milieus und der Bohème. Sein Tage-
buch kündet von dem Hochgefühl, in
das ihn die Stadt und ihr »Liebenswür-
digkeitsfluidum« vom ersten Tag an
versetzen ...

Denn auch seinem Ruf als ›Ballsaal
der Welt, Freudenhaus Europas‹ wurde
Paris gerecht: Für die doppelte Moral
dieser Epoche stand hinter den Kulissen die ganze Skala leichtlebiger und
käuflicher Liebe zur Verfügung, von
der *demi-monde* der Schauspielerin-
nen und Sängerinnen über die großen
Kurtisanen wie Liane de Pougy, Emilienne d'Alençon, die schöne Otéro und
Cléo de Mérode, bis zu den unbekannten Midinetten, den Näherinnen der
Haute Couture, die gegen ein wenig
Aufmerksamkeit gerne freundlich waren. Besucher erlebten Paris als einen
Rausch von Vergnügungen, als exal-
tiertes Lebensgefühl.

Luxus oder Bohème

Die Leichtigkeit dieser Stadt hat Stefan
Zweig (1881–1942) in seinen Erinnerungen »Die Welt von gestern« ein-
drücklich beschrieben: »Es gab keinen
Zwang, man konnte sprechen, denken,
lachen, schimpfen, wie man wollte, jeder lebte, wie es ihm gefiel, gesellig
oder allein, verschwenderisch oder
sparsam, luxuriös oder bohèmehaft, es
war für jede Sonderheit Raum. [...] Nie-
mand genierte sich vor niemandem;
die hübschesten Mädchen schämten
sich nicht, mit einem pechschwarzen
Neger Arm in Arm und ins nächste *petit hôtel* zu gehen – wer kümmerte sich
in Paris um solche erst später aufge-
blasene Popanze wie Rasse, Klasse und
Herkunft? [...] Ach, man mußte zuvor
Berlin gekannt haben, um Paris recht
zu lieben, mußte die freiwillige Servili-

Mein Tipp

Belle-Époque-Ambiente bei Bofinger
In einer Seitenstraße im Marais-Viertel, in der Rue Bastille, ist Bofinger (s. S. 34) eine der schönsten Pariser Brasserien mit Belle-Époque-Dekor und prächtiger Glaskuppel. Ein Abendessen mit ›Meeresfrüchte-Plateau‹, einer großen Platte mit Austern, Muscheln, Seeigeln, Meeresschnecken, Garnelen, Langusten und Hummer, gehört zu den typisch pariserischen Erlebnissen (ab 60 €/2 P.).

tät Deutschlands mit seinem kantigen und schmerzhaft zugeschliffenen Standesbewußtsein erlebt haben, wo die Offiziersfrau nicht mit der Lehrersfrau und diese nicht mit der Kaufmannsmadame und diese schon gar nicht mit der Arbeiterfrau ›verkehrte‹. [...] Nichts war schwierig oder steif. Die Beziehungen zu Frauen knüpften sich leicht an und lösten sich leicht, jeder Topf fand seinen Deckel, jeder junge Mensch eine fröhliche und nicht durch Prüderie gehemmte Freundin. Ach, was lebte man schwerelos, lebte man gut in Paris und insbesondre, wenn man jung war!«

Ein verlorenes Paradies? Schön war diese Epoche vor allem für die reiche Bourgeoisie, die sie sich leisten konnte. Neben dem operettenhaften Fin de siècle, jenseits unbeschwerter Sorglosigkeit und des schönen Scheins gab es jedoch auch eine Ahnung von anderem: Die künstlerische Avantgarde macht sich bereits bemerkbar, das Proletariat streikt für soziale Gerechtigkeit und plant die Weltrevolution – anarchistische Attentate sind die deutlichen Krisensymptome dieser Talmiwelt. Der Erste Weltkrieg beendete die Belle Époque auf drastische Art und Weise.

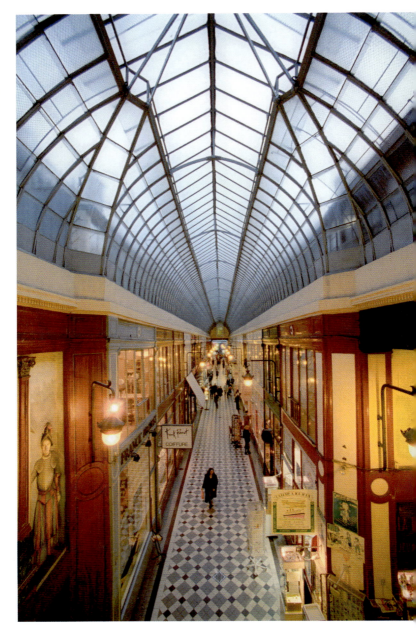

Wohnzimmer für den Flaneur – die Pariser Passagen

In Paris wurde um 1820 die Passage erfunden, rund 100 konnte man einst zählen. Der Bürger sollte beim Kaufen vor Regengüssen und – Bürgersteige gab es noch nicht – vor den gefährlichen Pferdekutschen geschützt sein.

Ein Reiseführer von 1852 bezeichnet diese quer durch Häuserblocks führenden glasüberdachten Durchgänge als »eine neuere Erfindung des industriellen Luxus, glasgedeckte marmorgetäfelte Gänge durch ganze Häusermassen, deren Besitzer sich zu solchen Spekulationen vereinigt haben. Zu beiden Seiten dieser Gänge, die ihr Licht von oben erhalten, laufen die elegantesten Warenläden hin, so dass eine solche Passage eine Stadt, eine Welt im kleinen ist.«

Zum Erfolg der überdachten Ladenstraßen trug nicht unwesentlich bei, dass man vor Wind und Wetter geschützt war und trockenen Fußes flanieren konnte. Dazu kam das künstliche Licht, sodass die Pariser erstmals auch abends noch bummeln konnten.

Gerade mal ein halbes Jahrhundert dauerte die Glanzzeit der Passagen. Für ihren Niedergang sorgten das Aufkommen der Kaufhäuser (Bon Marché, Printemps, Samaritaine und Galeries Lafayette eröffneten 1852, 1865, 1870 und 1899) und der Erfolg der neuen Boulevards (mit breiten Bürgersteigen, Bäumen, Grünanlagen und Straßenlaternen). Die Passagen gerieten allmählich in Vergessenheit, verfielen oder wurden abgerissen.

Vor dem Abriss gerettet

Einige wenige, die die Jahrzehnte halbvergessen überdauerten, haben Denkmalschützer inzwischen gerettet. Glasdächer und Holzvertäfelungen wurden sorgsam restauriert und verwandelten die Galerien wieder in lichte Einkaufswelten mit luxuriösen Ladenlokalen. Zu den schönsten gehören Passage des Panoramas, Passage Jouffroy, Passage Verdeau, Galerie Véro-Dodat, Passage du Grand Cerf und Galerie Vivienne.

Mein Tipp

Passage du Grand Cerf
Die hübsche renovierte Passage zwischen Rue Saint-Denis und Rue Dussoubs ist nicht nur ein Architekturhighlight, die meisten Läden haben sich auf Design und Kunsthandwerk spezialisiert: Hier gibt es Asiatisches und Afrikanisches, Modeschmuck und Accessoires (Métro: Etienne-Marcel, M4).

Passage Jouffroy

Paris goes Manhattan – La Défense

An La Défense scheiden sich die Geister: Ist das Hochhausviertel im Westen von Paris nun zukunftsweisendes Modell modernen Städtebaus oder unwirtliche Stadtwüste?

Durch die **Grande Arche,** einen gigantischen marmorverkleideten Würfel, ließ Präsident François Mitterrand 1989 die königliche Achse vom Louvre über den Arc de Triomphe bis vor die Tore der Stadt verlängern – als eines seiner Prestigeprojekte der Grands Travaux (s. S. 80). Der zuvor kaum bekannte dänische Architekt Johan Otto von Spreckelsen (1929–87) konzipierte den neuen Endpunkt der Achse als ein gigantisches ›Fenster zur Welt – mit Blick in die Zukunft‹. Die Achse wurde durch seinen Entwurf nicht geschlossen, sondern die Grande Arche öffnet sie weiter nach Westen.

Doch schon länger geriert sich der Stadtteil La Défense mit Wolkenkratzer-Skyline als ›Manhattan-sur-Seine‹. Erste Planungen folgten ganz dem Idealbild, das Le Corbusier 1933 für die Stadt der Zukunft formuliert hatte: eine radikale Trennung der verschiedenen städtischen Funktionen. 1959 wurde als erstes die **CNIT-Messehalle** (Centre National des Industries et Techniques) erbaut, die mit ihrem ausladenden, nur an drei Punkten in der Erde verankerten Dach ein eindrucksvolles Beispiel der 50er-Jahre-Architektur darstellt. Seit den 1960ern folgte in La Défense ein Hochhaus dem anderen, Computer-, Auto-, Erdölkonzerne und Banken bauten sich Sym-

Spektakuläre Hochhäuser säumen den großen Platz von La Défense

bole ihrer Finanzkraft und Macht. In vier Jahrzehnten entstand eine futuristische Satellitenstadt – fast ohne Einwohner, denn die vorgesehene Mischung von Wohn- und Büroflächen wurde immer mehr zugunsten Letzterer aufgegeben.

Die Hochhäuser gruppieren sich um den **Parvis de la Défense,** eine große Freifläche mit Skulpturen von Calder, César, Miró und anderen Bildhauern, über die stets ein kalter Wind pfeift. Kein Auto weit und breit, Straßen- und Métro wurden unter die Erde verbannt. Doch der Platz hat sich nicht zum urbanen Zentrum entwickelt. Offensichtlich führen vertikales Bauen und radikale Entmischung zu einer unwirtlichen Stadtwüste.

Über Zukunftsvisionen und die Geschichte des Hochhaus-Stadtteils informiert die Ausstellung im Office de Tourisme neben dem markanten elliptischen EDF-Turm. Zuletzt wurde der Axa-Turm von 159 m auf 225 m aufgestockt und ist als **Tour First** jetzt das höchste Gebäude Frankreichs.

Neben dem inzwischen bereits abgerissenen und durch das Cœur Défense ersetzten Esso-Turm war die **Tour Nobel** das erste Hochhaus von La Défense, erbaut in der Rekordzeit von sechs Wochen (1966). Spektakulärer wurden die Türme der zweiten Generation, etwa die **Tour Fiat** (heute Tour Areva). Der schwarze Monolith von 1974 war bis zum Bau der Tour Elf das höchste Gebäude. Seine Fenster werden mit der Höhe immer größer, um die Perspektive von unten zu wahren.

Zur dritten Generation zählen die **Tour Total** (früher Tour Elf), ein Palast mit 53 000 m^2 Spiegelfassade (1985), und die **Tour Descartes** für IBM, deren Gestalt an eine Gussform erinnert, mit einer matten Alufassade (1988). Postmoderne Spielerei zeigt das **Espace 21**, das außen nur aus Quadraten besteht, während innen Kreisformen überwiegen (1994). Zuletzt entstand die **Tour T1**, der erste Turm, der nach Energiesparaspekten optimiert wurde (2008).

2008 wurde auch der Bau von drei neuen Türmen avisiert, die alle über 300 m hoch werden sollen. Mit der **Tour Signal,** geplant für 2015, will Nicolas Sarkozy die Erneuerung von La Défense beginnen (Métro: La Défense, M1).

Stadt der Bohème, Treffpunkt der Avantgarde

Paris behauptete sich für fast hundert Jahre ab ca. 1860 als Kunsthauptstadt der Welt, alle großen Strömungen und Stile der Moderne wurden hier entwickelt. Doch dann wurde es ruhiger um Paris, die zeitgenössische Kunst fand andernorts statt. Erst seit einigen Jahren gewinnt die Galerieszene der Stadt wieder internationale Bedeutung.

Das zeigte nicht zuletzt der große Galerieaustausch Anfang 2009, als Pariser Galerien erst in Berliner Partnergalerien ausstellten und anschließend die Berliner nach Paris zogen. Ob klassische Moderne oder zeitgenössische Werke, französische oder amerikanische bzw. europäische Künstler, hier wurde ein Blick in die aufblühende Pariser Kunstlandschaft geboten, der zur Vernetzung der Szene beitragen sollte.

Zentrum der modernen Kunst

Bedeutendstes Zentrum der modernen Kunst ist das Centre Pompidou (s. S. 204) mit seinem Musée d'Art Moderne. Das Haus hat in den 1970ern mit bedeutenden Polarisierungen wie etwa »Paris-New York« (1977) oder »Paris-Berlin« (1978) begonnen, sich den ›großen künstlerischen Fragen‹ des Jahrhunderts wie »Les Immatériaux« (1985) oder »Féminin-Masculin« (1995) zugewandt und beachtete monographische Retrospektiven etwa zu Dalí, Kandinsky, Warhol, Schwitters, Brancusi, Matisse, Francis Bacon und Fernand Léger präsentiert.

In den letzten zehn Jahren gab es zudem immer wieder Werkschauen jenseits des engen Kunstbegriffs, zum

Philosophen Roland Barthes (2002), zum Designer Philippe Starck (2003), zum Regisseur Jean-Luc Godard (2006) oder zum Comiczeichner Hergé (2006).

Aber auch das Programm anderer Museen lohnt. Die großen Ausstellungen zu Künstlern wie Gauguin, Cézanne, Seurat, Daumier, Toulouse-Lautrec und Poussin ziehen stets wahre Pilgermassen ins Grand Palais, in das Musée d'Orsay und das Musée d'Art Moderne de la Ville de Paris.

möchte, hat es recht einfach. Sie konzentrieren sich in wenigen Stadtvierteln: in Saint-Germain, rund um das Centre Pompidou und im Bastille-Viertel. Ein gemeinsames Infoblatt informiert über aktuelle Ausstellungen und Vernissagen.

In den 1970er- und 1980er-Jahren siedelten sich Galerien um das damals neue Centre Pompidou an und profilierten sich schnell gegenüber den alteingesessenen Galerien in Saint-Ger-

Die Galerieszene

Noch in den 1950er-Jahren spielten Galerien wie Maeght, Daniel Cordier, Jeanne Bucher, de France eine wichtige Rolle im Kunsthandel. Doch seit den 1960er-Jahren verloren Künstler wie Galeristen den Anschluss an den internationalen Markt. Auch in den 1980ern und 1990ern war die Pariser Kunstszene zwar einiger Aufmerksamkeit sicher, keineswegs jedoch Trendsetter im Bereich der Gegenwartskunst. Mit der Eröffnung des Zentrums für zeitgenössische Kunst im Palais de Tokyo 2002 meldete Paris sich als Kunstmetropole der Gegenwart wieder zurück. Mit einem Budget von 100 Mio. Euro engagierte sich die Stadt auch beim 2008 eröffneten Centquatre (Le 104, s. S. 60), einem multikulturellen Kunstzentrum in La Villette im Nordosten von Paris.

Wer die Kunstszene bei einem Bummel durch die Galerien kennenlernen

main. In den 1990ern zeichnete sich eine ähnliche Entwicklung im Bastille-Viertel ab, neuerdings scheint vor allem der Teil des Marais attraktiv, der das 3. Arrondissement ausmacht. Auch wenn nicht alle neueröffneten Off-Galerien überlebten, blieben die genannten Viertel doch wichtige Zentren.

Historische Künstlerateliers

Der Exilrusse **Ossip Zadkine** (1890–1967) lebte von 1928 bis zu seinem Tod in einem kleinen Hinterhaus mit Atelier und Garten direkt am Jardin du Luxembourg. In gedrängter Enge stehen hier viele seiner Arbeiten, von den kubistischen Anfängen bis zu abstrakten Werken (Musée Zadkine, s. S. 254).

An der winzigen Place de Furstemberg in Saint-Germain verbrachte **Eugène Delacroix** (1798–1863) die letzten sechs Jahre seines Lebens. Seine hübsche Wohnung lag zur Gartenseite hin, eine Treppe verbindet sie mit dem bescheidenen Studio. Das kleine Museum besitzt Zeichnungen, Studien und Erinnerungsstücke – die berühmten Monumentalgemälde wie »Die Freiheit führt das Volk an« befinden sich jedoch im Louvre, einige Spätwerke im Musée d'Orsay, Fresken in der nahen Kirche Saint-Sulpice (Musée Eugène Delacroix, s. S. 61).

Bourdelle (1861–1929), eigentlich Émile, aber Antoine genannt, richtete sich 1885 ein Atelier im Montparnasse-Viertel ein, wo der Rodin-Schüler 45 Jahre lang arbeitete. Zu den berühmtesten unter den im Musée Bourdelle ausgestellten rund 900 überlebensgroßen Skulpturen, Gemälden und Zeichnungen gehören der »Kopf des Apoll« und »Herakles als Bogenschütze«. In den letzten beiden Lebensjahrzehnten konzentrierte sich Bourdelle auf große Monumente und Architekturplastik, wie etwa die Reliefs für das Théâtre des Champs-Élysées (Musée Bourdelle, s. S. 61).

Ebenfalls im Montparnasse-Viertel machen die **Fondation Henri Cartier-Bresson** und die **Fondation Dubuffet** das Werk des Fotografen und Magnum-Gründers und des Art-Brut-Künstlers in Atelier-Ausstellungen zugänglich.

Der Bienenkorb

Noch heute existiert in der Passage de Dantzig die legendäre **La Ruche,** der ›Bienenkorb‹. Da hier immer noch Künstler arbeiten, ist das Atelierhaus nur von außen zu besichtigen. Zwei Jahre nach der Weltausstellung 1900 wurde der mehreckige Pavillon des Vins hierher transferiert, auf ein damals den Schlachthöfen benachbartes

Gelände. So illustre Mieter wie Chagall, Kisling, Léger, Brancusi, Zadkine und Soutine haben einst in den tortenstückartigen Ateliers gearbeitet (www.la-ruche.fr, Métro Convention).

Bürgerlich-großartig residierte hingegen der Bildhauer **Auguste Rodin** (1840–1917), der in einem klassizistischen Palais inmitten eines parkartigen Gartens wohnte und arbeitete (Musée Rodin, s. S. 63).

Auch das Atelier von **Constantin Brancusi** (1876–1957) ist zu besichtigen. Der aus Rumänien stammende Bildhauer vermachte seine gesamte Werkstatt dem Musée National d'Art Moderne, das die Brancusis Werke in einem Nachbau des Ateliers auf dem Platz vor dem Centre Pompidou ausstellt (s. S. 205).

Das etwas abgelegene **Musée de la Vie Romantique** südlich vom Boulevard de Clichy ist Ary Scheffer (1795–1858) und George Sand (1804–1876) gewidmet. Das 1830 erbaute Haus vermittelt noch den malerischen Eindruck, der damals eine ganze Künstlerkolonie in das Nouvelle Athènes genannte Viertel zog (Musée de la Vie Romantique, s. S. 63).

Die mythisch-rätselhafte Bildwelt von **Gustave Moreau** (1826–1898) hatte ab dem Salon von 1864 durchschlagenden Erfolg, doch schon um 1900 war er wieder vergessen. Erst die Surrealisten ließen sich wieder von der Phantasiewelt des Symbolismus inspirieren. Auf seinen Bildern verkörpert stets die Femme fatale das Böse, ob Messalina, Salome oder Lady Macbeth. Der Maler begann bereits selbst mit der Umwandlung seines Hauses in ein Museum, sodass die hohen Atelierräume bis heute einen authentischen Eindruck von dem Leben eines Künstlerfürsten des 19. Jh. vermitteln (Musée Gustave Moreau, s. S. 62).

Paris und das Kino

Am 28. Dezember 1895 fand im Grand Café am Boulevard des Capucines die erste Vorführung eines Kinematographen statt. 33 Zuschauer sahen Kurzfilme der Brüder Auguste und Louis Lumière, darunter »Einfahrt eines Zuges in La Ciotat«, vor dem das Publikum panisch zurückwich, als die Lokomotive auf der Leinwand scheinbar direkt auf sie zuraste.

Filmstadt Paris

Bald darauf, zu Beginn des 20. Jh., gründeten zwei andere Pioniere Gesellschaften, die Filmgeschichte schreiben sollten: Léon Gaumont und Charles Pathé (Gaumont ist heute die älteste noch tätige Filmproduktionsfirma der Welt). Vor dem Ersten Weltkrieg beherrschte Frankreich den Filmwelthandel; erst in den 1920er-Jahren ging die Führung an die USA über.

Doch Frankreich ist immer noch Europas erfolgreichstes Filmland. Nirgendwo sonst gibt es einen stärkeren Protektionismus gegenüber Hollywoodproduktionen. Dank Quotenregelungen kann der französische Film so um die 30 % Marktanteil erreichen. Staatliche Förderung trägt dazu bei, dass Frankreich mehr Filme als jedes andere Land in Europa produziert (bei insgesamt hoher Qualität), die meisten Kinosäle zählt und bei den Kinobesuchen pro Einwohner statistisch weit vorne liegt. Subventioniert werden von der staatlichen Filmförderung Kinos, Verleih, Archivierung, Restaurierung und die Synchronisierung französischer Filme für den Auslandsmarkt sowie der Export. Zwei Drittel des ansehnlichen Budgets stammen von den Fernsehanstalten, die gut 5 % ihrer Nettoeinnahmen abführen müssen; Sonderabgaben liegen auch auf jeder verkauften Kinokarte und auf Videoproduktionen.

Paris im Film

Mit »Unter den Dächern von Paris« (1930) von René Clair trug die im Studio nachgebaute Stadt nicht unwesentlich zur Verbreitung des Traumbilds Paris bei. Mit ›poetischem Realismus‹ hat Lazare Meerson für diesen Film die Kulissen von Ménilmontant und für »14. Juli« (1932) das volkstümliche Paris der Feuerwehrbälle und Conciergen geschaffen.

Auch Marcel Carné wählte einen genialen Ausstatter: Alexander Trauner

Cinémathèque française

Bedeutendste Institution für die Filmgeschichte sind die staatlichen Archive der **Cinémathèque française,** die in den vergangenen Jahrzehnten mehrere Millionen Meter Zelluloid restaurierten und vor allem die Filme der Anfangsjahre, mit dem feuergefährlichen und zerfallenden Nitrozellulose-Material gedreht, auf Azetat umkopierten.

Eigentlich ist aber ganz Paris ein Paradies für Cineasten: Überall stehen Schlangen vor den Kinokassen, ob vor dem prunkvollen Grand Rex, den modernen Erstaufführungskinos mit Großeinwänden oder den kleinen Programmkinos im Quartier Latin und in Saint-Germain.

baute für »Hôtel du Nord« (1937) den Canal Saint-Martin nach und für den Kultfilm »Kinder des Olymp« (1945) den Boulevard du Crime (heute Boulevard du Temple). In seinen Memoiren hat Carné die außergewöhnlich sorgfältigen Recherchen beschrieben, die er im Musée Carnavalet für die Kostüme betrieben hatte.

Milieus und Ganoven

Die atmosphärisch dicht inszenierten Filme von Jacques Becker führen den Zuschauer in bestimmte Milieus und Viertel von Paris: »Haute Couture« (1945) in die Welt der Modeschöpfer, »Zwei in Paris« (1947) ins Arbeitermilieu im 18. Arrondissement der Nachkriegszeit. Der komödiantische Spielfilm »Jugend von heute« (1949) folgt fünf jungen Leuten ins Saint-Germain der Nachkriegszeit, während »Goldhelm« (1952) im Paris der Jahrhundertwende das Milieu der Kleinkriminellen und Zuhälter porträtiert. »Wenn es Nacht wird in Paris« (1954) beleuchtet die Unterwelt an Montmartre und Pigalle, und im Mittelpunkt von »Montparnasse 19« (1957) steht die Geschichte von Amedeo Modigliani, der von Gérard Philippe großartig gespielt wird.

Paris als Kulisse

In »Außer Atem« (1959) erzählt Jean-Luc Godard die Liebesgeschichte zwischen einem wegen Polizistenmordes gesuchten Autodieb und einer amerikanischen Studentin. Wie andere Filmemacher der Nouvelle Vague verließ Godard das Studio und drehte im Freien auf den Boulevards, das Dekor war die Wirklichkeit. Paris wurde dabei oft nicht nur zum Originalschauplatz, sondern auch zum Thema.

Zum Weltruhm von Raymond Queneaus »Zazie in der Metro« (1959) hat die Verfilmung von Louis Malle (1960) wesentlich beigetragen. Die Provinzgöre Zazie, nur für kurze Zeit in Paris, hat keinen sehnlicheren Wunsch, als mit der Métro zu fahren, die aber gerade wegen eines Streiks lahmgelegt ist.

In »Mittwoch zwischen 5 und 7« (1961) von Agnes Varda folgt die Kamera der Heldin durch Paris – die Chansonette Cléo erfährt, wie krank sie ist.

In Jacques Rivettes Film »Paris gehört uns« (1962) probt eine Gruppe von Amateuren für eine Shakespeare-Aufführung, jemand stirbt. Ein Mädchen geht dem Rätsel in einem sehr düster gezeichneten Paris nach.

»Die letzte Metro« (1980) von François Truffaut führt ins Paris zur Zeit der deutschen Okkupation: Während der jüdische Theaterbesitzer Lucas Steiner (Heinz Bennent) sich im Keller versteckt hält, steht seine Ehefrau Marion (Catherine Deneuve) oben weiter auf der Bühne, zusammen mit Bernard (Gérard Dépardieu) ... Wegen der vielen Nacht- und Innenszenen wirkt der Film wie im Studio gedreht, obwohl er in einer Schokoladenfabrik an der Porte de Clichy entstand.

»Vollmondnächte« (1984) von Eric Rohmer führt in die Pariser Vorstädte, ebenso andere seiner Filme – für »Der Freund meiner Freundin« (1987) etwa liefert Cergy-Pontoise die Kulisse.

Das echte Paris

Eindrucksvoll, aber leider selten zu sehen sind die Dokumentarfilme von Raymond Depardon: »Reporter« (1980) handelt von der Prominentenjagd von Journalisten und Fotografen, »Faits Divers« (1983) von der Arbeit in einer Pariser Polizeiwache, »Urgences« (1987) von der in der Notaufnahme des Krankenhauses Hôtel-Dieu. Die formal bewusst kargen Aufnahmen vermitteln Alltagsbeobachtungen, wie sie Paris-Besuchern nicht zugänglich sind.

Auch »Auf offener Straße« (1992) von Bertrand Tavernier, ein Spielfilm über die alltägliche Arbeit in einem Drogendezernat, ist trotz des Verzichts auf genreübliche Action überaus spannend. In einem anderen Film, »Round Midnight« (1986), hatte Tavernier die Atmosphäre der Jazzkeller in Saint-Germain wiederauferstehen lassen.

Fabelhafte Welt?

Mit skurrilen Ausstattungsdetails, aber an echten Pariser Schauplätzen wurde der Publikumsknüller »Die fabelhafte Welt der Amélie« (2001) gedreht. Der Film schildert das Leben eines Pariser Mädchens aus Montmartre seit den 1970er-Jahren, das in eine selbstgeschaffene Fantasiewelt flüchtet und erst als Erwachsene nach vielen merkwürdigen Begegnungen zu Glück und Liebe findet. Das Filmmärchen löste einen regelrechten Ansturm auf die Schauplätze in Montmartre aus, das »Café des 2 Moulins«, wo Amélie als Kellnerin arbeitet, und der Gemüseladen »Au Marché de la Butte«, dessen herrischer Besitzer ihr Gegenspieler ist. Die Fans gingen sogar soweit, die Graffitis mit blauen Pfeilen, die in einer Szene eine Rolle spielten, an die Treppen von Sacré Cœur zu sprühen.

Zuletzt drehte Woody Allen mit »Midnight in Paris« (2011) eine Hommage an Paris, ebenfalls eine märchenhafte, romantische Komödie und Zeitreise in die 1920er-Jahre.

Einkaufsparadies für Feinschmecker

Man muss nicht bei Hédiard, dem berühmtesten Feinkostladen der Stadt, einkaufen. Auch sonst bietet Paris jede Menge kulinarische Köstlichkeiten.

Mit knapp 70 Wochenmärkten *(marchés volants)*, Marktstraßen *(rues commerçantes)* in den Stadtvierteln und rund einem Dutzend Markthallen *(marchés couverts)* erobert die Provinz die Hauptstadt täglich für sich zurück. Kunstvoll zu Pyramiden arrangierte Äpfel, Auberginen oder Tomaten, Frühgemüse und exotische Früchte, Oliven und Rohmilchkäse sind eine wahre Augenweide. Die angeblich 365 Käsesorten, die Frankreich bietet – für jeden Tag des Jahres eine – machen die Wahl zur Qual; das Angebot an Würsten und Pasteten ist ebenso mannigfaltig. Fisch, Fleisch werden angepriesen, in drangvoller Enge stehen die Kunden Schlange. In aller Ruhe wird der Braten ausgesucht, sachkundig der Reifegrad des Käses geprüft, Gemüse und Obst in Augenschein genommen. Neben den farbenfrohen Märkten gibt es alteingesessene Delikatessengeschäfte wie Hédiard und Fauchon, die Feinkost höchster Qualität führen. Und außerdem die Spezialisten: nicht nur Wein- und Käsehändler, sondern auch renommierte Teeimporteure, Kaffeeröster sowie Geschäfte, die nur Trüffel, Kaviar, Senf oder Honig führen.

Qualität und Herkunft

Was bei uns erst Trend ist, hat in Frankreich Tradition: der Einkauf mit ausgeprägtem Bewusstsein für Qualität und Herkunft. Pré-salé-Lämmer, Bresse-Hühner, Charolais-Rindfleisch, Austern aus Cancale – bereitwillig liefern die Händler neben der Auskunft zu Herkunft auch gleich Rezepte mit. Wie beim Wein gibt es auch beim Käse (und vielen anderen Produkten) eine Appellation d'origine contrôlée, eine kontrollierte Herkunftsbezeichnung, etwa für Rohmilchkäse wie Cantal, Roquefort oder Brie.

Großmarkt Rungis

Die Marktleute haben bereits im Morgengrauen ihre Ware in Rungis ausgesucht. Hier, 7 km südlich von Paris, befindet sich der Großmarkt, seit in den 1960er-Jahren die legendären Markthallen im Zentrum abgerissen wurden. Verkehrsprobleme hatten dem alten »Bauch von Paris« das Aus beschert. Nacht für Nacht schlagen seitdem in Rungis rund 25 000 Großexporteure und Einkäufer aus ganz Frankreich, Markthändler ebenso wie Gastronomen, heimische Produkte und Exotisches aus fünf Kontinenten um.

Mit knapp 900 Händlern auf 600 ha gilt Rungis als wichtigster Delikatessenhandelsplatz Europas und größter Markt der Welt: Allein die Fischhalle entspricht drei Fußballfeldern, Wegweiser leiten zu Obst und Gemüse – eine echte Trabantenstadt mit eigenem Güterbahnhof und strategischer Nähe zum Flughafen Orly. Rund 2 200 000 t Lebensmittel werden jährlich umgeschlagen, die anfallende Müllmenge entspricht der einer Stadt mit 350 000 Einwohnern… Leider haben Besucher nur eingeschränkt Zugang. Die Besichtigung ist nur nach vorheriger Mailanmeldung gruppenweise möglich (www.visiterungis.com).

Pariser Märkte

Unter den innerstädtischen Märkten ist die leicht ansteigende Rue Mouffetard (5. Arr.) im Quartier Latin der bekannteste, am fotogensten sind die Marktstraßen Rue Montorgueil (2. Arr.) und die steile Rue Lepic (18. Arr.) am Montmartre. Am farbigsten und lebhaftesten ist der Markt rund um die Place d'Aligre (12. Arr.); der exotischste und mit 3,5 km längste ist der Markt in Belleville, den Nordafrikaner und Asiaten unter sich aufteilen. Jeden Sonntagvormittag findet am Boulevard Raspail der Marché biologique mit Ökoprodukten statt. Eine filigrane alte Markthalle besitzen der Marché Saint-Quentin am Boulevard Magenta (10. Arr.) nahe der Gare de l'Est und der schon genannte Markt an der Place d'Aligre.

Welthauptstadt der Mode

Paris ist die Modehauptstadt der Welt: Klassisch, extravagant, minimalistisch, glamourös, folkloristisch, feminin oder sportlich – jeder Stil ist vertreten. Nach einem ausgiebigen Shoppingbummel schmerzt zwar der Blick aufs Konto, aber der heimatliche Kleiderschrank profitiert vom sprichwörtlichen Pariser Chic.

Chanel, Dior, Hermès: Rund um die Champs-Élysées, in Avenue Montaigne, Avenue George-V, Rue François-ler und Rue du Faubourg Saint-Honoré, reihen sich die klangvollen Namen der Haute Couture fast vollzählig aneinander.

Auch rund um die Place des Victoires und die Rue Étienne Marcel haben sich Modedesigner angesiedelt: Kenzo, Yohji Yamamoto, Thierry Mugler, Jean-Paul Gaultier, Marithé und François Girbaud. Viele Modelabel haben zudem Boutiquen rund um die Métro-Station Sèvres-Babylone, im Viertel Saint-Germain-des-Prés, eröffnet. In den benachbarten Straßen Rue du Cherche-Midi, Rue de Sèvres, Rue des Saints-Pères und Rue du Vieux Colombier findet man Mode von Agnès B. bis Sonia Rykiel, schicke Handtaschen bei Furla und elegante Schuhe bei Maud Frizon, Heschung und Fausto Santini.

Französischer Schick

Bei den Défilés, den Modenschauen im Januar und Juli, zeigen nicht nur die großen französischen und italienischen Couturiers, auch die Japaner wie Issey Miyake, Kenzo bis zu Junya Watanabe und die Belgier Dries van Noten, Ann Demeulemeester, Dirk Bikkemberg und Martin Margiela ihre Kollektionen.

Am überraschendsten angesichts der weltweit bekannten Marken ist wohl, dass die Luxusschneiderei dem Vernehmen nach eine Veranstaltung für gerade mal 2000 Kundinnen ist. Im Schnitt machen Haute Couture und Prêt-à-porter-Mode am Gesamtumsatz eines Unternehmens gerade mal ein Sechstel aus, fünf Sechstel dagegen die Parfüms und Kosmetikserien.

zerne, geführt von knallharten Top-managern, allen voran Europas größtes Luxusimperium LVMH (Louis-Vuitton-Moët-Hennessy). LVMH nennt neben den Modemarken Dior, Givenchy, Lacroix, Kenzo, Fendi und Vuitton mit Moët-Chandon, Pommery und Veuve Clicquot die exklusivsten Champagnermarken, mit Hennessy einen der bekanntesten Cognacs und mit dem Château d'Yquem das prestigeträchtigste Weingut sein eigen.

Lizenzen heißt ein weiteres Zauberwort für weltweit schöne Profite: Von Schals über Brillen, Uhren bis zu Kugelschreibern und Feuerzeugen wird ein buntes Produktsammelsurium unter den lukrativen Gütezeichen vertrieben.

Glänzende Geschäfte

Doch hinter der Fassade von Glanz und Glamour sind immer weniger Häuser das, was sie scheinen – unabhängige, seit Jahrzehnten in Familienbesitz befindliche französische Mittelstandsunternehmen. Hinter den Kulissen geht es ausgesprochen international zu, und der Designerimport aus dem Ausland, ob aus England, Belgien oder Japan, ist inzwischen fast zur Regel geworden.

Überdies verstecken sich hinter den meisten Namen internationale Kon-

Großer Rivale des ehrgeizigen MH-Chefs Bernard Arnault ist François Pinault, der ihm die italienische Nobelmarke Gucci wegschnappte. Dem Multimilliardär gehören unter anderem die Handelskette Pinault-Printemps-Redoute (PPR), Frankreichs größter Multimedialaden Fnac, das Auktionshaus Christie's, der Kofferhersteller Samsonite, der französische Fußballclub Rennes und zudem große Teile des amerikanischen Wintersportorts Vail.

Beide, Arnault wie Pinault, sind überzeugt davon, in eine Wachstumsbranche zu investieren. Unbeschadet von den internationalen Finanzkrisen und Rezessionsängsten expandieren die großen Luxusgüterkonzerne und erreichen Jahr für Jahr neue Umsatzspitzen, weil immer mehr Menschen in aller Welt über die notwendige Kaufkraft verfügen, um sich exklusive Bekleidung, teure Accessoires, edlen Schmuck oder Düfte zu leisten.

101

Pariser Sterneköche

Auch wenn inzwischen Tokio mit mehr kulinarischen Sternen am gastronomischen Himmel glänzen darf als Paris – die Stadt gilt immer noch als die kulinarische Hauptstadt der Welt. Hier wird immer noch lieber traditionalistisch gekocht; den Trend der Molekularküche lehnen Gastrostars wie Guy Savoy vehement ab.

2010 befand der Michelin in Frankreich 26 Restaurants für würdig, in die Drei-Sterne-Kategorie aufgenommen zu werden – davon allein zehn in Paris! Weitere 77 Lokale erhielten zwei Sterne, davon 13 in Paris. Und nicht nur die Restaurantkritiker von Michelin und Gault Millau beurteilen kulinarische Leistungen, auch jede Tageszeitung und jedes Magazin, das etwas auf sich hält, pflegt die Gastrokritik als regelmäßige Kolumne. Die Bedeutung, die gutem Essen und hochwertigen Produkten beigemessen wird, spiegelt sich allerdings auch in der entsprechenden Nachfrage wider: So viel wirklich gute Restaurants es in Paris auch gibt, einen Tisch muss man Wochen vorher reservieren.

Der Koch als Chef

In Frankreich ist es nicht ungewöhnlich, dass begabte Köche nicht ihr eigenes Restaurant führen, sondern sich unter die ökonomische und organisatorische Regie eines Hotels begeben. So schwingt Alain Ducasse (Bild oben), Küchenchef mit dreimal drei Sternen – in Monte-Carlo, Paris und London – im Plaza Athénée den Kochlöffel. Der Aufwand dafür ist groß – circa 55 Köche, Sommeliers und Maîtres sorgen für das Wohl von maximal 50 Gästen. Noch vor zehn Jahren undenkbar gewesen wäre allerdings, dass Ducasse ausgerechnet ein Lokal wie das Spoon at Marignan eröffnet (s. S. 37), in dem sich der Gast sein Essen selbst zusammenstellt. Inzwischen eröffnete Ducasse Restaurants in New York, Las Vegas, Tokio und auf Mauritius, außerdem das Jules Verne, Benoît und Aux Lyonnais in Paris; er besitzt Landgasthöfe in der Provence, der Toskana und eine Kochschule in Argenteuil. Dass der global tätige Chef nicht überall selbst am Herd steht, versteht sich allerdings von selbst.

Als phantasiereichster Kopf unter den Meisterköchen gilt Pierre Gagnaire (s. S. 33). Seine gewagten Kreationen werden stets mit Höchstnoten bewertet. Auch Guy Martin gehört zur Spitzenliga französischer Sterneköche; er verlor jedoch 2008 einen Stern. Da er das Grand Véfour führt, dessen Rokoko-Ausstattung unter Denkmalschutz steht, hat er mit diesem einzigartigen Ambiente jedoch einen zusätzlichen Pluspunkt zu verzeichnen.

Spitzenküche im Bistro

Guy Savoy zählt die legendären Brüder Jean und Pierre Troisgrois aus Roanne zu seinen Lehrmeistern – heute ist er selbst als Koch und Geschäftsmann mit einem Top-Restaurant nahe dem Arc de Triomphe und mehreren Bistros in Paris erfolgreich. Er hatte als erster die Idee, dem der Spitzenküche gewidmeten Restaurant günstigere Zweit-Bistros beizugesellen, die unter der Regie seiner Meisterschüler ambitionierte Menüs zu günstigen Preisen anbieten.

Auch bei selbstbewussten jungen Spitzenköchen zeichnet sich deutlich die wachsende Beliebtheit kleiner Restaurants ab, wo sie ihren individuellen Küchenstil pflegen oder auf die eine authentische regionale Küche, wie sie in Frankreich sehr angesagt ist, setzen.

Virtuelle Restaurants

Die eigene Website gehört längst zum guten Ruf jedes renommierten Kochs, sie ist die virtuelle Bühne, um sich als Star, Künstler oder weltmännischer Unternehmer in Szene zu setzen. Die meisten sind anregend und benutzerfreundlich: Man klickt sich durch Menü- und Weinkarte, ein virtueller Rundgang führt durchs Restaurant, Lebenslauf und News informieren über den Patron, der vielleicht auch ein Rezept verrät, den Tisch kann man per E-Mail reservieren.

Gastro-Führer
Für Feinschmecker unentbehrlich sind das umfangreiche und stets wohlinformierte Sonderheft Eating & Drinking des englischsprachigen Stadtführers Time Out oder die Paris-Bände von Michelin oder Gault Millau, beides Auskopplungen aus den bekannten Frankreich-Gastroführern.

Unterwegs in Paris

Paris geht aus – abends auf dem Montmartre

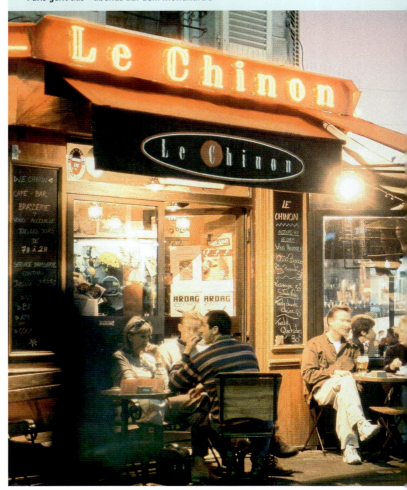

Das Beste auf einen Blick

Notre-Dame und Seine-Inseln

Highlight!

Notre-Dame: Die grandiose Fassade ist ein Meisterwerk gotischer Baukunst. Auch ein Blick ins Innere der Kathedrale und die Turmbesteigung gehören dazu, wenn man sich für Paris Zeit nehmen kann. 8 S. 113

Kultur & Sehenswertes

Conciergerie: Der mittelalterliche Königspalast diente ab dem 15. Jh. als Gefängnis. Von hier wurde während der Französischen Revolution Königin Marie Antoinette zur Guillotine gebracht 4 S. 111

Sainte-Chapelle: Die etwas versteckte Kirche, ein Meisterwerk französischer Hochgotik, ist berühmt für ihre mittelalterlichen Glasfenster. 5 S. 111

Aktiv & Kreativ

Turmbesteigung: Die Aussicht von ganz oben lohnt den Aufstieg über die engen Treppen von Notre-Dame. 8 S. 115

Seine-Rundfahrten: Start für die Rundfahrten mit vollverglasten Ausflugsschiffen ist der Pont Neuf. 1 S. 117

Genießen & Atmosphäre

Square du Vert Galant: Pariser Atmosphäre pur an der Spitze der Île de la Cité – ein romantischer Ort für Verliebte. 2 S. 109

Le Flore-en-l'Île: Schön zum Draußensitzen, denn von der Terrasse des Teesalons blickt man auf den Chor von Notre-Dame. 2 S. 40, 117

Abends & Nachts

Auf den beiden Inseln herrscht nachts fast dörfliche Ruhe. Aber auch im Dunkeln sehr stimmungsvoll: der Blick von den Seine-Quais auf die beleuchteten Bâteaux Mouches, die hinter Notre-Dame die Runde um die Île de la Cité drehen.

Der Mittelpunkt Frankreichs

Auf der Île de la Cité hatte Paris seinen Ursprung. Auf der Seine-Insel siedelte sich um 200 v. Chr. der Stamm der gallischen Parisier an, hier befand sich die römische Civitas, hier stand im Mittelalter die Burg der fränkischen Könige.

Nachdem mit dem Bau des Louvre der Königspalast auf das rechte Seine-Ufer umgezogen war, diente der wehrhafte Burgbau, jetzt Conciergerie genannt, ab 1392 als Parlament, Finanzverwaltung, Schatzkammer und Staatsgefängnis – zur Zeit der Französischen Revolution war es für die 2278 Unglücklichen auf dem Weg zur Guillotine die Vorkammer des Todes.

Im Mittelalter drängten sich hier, im historischen Zentrum von Paris, die Häuser eng an die Kathedrale. Jeder freie Platz wurde genutzt, selbst das Mauerwerk von Kirchen diente noch winzigen Läden als Stütze. Angesichts des großen Vorplatzes vor Notre-Dame kann man sich das heute kaum noch vorstellen. Im 19. Jh. ließ Baron Haussmann das Labyrinth enger Gässchen entkernen und abreißen – die mittelalterlichen Fachwerk- und Steinhäuser wichen monumentalen, verschachtelten Verwaltungsbauten wie dem Justizpalast und dem Polizeipräsidium. Auch das Gebäude des Krankenhauses Hôtel Dieu vor Notre-Dame entstand erst gegen Ende des 19. Jh.

Auf der kleineren Île Saint-Louis dagegen blieb die historische Bebauung fast vollständig erhalten, zumeist vornehme Stadtpalais, die im 17./18. Jh. entstanden sind. Bis heute ist dieses ruhige Viertel eine der vornehmsten Pariser Adressen.

Infobox

Reisekarte: ▶ O 9–Q 10

Ausgangspunkt
Startpunkt ist die Spitze der Île de la Cité mit der Brücke Pont Neuf, die rechtes und linkes Seine-Ufer verbindet. Die nächste Métro-Station ist Pont Neuf (M7). Von der Île de la Cité geht es auf die kleinere Nachbarinsel Île Saint-Louis.

Infos im Internet
Die Website www.monum.fr (www.monuments-nationaux.fr) bietet viele Informationen zu Frankreichs nationalem Architekturerbe unter Denkmalschutz, wie etwa der Conciergerie, der Sainte-Chapelle und Notre-Dame. Die Kathedrale hat aber auch eine eigene Website im Netz: www.cathedraledeparis.fr.

Île de la Cité

Pont Neuf [1]

Der Pont Neuf am westlichen Ende der Île de la Cité ist trotz des Namens die älteste Pariser Brücke. Unter Henri IV. zu Beginn des 17. Jh. vollendet, war sie die erste Brücke ohne die im Mittelalter übliche Bebauung mit Häusern, wie wir sie beispielsweise vom Ponte Vecchio in Florenz kennen.

Im Herbst 1985 hat Christo in einer spektakulären, nur wenige Wochen dauernden Aktion den Pont Neuf verpackt. Froschmänner und Bergsteiger vertäuten an den zwölf Brückenbögen rund 40 000 m^2 sandfarbenen Stoff, den das Sonnenlicht in schimmerndes Gold verwandelte und die Abenddämmerung fast rot färbte. Für den Film

Île de la Cité

Statue von Henri IV. und die Renaissance-Torhäuser der Place Dauphine

»Die Liebenden vom Pont Neuf« (1991) von Léos Carax allerdings wurde ein Modell fernab von Paris, in Südfrankreich, nachgebaut.

Square du Vert Galant [2]

In der kleinen Parkanlage zu Füßen der Reiterstatue – quasi am Bug der schiffsförmigen Île de la Cité – kann man es den Pariser Sonnenanbetern gleichtun und einfach die ermatteten Glieder baumeln lassen und den Blick auf Seine, Pont des Arts, den Louvre und die gläserne Kuppel des Grand Palais im Hintergrund genießen. Der Square du Vert-Galant, ein beliebter Treffpunkt für Verliebte, verdankt seinen Namen König Henri IV.: Der Spitzname Vert-Galant spielt auf die zahllosen Amouren des Schürzenjägers an.

Das Reiterdenkmal des Königs oben an der Treppe, über die es hinunter zur Inselspitze geht, ließ seine Gemahlin Maria de Medici nach seiner Ermordung aufstellen (das heutige Monument ist jedoch nicht mehr das Original). Unterhalb des Pont Neuf starten Ausflugsboote zu Seine-Rundfahrten.

Place Dauphine [3]

Die dreieckige Place Dauphine wurde zu Beginn des 17. Jh. zugleich mit der Brücke auf Wunsch von Henri IV. geschaffen. Ursprünglich war der Platz an allen Seiten einheitlich von Häusern aus Ziegeln und weißem Naturstein umgeben. Die Geschlossenheit des Platzes wurde durch den Abriss der Querseite zum Justizpalast hin im 19. Jh. zerstört, doch noch immer gehört er zu den idyllischen Winkeln von Paris mit seinen mächtigen Kastanienbäumen und einigen wenigen Teesalons und Restaurants.

Notre-Dame und Seine-Inseln

Sehenswert
1. Pont Neuf
2. Square du Vert Galant
3. Place Dauphine
4. Conciergerie
5. Sainte-Chapelle
6. Marché aux Fleurs
7. Hôtel-Dieu
8. Cathédrale Notre-Dame
9. Crypte Archéologique
10. Mémorial des Martyrs de la Déportation
11. Église Saint-Louis-en-l'Île
12. Hôtel de Lauzun
13. Hôtel Lambert

Essen & Trinken
1. La Taverne Henri IV
2. Le Flore en l'Île
3. Mon Vieil Ami
4. Berthillon

Aktiv & Kreativ
1. Les Vedettes du Pont Neuf

Simone Signoret und Yves Montand haben lange Jahre an diesem charmanten Platz gelebt, den der geschäftige Trubel der Stadtteile links und rechts der Seine noch nicht erreicht hat. Bei einem Glas Wein lässt sich hier auch eine Rast einlegen, in der **Taverne Henri IV** 1 zum Beispiel.

Palais de Justice

Am Quai des Orfèvres residiert in Nr. 36 die Pariser Kriminalpolizei – Simenon-Fans und Cineasten als Adresse sicher wohlbekannt. Der Palais de Justice mit Gerichtssälen und Amtsräumen ist ein verschachtelter Gebäude-

Palais de Justice

komplex an der Stelle, an der sich im Mittelalter das Palais de la Cité, der alte Königspalast, befand. Die historische Burg ist hier mit vielen neueren An- und Umbauten zusammengewachsen.

Conciergerie 4

1, quai de l'Horloge, www.monu ments-nationaux.fr, Nov.–Feb. tgl. 10–17, März–Okt. 9.30–18 Uhr, Eintritt 7 €, erm. 4,50 €, mit Sainte-Chapelle 11 €, erm. 7,50 €

Im Mittelalter war die Île de la Cité das Zentrum der Stadt, dicht bebaut und mit dem Palast der Kapetinger und der Kathedrale auch weltlicher und geistlicher Mittelpunkt von Paris. Aus dieser Epoche sind seit Haussmanns großflächigen Abrissen nur wenige Bauten erhalten: Notre-Dame, einige Häuser an ihrer Nordseite, die Sainte-Chapelle und die Conciergerie.

Drei markante Rundtürme unterstreichen den mittelalterlich wehrhaften Charakter des (allerdings in späteren Jahrhunderten vielfach umgestalteten) Gebäudes. Das Portal wird flankiert von der **Tour de César** (links), und der **Tour d'Argent** – hier verwahrten die Könige ihren Staatsschatz. Die viereckige **Tour de l'Horloge** trägt seit Ende des 14. Jh. die erste öffentliche Uhr von Paris.

In der ersten Hälfte des 14. Jh. war der Königspalast unter Philippe IV. beträchtlich erweitert und schließlich 1392 für die Staatsverwaltung unter dem Concierge, einem Haushofmeister, bestimmt worden. Über Jahrhunderte diente das düstere Gemäuer auch als Staatsgefängnis: Der Königsmörder Ravaillac, die Giftmischerin Brinvilliers, der Bandit Cartouche und die Königin Marie Antoinette waren hier eingekerkert. Während der Französischen Revolution warteten hier die Gefangenen darauf, zur Guillotine gebracht zu werden; später auch die Revolutionäre Robespierre, Danton und Saint-Just selbst.

Zu besichtigen sind die **Salles des Gardes** (der Wachsaal), die eindrucksvolle, 64 m lange und fast 28 m breite gotische **Salle des Gens d'Armes** (der königlichen Leibgarde), die Küche mit vier mächtigen Kaminen, die ›**Rue de Paris**‹, in der Häftlinge, die sich keine Einzelzelle leisten konnten, auf Strohlagern zusammengepfercht auf ihren Prozess warteten, und die **Chapelle des Girondins,** in der die Gefangenen hinter Gittern am Gottesdienst teilnahmen.

Sainte-Chapelle 5

4, boulevard du Palais, www.monum. fr, Nov.–Feb. tgl. 10–17, März–Okt. 9.30–18 Uhr, Eintritt 8 €, erm. 5 €

Mitten im Justizpalast versteckt sich das Farbwunder der Sainte-Chapelle. Im Lauf der Jahrhunderte haben sich die Gerichtshöfe so viel Platz einverleibt, dass der Bau heute einen geschlossenen Block um die alte Palastkapelle bildet.

Als kostbarste aller christlichen Reliquien hatte König Louis IX. die Dornenkrone Christi für die auch damals unvorstellbar große Summe von 135 000 Livres dem Kaiser von Konstantinopel abgekauft (heute befindet sie sich in Notre Dame und wird nur selten gezeigt). Hinzu kamen ein Stück vom Kreuz Christi, von Essigschwamm, Grabtuch und Lanze sowie einige Blutstropfen des Herrn. Um diese Reliquien würdig unterzubringen, ließ der König Mitte des 13. Jh. neben seinem Palast ein Heiligtum errichten, das alle anderen an Kühnheit und Schwerelosigkeit übertreffen sollte. In nur zwei Jahren entstand ein Meisterwerk gotischer Architektur, ein lichtdurchfluteter Reliquienschrein. Während in der farbenprächtigen, aber dunklen und

Rund um Notre-Dame

gedrückten Unterkirche mit vergoldetem Kreuzrippengewölbe der Hofstaat am Gottesdienst teilnahm, war die lichte, festlich-schimmernde Oberkirche ein scheinbar nur noch aus einem blau-roten Farbakkord bestehendes Glasgehäuse, dem König und seiner Familie vorbehalten.

Überwältigt waren schon die Zeitgenossen, doch erstaunt ist auch der heutige Besucher, dass solch zerbrechliche Schönheit überhaupt den Lauf der Zeiten überdauerte: Mehr als die Hälfte der riesigen Fenster mit über 1000 Bibelszenen ist noch original erhalten – trotz eines Brands im 17. Jh., trotz der Zweckentfremdung der Kapelle als Mehlspeicher zur Zeit der Französischen Revolution und als Aktenarchiv im 19. Jh.

Marché aux Fleurs 6

Auf der Place Louis Lépine findet in kleinen schmiedeeisernen Markthallen der Marché aux Fleurs et Oiseaux statt, ein Farbtupfer inmitten der Großstadt. Hier wird wochentags mit Blumen, sonntags mit Vögeln gehandelt.

Rund um Notre-Dame

Hôtel-Dieu 7

1, place du Parvis Notre-Dame
Das Krankenhaus Hôtel-Dieu besteht als Siechenspital und Findelhaus an dieser Stelle schon seit dem 7. Jh. Das heutige Gebäude stammt aus dem 19. Jh. Dass ein Krankenhausaufenthalt von heute nichts mehr mit früher zu tun hat, belegt ein Blick ins 18. Jh.: In 25 Krankensälen gab es über 1600 Betten, aber nur rund die Hälfte davon für

Die Sainte Chapelle im alten Königspalast

je eine Person! So konnte man insgesamt um 2400 Patienten unterbringen. Das Hospital ist heute noch in Betrieb; an der Ecke zur Rue de la Cité befindet sich die Notaufnahme.

In der Mitte auf dem weiten Vorplatz vor Notre-Dame, dem sogenannten **Parvis,** liegt der **Point Zéro:** Er bildet den geografischen Nullpunkt Frankreichs, von dem aus alle Entfernungen im Land gemessen werden.

Kathedrale Notre-Dame❗ 8

www.monum.fr, www.cathedralede paris.com, Kirche: 8–18.45, Sa, So bis 19.15 Uhr
Die Kirche, die zu den bedeutenden gotischen Kathedralen Frankreichs gehört, wurde 1163 unter Maurice de Sully, dem Bischof von Paris, begonnen und 150 Jahre später vollendet. Das heutige Aussehen verdankt sich zu großen Teilen Eugène Viollet-le-Duc (1814–1879), der im 19. Jh. mit der Restaurierung der Kirche betraut wurde. Der Dachreiter und die dämonischen Wasserspeier etwa sind eine eigenmächtige Zutat des Architekten – Viollet-le-Duc folgte der Maxime, »ein Gebäude restaurieren heißt, es in der Vollkommenheit wiederherstellen, die gar nie existiert haben mag«. Das große Verdienst des Restaurators ist jedoch, dass er der Architektur des Mittelalters zu ihrer Wiederentdeckung verhalf, nachdem sie lange Zeit dem Verfall überlassen worden war.

Von ihren schlankeren und eleganteren Nachfolgebauten in Chartres und Reims unterscheidet sich Notre-Dame de Paris durch die Kombination vertikaler und horizontaler Elemente. Die wie ein gesticktes Band wirkende filigrane Arkadengalerie verdeckt den Ansatz der Türme. Auch die **Königsgalerie** über den drei Portalen betont noch die Waagerechte. Sie bietet 28 Skulpturen Raum, die den Restaurie-

113

Notre-Dame und Seine-Inseln

Auf dem Turm von Notre-Dame

rungsarbeiten von Viollet-le-Duc entstammen. Die originalen biblischen Könige wurden in der Französischen Revolution als verhasste Symbole der Monarchie zerstört, weil man sie für Statuen der Könige Frankreichs hielt. Erst 1977 brachte ein spektakulärer Fund einige Köpfe und andere Fragmente zutage, die ein Monarchist damals vergraben hatte und die heute zu den Kostbarkeiten des Mittelaltermuseums im Hôtel de Cluny (s. S. 142, 144) gehören.

Die drei **Portale,** das Marien- und das Annenportal sowie das mittlere Portal mit dem Jüngsten Gericht, zeugen von der Kunstfertigkeit mittelalterlicher Steinmetze, jedoch ist auch hier nur ein Teil des Skulpturenschmucks noch original.

Die zu Beginn des 13. Jh. entstandene riesige **Rosette** mit knapp 10 m Durchmesser erhellt das dunkle Innere nur wenig. Größer noch ist die im 18. Jh. erneuerte filigrane Rosette des Südquerhauses mit über 13 m Durchmesser in der durch Maßwerk gegliederten Fassade, ebenso groß die original erhaltene Nordrosette, die Maria umgeben von Propheten und Königen des Alten Testaments zeigt.

Über die Jahrhunderte war die Kathedrale Schauplatz geschichtlich bedeutsamer Feierlichkeiten: 1430, im Hundertjährigen Krieg, wurde hier der neunjährige Henry VI., König von England, zum französischen König gesalbt; 1572 lieferte die Heirat des Protestanten Henri de Navarre mit Marguerite de Valois, genannt Margot, den Anlass für die blutige Bartholomäusnacht; 1804 setzte sich Napoléon in Anwesenheit von Papst Pius VII. selbst die Kaiserkrone auf; im 20. Jh. wurden hier die Staatsbegräbnisse von General de Gaulle (1970) und François Mitterrand (1996) zelebriert.

Turmbesteigung

Eingang von außen, linke Seite der Fassade, April bis Sept. 10–18.30, Okt. bis März 10–17.30 Uhr, Juni, Juli, Aug. auch Sa, So bis 23 Uhr, Eintritt 8 €, 18–25 Jahre 5 €, unter 18 Jahre frei
Wer die enge Treppe und über 380 Stufen in einem der Türme hinaufklettert, wird mit dem Blick aus knapp 70 m Höhe auf Paris belohnt. Der massige Nordturm ist breiter als der Südturm, in dem die 13 t schwere Glocke »Emmanuel« (mit einem Schlegel von fast 500 kg) hängt.

Crypte Archéologique 9

http://crypte.paris.fr/, *Di–So 10–18 Uhr außer Fei, Eintritt 4 €, erm. 3 €, Kinder bis 13 Jahre frei*
Am Petit Pont gegenüber vom Hôtel-Dieu, befindet sich der Eingang zu einer riesigen unterirdischen Ausgrabungsfläche mit Resten von Bauten, die zum Teil bis zur gallo-römischen Epoche zurückreichen. Von den Kais des römischen Hafens bis zu den Fundamenten mittelalterlicher Straßen sind die Spuren des alten Paris zu entdecken. An der fränkischen Wallmauer nahe dem Petit Pont wird an Graf Eudes von Paris erinnert, der hier 886 mit seinen Getreuen im Kampf gegen die Normannen gefallen ist.

Mémorial des Martyrs de la Déportation 10

Okt.–März tgl. 10–12, 14–17, April–Sept. bis 19 Uhr
Die Gedenkstätte an der Inselspitze erinnert an alle von den Deutschen im Zweiten Weltkrieg deportierten Franzosen. Das Mahnmal, 1962 von Henri Pingusson in nüchterner Betonarchitektur als Krypta gestaltet, bewahrt die Namen der Konzentrationslager, Tausende von Namen der deportierten Männer, Frauen und Kinder sowie Texte und Gedichte von Robert Desnos, Louis Aragon, Paul Éluard, Jean-Paul Sartre, Antoine de Saint-Exupéry. Beklemmend ist das Gefühl des Eingeschlossenseins, das die Anlage vermittelt.

Île Saint-Louis

Die kleinere der beiden Seine-Inseln, die nur 700 m lange Île Saint-Louis, gleicht einer ruhigen Oase mitten im Zentrum von Paris. Benannt wurde die beschauliche Insel im Schatten von Notre-Dame nach König Louis IX., dem König und Kreuzfahrer, der 1270 vor Tunis starb und den Beinamen die Heilige trägt.

Bis 1614, als der trennende Seine-Arm aufgeschüttet wurde, gab es hier zwei Inseln, die lange unbebaut blieben, die Île aux Vaches (›Kuhinsel‹) mit morastigem Weideland und die Île Notre-Dame. Erst im 17. und 18. Jh. errichteten Adlige, reiche Beamte und Händler vornehme Stadtpaläste mit luxuriöser Ausstattung. Zu jener Zeit entstand das auch heute noch relativ intakte Bauensemble, dessen einheitlicher Charakter seinen Grund darin hat, dass die Insel fast in einem Zug bebaut wurde.

Stellvertretend seien nur zwei besonders schöne Stadtpaläste genannt; die Pläne stammen beide von Louis Le Vau (1612–1670), dem Architekten von Louis XIV., der selbst auch auf der Insel lebte und auch die elegante **Barockkirche Saint-Louis-en-l'Île 11** entwarf, deren Fassade im sogenannten Jesuiten-

Notre-Dame und Seine-Inseln

Mein Tipp

Eine Pause auf der Insel
Für ein **Sonnenbad** beliebt sind die gepflasterten Seine-Quais, unübertroffen ist der Blick auf den Chor von Notre-Dame von der Terrasse des Teesalons Flore-en-l'Île. Und die **Eisdiele Berthillon** 4 auf der Île Saint-Louis ist eine Pariser Institution. Auf dem Bürgersteig bildet sich stets eine lange Schlange von Kunden, die ein paar der köstlichen, täglich wechselnden rund 40 Sorten Eis probieren möchten.
Berthillon: 29–31, rue Saint-Louis-en-l'Île, Métro Pont-Marie (M7), www.berthillon-glacier.fr, Mi–So 10–20 Uhr).

jenseits der Flussufer herüber. Die großen Wohnungen am Quai d'Orléans, der vornehm-stillen, baumgesäumten Uferstraße mit wunderbarem Blick auf Notre-Dame und Institut du Monde Arabe, sind auch heute noch absolute Topadressen und von Durchschnittsgehältern nicht finanzierbar.

Essen & Trinken

Weinbistro – **La Taverne Henri IV** 1: 13, place du Pont Neuf, Métro: Pont Neuf (M7), Tel. 01 43 54 27 90, Mo–Fr 11.30–21.30 Uhr, Sa 12–17 Uhr. Das Wein-bistro hat sich alten Pariser

stil sich harmonisch in die Straßenflucht einfügt.

Im **Hôtel de Lauzun** 12 am Quai d'Anjou, der eindrucksvollsten Residenz auf der Insel (1656/57), hielten im 19. Jh. die Dichter Théophile Gautier und Charles Baudelaire Sitzungen des Haschischraucherclubs ab. Das **Hôtel Lambert** 13 entstand 1641 und wurde im 20. Jh. von der Schauspielerin Michèle Morgan bewohnt, bevor es in den Besitz der Rothschilds überging.

Rue Saint-Louis-en-l'Île

Ein Bummel entlang der Rue Saint-Louis-en-l'Île, der Längsachse und Hauptstraße der Insel, lohnt sich, weil es hier – im Gegensatz zur großen Nachbarinsel – neben kleinen, feinen Hotels einige hübsche Läden, Restaurants und Teesalons gibt.

Kaum ein Auto trübt das Vergnügen, hier der Atmosphäre des Ancien Régime nachzuspüren, nur gedämpft dringt der Verkehrslärm aus der Stadt

Adressen

Charme bewahrt, hier gehen gerne die Juristen und Polizisten zur Mittagspause hin. Weine von der Loire und aus Bordeaux.
Mit Ausblick – **Le Flore en l'Île** 2 : 42, quai d'Orléans, s. S. 40
Bistro-Kunst – **Mon Vieil Ami** 3 : 69, rue Saint-Louis-en-l'Île, Métro: Pont-Marie (M7), Tel. 01 40 46 01 35, www.mon-vieil-ami.com, 12.30–14.30, 19.30–23 Uhr, Mo, Di geschlossen, Menü 41 €. Das schlichte kleine Bistro im minimalistischen Designstil ist pures Understatement: Der elsässische Ex-Sternekoch Antoine Westermann ist ein echter Könner. Besonderen Wert legt er auf die Zubereitung von Gemüse in ungewöhnlichen Kombinationen. Elsässische Weine.
Eis und Sorbet – **Berthillon** 4 : s. Mein Tipp S. 116.

Aktiv & Kreativ

Seine-Rundfahrten – **Les Vedettes du Pont Neuf** 1 : Square du Vert Galant, Métro: Pont-Neuf (M7), Tel. 01 46 33 98 38, www.vedettesdupontneuf.de. Einstündige Rundfahrten mit verglasten ›Bâteaux Mouche‹, Erw. 13 €, Kinder 6 €; Abfahrten 10.30–22.30 Uhr alle 30–45 Min., im Winterhalbjahr seltener.

Beliebt zum Sonnenbaden: die Quais der Île Saint-Louis

Das Beste auf einen Blick

Marais und Bastille

Highlight!

Place des Vosges: König Henri IV. ließ den Platz als architektonisches Gesamtensemble anlegen und machte das Marais damit zum Modeviertel des 17. Jh. Der 1612 eingeweihte Platz ist bis heute der schönste von Paris. 10 S. 124

Auf Entdeckungstour

Adelspaläste im Marais: Aristokratische Stadtpalais aus dem 17. und 18. Jh. gibt es unzählige im Marais – viele sind auch zugänglich, weil sich Museen darin befinden. S. 128

Der Friedhof Père Lachaise: Der stimmungsvolle Friedhof ist nicht nur wegen seiner parkartigen Anlage und der vielen Grabplastiken sehenswert. Er ist auch Pilgerstätte für Fans prominenter Künstler, von Jim Morrison und Edith Piaf über Balzac und Gertrude Stein bis zu Modigliani und Chopin. S. 134

Kultur & Sehenswertes

Pavillon de l'Arsenal: Interessante Wechselausstellungen zur Stadtgeschichte und ein großes Stadtmodell von Paris. 16 S. 132

Aktiv & Kreativ

Opéra Bastille: Mal hinter die Kulissen blicken? Die Oper kann man mit Führung auch tagsüber besichtigen. 15 S. 131

Genießen & Atmosphäre

Rue des Rosiers: Im jüdischen Teil des Marais gibt es kleine Synagogen, koschere Metzger und Bäckereien – und immer mehr Falafel-Imbisse, Boutiquen und Szenelokale. 9 S. 123

Port de Plaisance Arsénal: Hier starten die Schiffe zu einer stimmungsvollen Kanalfahrt, z. B. mit Canauxrama. 1 S. 137

Abends & Nachts

Opéra Bastille: In der großen Pariser Oper gastieren Weltstars und international bekannte Ensembles – Karten sind auch über das Internet zu bekommen. 15 S. 131

Rue de Lappe: Ein paar Straßen rund um die Rue de Lappe östlich vom Bastille-Platz gehören ganz der Nacht- und Kneipenszene, mit vielen Bars und Kneipen Tür an Tür. S. 137

Stadtpaläste und Partyspots

Das Marais besitzt alte Adelspalais, schicke Galerien und Geschäfte, Cafés und Szenelokale. Mittendrin haben die Rue des Rosiers und ihre Nachbarstraßen noch jüdisches Flair bewahrt. In diesem Viertel, das im Nordosten durch den Boulevard du Temple und im Süden durch die Seine begrenzt wird und östlich bis zur Bastille reicht, macht es vor allem Spaß, einfach nur zu bummeln und im Bistro zu sitzen, doch auch die attraktiven Museen (Carnavalet-Museum, Picasso-Museum allerdings vorübergehend geschlossen, s. u.) sollte man sich nicht entgehen lassen.

Noch in den 1960er-Jahren war das Marais sehr heruntergekommen und vieles sollte abgerissen werden. Inzwischen sind die meisten Gebäude unter Denkmalschutz gestellt und aufwendig restauriert. Mit der Sanierung wurden allerdings auch die kleinen Leute und Handwerker vertrieben. Dagegen wächst die Zahl der Boutiquen, Galerien, Spas, Edelimbisse und schicken Restaurants stetig; das belebte Viertel zieht dadurch immer mehr Hauptstädter und Touristen zum Schaufensterbummel und Ausgehen an. Auch die Gay-Szene hat sich in einem Teil etabliert – in der Rue des Archives, der Rue du Temple und den benachbarten Straßen reiht sich ein Lokal ans andere. Die Rue Rambuteau ist die Marktstraße für das Viertel, mit Gemüsehändlern, Fischgeschäften, Patisserien und Charcuterien. Richtung Place des Vosges ändert sie ihren Namen in Rue des Francs-Bourgeois: An Sonntagen, wenn dort alle Läden und Modeboutiquen geöffnet haben, sind die schmalen Bürgersteige übervölkert.

Jenseits der Place de la Bastille konzentrieren sich in der Rue de Lappe, Rue de la Roquette, Rue de Charonne und Rue du Faubourg Saint-Antoine Bars und Tanzlokale – was tagsüber ganz unspektakulär aussieht, zieht abends und nachts die Partygänger an. Wer etwas Zeit mitbringt, kann bei einem Spaziergang durch das Bastille-Viertel auch tagsüber versteckte Passagen, neue Galerien und Szene-Läden entdecken.

Infobox

Reisekarte: ▶ P–R 9–11

Ausgangspunkt
Nächstgelegene Métro-Stationen sind Hôtel de Ville (M1, M11) und Rambuteau (M11). Wer nicht nur schlendern, sondern auch Museen besuchen will, sollte einen ausgedehnten halben Tag als Minimum einplanen.

Abstecher
Den Spaziergang durch Marais und Bastille-Viertel kann man mit mehreren Abstechern gut kombinieren – zum Viaduc des Arts ab Place de la Bastille, ein grüner Promenadenweg auf einer alten Bahntrasse, oder zum Marché d'Aligre im 12. Arrondissement, am besten vormittags als Auftakt.

Rund um das Picasso-Museum

Musée Picasso [1]
www.musee-picasso.fr, wegen Umbau bis Frühjahr 2013 geschlossen
Das Picasso-Museum im **Hôtel Salé** gehört zu den Pariser Museen, die man

Rund um das Picasso-Museum

Place des Vosges, der schönste Platz von Paris

auf keinen Fall verpassen sollte. Das Mitte des 17. Jh. für einen Salzsteuerpächter *(salé* = gesalzen) errichtete Stadtpalais bietet seit 1985 den prächtigen Rahmen für die in chronologischer Folge ausgestellten Gemälde, Zeichnungen, Skulpturen und Keramiken sowie Picassos eigene Sammlung von Werken anderer Künstler, etwa von Matisse und Cézanne. Blaue, rosa und kubistische Periode des Malers sind gut dokumentiert, ebenso die weniger bekannten ›klassischen‹ Werke der Zwischenkriegsjahre.

Das Museum verdankt seine exzellente Sammlung nicht zuletzt dem französischen Erbschaftsgesetz. Die 1968 geschaffene *dation,* die Möglichkeit, die Erbschaftssteuer statt mit Geld mit Kunstwerken zu begleichen, ist eine für die französischen Museen profitable Angelegenheit. Der in Spanien geborene Maler Pablo Picasso (1881–1973) siedelte 1904 nach Paris über und lebte bis zu seinem Tod in Frankreich. Seine Erben überließen dem Staat einen Teil des Nachlasses, mit dem im Pariser Museum eine umfassende Schau mit Werken aus allen Schaffensperioden begründet wurde.

Musée de la Chasse et de la Nature 3

www.chassenature.org, Di–So 11–18 Uhr, Eintritt 6 €, erm. 4,50 €
Das 1650 von François Mansart erbaute **Hôtel Guénégaud** beherbergt ein Jagdmuseum, das neben Waffen und Tiertrophäen auch Gemälde mit waidmännischen Szenen besitzt.

Marais und Bastille

Musée d'Art et d'Histoire du Judaïsme 4

www.mahj.org, Mo–Fr 11–18, So 10–18 Uhr, Eintritt 6,80 €, erm. 4,50 €

In einem restaurierten Stadtpalais des 17. Jh., dem **Hôtel de Saint-Aignan,** wurde das Museum für jüdische Kunst und Geschichte eingerichtet. Religiöse und profane Objekte, Werke jüdischer Künstler, etwa von Chagall, Soutine, Modigliani, Modelle von Synagogen, Reproduktionen jüdischer Grabsteine, Kleidungsstücke, historische Bücher und Manuskripte dokumentieren die

Mein Tipp

Marché des Enfants Rouges 2

Ruhiger als im 4. wird es im nördlicher gelegenen 3. Arrondissement, das ebenfalls noch zum Marais gehört. Hierher wandert gerade ein Teil der Designer und Galeristen ab, sodass echte Entdeckungen zu machen sind. Auch der Marché des Enfants Rouges in der Rue de Bretagne ist noch ein Geheimtipp und lohnt einen Abstecher. Der ›Markt der roten Kinder‹ heißt so, weil sich einst hier ein Waisenhaus befand, dessen Kinder rote Uniformen trugen. An mehreren Ständen kann man auch essen, im Enfants Rouges etwa oder im Estaminet d'Arômes et Cépages. Das kleine Bistro auf dem Marktgelände serviert offene Weine und Imbisse wie Käse- oder Charcuterie-Teller. Besonders nett bei schönem Wetter, wenn man an den Biergartentischen direkt neben den Marktständen sitzt.

Marché des Enfants Rouges: Rue de Bretagne, Metro: Temple (M3)

Geschichte der Juden mit Schwerpunkt auf Frankreich.

Musée de l'Histoire de France und Archives Nationales 5

www.archivesnationales.culture.gouv.fr, Museum: Mo, Mi–Fr 10–12.30, 14–17.30, Sa, So 14–17.30 Uhr, Eintritt 3 €, erm. 2,30 €, Staatsarchiv: Besichtigung nur So nachmittags mit Führung, Tel. 06 10 12 67 27

In einem klassizistischen Stadtpalais, dem **Hôtel de Soubise,** ist das Museum zur Geschichte Frankreichs untergebracht – mit Schriftstücken aus dem Nationalarchiv, die Geschichte machten, darunter die Testamente der Könige Louis XIV. und Louis XVI., das Edikt von Nantes und der Widerruf, der Haftbefehl für Robespierre, Marie Antoinettes letzter Brief, die Menschenrechtserklärung, eine Order Napoléons. Daneben lohnt es sich auch, den hufeisenförmigen Ehrenhof mit gewaltigen Kolonnaden zu betrachten und die Wohnräume der Princesse de Soubise, die im Rokoko-Stil ausgestattet sind, zu besichtigen.

Das französische **Staatsarchiv** verwahrt Dokumente – Urkunden, Briefe, Bücher – von den Merowingern bis heute. Das Archiv wurde 1808 auf Napoléons Wunsch im Hôtel de Rohan im Marais eingerichtet.

Beim Musée Carnavalet

Musée Carnavalet 6

www.carnavalet.paris.fr, Di–So 10–18 Uhr, Eintritt frei, Wechselausstellungen kostenpflichtig

Das Musée Carnavalet in der Rue de Sévigné dokumentiert Pariser Stadtgeschichte – in chronologischer Folge vom gallischen Lutetia bis zur Gegen-

Beim Musée Carnavalet

wart. Neben altem Mobiliar, historischen Stadtansichten und Porträts sind vor allem die rekonstruierten Interieurs sehenswert: ein Rokoko-Raum aus dem Hôtel d'Uzès, ein Zimmer im Régence-Stil aus dem Hôtel de Broglie, die Verkaufsräume des Juweliers Fouquet von Alfons Mucha in reinem Jugendstil, Marcel Prousts Schlafzimmer, das Café de Paris aus der Belle Époque, ein von dem katalanischen Künstler José Maris Sert ausgestatteter Ballsall. Das Museum organisiert auch Wechselausstellungen, etwa zum Werk des Fotografen Robert Doisneau, Paris in alten Daguerreotypien oder Karikaturen zum Thema »Englische Paris-Besucher im 19. Jh.«. Der Museumsbuchladen ist ebenfalls auf die Geschichte von Paris spezialisiert.

Untergebracht ist das Museum im **Hôtel Peletier de Saint-Fargeau** und dem namengebenden **Hôtel Carnavalet.** Letzteres ist ein sehenswertes Beispiel für die bürgerliche Architektur der Renaissance, Mitte des 16. Jh. erbaut und mit allegorischen Figuren der vier Jahreszeiten geschmückt. Das repräsentative Stadtpalais wurde Mitte des 17. Jh. von François Mansart um klassizistische Anbauten erweitert.

Musée Cognacq-Jay 7

www.cognacq-jay.paris.fr,
Di–So 10–18 Uhr, Eintritt gratis
Auch das elegante **Hôtel Donon** aus dem 16. Jh. in der Rue Elzévir kann man besichtigen, da hier die private Sammlung von Ernest Cognacq (1839–1928), dem Gründer des Warenhauses Samaritaine, und seiner Frau Louise Jay (1838–1928) der Öffentlichkeit zugänglich gemacht wurde. Zu den überwiegend aus dem 18. Jh. stammenden Kunstschätzen des Musée Cognacq-Jay zählen Werke französischer Maler, Skulpturen, Möbel, Porzellan und kostbares Kunsthandwerk.

Hôtel Lamoignon 8

Nur von außen ist das Hôtel Lamoignon in der Rue Pavée zu besichtigen. Das einstige Hôtel d'Angoulême, Ende des 16. Jh. für Diane de France erbaut, die Tochter von König Henri II., ging im 17. Jh. in den Besitz der Familie Lamoignon über. Heute ist darin eine Bibliothek zur Pariser Stadtgeschichte untergebracht. Im Innenhof ist die prächtige Fassade einen Blick wert.

Rue des Rosiers 9

Rund um die Rue des Rosiers konzentriert sich das jüdische Paris von heute. Schon im Mittelalter befand sich hier das Getto. Auch in Frankreich mussten Juden unter Pogromen leiden, wurden vertrieben, zu Unrecht der unsäglichsten Vergehen beschuldigt und unter der deutschen Besatzung in Konzentrationslager deportiert, doch Frankreich erklärte sie in der Französischen Revolution als erstes Land in Europa zu gleichberechtigten Bürgern. Am Samstag, dem jüdischen Sabbat, ist es hier ruhig, sonst aber und vor allem sonntags sind alle Geschäfte geöffnet, flanieren Menschenmengen zwischen Falafelbuden und teuren Modeboutiquen, Designläden und Kunstgalerien. Leider wichen schon einige alteingesessene Händler diesem touristischen Erfolgsdruck, der die Mieten in schwindelerregende Höhen treibt.

Jüdische Feinkostläden und Restaurants bieten *gehakte herring, gehakte leber, piklfleish, gefilte fish* und *blinis,* Bäckereien köstlichen Mohnstrudel, Nussbrötchen und *mazze,* das ungesäuerte Fladenbrot, koschere Metzger schächten nach strengen Regeln. Aus den Synagogen treten dunkelgekleidete Männer mit Bart und traditioneller Schläfenlocke, die Buchläden führen den Talmud und siebenarmige Leuchter. Eine der Synagogen, einen konkaven Jugendstilbau in der Rue Pa-

vée, hat 1913 der Architekt Hector Guimard (s. S. 239) erbaut, von dem auch die floralen Métro-Eingänge stammen.

An der Place des Vosges

Place des Vosges ! 10
Die Place des Vosges ist der schönste Pariser Platz. Ab 1605 ließ König Henri IV. 36 elegante Pavillons mit umlaufenden Arkaden im Erdgeschoss, je zwei Geschossen darüber und steilen Schieferdächern errichten, die den Platz an allen vier Seiten begrenzen (der Straßendurchbruch entstand erst später). Nur die beiden Torbauten, der Pavillon de la Reine im Norden und der Pavillon du Roi im Süden, unterbrechen die Einheitlichkeit und heben sich durch ihre Höhe ab. Allerdings zeigt fast jedes Gebäude eine Vielfalt an Details, kleine Abweichungen an Giebeln,

Marais und Bastille

Sehenswert
1. Musée Picasso
2. Marché des Enfants Rouges
3. Musée de la Chasse et de la Nature
4. Musée d'Art et d'Histoire du Judaïsme
5. Musée de l'Histoire de France und Archives Nationales
6. Musée Carnavalet
7. Musée Cognacq-Jay
8. Hôtel Lamoignon
9. Rue des Rosiers
10. Place des Vosges
11. Maison de Victor Hugo
12. Hôtel de Béthune-Sully
13. Hôtel de Mayenne
14. Place de la Bastille
15. Opéra de Paris – Bastille
16. Pavillon de l'Arsénal
17. Hôtel de Sens
18. Hôtel d'Aumont
19. Hôtel de Beauvais
20. Maison Européenne de la Photographie
21. Mémorial de la Shoah
22. Saint-Gervais-et-Saint-Protais

Essen & Trinken
1. Le Loir dans la Théière
2. L'As du Falafel
3. Chez Marianne
4. Le Petit Fer à Cheval
5. Le Coude-Fou
6. La Tartine
7. Chez Janou
8. Bistrot de l'Oulette
9. Bofinger

Einkaufen
1. CSAO
2. Finkelsztajn
3. Mariage Frères
4. Merci
5. Village Saint-Paul
6. À l'Olivier
7. Izrael
8. Sentou
9. Papier Plus

Aktiv & Kreativ
1. Canauxrama

Abends & Nachts
1. Lizard Lounge
2. La Perla
3. Café de l'Industrie
4. Le Balajo
5. Chapelle des Lombards
6. Barrio Latino

Fenstern und Lukarnen, die die strenge Symmetrie auflockern. Das Material, rote Ziegel, eingefasst von hellem Naturstein, verleiht der italienischen Renaissance hier die freundliche Wärme niederländischer Marktplätze.

Geplant wurde der Platz als Festkulisse, als prunkvoller Rahmen für Turniere des Adels: 1612, nach nur siebenjähriger Bauzeit, weihte Louis XIII., der Sohn von Henri IV., den Platz mit einem dreitägigen Fest ein. Heute wirkt die Place des Vosges, scheinbar wie durch ein Wunder von der Pariser Hektik verschont, ausgesprochen idyllisch: Rund um die Grünanlage finden sich unter den Arkaden vornehme Antiquitätenläden, das Top-Restaurant Ambroisie, das Bistro Ma Bourgogne, in dem Georges Simenon (der selbst in Nr. 21 wohnte) Kommissar Maigret regelmäßig einkehren ließ, und der Showroom von Issey Miyake. Auf dem Rasen lagern im Sommer immer Passanten, Anwohner und Touristen, um ein bisschen zu entspannen.

Lieblingsort

Le Petit Fer à Cheval [4]
Hier wird's nicht langweilig. Das Petit Fer à Cheval in der Rue Vieille-du-Temple bietet einen Logenplatz mit Blick auf die vielen flanierenden Pariser und Touristen. Das winzige Café mitten im Marais, benannt nach dem hufeisenförmigen Tresen, hat auch ein paar Gerichte für Hungrige auf der Karte. Auch das benachbarte Szenelokal Les Philosophes und La Chaise au Plafond um die Ecke bieten Plätze mit strategisch günstigem Blick auf die Passanten.
Le Petit Fer à Cheval: 30, rue Vieille-du-Temple, 4. Arr., Métro: Saint-Paul (M1) oder Hôtel de Ville (M1, M11), bis 2 Uhr (s. auch S. 39)

Auf Entdeckungstour

Adelspaläste im Marais

Seit König Henri IV. siedelten sich im Marais, rund um die Place des Vosges, die Adligen an, die durch vielerlei Funktionen bei Hof oder als Staatsminister das Zentrum der Macht bildeten.

Ausgangspunkt: Rue Saint-Antoine, Métro Bastille oder Saint-Paul

Weitere Stadtpalais: Die Tour ließe sich noch verlängern: Hôtel Salé (s. S. 120), Hôtel Guénégaud (s. S. 121), Hôtel Donon (s. S. 123), Hôtel de Saint-Aignan (s. S. 122), Hôtel de Soubise (s. S. 122) und Hôtel Carnavalet (s. S. 123) kann man auch von innen besichtigen, weil dort Museen untergebracht sind.

Auslöser für die Baukonjunktur im Marais war die Umbauung der Place Royale, der heutigen Place des Vosges, die König Henri IV. anordnete (s. S. 124). Diese städtebauliche Maßnahme machte das einst sumpfige Gebiet zum Modeviertel des 17. Jh. Das Marais wurde zum aristokratischen Zentrum: Wer konnte, ließ sich möglichst nah am Königsplatz einen eleganten Adelssitz errichten.

Das Pariser Stadtpalais

Als ›Stadthaus‹ für die Adligen, die nunmehr und mehr am Hof Präsenz zeigen mussten, entwickelte sich eine charakteristische Gebäudeform, das französische ›Hôtel‹ mit Ehrenhof und Garten. *Entre cour et jardin* baute man das Wohngebäude, das *Corps de logis,* die Seiten flankierten Flügel für Gesinde und Pferde, den Zugang zum Hof von der Straße aus versperrte ein hohes Tor in der Mauer, die den Hof zur Straße hin abschloss.

Später kam das Viertel wieder aus der Mode, als Louis XIV. seinen Aufenthaltsort nach Versailles verlegte. Die vornehme Welt zog auf die Île Saint-Louis oder nach Saint-Germain ans linke Ufer. Durch Anbauten, Aufstockung, Neuaufteilung und Nutzung als Atelier, Werkstatt, Arbeitsplatz oder Wohnraum wurde die Schönheit der noblen Adelssitze bis zur Unkenntlichkeit verunstaltet.

In den 1960er-Jahren war das Marais völlig heruntergekommen, die meisten Wohnungen weder mit Wasserleitungen noch Toiletten ausgestattet, so dass nur der Abriss zu bleiben schien. Da endlich wurden die einst so prächtigen Gebäude des Ancien Régime vom damaligen Kulturminister André Malraux unter Denkmalschutz gestellt. Inzwischen sind die meisten Häuser gerettet, aufwendig restauriert und von verschiedenen Institutionen übernommen.

Der Palast des Finanzministers

Von der Place des Vosges aus führt ein (recht versteckter) Eingang zum Garten des **Hôtel de Béthune-Sully** 12 und ermöglicht einen Blick auf dessen rückwärtige Fassade, die grandios eingerahmt wird von zwei efeubewachsenen Mauern. Das prächtige Hôtel zeigt der Rue Saint-Antoine seine Eingangsseite, die Skulpturen der reich verzierten Renaissance-Fassade stellen die vier Elemente und Jahreszeiten dar.

Der prachtvolle Renaissancebau (1625 begonnen) gehörte einst Maximilien de Béthune, Duc de Sully und Finanzminister unter Henri IV. Nur knapp dem Massaker der Bartholomäusnacht entronnen, stieg dieser 20 Jahre später zum mächstigsten Mann des Königreichs auf. Er war es, der den Protestant Henri IV. zur Konversion überredete (»Paris ist eine Messe wert«), blieb aber selber protestantisch. Heute besitzt die Stadt das Gebäude, das neben dem **Patrimoine Photographique,** einer Galerie für Fotografie (www.patri

moine-photo.org), die Caisse Nationale des Monuments Historiques, im Verwaltungssitz der französischen Denkmalspflege, beherbergt. Im Buchladen gibt es Spezialliteratur zum Marais sowie zu Schlössern und Baudenkmälern Frankreichs (tgl. 10–19 Uhr).

Etwas weiter Richtung Bastille steht ein weiterer Adelssitz, das **Hôtel de Mayenne** 13 in der Rue Saint-Antoine Nr. 21, das 1613 für den Grafen Mayenne erbaut wurde.

Die Burg des Erzbischofs

Das **Hôtel de Sens** 17 in Rue du Figuier Nr. 1 entstand vor der Projektierung der Place Royale. Es wurde 1475 als Residenz für den Erzbischof von Sens erbaut und beherbergt heute die Bibliothèque d'Art et d'Industrie Forney, eine Sammlung von Dokumenten zu Kunsthandwerk. Die vielen Spitzgewölbe und die Kegeldächer verraten die spätgotische Herkunft. Neben dem für die Äbte des burgundischen Klosters erbauten Hôtel de Cluny im Quartier Latin (s. S. 142) ist es eines der wenigen in Paris erhaltenen Gebäude des 15. Jh. (Besichtigung jeden 2. Do im Monat 15 Uhr).

Vom Palast zum Zöglingsheim

Nur wenige Schritte weiter liegt das elegante **Hôtel d'Aumont** 18 mit einer besonders schönen klassizistischen Fassade zum Garten hin. Ab 1648 wurde der Adelssitz von Louis Le Vau und später François Mansart erbaut, beides Architekten des Königs. Auch für die Ausstattung waren mit Le Brun, Vouet und Le Notre die besten Künstler des Hof beauftragt. Benannt ist die Residenz nach Antoine de Rochebaron, Duc d'Aumont, dem Capitaine der Gardes du Corps, der königlichen Leibwache unter König Louis XIV.

Nach der Revolution diente der Palast im frühen 19. Jh. als Zöglingsheim

und schließlich, mit abgehängten Decken und zu Schachtelbüros unterteilt, als Verwaltungsgebäude. Heute residiert hier das Tribunal Administratif, das Verwaltungsgericht des Departements. Eine Besichtigung wird nur auf schriftliche Anfrage gestattet, ein Blick in den Hof vom Eingang her ist jedoch erlaubt.

Für die Liebe

In der Rue François-Miron Nr. 68 steht das **Hôtel de Beauvais** 19, es wurde ab 1654 für Catherine Bellier erbaut, der ersten Kammerzofe von Königin Anne d'Autriche. Das Geld dafür erhielt sie von der Königin, nachdem sie den Thronfolger Louis im Alter von 14 Jahren in die Liebe eingeführt hatte. Anne selbst hatte nach der Heirat 14 Jahre auf den ersten Sex warten müssen, solche Probleme wollte sie ihrem Sohn ersparen.

Catherine, mit dem Titel einer Baronesse de Beauvais, ging auf die 40 zu, war einäugig und wirklich keine Schönheit, hatte aber offenbar doch Erfolg: Zeit ihres Lebens war König Louis XIV. seiner ersten Mätresse zugetan und zahlte ihr eine jährliche Apanage. Die Porträts der Bellier, der Königin und jenes Mannes, mit dem die Königin für sie eine Heirat arrangierte, sind an der Fassade zu entdecken – die Mimik spricht für sich. Später wurde der Palast bekannt, weil Mozart hier 1763 lebte. Etwa fünf Monate verbrachte er mit Vater und Schwester in Paris und feierte als Wunderkind große Erfolge.

Der Hofarchitekt Le Pautre löste die Probleme, die durch die schwierige Lage des Bauplatzes entstanden, mit einem komplizierten Grundriss. Ausnahmsweise wendet der Stadtpalast deshalb seine Fassade der Straße zu und der Innenhof ist oval statt eckig.

Maison de Victor Hugo 11

www.musee-hugo.paris.fr,
Di–So 10–18 Uhr, Eintritt gratis
In der zweiten Etage des Hauses 6, place des Vosges wohnte der Schriftsteller Victor Hugo (1802–1885) 16 Jahre, bevor er nach dem Staatsstreich Napoléons III. 1851 ins Exil auf die Kanalinsel Guernsey verbannt wurde. Als engagierter Republikaner war er für Rede-, Presse- und Glaubensfreiheit eingetreten, und auch von den Kanalinseln aus äußerte sich der Schriftsteller als Gewissen und Mahner einer in Unfreiheit lebenden Nation. 1871, bei seiner Rückkehr aus der Verbannung, wurde der schon zu Lebzeiten zum Mythos gewordene Dichter enthusiastisch gefeiert und 1885 mit einem aufwendigen Staatsbegräbnis geehrt und im Panthéon beigesetzt.

Das Victor-Hugo-Museum besitzt neben Manuskripten, Porträts und Illustrationen zu seinen Werken auch Zeichnungen Hugos und von ihm selbst gebaute Einrichtungsgegenstände wie das chinesische Esszimmer.

12, 13 s. Entdeckungstour S. 128

Rund um die Place de la Bastille

Place de la Bastille 14

Die Place de la Bastille ist einer jener französischen ›Erinnerungsorte‹, die im Kollektivgedächtnis der Nation eine besondere Rolle spielen. Seit dem Mittelalter sicherte hier eine gewaltige, Ende 14. Jh. errichtete Festung den Zugang zur Stadt von Osten. Als ihr militärischer Nutzen hinfällig geworden war, wurde sie zum Staatsgefängnis umgewandelt. Dem Volk galt sie bald als Symbol königlicher Willkür, da ein Haftbefehl genügte, um für Jahre

ohne jegliche Gerichtsverhandlung im Kerker zu verschwinden. Beim Sturm der Aufständischen auf die Bastille waren allerdings nur noch eine Handvoll Gefangene hier eingekerkert. Von dem Gebäude selbst, das die revolutionäre Menge am 14. Juli 1789 stürmte, ist nichts mehr zu sehen. Die Festung wurde dem Erdboden gleichgemacht, das Pariser Volk trug sie Stein für Stein ab. Wer aufmerksam sucht, wird allerdings noch die Umrisse im Pflaster entdecken (Boulevard Henri-IV).

Die vergoldete geflügelte Statue, die oben auf der Säule in der Mitte des Platzes im Sonnenschein strahlt, Génie de la Bastille genannt, verkündet den Sieg der Freiheit. Die Julisäule erinnert jedoch nicht an die große Revolution, sondern an die *trois glorieuses,* den Aufstand am 27., 28. und 29. Juli 1830, der den Bürgerkönig Louis-Philippe an die Macht brachte. Am 10. Mai 1981, nach dem Wahlsieg Mitterrands, versammelten sich hier Zehntausende zu einer spontanen Freudenkundgebung. Bis heute ist die Place de la Bastille Schauplatz von Gewerkschaftsdemonstrationen und politischen Protestaktionen – und nicht zuletzt wird hier alljährlich am Nationalfeiertag, dem 14. Juli, bis zum Morgengrauen getanzt.

Opéra Bastille 15

www.operadeparis.fr,
Besichtigung der Kulissen (nicht im Sommer): Tel. 01 40 01 19 70
Im Juli 1989 wurde die imposante Opéra Bastille eröffnet – rechtzeitig zur 200-Jahr-Feier der Französischen Revolution. Den millionenteuren Bau entwarf der kanadische Architekt Carlos Ott. Dank der glasbausteinartigen Fensterelemente setzt das massige Gebäude vor allem nachts, wenn Licht schimmert und die wuchtigen Volumen auflöst, einen markanten Akzent am Platz. Trotz anfänglicher Turbulenzen

Marais und Bastille

– Entlassungen mehrerer Intendanten, Streiks und Streit um Arbeitsverträge, wechselnde künstlerische Leiter, Bauschäden – überzeugt die Oper inzwischen durch hervorragende Akustik und technische Raffinessen (wie etwa mehrere bewegliche Bühnen mit ausgeklügelten Umbaumöglichkeiten). Die Kulissen kann man bei einer Führung auch besichtigen.

Am Quai des Célestins

Pavillon de l'Arsénal [16]
www.pavillon-arsenal.com, Di–Sa 10.30–18.30, So 11–19 Uhr, Eintritt gratis
Im Pavillon de l'Arsénal werden interessante Wechselausstellungen zur Pariser Stadtgeschichte, Architektur und zu urbanistischen Themen organisiert (Pariser Dächer, Ziegelbauten u. a.). In der Mitte des zentralen Raums mit umlaufenden Galerien steht ein 40 m² großes Modell von Paris.

[17], [18], [19] s. Entdeckungstour S. 128

Maison Européenne de la Photographie [20]
www.mep-fr.org, Mi–So 11–20 Uhr Eintritt 7 €, erm. 4 €
Das **Hôtel Hénault de Cantobre** in der Rue de Fourcy bietet der Maison Européenne de la Photographie Raum, Ausstellungen berühmter Fotografen und zur Geschichte der Lichtbildkunst zu organisieren.

Mémorial de la Shoah [21]
www.memorialdelashoah.org, Mo–Mi, Fr, So 10–18 Uhr, Do 10–22 Uhr, Eintritt gratis
Dieses moderne Museum erinnert an die von Nazis ermordeten französischen Juden und sammelt als Dokumentationszentrum ihre Lebensgeschichten. Bedrückend die Murs des Noms mit den in Stein gravierten Namen von 76 000 Deportierten, von denen nur etwa 2500 zurückkehrten. Einige erzählen in Videos über ihre Erlebnisse.

Saint-Gervais-et-Saint-Protais [22]
Der Bau der spätgotischen Kirche Saint-Gervais-et-Saint-Protais zog sich bis ins 17. Jh., daher ist die klassizistische Fassade mit der dorisch-ionisch-korinthischen Säulenordnung bereits dem sogenannten Jesuitenstil verpflichtet. Im Innern die älteste Orgel von Paris, 1601 gebaut.

Von der malerischen Rue des Barres, die über flache Treppen hinunter zur Seine führt, blickt man auf den Chor, das Schiff und die mächtigen Strebepfeiler. Hier und in der Rue du Pont-Louis-Philippe blieben reizvolle alte Häuser erhalten, in denen kleine Teesalons und Galerien, Papier- und Designläden zum Bummeln einladen.

Essen & Trinken

Flohmarktambiente – **Le Loir dans la Théière** [1]: 3, rue des Rosiers, Métro: Saint-Paul (M1), Mo–Fr 11.30–19, Sa, So 10–19 Uhr. Beliebter Salon de thé im jüdischen Viertel von Paris. In riesigen abgewetzten Sesseln kann man sich vorzüglichen Kuchen, Salaten oder Gemüse-Quiches widmen.
Lenny Kravitz' Favorit – **L'As du Falafel** [2]: 34, rue des Rosiers, Métro: Saint-Paul (M1), Mo–Do, So 11–23.30 Uhr, Fr abends und Sa geschlossen. Ein Imbiss mit frittierten Falafel-Bällchen mit Salat im Teigfladen und selbst gemachter Zitronenlimonade.
Jüdische Küche – **Chez Marianne** [3]: 2, rue des Hospitalières-Saint-Gervais, s. S. 37.

Adressen

Café und Szene-Bar – **Le Petit Fer à Cheval** 4: 30, rue Vieille-du-Temple, s. S. 39, 126.
Junges Publikum – **Le Coude-Fou** 5: 12, rue Bourg-Tibourg, s. S. 39.
Bodenständig – **La Tartine** 6: 24, rue de Rivoli, s. S. 39.
Provenzalisch-mediterran – **Chez Janou** 7: 2, rue Roger Verlomme, Métro: Chemin-Vert (M8), Tel. 01 42 72 28 41, tgl. bis Mitternacht, Menü 14 € (mittags), à la carte um 38 €. Das kleine Restaurant in einer ehemaligen Schlachterei liegt in einer ruhigen, versteckten Ecke nahe Place des Vosges. Im Sommer gibt es ein paar Tische im Freien.
Südwestfranzösische Küche – **Bistrot de l'Oulette** 8: 38, rue des Tournelles, Métro: Bastille (M1, M5, M8), Tel. 01 42 71 43 33, www.l-oulette.com, Mo–Fr 12–14.30, 19–24, Sa 19–24 Uhr, Sa mittags und So geschl., Menüs 18, 26 € (mittags), 34 €, à la carte 40 €. Kleines Bistro nahe der Bastille mit einer für das Preisniveau überdurchschnittlichen Küche – es ist Ableger des Restaurants L'Oulette. Spezialitäten aus Südwestfrankreich, vor allem Gerichte mit Ente.
Belle Époque – **Bofinger** 9: 3, rue de la Bastille, s. S. 34.

Einkaufen

Recyclingkunst aus Afrika – **CSAO** 1: rue Elzévir, Métro: Saint-Paul (M1), www.csao.fr, Mo–Sa 11–19, So 14–19 Uhr. Afrikanische Textilien, Kunsthandwerk und originelle Recyclingwaren.
Jüdisches Gebäck – **Finkelsztajn** 2: 24, rue des Ecouffes und 27, rue des Rosiers, Métro: Saint-Paul (M1), www.finkelsztajn.com, Mo, Mi–Sa 10–19 Uhr. Zwei jüdische Bäckereien: Sachertorte, Mohnstrudel.
Feinste Teesorten – **Mariage Frères** 3: 30, rue du Bourg-Tibourg, mit kleinem Teesalon, seit 1854, s. S. 44.

Merci
Im großen, loftartigen Concept Store gibt's ausgewählte Objekte von modernem Design bis zu Retro-Chic und Vintage – u. a. Kochutensilien, Wohnaccessoires, Schreibwaren, Textilien. Das Unternehmerpaar Marie France und Bernard Cohen spendet die Erlöse einer Kinderhilfsstiftung. Zum Konzept gehören ein Café voller antiquarischer Bücher und die Cantine Merci, in der mittags Gesundes aus der Bio-Küche serviert wird, etwa Salate, Suppen, Risotto, auch Bio-Lachs oder -Geflügel. **Merci** 4: 111, bd. Beaumarchais, 3. Arr., Métro: Sébastien-Froissart (M8), Mo–Sa 10–19 Uhr.

Pariser Stadtgeschichte – Die Buchhandlung im **Musée Carnavalet** 6 ist gut sortiert zu den Themen Architektur, Paris, Stadtgeschichte, s. S. 122.
Trödel und Wertvolles – **Village Saint-Paul** 5: In ruhigen Hinterhöfen der Rue Saint-Paul haben sich zahlreiche Trödel- und Antiquitätenhändler angesiedelt. Do–Mo 11–18 Uhr, s. S. 41
Rund um die Olive – **A l'Olivier** 6: 23, rue de Rivoli, Métro: Saint-Paul (M1), Mo 14–19, Di–Sa 10–19 Uhr. Olivenöl, Oliven, Essig, Senf.
Gewürzbasar – **Izrael** 7: 30, rue François-Miron, Métro: Saint-Paul (M1), Di–Sa 11–13, 14–19 Uhr. Exotische Gewürze, Trockenfrüchte, Spirituosen aus aller Welt, in kreativer Unordnung wie in Ali Babas Höhle.
Französisches Design – **Sentou** 8: 29, rue François Miron, s. S. 43.
Papierkunst – **Papier Plus** 9: 9, rue du Pont-Louis-Philippe, s. S. 42.   ▷ S. 137

133

Auf Entdeckungstour

Der Friedhof Père Lachaise

Der parkartige Cimetière du Père Lachaise wirkt mit seinen vielen Gräbern, die oft kleinen Häusern ähneln, den kopfsteingepflasterten Wegen und den schattigen Alleen wie eine Stadt in der Stadt.

Reisekarte: ▶ T 8

Ausgangspunkt: Métro-Station Père Lachaise (M2, M3) oder Philippe Auguste (M2). Am Eingang Boulevard de Ménilmontant ist ein Übersichtsplan erhältlich. Virtueller Besuch: www.pere-lachaise.com

Öffnungszeiten: April–Okt. Mo–Fr 8–18, Sa 8.30–18, So 9–18, Nov.–März bis 17.30 Uhr, Eintritt frei.

Im Jahr 1804 entstand – damals noch außerhalb der Stadt vor den Befestigungsanlagen – der heute mit rund 43 ha größte innerstädtische Friedhof von Paris, der Cimetière du Père Lachaise, benannt nach dem Beichtvater von Louis XIV. Besonders im Sommer ist dieser schönste Pariser Friedhof eine fast mediterran wirkende grüne Idylle. Zudem wurde der Friedhof letzte Ruhestätte so vieler Berühmtheiten, dass sich ein regelrechter Wallfahrtstourismus entwickelte und heute eine *concession à perpétuité,* ein Bleiberecht für die Ewigkeit, lediglich für VIPs zu erwerben ist. Nur mit dem Übersichtsplan wird man auf diesem ›Promi-Friedhof‹, auf dem über 1 Mio. Menschen beerdigt wurden, alle seine ›Lieblingstoten‹ finden.

Die Liebenden
Am Grabmal von Pierre Abaelard (1079–1142) und Héloïse († 1164, 7. Div.) schwören sich Liebende ewige Treue, obwohl die beiden im 12. Jh. Verstorbenen getrennt und erst 1817 gemeinsam in einem neogotischen Mausoleum bestattet wurden. Der brillante Theologe Abaelard, als Privatlehrer engagiert, und seine junge Schülerin Héloïse verliebten sich ineinander. Bald musste Domherr Fulbert bemerken, dass seine Nichte ein Kind gebar, und forderte den Philosophen zur Heirat auf. Als dieser jedoch zögerte, ließ er ihn aus gekränkter Ehre entmannen, Héloïse zog sich ins Kloster zurück. Berühmt wurde die mittelalterliche Liebestragödie durch den überlieferten Briefwechsel.

Die Sänger
Meistbesuchtes Grab ist vermutlich das von Jim Morrison (1943–71, 6. Div.), dem legendären Sänger der »Doors«. Das gerade 28 Jahre alt gewordene Idol seiner Generation besitzt auch Jahrzehnte nach seinem Tod noch eine treue, stets nachwachsende Fangemeinde. Ein Friedhofsangestellter wacht inzwischen darüber, dass nicht länger Graffiti, leere Flaschen und Kippen die nähere Umgebung verunstalten, wie das früher üblich war.

Größere Pilgerströme zieht es auch zu einem schlichten Grab, an dessen Seite die Inschrift »Madame Lamboukas dite Edith Piaf« Aufklärung darüber gibt, welches Volksidol hier verehrt wird. Der ›Spatz von Paris‹ (1915–63, 97. Div.) wurde im benachbarten Stadtteil Belleville geboren.

Der Dandy und der Volksheld wider Willen
Dandy und Schriftsteller Oscar Wilde (1854–1900, 89. Div.) lebte nach einer Verurteilung in London wegen Homosexualität in Paris im Exil und starb in einem Hotel in der Rue des Beaux-Arts. Eine pikante Geschichte rankt sich um sein Grabmonument: ›Grabräuber‹ stahlen die steinernen Hoden und den Penis des geflügelten Löwen.

Dasselbe Körperteil ist bei der Grabplastik von Victor Noir (1848–1870, 92. Div.) schon ganz blank poliert. Der erst 22-jährige Journalist hatte als Sekundant Pierre Napoléon Bonaparte, einen Cousin des Kaisers, aufgesucht, um eine Forderung zum Duell zu überbringen. Dieser zog ohne Warnung eine Pistole und schoss Noir nieder. Der schießwütige Prinz wurde später wegen ›Notwehr‹ freigesprochen, obwohl Noir unbewaffnet gewesen war. Sein Begräbnis gestaltete sich zu einem Protestzug gegen das Kaiserreich, das wenig später zusammenbrach. Die Grabfigur zeigt Noir im Augenblick seines Sterbens, viele Frauen berühren das im Todeskampf geschwollene Geschlechtsteil – aus welchen Gründen auch immer. Seit es immer beliebter wurde, auch noch darauf zu reiten, ist das Grab nun abgesperrt.

Die Tänzerinnen

Im neo-maurischen Urnenfriedhof (87. Div.) mit dem Krematorium in der Mitte befindet sich die Asche der Schleiertänzerin Loïe Fuller (1862–1928, Nr. 5382) und ihrer Kollegin Isadora Duncan (1878–1927, Nr. 6796). Die beiden Amerikanerinnen sprengten die starre Formensprache des klassischen Balletts – während Loïe Fuller sich der noch neuen Elektrizität für Effekte bediente, tanzte Isadora Duncan barfuß, mit ungestümer Leidenschaftlichkeit, ohne Korsett unter den wehenden, antikisierenden Gewändern.

Ihr spektakulärer Tod war ähnlich extravagant wie ihr Leben: Ihr langer Schal verfing sich in den Speichen ihres Bugatti und erdrosselte sie. Ein anderer Wagen hatte den ebenso tragischen Tod ihrer Kinder verursacht – während der Chauffeur ausstieg, um den Bentley wieder anzukurbeln, rollte dieser in die Seine.

Die Künstler

Vor allem die Welt der Kunst ist würdig vertreten und ermöglicht einen Spaziergang durch zwei Jahrhunderte Kulturgeschichte. Unter den Schriftstellern: Guillaume Apollinaire (1880–1918, 86. Div.), mit einem eigenen Vers auf der Marmorplatte – »Manches Mal habe ich es abgewogen, selbst das unwägbare Leben. Lächelnd kann ich sterben«. Honoré de Balzac (1799–1850, 48. Div.) ist nicht nur selbst hier beigesetzt, sondern hat von Père Goriot bis Lucien de Rubempré auch viele seiner Romanfiguren hier begraben. Ludwig Börne (1786–1837, 19. Div.) überlieferte mit seinen »Pariser Briefen« ein anschauliches Bild der Haupt-

stadt zur Zeit der Restauration, er ist einer der wenigen Deutschen, die auf einem Pariser Friedhof beigesetzt wurden. Colette (1873–1954, 4. Div.) verewigte den Kreis der Pariser Lesbierinnen in ihrem Buch »Le Pur et l'Impur«. Gertrude Stein (1874–1946), die die Konventionen des Schreibens sprengte und die große alte Dame der amerikanischen Lost Generation der 20er-Jahre wurde, ist zusammen mit ihrer Lebenspartnerin Alice B. Toklas begraben (94. Div).

Eugène Delacroix (1798–1863, 49. Div.) verfügte, dass weder Büste noch Statue an seinem Grab aufgestellt werden sollten, während das berühmteste Werk von Théodore Géricault (1791–1824, 12. Div.), »Das Floß der Medusa«, als Flachrelief auch sein Grab ziert. Amedeo Modigliani (1884–1920, 96. Div.) ist mit Jeanne Hébuterne begraben, seiner 21-jährigen Freundin, die sich am Tag nach seinem Tod aus dem Fenster stürzte. Über dem Grab von Frédéric Chopin (1810–1849, 11. Div.) thront Euterpe, die Muse der Musik.

Den Lebenden zur Mahnung

Man kann aber auch einfach umherschlendern und die vielen kuriosen, bombastischen oder pathetischen Grabplastiken Unbekannter betrachten, darunter trauernde Ehefrauen, weinende Engel, ägyptische Pyramiden, Obelisken. Eine Reihe bedrückender Mahnmale gedenkt der in deutschen Konzentrationslagern umgekommenen Menschen. Die **Mur des Fédérés** in der östlichen Ecke des Friedhofs erinnert an die letzten Gefechte der Pariser Kommunarden, die sich Ende Mai 1871 hier auf dem Friedhof verschanzt hatten. 147 ›Föderierte‹ wurden von Regierungstruppen exekutiert und gleich anschließend in einem Massengrab beigesetzt.

Adressen

Aktiv & Kreativ

Fahrt auf dem Canal Saint-Martin –
Canauxrama 1 : Port de Plaisance l'Arsénal, unterhalb 50, bd. de la Bastille, Tel. 01 42 39 15 00, www.canauxrama.com, Kanalfahrten ca. 2,5 Std. Dauer, Abfahrt 9.45 u. 14.30 Uhr, Erw. 16 €, erm. 11 €, Kinder 8,50 €. Vom Port de Plaisance Arsénal, dem kleinen Pariser Yachthafen, starten die Touren auf dem Canal Saint-Martin Richtung Park von La Villette (s. S. 266). Auch Rundtouren über Canal Saint-Denis und Seine sowie Tagestouren ins Marne-Tal.

Abends & Nachts

Der **Faubourg Saint-Antoine**, das Viertel im Osten jenseits der Place de la Bastille und der neuen Oper, ist besonders zum Ausgehen attraktiv. In den Bistros und Bars der **Rue de Lappe** macht ein junges Publikum die Nacht zum Tag. In der Umgebung des Hôtel de Ville hat sich die Schwulenszene etabliert. In der Rue des Archives, der Rue du Temple und den benachbarten Straßen reiht sich ein Gay-Lokal ans andere.

Bier-Bar – **Lizard Lounge** 1 : 18, rue du Bourg-Tibourg, Métro: Hôtel de Ville (M1, M11), tgl., 12–2 Uhr, Sa, So Brunch, www.cheapblonde.com. Stets volle Bar in Raum mit Galerie, viele Biersorten und Longdrinks, für Pariser Verhältnisse relativ preiswert, lebhafte Stimmung.
Latino-Charme – **La Perla** 2 : 26, rue François-Miron, s. S. 49.
Günstig, geräumig und voll – **Café de l'Industrie** 3 : 16, rue Saint-Sabin, Métro: Bastille (M1, M5, M8), So–Fr 12–2 Uhr. Ein angesagtes Szenelokal mit jungem Publikum nahe der Place de la Bastille. Anspruchslose französisch-italienische Küche, nette Atmosphäre mit Flohmarktinterieur, stets bis auf den letzten Platz besetzt, relativ preiswert.
Nostalgie pur – **Le Balajo** 4 : 9, rue de Lappe, s. S. 49.
Latin-Rhythmen – **Chapelle des Lombards** 5 : 19, rue de Lappe, s. S. 49.
Salsa und mehr – **Barrio Latino** 6 : 46–48, rue du Fbg. St-Antoine, s. S. 47.
Bastilleoper – **Opéra de Paris – Bastille** 15 : 120, rue de Lyon, s. S. 52 und S. 131.

Rue Oberkampf ▶ S 8
Wer dem Völkchen der *branchés*, der Pariser Trendsetter, folgen will, muss sich in weniger zentrale Lagen bewegen – in die Rue Oberkampf etwa. Lange war Ménilmontant im Nordosten zwischen 11. und 20. Arrondissement ein eher schäbiger Stadtteil und lag fernab. Als auch im Viertel um die Bastille die Mieten zu teuer wurden, begann die ›Szene‹ in Belleville und Ménilmontant Ausschau nach günstigen Lokalen zu halten. Das Café Charbon machte den Anfang – ein altes Bistro mit sehenswerter Einrichtung, das allein schon den Abstecher dorthin lohnt – und verlieh der Rue Oberkampf neuen Auftrieb. Seither eröffneten etliche neue Lokale und Bars. Angesagt ist ein extravaganter Mix aus Sperrmüllrecycling, Flohmarkt und Hippie-Ambiente – für das schicke Paris eher ungewöhnlich. Zum Café Charbon (in Nr. 109, s. S. 48) sind u. a. Scherkhan (Nr. 144), Mécano Bar (Nr. 99), Favela Chic (Nr. 131) und Cithea (Nr. 114) hinzugekommen, auch einige kleine Restaurants.

Rue Oberkampf: Métro: Parmentier (M3)

137

Das Beste auf einen Blick

Quartier Latin

Auf Entdeckungstour

Die Thermen von Lutetia: Das Quartier Latin war einst die gallo-römische Stadt Lutetia. Antike Architektur hat sich mit dem Amphitheater und vor allem den römischen Thermen im Hôtel de Cluny/Musée du Moyen Âge erhalten. 4 S. 144

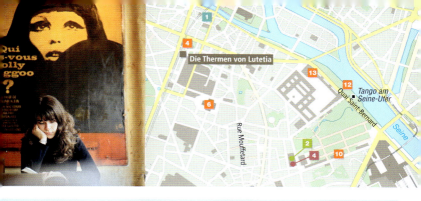

Kultur & Sehenswertes

Muséum d'Histoire Naturelle: Gar nicht angestaubt, sondern mit Ton- und Lichteffekten inszeniert – das naturkundliche Museum. 10 S. 149

Musée de la Sculpture en Plein Air: Im »Freilichtmuseum« am Quai Saint-Bernard entlang der Seine wurden moderne Skulpturen aufgestellt – mit wunderbarem Blick auf die Seine-Inseln. 12 S. 152

Aktiv & Kreativ

Panthéon: Nicht nur Gedenkort für berühmte Männer, sondern auch Aussichtspunkt mit Blick vom Kuppelumgang auf das Quartier Latin. 6 S. 148

Institut du Monde Arabe: Museum, Bibliothek und Buchhandlung sind nur ein Teil des arabischen Kulturinstituts, das mit Ausstellungen, Filmen, Vorträgen und Konzerten Mittler zum Orient sein will. 13 S. 152

Genießen & Atmosphäre

Café Maure: Orientalisches Ambiente genießt man im Teesalon der Pariser Moschee. 4 S. 40, 149

Rue Mouffetard: Die Marktstraße des Quartier Latin ist zwar touristisch, aber ein paar Händler sorgen noch für ein fotogenes Lebensmittelangebot. S. 140

Hamam: Schwitzen in Paris? Warum nicht – stimmungsvoll im Dampfbad der Moschee. 2 S. 153

Abends & Nachts

Caveau de la Huchette: Im von ›griechischen‹ Imbissen dominierten Viertel an der Kirche Saint-Séverin pflegt ein Jazz-Keller die 50er-Jahre-Stimmung. 1 S. 53, 153

Tango am Seine-Ufer: Lust auf Tango? An manchen Sommerabenden wird einfach am Ufer unterhalb des Quai Saint-Bernard getanzt. S. 152

Das Studentenviertel

Inmitten dieses lebendigen und kosmopolitischen Viertels lag einst das Zentrum der gallo-römischen Stadt Lutetia. Zu besichtigen sind heute nur noch wenige Überbleibsel: die Arena und die Thermen. Namensgebend für das Viertel war jedoch nicht der ›lateinische‹ Ursprung, sondern die Ansiedlung der Universität im Mittelalter, an der Latein gesprochen wurde.

Im Universitätsviertel rund um die Sorbonne (das in etwa dem 5. Arrondissement entspricht) finden sich zahlreiche Buchhandlungen und Verlage, Bibliotheken und Forschungseinrichtungen, dazu das arabische Kulturinstitut, renommierte Gymnasien wie das Lycée Henri-IV nahe dem Panthéon und berühmte Eliteschulen wie die École Normale Supérieure in der Rue d'Ulm (deren Name zugleich Synonym für diese berühmte Eliteschule ist). Prominente Absolventen, *normaliens* genannt, waren z. B. der Schriftsteller Jean-Paul Sartre und Staatspräsident Georges Pompidou.

Die Grandes Écoles sind von den Universitäten unabhängige Ausbildungsstätten mit harter Aufnahmeselektion und hohem Prestige. Führungskräfte in Wirtschaft und Politik wie die intellektuelle Elite rekrutieren sich aus den Absolventen dieser Hochschulen. Wer in Frankreich Karriere machen will, besucht eine der Grandes Écoles, die École Nationale d'Administration (ENA genannt) oder die École Polytechnique (kurz X genannt). Auf anderen Wegen gelangt man in Frankreich nur schwer an die Spitze.

Zentrale Achse des Quartier Latin ist der Boulevard Saint-Michel, kurz Boul' Mich' genannt, den tagsüber und abends Studenten und Touristen aller Nationen bevölkern. Idyllisch mit etwas Village-Charakter ist die Ecke rund um die Place de la Contrescarpe. Die abschüssige **Rue Mouffetard,** genannt la Mouffe, ist die belebte und bunte Marktstraße des Viertels. Da sie freilich seit Jahrzehnten auch eine touristische Attraktion der Stadt ist, wird der Markt kleiner, verdrängen preiswerte Hostels, Fastfoodlokale und Souvenirshops die Gemüse- und Käsehändler.

Infobox

Reisekarte: ▶ O–Q 10–12

Ausgangspunkt
Das Seine-Ufer direkt gegenüber von Notre-Dame. Die nächste Métro-Station ist Saint-Michel (M4).

Abstecher nach ›Chinatown‹: Nach der letzten Station, dem Musée du Monde Arabe, kann man ab Métro-Station Jussieu mit der Linie 7 zur Place d'Italie weiterfahren, wo viele chinesische Läden, Restaurants und Suppenküchen echte Chinatown-Atmosphäre verbreiten.

Rund um Saint-Séverin

Saint-Julien-le-Pauvre [1]

In einem winzigen Gotteshaus von robuster Anmut feiert die griechisch-melchitische Gemeinde ihr prächtiges Osterfest. Saint-Julien-le-Pauvre, eine der ältesten Pariser Kirchen, stammt aus dem 12. Jh. Der Square Viviani, der kleine Garten vor der Kirche, besitzt ei-

140

Rund um Saint-Séverin

Im Café Polly Magoo an der Rue du Petit Pont

nen ganz eigentümlichen Charme und bietet einen wunderbaren Blick auf die Südseite von Notre-Dame.

Saint-Séverin 2
Es lohnt sich, einen Blick in das Innere von Saint-Séverin zu werfen, denn ein Palmenwald verbirgt sich in der Kirche: Die kunstvollen Säulen des Chorumgangs verzweigen sich in Gewölberippen wie in lauter Palmwedel. Die erst in der Renaissance vollendete spätgotische Kirche ist ein schönes Beispiel des Flamboyantstils.

Rue de la Huchette 3
In den Gassen rund um Saint-Séverin reihen sich ›griechische Tavernen‹ und andere preiswerte Lokale aneinander. Die Rue de la Huchette, Rue de la Harpe und Rue Saint-Séverin sind allesamt Fußgängerzone, stets schieben sich dicht gedrängte Touristenmassen, überwiegend Jugendliche, vorbei an Pizzerien, Grillstuben und griechischen Lokalen. Grilldüfte schwängern die Luft, und vor den Restaurants versuchen Kellner lautstark, neue Gäste an die Tische zu locken. Alle Lokale unterbieten sich gegenseitig mit Angeboten zu Niedrigpreisen. Kulinarische Genüsse sollte man nicht erwarten – trotz des offensichtlichen Nepps verschlingen Scharen von Touristen die billigen Mahlzeiten, um sich anschließend darüber zu ärgern.

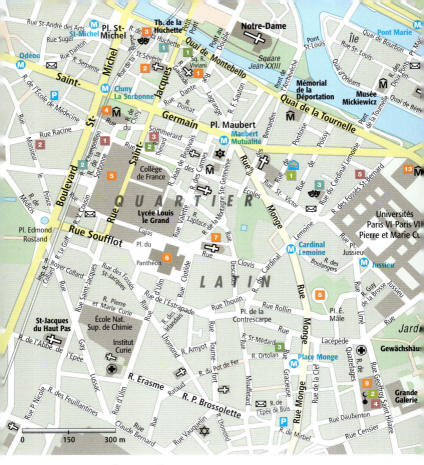

Am Boulevard Saint-Michel

Den Boulevard Saint-Michel, kurz Boul' Mich' genannt, machen Programmkinos, Buchhandlungen, jede Menge Jeansshops und preiswerte Schuhläden, Straßencafés, Comicläden und Fastfood-Restaurants zur belebtesten Straße des Viertels. Der Platz Saint-Michel nahe der Seine mit einem großen Brunnen, der St. Michael und den Drachen darstellt, ist beliebter Treffpunkt für Jugendliche aus aller Welt, die die exorbitanten Preise in den Cafés ringsum scheuen. Am anderen Ende führt der Boulevard zum Jardin du Luxembourg, ebenfalls ein schöner Platz, um einfach mal nichts zu tun.

Musée du Moyen Âge (Hôtel de Cluny) 4

www.musee-moyenage.fr, Mi–Mo 9.15–17.45 Uhr, Eintritt 8 €, erm. 6 €, zu den antiken Thermen s. S. 144

Quartier Latin

Sehenswert
1. Saint-Julien-le-Pauvre
2. Saint-Séverin
3. Rue de la Huchette
4. Musée du Moyen Âge (Hôtel de Cluny)
5. Sorbonne
6. Panthéon
7. Saint-Étienne-du-Mont
8. Arènes de Lutèce
9. Mosquée de Paris
10. Muséum d'Histoire Naturelle
11. Jardin des Plantes
12. Musée de la Sculpture en Plein Air
13. Institut du Monde Arabe

Essen & Trinken
1. Balzar
2. Polidor
3. Le Pré Verre
4. Café Maure
5. AOC

Einkaufen
1. Shakespeare & Co
2. Au Vieux Campeur
3. Maison des Trois Thés

Aktiv & Kreativ
1. Piscine Pontoise/Club Quartier Latin
2. Hammam de la Mosquée

Abends & Nachts
1. Caveau de la Huchette
2. Petit Journal Saint-Michel
3. Paradis Latin

Auf den Ruinen der römischen Thermenanlage aus dem 3. Jh. ließen sich die Äbte der mächtigen burgundischen Abtei Cluny 1485–90 ein Stadtpalais als Pariser Residenz errichten. Das **Hôtel de Cluny,** eins der schönsten Beispiele spätmittelalterlicher Flamboyant-Gotik, beherbergt heute das Musée du Moyen Âge et des Thermes de Cluny.

Neben vielen Kleinodien mittelalterlicher Handwerkskunst aus Email, Gold, Holz, Glas, Alabaster oder Elfenbein gehören die sechs Tapisserien um die »Dame mit dem Einhorn« (um 1500) zu den kostbarsten Objekten der Sammlung. Vor dem Hintergrund des dichten Blumenmusters der *millefleurs* sind die fünf Sinne von »La Vue« (Sehen) bis zu »Le Toucher« (Berühren) dargestellt, der sechste Teppich zeigt die Dame unter einem blauen Zeltdach und dem Motto »Mon seul désir« (›Meinem einzigen Begehren‹).

Die römischen Thermen (s. S. 144) bilden den eindrucksvollen Rahmen für die Köpfe der Königsstatuen ▷ S. 146

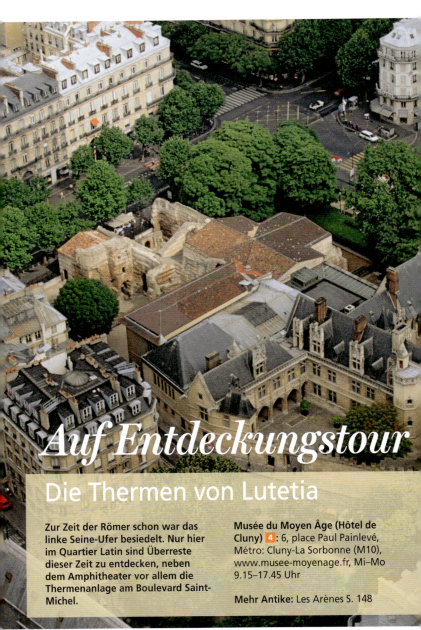

Auf Entdeckungstour

Die Thermen von Lutetia

Zur Zeit der Römer schon war das linke Seine-Ufer besiedelt. Nur hier im Quartier Latin sind Überreste dieser Zeit zu entdecken, neben dem Amphitheater vor allem die Thermenanlage am Boulevard Saint-Michel.

Musée du Moyen Âge (Hôtel de Cluny) 4 : 6, place Paul Painlevé, Métro: Cluny-La Sorbonne (M10), www.musee-moyenage.fr, Mi–Mo 9.15–17.45 Uhr

Mehr Antike: Les Arènes S. 148

Im 14. Jh. erwarben die Äbte des mächtigen Klosters Cluny das Gelände mit den Ruinen der römischen Thermen, um dort das **Hôtel de Cluny** als städtische Residenz für Besuche am Hof zu bauen. So wurden die Bäder, heute das wichtigste antike Baudenkmal der Stadt, vor der Zerstörung bewahrt.

Römische Eroberung – Lutetia

Im Jahre 52 v. Chr. hatten römische Truppen das gallische Lutetia eingenommen, nach neueren Grabungsfunden ein großes Oppidum auf der Seine-Halbinsel bei Nanterre, bewohnt vom Stamm der Parisier. Unter den Römern entstand auf der Île de la Cité, am strategisch wichtigen Seine-Übergang, und am linken Ufer eine Stadt mit Steinhäusern und gepflasterten Straßen, in der rund 5000 Einwohner lebten. Oben auf der Montagne Sainte-Geneviève, gegenüber dem heutigen Panthéon, gruppierten sich öffentliche Gebäude um das Forum. Etwas unterhalb wurden Ende des 2. Jh. die Thermen erbaut, die wohl gegen Ende des 4. Jh. durch Horden der Völkerwanderung zerstört wurden. Einst waren sie von jener Weitläufigkeit und jenem Luxus, mit der die Römer ihre Anlagen ausstatteten – in Gallien waren sie wohl die größte Bäderanlage der Provinz.

Die jahrhundertelange Bautätigkeit in Paris hat den größten Teil der antiken Architektur verschwinden lassen – neben den Thermen besitzt die französische Hauptstadt nur noch ein weiteres Denkmal der Römerzeit, das Amphitheater (Les Arènes).

Thermen als Fortschrittssymbol

Die Anlage erstreckte sich vom heutigen Boulevard Saint-Germain bis zur Rue des Écoles. Neben den zur Körperpflege und -ertüchtigung gedachten Räumen umfasste eine solche öffentliche Bäderanlage, deren Benutzung wenig kostete oder sogar gratis war, viele weitere: Schwimmbäder, Ruheräume, Bibliotheken, Massageräume und auch vielfältige Unterhaltungsangebote. Die Thermen waren gesellschaftlicher Treffpunkt der Bürger und wichtigstes Kennzeichen eines urbanen Lebensstils. Tacitus sah im zivilisatorischen Fortschritt, den die Römer in die entlegensten Kolonien brachten, zwar eine subtile Form der Unterdrückung, doch war das sicher keine Mehrheitsmeinung.

Kaltes Wasser im Frigidarium

Von außen, vom Boulevard Saint-Michel, sieht man nur wenig von den Ruinen der Thermen-Anlage. Man muss ins Museum hineingehen; dort gelangt man in das überwölbte, rund 14 m hohe Frigidarium (Kaltwasserbad), den besterhaltenen Raum. Von Caldarium (Warmwasserbad) und Tepidarium (Abkühlraum) blieben nur Überreste erhalten. Beheizt wurden diese riesigen Räume durch Feuerstellen im Untergeschoss, von denen heiße Luft in Hohlräume geleitet wurden – eine gut funktionierende antike Bodenheizung. Das Mauerwerk aus Schichten von Hausteinen und Ziegeln – heute quasi im Rohzustand – war ursprünglich noch mit Stuck, Marmor und Malereien ausgekleidet.

In der antiken Sammlung werden nicht nur die Köpfe der Königsstatuen von Notre-Dame aufbewahrt, sondern auch der Pilier des Nautes. Dieser 1711 bei Ausgrabungen unter Notre-Dame freigelegte Pfeiler, eine Stiftung der Bruderschaft der Flussschiffer besteht aus fünf Steinblöcken, die sowohl gallische als auch römische Gottheiten zeigen. Es ist das älteste skulpturale Werk von Paris.

Quartier Latin

von der Westfassade von Notre-Dame. Die Köpfe der biblischen Könige wurden 1793, während der Französischen Revolution, als verhasste Symbole der Monarchie abgeschlagen, da man sie für Statuen der Könige Frankreichs hielt. Erst 1977 brachte ein spektakulärer Fund einige Köpfe und andere Fragmente zutage, die ein Monarchist vergraben hatte und die heute zu den Kostbarkeiten des Museums gehören.

Sorbonne und Panthéon

Sorbonne 5
Die ehrwürdige Sorbonne, Frankreichs älteste, 1253 gegründete Universität, beherbergt heute nur noch die Sprach- und Literaturwissenschaften. 1968 wurde sie in 13 selbstständige Universitäten aufgegliedert, darunter die fast benachbarte naturwissenschaftliche Fakultät Jussieu am Jardin des Plantes. Im Zeitalter moderner Massenuniversitäten hetzen die Studenten auch hier in überfüllte Seminare. In den letzten zwei Jahrzehnten hat sich die Zahl der Studenten in Frankreich mehr als verdoppelt, während gleichzeitig den Universitäten Mittel gestrichen wurden.

Die Sorbonne weckt Erinnerungen an den Mai 1968: Die Studentenunruhen brachten Frankreich an den Rand des Chaos. Es war die Zeit des Vietnamkriegs; im März hatten Studenten der Universität Nanterre aus Protest gegen die Verhaftung einiger Kommilitonen ein Gebäude besetzt. Als ihre Forderungen nicht erfüllt wurden, griff der Streik auf die Sorbonne über, die geschlossen wurde. Der Rektor rief die CRS zu Hilfe, eine Spezialtruppe der Bereitschaftspolizei, die die führenden Köpfe der Studentenbewegung, darunter Daniel Cohn-Bendit, verhaftete.

Der spontane Widerstand und das brutale Vorgehen der Polizei ließen die Auseinandersetzungen eskalieren, Autos brannten, Barrikaden wurden errichtet – das Quartier Latin befand sich im Belagerungszustand. Die Studenten lieferten sich Straßenschlachten mit der Polizei, dann schlossen sich auch

Sorbonne und Panthéon

Arbeiter der Bewegung an, und die Revolte griff auf das ganze Land über. Am 13. Mai wurde ein Generalstreik ausgerufen, dem mehr als 9 Mio. Menschen folgten. Fabriken und Rathäuser wurden besetzt, Post und Telefon waren außer Betrieb, Verkehrsmittel standen still, in Häfen, Schulen, an den Grenzen legten Fischer, Lehrer, Zöllner ihre Arbeit nieder. Das brachte nicht nur die französische Wirtschaft fast zum Erliegen, eine Zeitlang schien es auch, als stünde die Fünfte Republik unmittelbar vor dem Zusammenbruch. Am Ende siegte die Regierung, auch wenn der Aufstand de Gaulle indirekt doch zu Fall brachte – der Staatspräsident trat 1969 zurück, und Georges Pompidou, der in der Krise de Gaulle gestützt hatte, übernahm das Amt.

In den Gassen um die Sorbonne tummeln sich Studenten und jugendliche Touristen

Quartier Latin

Panthéon 6

http://patheon.monuments.natio naux.fr, Säulengalerie: im Winter tgl. 10–18, im Sommer 10–18.30 Uhr, Eintritt 8 €, erm. 6 €

Das Panthéon, als Kirche auf dem Hügel Sainte-Geneviève errichtet, ist heute als ›Ruhmestempel großer Franzosen‹ dem nationalen Totenkult gewidmet. Der Bau wurde 1764 im Auftrag von König Louis XV. begonnen. Dieser hatte während einer schweren Krankheit das Gelübde abgelegt, die Genoveva-Kirche zu erneuern. Jacques-Germain Soufflot (1713–1780) errichtete einen klassizistischen Monumentalbau nach dem Vorbild des römischen Panthéons. Die gewaltige Kuppel ist ein markanter Orientierungspunkt in der Pariser Silhouette.

Zur Zeit der Französischen Revolution und endgültig nach dem Tode Victor Hugos 1885 wurde aus der Kirche ein profaner Sakralraum: »Den großen Männern, das dankbare Vaterland« steht über dem Eingang. In der Krypta beigesetzt wurden unter anderem die Schriftsteller Victor Hugo, Voltaire, Denis Diderot, Jean-Jacques Rousseau, Émile Zola, André Malraux, Alexandre Dumas, der Widerstandskämpfer Jean Moulin, Louis Braille, Erfinder der Blindenschrift, sowie der am Vorabend des Ersten Weltkriegs ermordete Sozialistenführer und Pazifist Jean Jaurès. Auch der Architekt selbst hat hier seine letzte Ruhe gefunden. Eine der wenigen Frauen im Panthéon ist die Chemikerin Marie Curie.

Da die Fenster zugemauert wurden – seither schildern an den Wandflächen monumentale Fresken von Pierre Puvis de Chavannes (1824–1898) das Leben der hl. Genoveva – entstand ein düsteres Mausoleum. Für den eher ungemütlichen Teil in der Tiefe der kühlen Totenkammer entschädigt jedoch der herrliche Ausblick in luftiger Höhe, von der Säulengalerie der Kuppel, zu der man hinaufsteigen kann.

Saint-Étienne-du-Mont 7

Lange stand dort, wo sich heute das Panthéon erhebt, eine der hl. Genoveva gewidmete Kirche. Sie enthält heute den Heiligenschrein der hl. Genoveva (Geneviève), der Schutzpatronin von Paris. Ihr wird die Rettung von Paris Mitte des 5. Jh. zugeschrieben, als die Stadt von den Hunnen belagert wurde. Allerdings ist der Schrein leer und zudem eine Rekonstruktion, denn das Original wurde mitsamt den Gebeinen während der Revolution verbrannt. Die ungewöhnliche Fassade mit drei übereinandergestaffelten Giebeln und Stilelementen von Gotik bis Renaissance ist der langen Bauzeit geschuldet (1492–1626). Berühmt ist jeder Renaissance-Lettner im Innern mit Wendeltreppen an beiden Seiten, der seit dem 16. Jh. den Bereich des Klerus von dem der Gläubigen trennt, der einzige erhaltene in Paris.

Rund um Moschee und Botanischen Garten

Arènes de Lutèce 8

Versteckt neben dem Hôtel des Arènes führt ein Durchgang zum antiken Amphitheater aus dem 2. Jh. n. Chr., neben den Thermen (s. S. 144) und einem Viadukt im 14. Arrondissement der einzige Überrest aus gallo-römischer Zeit. Die erst im 19. Jh. beim Durchbruch der Rue Monge entdeckten Arènes de Lutèce, Arena und Theater zugleich, konnten rund 15 000 Zuschauer fassen. Statt für Zirkusspiele oder Gladiatorenkämpfe wird das Oval heute zum Boulespielen genutzt.

Rund um Moschee und Botanischen Garten

Mein Tipp

Orientalisches Ambiente – Café Maure 4

Im orientalischen Teesalon in der Pariser Moschee (s. u.) bestellt man stilecht Pfefferminztee und klebrig-süße Kuchen. Den schönen Raum mit Kacheln und niedrigen Sitzbänken erweitern im Sommer zwei Innenhöfe, in denen man im Freien sitzen kann.
Café Maure: 39, rue Geoffroy-Saint-Hilaire, tgl. 9–23.30 Uhr (s. S. 40).

Mosquée de Paris 9

www.mosquee-de-paris.org
Die Pariser Moschee ist nicht nur Symbol der großen moslemischen Glaubensgemeinschaft in der Hauptstadt (insgesamt soll es rund 1000 Moscheen geben), sondern auch Ausdruck der besonderen Beziehungen Frankreichs zum Orient. Das fast 30 m hohe, filigran verzierte Minarett überragt einen gekachelten Innenhof mit maurischem Garten. Neben dem Gebetssaal, einer Koranschule und einem Institut für islamische Religionswissenschaften gehören zu dem in den 1920er-Jahren nach marrokanischen Vorbildern erbauten Komplex auch ein orientalisches Badehaus, der Hammam, und ein Teesalon.

Muséum d'Histoire Naturelle 10

www.mnhn.fr, Mi–Mo 10–18 Uhr, Eintritt 7 €, erm. 5 €, s. S. 62
1994 wurde die Grande Galerie de Zoologie des Naturhistorischen Museums wiedereröffnet. Der große, 1889 in Metall- und Glasarchitektur erbaute ›Louvre der Naturwissenschaften‹ war 1965 wegen Baufälligkeit geschlossen worden, die ausgestopften Tiere verstaubten fast drei Jahrzehnte lang im Depot. Hinter der zeittypischen Steinfassade versteckt sich eine grandiose Halle mit Glasdach und umlaufenden Galerien in Gusseisenkonstruktion.

Die Architekten Paul Chemetov und Borja Huidobro, die auch das Finanzministerium in Bercy entworfen haben, gewannen den Wettbewerb für die bauliche Wiederherstellung. Der mit der Museumspräsentation beauftragte Filmregisseur René Allio inszenierte die ›Galerie der Evolution‹ als Spektakel: Nach jahrzehntelangem Schlaf erwachten die toten Kreaturen zu lebenden Bildern. In effektvoll ausgeleuchtetem Halbdunkel ziehen Elefanten, Giraffen, Nilpferde, Nashörner, Antilopen und Zebras paarweise durch die zentrale Halle wie zur Arche Noah. Lautsprecher liefern die akustische Kulisse, den ›Gesang der Natur‹ aus lauter geheimnisvollen Lauten – Kreischen, Schnattern, Schnauben, Schreien, Flattern. Lichteffekte lassen Blitze zucken, die Sonne auf- und untergehen. In der Halle schweben Vögel, im Untergeschoss ist die Meereswelt versammelt mitsamt einem riesigen Walgerippe.

Zu den Millionen Reptilien, Amphibien, Insekten und Säugetieren des Museums gehören auch längst ausgestorbene Arten, da die Sammlung bis auf die Kuriositätenkabinette der französischen Könige zurückgeht. Die als Blickfang eingesetzten Exponate werden an vielen Stellen durch Videofilme und Computersimulationen ergänzt.

Weitere Gebäude im Botanischen Garten enthalten die paläontologische Abteilung mit Skeletten und Modellen ausgestorbener Tiere, auch von Dinosauriern, die Paläobotanik mit pflanzlichen Fossilien, die Mineralogie mit Gesteinsproben und die den Insekten gewidmete Entomologie.

149

Lieblingsort

Aussichtsterrasse des IMA 13
Das dampferähnliche Glasgebäude des arabischen Kulturinstituts am Quai Saint-Bernard (s. S. 152) wurde 1987 von dem Architekten Jean Nouvel erbaut und gehört zu den städtebaulichen Lichtblicken unter den Beispielen moderner Architektur in Paris. Mit einem der gläsernen Fahrstühle sollte man ganz nach oben fahren und den Blick von der Dachterrasse genießen – auf Notre-Dame, die Seine und die Île Saint-Louis. Wer will, kann hier oben auch essen oder nachmittags Tee trinken, die Stippvisite der Terrasse selbst ist aber kostenlos.
Institut du Monde Arabe (IMA): s. S. 152

Quartier Latin

Jardin des Plantes [11]
Tgl. 7.30–17.30 im Winter, bis 20 Uhr im Sommer
Der Jardin des Plantes wurde im 17. Jh. unter König Louis XIII. auf Anregung seiner Leibärzte als königlicher Garten für Heilpflanzen angelegt und schon 1640 für die Öffentlichkeit freigegeben. Neben einem kleinen Labyrinth und einer Menagerie (die Eintritt kostet), Alleen und farbenprächtigen Blumenrabatten, darunter ein Rosarium, ein Irisbeet und ein alpiner Bereich, gibt es auch zahlreiche exotische und medizinische mit Namensschildchen versehene Pflanzen.

Die schönen Gewächshäuser aus Glas und Eisen wurden Anfang des 19. Jh. gebaut und schützen tropische Pflanzen und Kakteen. Die 1734 gepflanzte, 20 m hohe Libanonzeder am westlichen Eingang gehört zu den ältesten Bäumen von Paris.

Mein Tipp

Skulpturen und Tango am Quai Saint-Bernard
Der Quai Saint-Bernard entlang der Seine wurde als **Musée de la Sculpture en Plein Air** [12] vornehmlich französischen Bildhauern gewidmet. Rund 40, meist in der zweiten Hälfte des 20. Jh. entstandene Skulpturen von César, Zadkine, Ipousteguy, und Brancusi säumen die Uferpromenade mit ihrem wunderbaren Blick auf die Île Saint-Louis. An manchen Sommerabenden wird hier direkt am Wasser auch Tango getanzt. **Musée de la Sculpture en Plein Air:** Quai Saint-Bernard, Metro: Gare d'Austerlitz (M10), www.museums-of-paris.com.

Institut du Monde Arabe [13]
www.imarabe.org, Di–So 10–18 Uhr, s. auch Lieblingsort S. 150
Vor Jussieu, der naturwissenschaftlichen Fakultät der Pariser Universität, die hier allerdings ausziehen wird, erhebt sich das Institut du Monde Arabe (IMA) wie ein mächtiger Ozeandampfer am Seine-Ufer. Das von Frankreich und mehreren arabischen Ländern finanzierte Kulturinstitut will Abendland und Morgenland einander näherbringen. Die Architekten haben das gläserne Gebäude als ›Dialog zwischen Tradition und Moderne‹ konzipiert und auf virtuose Weise Elemente arabischer Baukunst variiert: Der spiralförmige Bücherturm erinnert an ein Minarett, der Innenhof zwischen den beiden Gebäudeteilen an die Enge einer orientalischen Kasbah.

Wesentlich zum Weltruhm des Gebäudes beigetragen haben die Sonnenblenden an der Südfassade. Tausende sich öffnende und schließende Aluminiumlinsen steuern wie in einem Fotoobjektiv den Lichteinfall. In ihrer ornamentalen Wirkung sind die Metallblenden eine moderne Version der Holzgitter vor den Fenstern arabischer Häuser, die das Sonnenlicht filtern. Im Innern schafft diese Kombination östlichen Formenreichtums und westlichen High-Techs reizvolle Schattenspiele.

Das **Museum islamischer Kunst** führt von den Anfängen bis zur Gegenwart, mit alten Koranhandschriften und Kalligraphien, Teppichen und Textilien, Keramik und Glas, Gemälden und Skulpturen. Demnächst soll eine Umstrukturierung den Akzent auf eine didaktische Einführung in die arabische Zivilisation legen. Erfolgreiche Wechselausstellungen mit so vielfältigen Themen wie syrische Karikaturen, Babylon/Bagdad, koptische Kunst oder Fotografien aus Saudi-Arabien aus der Zeit um 1900 bringen Mentalität, Spra-

Adressen

che, Gegenwart und Geschichte des Orients in den Okzident und sind der eigentliche Publikumsmagnet des IMA.

Zum Kulturinstitut gehören außerdem eine Bibliothek mit rund 65 000 Büchern und 1400 Periodika, ein Medienarchiv und eine Buchhandlung; veranstaltet werden Sprachkurse, Filmreihen, Konzerte, Tanz- und Theatervorführungen, Vorträge und Debatten.

Essen & Trinken

Art déco – **Balzar 1**: 49, rue des Écoles, Métro: Cluny-La Sorbonne (M10), Tel. 01 43 54 13 67, www.brasseriebalzar. com, tgl. 12–23.45 Uhr, à la carte um 45 €. Direkt neben der Sorbonne liegt diese traditionelle Brasserie, in der sich Professoren und Verleger zum Mittagessen treffen. Art-déco-Ambiente; auf der Karte Klassiker wie Ochsenmaulsalat *(Salade de museau de bœuf), cassoulet* (Bohneneintopf mit Gänsefleisch und Wurst), Lammkeule mit grünen Bohnen und als Spezialität *raie au beurre fondu* (Rochen in Kapern-Butter-Sauce).

Volkstümlich – **Polidor 2**: 41, rue Monsieur-le-Prince, s. S. 34.

Weinbistro – **Le Pré Verre 3**: 8, rue Thénard, Métro: Cluny-La Sorbonne (M10), Tel. 01 43 54 59 47, www.lepre verre.com, Di–Sa 12–14, 19.30–22.30 Uhr, mittags Formule 13,50 €, abends Menü 29,50 €. Nettes Weinbistro unweit der Sorbonne. Die täglich wechselnden Gerichte auf der schwarzen Schiefertafel kommen ausgesprochen gut an – etwa mit Schnecken gefüllte Ravioli, Spanferkel oder Kalbssteak mit Gemüsepüree.

Orientalisch – **Café Maure 4**: 39, rue Geoffroy-Saint-Hilaire, s. S. 40, 149.

Fleischeslust – **AOC 5**: 14, rue des Fossés Saint-Bernard, s. S. 35.

Einkaufen

Antiquariat – **Shakespeare & Co 1**: 37, rue de la Bûcherie, Métro: Saint-Michel (M4), Mo–Sa 12–24 Uhr. Englische und amerikanische Second-Hand-Bücher.

Outdoorspezialist – **Au Vieux Campeur 2**: 48, rue des Écoles und umliegende Straßen, s. S. 42.

Tee-Luxus – **Maison des Trois Thés 3**: 1, rue Saint-Médard, Métro: Place Monge (M7), www.troisthes.com, Di–Sa 10–19 Uhr. Die Tee-Expertin Yu Hui Tseng hat dem Laden eine fernöstliche Note gegeben. Der Tee wird in Dosen an der Wand gelagert, die nur chinesisch beschriftet sind, und auf altmodischen Waagen abgewogen. Hier findet man auch ganz seltene und hochwertige Teesorten, für die Sammler bis zu 10 000 € pro Kilo zahlen!

Orientspezialist – **Buchhandlung im IMA 13**: Große Auswahl an Bild- und Textbänden, CDs, Postkarten rund um die arabische Welt.

Aktiv & Kreativ

Schwimmen & Fitness – **Piscine Pontoise/Club Quartier Latin 1**: 19, rue de Pontoise, s. S. 59.

Wellness – **Hammam de la Mosquée 2**: 38, rue Geoffroy-Saint-Hilaire, s. S. 59.

Abends & Nachts

Fifties live – **Caveau de la Huchette 1**: 5, rue de la Huchette, s. S. 53.

New-Orleans und Dixieland – **Petit Journal Saint-Michel 2**: 71, bd. Saint-Michel, Tel. 01 43 26 28 59, Métro: Saint-Michel. Jazzkneipe.

Revue – **Paradis Latin 3**: 28, rue du Cardinal-Lemoine, s. S. 55.

Das Beste auf einen Blick

Saint-Germain-des-Prés

Highlights!

Musée d'Orsay: Die Kunst des 19. Jh. inklusive der Impressionisten, eindrucksvoll präsentiert in einem umgebauten Bahnhof der Jahrhundertwende. 5 S. 158

Jardin du Luxembourg: Nicht nur bei Studenten der nahen Sorbonne beliebt – der Park zwischen Quartier Latin und Saint-Germain. 9 S. 162

Auf Entdeckungstour

Da Vinci Code und Saint-Sulpice: Seit Dan Browns Bestseller »Sakrileg« ist die Kirche ein Muss für Fans und Esoteriker: eine kleine Spurensuche. 8 S. 164

Kultur & Sehenswertes

Musée Eugène Delacroix: An der idyllischen Place de Furstemberg kann man das Atelier des bedeutendsten Malers der französischen Romantik besuchen. 6 S. 160

Basilika Saint-Germain-des-Prés: Romanische Bauwerke gibt es nur wenige in Paris – mit dem Bau der Kirche wurde um das Jahr 1000 begonnen. Der wuchtige Glockenturm aus dem 11. Jh. ist der älteste in Paris. 7 S. 161

Aktiv & Kreativ

Shopping: Rund um die Place des Sèvres und das Kaufhaus Bon Marché haben sich Modemacher, Taschen- und Schuhhersteller angesiedelt. 14 S. 168

Genießen & Atmosphäre

Pont des Arts: Fußgängerbrücke mit typisch Pariser Flair – und romantischem Blick auf Louvre, Île de la Cité und Académie française. 1 S. 156

Café Les Deux Magots und **Café de Flore:** Die Terrassen der legendären Künstlercafés sind ideale (und teure) Logenplätze, um das bunte Treiben am Boulevard Saint-Germain zu beobachten. 10 11 S. 161

Abends & Nachts

Alcazar: Gut besuchte Bistros und Brasserien sorgen auch nach 22 Uhr für Betrieb im Viertel – und das Alcazar verwandelt sich zu später Stunde zum Music-Club. 7 S. 34, 166

Prescription Cocktails Club: Stylische Bars und Clubs wie dieser machen die Nächte lang in diesem durch Kinos und Lokale ohnehin belebten Stadtteil. 3 S. 167

Das intellektuelle Rive Gauche

Saint-Germain-des-Prés gilt als das literarische und intellektuelle Viertel von Paris. Hier werden seit Jahrhunderten Bücher geschrieben und gedruckt. Wie im angrenzenden Quartier Latin befinden sich hier ein Teil der Universitäten, wissenschaftliche und literarische Buchhandlungen, Antiquariate, die Kunsthochschule, Galerien und die schon legendären Cafés, auf deren geflochtenen Korbstühlen viele berühmte Schriftsteller saßen. Drei Viertel aller französischen Verlage sind in Paris ansässig, jeder dritte hier im 6. Arrondissement.

Die Place de l'Odéon ist eine der belebtesten Ecken von Saint-Germain. Der Platz mit dem Danton-Denkmal zieht abends Scharen von Filmfans an, rundum liegen mehrere Kinos. Ein zielloser Bummel durch das Viertel lohnt wegen der vielen schönen Lokale und Läden. Besonders beliebt als Logenplatz mit Blick auf das lebhafte Fußgängergetümmel sind die Caféterrassen in der Rue de Buci.

Das Seine-Ufer wird von zwei ehrwürdigen Institutionen beherrscht: am Pont des Arts das Institut de France,

die französische Akademie der Wissenschaften, und ein Stück weiter die École des Beaux Arts, die Kunsthochschule. Kunstinteressierte können in den Straßen dazwischen Kunst in jeder Preislage und jeder Qualität erwerben: Galerie reiht sich an Galerie.

Am Seine-Ufer

Pont des Arts [1]
Die Fußgängerbrücke Pont des Arts bietet einen einmaligen Blick: Seineaufwärts liegt die Île de la Cité wie ein Schiff im Strom – fest vertäut am Pont Neuf. Flussabwärts schimmert die Glaskuppel des Grand Palais über den Brücken und dem Tuilerien-Park.

Institut de France [2]
Das Institut de France am Quai de Conti ist ein von Louis Le Vau entworfener Barockbau mit großer Kuppel und zwei geschwungenen Flügeln zur Seine hin. Von Kardinal Mazarin im 17. Jh. als Kolleg begründet, verlegte Napoléon dann das Institut de France hierher, das aus fünf königlichen Akademien entstanden war, darunter die berühmte Académie française.

Diese 1635 gegründete Gesellschaft ist damit beauftragt, über die Reinheit der französischen Sprache zu wachen, unter anderem beinhaltet dies die Herausgabe des offiziellen Wörterbuchs. Wegen der Langsamkeit der Arbeit und der konservativen Haltung wird die Akademie in Frankreich zugleich ehrfürchtig betrachtet und bespöttelt. 40 ›Unsterbliche‹, so nennt man die auf Lebenszeit gewählten Mitglieder, hat diese rund 350 Jahre alte Institution.

Nur wenn ein Mitglied stirbt, wird ein Nachfolger gewählt. Eine präch-

Infobox

Reisekarte: ▶ M/N 9–11

Ausgangspunkt
Pont des Arts zwischen dem Louvre am rechten Seine-Ufer und Saint-Germain am linken Seine-Ufer. Nächste Métro-Station ist Louvre-Rivoli (M1).

Info im Internet
www.saint-germain-des-pres.com

Am Seine-Ufer

Pont des Arts mit Blick zum Institut de France

tige, goldbestickte Galauniform, das *habit vert,* weist den Träger als Angehörigen der intellektuellen Elite aus. Philosophen und Dichter, Historiker, Theologen und Diplomaten sollen vertreten sein. An den unergründlichen Auswahlkriterien scheiterten aber sogar Balzac und Zola, Stendhal, Flaubert und Proust. 1980 wurde mit der Schriftstellerin Marguerite Yourcenar (1903–1987) erstmals ein weibliches Mitglied aufgenommen.

Musée de la Monnaie 3
www.monnaiedeparis.fr, derzeit geschlossen, Wiedereröffnung 2013
Im Hôtel de la Monnaie wurde noch bis in die 1970er-Jahre das französische Hartgeld geprägt. Der klassizistische Bau der ehemaligen Münze orientiert sich an den Kolonnaden des Louvre gleich gegenüber. Das Museum präsentiert Medaillen und Münzen von der Antike bis heute sowie Werkzeuge und Prägemaschinen.

École des Beaux-Arts 4
Ateliers und Hörsäle der Kunstakademie befinden sich seit 1616 hier am Quai Malaquais, in den Räumen eines ehemaligen Klosters. Rund um die École des Beaux-Arts haben sich viele Galerien angesiedelt, vor allem in Rue Mazarine, Rue Bonaparte, Rue des Beaux-Arts und Rue de Seine. Sie zeigen moderne Klassiker, Meister des 19. Jh., russische Ikonen, Jugendstilvasen oder afrikanische Masken – jedenfalls kaum Experimentelles, dafür sind hier die Mieten zu hoch.

Saint-Germain-des-Prés

Sehenswert
1. Pont des Arts
2. Institut de France
3. Musée de la Monnaie
4. École des Beaux-Arts
5. Musée d'Orsay
6. Musée Eugène Delacroix
7. Basilika Saint-Germain-des-Prés
8. Saint-Sulpice
9. Jardin du Luxembourg

Essen & Trinken
1. Les Bouquinistes
2. Ze Kitchen Galerie
3. La Palette
4. Gaya Rive Gauche
5. Fish la Boissonnerie
6. Bar du Marché
7. Alcazar
8. L'Heure Gourmande
9. Le Procope
10. Les Deux Magots
11. Café de Flore
12. Au Sauvignon
13. Comptoir du Relais
14. Polidor

Einkaufen
1. Carré Rive Gauche
2. Debauve & Gallais
3. UPLA
4. Huilerie Leblanc
5. Antoine et Lili
6. Pierre Marcolini
7. Souleiado
8. La Hune
9. Sonia Rykiel
10. Ladurée
11. Pierre Hermé
12. Robert Clergerie
13. Hermès
14. Le Bon Marché
15. Conran Shop
16. Issey Miyake
17. Shu Uemura
18. Heschung

Abends & Nachts
1. Bob Cool
2. Les Étages Saint-Germain
3. Prescription Cocktails Club
4. Montana

Auch das Café **La Palette** 3 in der Rue de Seine profitiert von der Nähe zur Kunstakademie – oder die Studenten von der schönen Straßenterrasse? Jedenfalls ist meist jeder Platz besetzt. Schon die Dichter Alfred Jarry und Guillaume Apollinaire fachsimpelten hier beim Absinth über Literatur und Ästhetik. Im Innern hängen an den Wänden – Lokalkolorit und Namengeber – Malerpaletten mit Farbresten.

Musée d'Orsay ! 5

www.musee-orsay.fr, Di–So 9.30–18, Do bis 21.45 Uhr, Eintritt 8 €, erm. 5,50 € (ab 16.15, Do ab 18 Uhr), bis 18 Jahre frei, s. S. 63

Wo einst Reisende ankamen und aufbrachen, ist heute die Kunst des 19. Jh. untergebracht. Die Gare d'Orsay wurde zur Weltausstellung im Jahr

1900 direkt am Seine-Ufer gebaut. Der Architekt Victor Laloux (1850–1937) entwarf den prunkvollen Bau, der – wie so oft in der Belle Époque – seine Glas-Eisen-Konstruktion hinter einer historisierenden Steinfassade versteckt. Die majestätische Schönheit der Gare d'Orsay beeinflusste die Union Station in Washington, die Pennsylvania Station und die Grand Central Station in New York, die im ersten Jahrzehnt des 20. Jh. erbaut wurden. Der Pariser Bahnhof, am 14. Juli 1900 eingeweiht, wurde jedoch schon 1939 wieder stillgelegt, weil die Bahnsteige für die nun längeren Züge zu kurz waren.

Vom Bahnhof zum Museum
Nachdem im alten Bahnhof 1962 Orson Welles Kafkas »Prozess« verfilmt, Bernardo Bertolucci 1969 einige Szenen von »Der große Irrtum« gedreht

Saint-Germain-des-Prés

und das Auktionshaus Drouot Kunstwerke versteigert hatte, sollte er unter Pompidou abgerissen werden und einem Hotelbau weichen. Als Giscard d'Estaing Präsident wurde, entschied er jedoch, den Bahnhof zu einem ›Museum des 19. Jahrhunderts‹ zu machen.

Beim Umbau zum Museum erschloss die italienische Architektin Gae Aulenti die 200 m lange und 35 m hohe Ankunftshalle durch ein System von Galerien, Brücken und Terrassen, die der Richtung der alten Eisenbahnschienen folgen. Die riesige Belle-Époque-Uhr in der Eingangsfront blieb ebenso erhalten wie das gewölbte Glasdach und die Stuckarbeiten.

Die Sammlung

Das Musée d'Orsay konzentriert sich auf die Epoche von der Mitte des 19. Jh. bis zum Ersten Weltkrieg – bildet also die Verbindung zwischen den Sammlungen des Louvre und denen des Centre Pompidou. Hauptanziehungspunkt und Grundstock der rund 4000 Exponate ist die Impressionisten-Sammlung, früher im Jeu de Paume zu sehen. Einbezogen wurden auch die Fotografie, deren Anfänge im 19. Jh. liegen, Architekturmodelle, Mobiliar und dekoratives Kunsthandwerk – ein umfassendes Bild bourgeoiser Lebenskultur des 19. Jh.

Unter den vielen herausragenden Werken seien stellvertretend einige wenige genannt, etwa »Die Ährenleserinnen« (Les glaneuses, 1857) von Jean-François Millet, ein Bild, das damals als subversiv galt, denn es zeigt keine ländliche Idylle, sondern ganz prosaisch die harte Arbeit in der Landwirtschaft. »Das Frühstück im Grünen« (Déjeuner sur l'Herbe, 1863) von Édouard Manet wurde im ›Salon der Abgelehnten‹ wegen des provozierenden Motivs zum Skandalerfolg; mehr noch schockierte »Olympia« (1865), da die nackte Abgebildete statt der Göttin Venus eindeutig eine käufliche Pariser Kurtisane war, die den Betrachter überdies noch unverfroren bis verächtlich anstarrt.

Der »Bal du Moulin de la Galette« (1876) von Pierre-Auguste Renoir mit einer sommerlichen Szene im Tanzlokal wurde zum Inbegriff des volkstümlichen Montmartre, wie auch Toulouse-Lautrecs Skizzen aus dem Moulin Rouge. Unter zahlreichen Werken von Claude Monet verdienen »Der Bahnhof Saint-Lazare« (1877) sowie einige Gemälde der »Kathedrale von Rouen«-Serie (1892/93) besondere Beachtung.

Edgar Degas ist mit Balletteusen vertreten wie »L'Étoile« (1878), aber auch dem großformatigen »Die Familie Bellelli« (1867), in dem allein die Blickrichtungen der Abgebildeten Bände über familiäre Beziehungen sprechen.

Von Paul Cézanne besitzt das Museum wunderbare Stillleben, von Vincent van Gogh Porträts sowie »Die Arlesierin« (1888) und »Die Kirche von Auvers-sur-Oise« (1890), von Paul Gauguin Arbeiten aus Tahiti und in Pont-Aven gemalte Werke. »Die Schlangenbeschwörerin« (1907) des ›Zöllners‹ Henri Rousseau steht vor dem für den Maler so typischen tropischen Wald, für den er 23 verschiedene Grüntöne benutzte.

Rund um Saint-Germain-des-Prés

Musée Eugène Delacroix 6

www.musee-delacroix.fr, Mi–Mo 9.30–17 Uhr, Eintritt 5 €, s. S. 61
Die ebenso winzige wie idyllische Place de Furstemberg animiert immer wieder Musiker, hier die Akustik zu erproben. In Nr. 6 hatte Eugène Delacroix, einer der bedeutendsten Maler der

Rund um die Basilika Saint-Germain-des-Prés

französischen Romantik, von 1857 bis zu seinem Tod 1863 Wohnung und Atelier (s. S. 94).

Basilika Saint-Germain-des-Prés `7`
Die dreischiffige Basilika Saint-Germain-des-Prés ist eines der wenigen romanischen Bauwerke in Paris, da in der Hauptstadt immer wieder neu- und umgebaut, Altes von Neuem verdrängt wurde. Der älteste Teil des heutigen Baus, der wuchtige Westturm, entstand im frühen 11. Jh., das Langhaus gegen Ende desselben, der Chor mit Umgang und Kapellenkranz im 12. Jh., im 13. Jh. kamen Kreuzgang und Refektorium hinzu.

Im Mittelalter lag die Klosterkirche noch vor den Toren der Stadt – heute benötigt man viel Fantasie, um sich die Abtei inmitten von Wiesen und Feldern (prés) vorzustellen. Ihre mächtige Ausdehnung lässt sich jedoch noch am Stadtplan ablesen: In der Rue du Four (four = Ofen) stand das Backhaus, in der Rue du Vieux-Colombier der Taubenschlag. Während der Französischen Revolution wurde die Abtei geplündert und die Kirche diente als Fabrik für Salpetersäure, so dass die entstandenen Schäden im 19. Jh. umfangreiche Sanierungsarbeiten notwendig machten.

Café Les Deux Magots `10` und Café de Flore `11`
Die legendärsten Pariser Cafés sind das Café de Flore und das Deux Magots. In beiden Cafés nahe der Kirche Saint-Germain waren viele berühmte Schriftsteller und Künstler Stammkunden. André Breton, Louis Aragon, Philippe Soupault, Picasso, Antoine de Saint-Exupéry, Albert Camus und Jean Giraudoux kehrten gerne ein. In den Kriegsjahren flüchteten Jean-Paul Sartre und Simone de Beauvoir hierher ins Warme und behielten in den 1950er-Jahren die Gewohnheit bei, hier zu lesen und zu schreiben. Im Café de Flore hielt die streitbare Feministin regelrechte Sprechstunden ab, hier fand auch die Pressekonferenz statt, als Sartre 1964 den Nobelpreis ausschlug. Das alles hat sich übrigens nicht nur auf die Preise niedergeschlagen, im Flore-Shop werden auch gleich Cafétassen und Speisekarten vermarktet.

Boulevard Saint-Germain
Die meisten französischen Verlagshäuser haben ihren Sitz in Paris, viele kaum weiter als ein paar Gehminuten von Saint-Germain und Saint-Sulpice entfernt. Ihre Lektoren und Redakteure verabreden sich mit Literaturagenten

Mein Tipp

Handel im Wandel
Die Rue de Buci war lange die lebhafte Marktstraße des Viertels. Einige hübsche Caféterrassen wie die von Les Étages Saint-Germain oder der **Bar du Marché** `6` bieten einen schönen Blick auf appetitliche Auslagen, Händler, Käufer und flanierende Touristen. Unter dem Druck der Mieten geben jedoch hier wie im ganzen Viertel Metzger, Fischhändler und Käsespezialisten nach und nach auf. Dafür eröffneten Olivenöl- und Bäckerei-Franchising-Ketten Filialen und der Kölner Taschen-Verlag eine Buchhandlung.

und Schriftstellern gerne in den benachbarten Cafés oder Hotelbars. Doch auch im *quartier intello* haben die Mieten Weltstadtniveau, und so verdrängen Luxusboutiquen nach und nach Antiquariate, Eckbistros und Buchhandlungen. Vor allem die Stra-

Saint-Germain-des-Prés

ßen rund um Boulevard Saint-Germain, Rue du Cherche-Midi und Rue des Saints-Pères haben sich zur exklusiven Shoppingmeile für elegante Schuhe, Handtaschen und Mode entwickelt.

Am Jardin du Luxembourg

Saint-Sulpice 8
Tgl. 7.30–19.30 Uhr, s. S. 164
Die Bauarbeiten an der Kirche Saint-Sulpice begannen Mitte des 17. Jh., die Fassade wurde jedoch erst ein Jahrhundert später von Jean-Nicolas Servandoni (1695–1766) beendet. Die zwei unterschiedlichen Türme der großen Kirche machen den Reiz der Fas-

---

Mein Tipp

Seit 1686 – Café Procope
In der Rue de l'Ancienne Comédie befindet sich seit 1686 das Café Procope, das sich rühmt, das älteste Kaffeehaus von Paris zu sein (heute ein teures Restaurant). So illustre Gäste wie Racine und Molière, Voltaire und Diderot, Danton, Robespierre und Marat, Napoléon, Zola und Maupassant, Verlaine und Rimbaud kehrten in vergangenen Jahrhunderten hier ein. Nicht versäumen sollte man, einen Blick in die dahinter liegende romantische Passage Cour du Commerce und die Cour de Rohan zu werfen, zwei ruhige, kopfsteingepflasterte Innenhöfe.
Café Le Procope 9 : 13, rue de l'Ancienne Comédie, Métro: Odéon (M4, M10), Tel. 01 40 46 79 00, www.procope.com, tgl. 10.30–1 Uhr.

---

sade aus, durchbrechen sie doch die klassizistische Strenge der Front mit den eleganten Säulenreihen. Im Inneren stammen drei sehr nachgedunkelte Wandgemälde in der ersten südlichen Kapelle von Eugène Delacroix.

Jardin du Luxembourg ! 9
Der Jardin du Luxembourg, einer der schönsten und beliebtesten Pariser Parks, wird nicht nur von den Studenten der nahe gelegenen Sorbonne geliebt. Bei schönem Wetter sind alle überall herumstehenden grünen Metallstühle belegt: Man liest, flirtet, legt die Füße in der Mittagspause hoch oder erfreut sich der ersten Sonnenstrahlen. Unter den blau blühenden Glyzinien an der Orangerie treffen sich die Schachspieler, am großen Wasserbassin werden Modellsegelboote an Kinder verliehen, die Tennisplätze sind zu jeder Tageszeit gut besucht, eine Imkerschule bietet Kurse an, Jogger drehen ihre Runden. Dem Karussell – »…und kreist und dreht sich nur und hat kein Ziel« – widmete Rilke berühmt gewordene Verse.

Die französische Gartenarchitektur – geradlinige Wege, Balustraden, geometrisch angelegte Rasenflächen und Blumenbeete – liefert den charmanten Rahmen für rund 80 Büsten und Figuren, darunter die Stadtpatronin Genoveva, zahlreiche französische Königinnen, der Maler Eugène Delacroix, Staatspräsident François Mitterrand sowie die New Yorker Freiheitsstatue in Miniaturgröße (von Bartholdi). Benannt wurde der Park nach dem Palais du Luxembourg, das zu Beginn des 17. Jh. von Salomon de Brosse im Stil florentinischer Paläste für Maria de Medici, Witwe von Henri IV., erbaut wurde und heute als Sitz des Senats sowie für Wechselausstellungen dient. Die Fontaine de Médicis, ein Brunnen im Stil italienischer Grotten, liegt et-

Am Jardin du Luxembourg

Vogelfüttern im Jardin du Luxembourg

was versteckt im Schatten großer Bäume und stammt ebenfalls von Salomon de Brosse. Der Zyklop Polyphemos, der aus Eifersucht Acis und Galathea zu erschlagen versucht, wurde erst im 19. Jh. ergänzt.

Essen & Trinken

Spitzenküche im Bistro – **Les Bouquinistes** 1: 53, quai des Grands-Augustins, Métro: Saint-Michel (M4), Tel. 01 43 25 45 94, www.lesbouquinistes.com, Mo–Fr 12–14.30, 19–23, Sa 19–23 Uhr, Menü 29 € (mittags), 80 €, à la carte 60 €. Zweit-Bistro von Spitzenkoch Guy Savoy am Seine-Quai, modernes, helles Interieur mit ein paar Farbtupfern, leichte, innovative Küche.
Fusion-Küche – **Ze Kitchen Galerie** 2: 4, rue des Grands-Augustins, s. S. 36.
Nostalgisch – **La Palette** 3: 43, rue de Seine, Métro: Odéon (M4, M10), Mo–Sa 9–2 Uhr. Die schöne Straßenterrasse ist nicht nur bei den Kunststudenten der nahen École des Beaux-Arts und Galeristen beliebt – meist ist jeder Platz besetzt. Die Wände im Innern sind ›milieugerecht‹ mit gebrauchten Malerpaletten dekoriert, s. S. 158.
Trendy – **Gaya Rive Gauche** 4: 44, rue du Bac, s. S. 38.
Preiswert – **Fish la Boissonnerie** 5: 69, rue de Seine, Métro: Odéon (M4, M10), oder Mabillon (M10), Di–So 12–14, 19–22.45 Uhr. Die einstige Fischhandlung wurde zum hübschen Restaurant umfunktioniert, unweit der belebten Rue de Buci. Die mediterranen Gerichte, Fisch und Pasta auf der Karte wechseln monatlich, dazu Weine aus Südfrankreich und für Paris sogar moderate Preise. Menüs 18 €, 21,50 € (mittags), 28,50 €, 32,50 €.
Sehen und Gesehen werden – **Bar du Marché** 6: 75, rue de Seine, Métro: Odéon (M4, M10), bis 1 ▷ S. 166

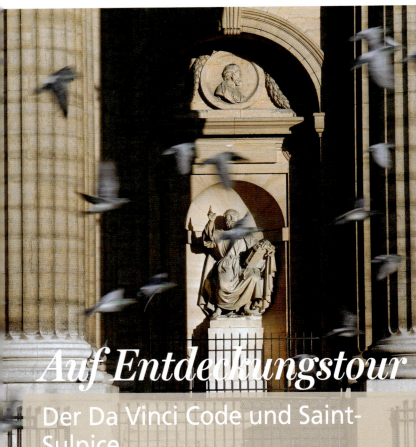

Auf Entdeckungstour

Der Da Vinci Code und Saint-Sulpice

Ein Mord im Louvre, geheime Sekten, ein historisches Komplott und der heilige Gral: Mit einem ›ketzerischen‹ Krimi verärgerte Bestseller-Autor Dan Brown die Kirche – und begeisterte weltweit Millionen Leser. Eine wichtige Rolle spielt die Kirche Saint-Sulpice 8 nahe dem Jardin du Luxembourg, die die geheimnisvolle ›Rosenlinie‹ bergen soll.

Anfahrt: Métro Saint-Sulpice (M 4) oder Mabillon (M 10).

Planung: Die Kirche ist tgl. 7.30–19.30 Uhr geöffnet, Messen finden 7, 9, 12.05, 18.45 Uhr statt.

Arago-Plaketten: Meridian-Verlauf unter www.parisinconnu.com/promenades, Parcours 21

Der amerikanische Schriftsteller Dan Brown arbeitete als Englischlehrer, bevor er mit dem Roman »Illuminati« weltweit für Aufsehen sorgte. Mit seinen Thrillern, in denen er Elemente aus Wissenschaft und Geschichte mit Rätseln, Anagrammen und kodierten Nachrichten zu einer spannenden Story mixt, beherrscht er seither die internationalen Bestsellerlisten. Der 600-Seiten-Wälzer »The Da Vinci Code« gelangte 2003 in den USA auf Anhieb an die Spitze der Liste. Unter dem Titel »Sakrileg« wurde der Roman auch in deutscher Übersetzung zum Erfolg.

Das meiste stimmt nur halb ...

Vordergründig geht es um die Aufklärung eines Mordes. Doch auf der Suche nach Täter und Tatmotiv dringen die Helden in die Abgründe der Kirchengeschichte vor. Dabei mischt Brown so ziemlich alles, was die Religionsgeschichte an ewigen Mysterien und Legenden auf Lager hat. Anhänger halten die Fakten für gut recherchiert und Dan Browns Wissen über Kunstgeschichte und Religionswissenschaft für immens, doch mit der historischen Genauigkeit nimmt es der Autor nicht so ernst. Sein Roman passt ins Internet-Zeitalter: viel Halbwissen und Pseudogelehrsamkeit. Was die Franzosen am meisten ärgert: dass Godefroy de Bouillon angeblich König von Frankreich gewesen sein soll. Er war es nicht!

Sonnenuhren und Obelisken

Im Roman sucht der mordende Albino-Mönch in Saint-Sulpice den Schlüssel für das Geheimnis des heiligen Grals. Leser suchen hier die ›Rosenlinie‹, einen in den Boden eingelassenen Messingstreifen, und die Buchstaben P und S an den beiden Enden des Querschiffs. Sie beziehen sich allerdings auf die beiden Heiligen Saint-Pierre und Saint-

Sulpice und nicht auf die Geheimgesellschaft Prieuré de Sion des Romans.

Die Messinglinie in Saint-Sulpice folgt in exakter Nord-Süd-Ausrichtung dem Pariser Nullmeridian und diente früher als eine Art altertümliche Sonnenuhr. Durch einen in die Südwand eingelassenen Oculus wandert ein Sonnenstrahl durch den Raum und kreuzt die im Boden eingebettete Messinglinie exakt um 12 Uhr mittags. So gab es eine präzise, aber lokale Mittagsstunde. Erst mit der Ausbreitung der Eisenbahn entstand das Bedürfnis einer einheitlichen Zeitmessung.

Ebenfalls im Roman erwähnt: der Gnomon im Querschiff, ein schlanker Obelisk, auf dessen Spitze eine Messingkugel sitzt. Dies ist ein astronomisches Messgerät von 1744, das zur Bestimmung der Sonnenwenden und der Tagundnachtgleichen diente. Die Kirche benötigte dies zur Bestimmung des Ostertermins, der auf den Sonntag nach dem Vollmond fällt, der auf die Frühlingstagundnachtgleiche folgt.

Die Arago-Linie

Östlich von Saint-Sulpice, in der Rue de Tournon, stößt man auf den tatsächlichen Nullmeridian von Paris, der vom Oservatorium über den Jardin du Luxembourg verläuft und weiter genau durch die Spitze der Louvre-Pyramide.

Erst seit 1884 ist der Greenwich-Meridian weltweit anerkannt, zuvor galt in Frankreich dieser Paris-Meridian. 1994 wurde die imaginäre Linie mit einem fast ebenso imaginären Denkmal geehrt, 135 Bodenplaketten, versehen mit dem Name des Leiters der Sternwarte im frühen 19 Jh., François Arago, und den Buchstaben N und S für die Himmelsrichtung. Obwohl schon einige Arago-Plaketten verschwunden sind, lässt sich die Linie doch bis Montmartre verfolgen.

165

Saint Germain-des-Prés

Mein Tipp

Mode shoppen
Die Straßen zwischen der Kirche Saint-Sulpice und dem Boulevard Raspail bilden ein kleines, schickes Modezentrum auf dem linken Seine-Ufer. Rund um die Métro-Station Sèvres-Babylone, in der Rue de Rennes, Rue du Cherche-Midi, Rue de Grenelle, Rue du Dragon und der Rue de Sèvres, haben sich zahlreiche elegante Boutiquen etabliert.
Viele Modemacher sind hier vertreten: François und Marithé Girbaud, Sonia Rykiel, Kenzo, Issey Miyake, Krizia, Cerruti, Givenchy, Claude Montana und Yves Saint-Laurent, um nur einige zu nennen, daneben elegante Schuhläden von Fausto Santini bis Bruno Frisoni und andere Accessoire-Boutiquen wie Furla oder Mandarina Duck.

Uhr. Beliebtes Eckcafé in Saint-Germain mit schöner Terrasse und Blick auf die lebhafte Bummelmeile Rue de Buci.
Stylish – **Alcazar 7**: 62, rue Mazarine, s. S. 34.
Salate & Quiche – **L'Heure Gourmande 8**: 22, passage Dauphine, Métro: Odéon (M4, M10), tgl. 12–19 Uhr. Der Salon de thé im Tiefparterre liegt in einer ruhigen, kopfsteingepflasterten Passage mitten in Saint-Germain. Mittags Salate und Quiche, guter Schokoladenkuchen.
Seit 1686 – **Le Procope 9**: 13, rue de l'Ancienne Comédie, s. S. 162.
Pariser Café-Legende 1 – **Les Deux Magots 10**: 6, place St-Germain-des-Prés, s. S. 39, 161.
Pariser Café-Legende 2 – **Café de Flore 11**: 172, bd. Saint-Germain, s. S. 40, 161.

Als Zwischenstopp – **Au Sauvignon 12**: 80, rue des Saints-Pères, Métro: Sèvres-Babylone (M10, M12), Mo–Sa 8.30–23 Uhr. Kleines Weinbistro mitten im Modeviertel. Als Imbiss gibt's nur Graubrot mit auvergnatischem Käse (Cantal oder Blue d'Auvergne), Wurst *(saucisson)* oder Schinken *(jambon cru)*.
State of the Art – **Comptoir du Relais Saint-Germain 13**: 5, carrefour de l'Odéon, s. S. 36.
Volksküche – **Polidor 14**: 41, rue Monsieur-le-Prince, s. S. 34.

Einkaufen

Mit Antiquitätenläden, Buchhandlungen und Galerien, den Bouquinisten (Secondhand-Bücherstände) am Seine-Quai und vielen schicken Modeboutiquen ist Saint-Germain eines der schönsten Viertel zum Bummeln und Stöbern.
Antiquitätenviertel – **Carré Rive Gauche 1**: Rue Jacob, Rue des Saints-Pères, Rue de l'Université, s. S. 41.
Einst königlicher Lieferant – **Debauve & Gallais 2**: 30, rue des Saints-Pères, Métro: Saint-Germain-des-Prés (M4), www.debauve-et-gallais.com, Mo–Sa 9.30–19 Uhr. Schokolade und Bonbons des einstigen Hoflieferanten haben schon Proust und Balzac begeistert.
Taschen – **UPLA 3**: 5, rue Saint-Benoît, Métro: Saint-Germain-des-Prés (M4), Mo–Sa 10.30–19 Uhr. Handtaschen und Reisegepäck des französischen Herstellers UPLA. Außerdem gibt es Accessoires und Lifestyle-Produkte anderer Designer, vom Pullover bis zum Shampoo.
Öl – **Huilerie Leblanc 4**: 6, rue Jacob, Métro: Mabillon (M10), Mo 14–19, Di–Fr 12.30–19, Sa 10–19 Uhr. Walnuss-, Haselnuss- und Mandelöl, Sesam- und Rapsöl aus einer traditionellen, von der Familie Leblanc im Département

Adressen

Saône-et-Loire betriebenen Mühle. In hübschen Steinkrügen!

Schrill – **Antoine et Lili** `5`: 87, rue de Seine, s. S. 44.

Belgische Schokolade – **Pierre Marcolini** `6`: 89, rue de Seine, Métro: Mabillon (M10), www.marcolini.be, Mo 14–18, Di–Sa 10.30–19 Uhr. Der belgische Chocolatier behauptet sich gegenüber der hervorragenden Pariser Konkurrenz. Im modernen Laden sind die Köstlichkeiten ausgestellt wie Schmuckstücke.

Provence in Paris – **Souleiado** `7`: 1, rue Lobineau, Métro: Mabillon (M10), Mo–Sa 10–19 Uhr. Farbenfrohe, provenzalische Stoffe für die Innendekoration, Tischdecken, Vorhänge.

Anspruchsvolle Literatur – **La Hune** `8`: 170, bd. Saint-Germain, s. S. 42.

Wolle salonfähig – **Sonia Rykiel** `9`: 179, bd. Saint-Germain, s. S. 45.

Konditor de luxe – **Ladurée** `10`: 21, rue Bonaparte. Feinste Macarons vom Pariser Traditionshaus, s. S. 40.

Pralinenkunst – **Pierre Hermé** `11`: 72, rue Bonaparte, Métro: Saint-Germain-des-Prés (M4), Di–So 10–19 Uhr. Der Pralinenkünstler Pierre Hermé macht Sommer- und Winterkollektionen wie in der Haute Couture – und seine Kreationen sind wirklich geschmackliche Kunstwerke. Filiale: 185, rue de Vaugirard (15. Arr.).

Tradition trifft Avantgarde – **Robert Clergerie** `12`: 5, rue du Cherche-Midi, s. S. 46.

Nobel – **Hermès** `13`: 17, rue de Sèvres, Métro: Sèvres-Babylone (M10, M12), www.hermes.com, Mo–Sa 10.30–19 Uhr. Hermès neuerdings auch am Rive Gauche, und gleich richtig pompös – auf 1400 m^2 im denkmalgeschützten Art-Déco-Schwimmbad, s. auch S. 46.

Luxuskaufhaus – **Bon Marché** `14`: 5, rue Babylone, s. S. 43 und S. 168.

Lifestyle – **Conran Shop** `15`: 117, rue du Bac, Métro: Sèvres-Babylone (M10, M12), www.conran.com, Mo–Fr 10–19,

Sa 10–19.30 Uhr. Gestyltes oder Praktisches vom englischen Design-Papst Terence Conran, gegenüber vom Kaufhaus Bon Marché.

Japanisch – **Issey Miyake** `16`: 201, bd. Saint-Germain, s. S. 45.

Kosmetik – **Shu Uemura** `17`: 176, bd. Saint-Germain, s. S. 46.

Wie von Hand genäht – **Heschung** `18`: 20, rue du Vieux Colombier, s. S. 46.

Abends & Nachts

Relaxed – **Bob Cool** `1`: 15, rue des Grands Augustins, Métro: Odéon (M4, M10) oder Saint-Michel (M4), tgl. 17 Uhr bis Morgengrauen. Die schmale unscheinbare ist mit einem großen Fresko dekoriert, die Stimmung ist eher relaxed als cool – ein abseits von Trampelpfaden gelegener Nightspot.

Lässige Atmosphäre – **Les Étages Saint-Germain** `2`: 5, rue de Buci, Métro: Odéon (M4, M10), tgl. 11–2 Uhr. Ein ehemaliger Meeresfrüchteladen in einem Eckhaus in Saint-Germain wurde von jungen Leuten zur Bar umfunktioniert. Auf gleich mehreren Etagen (!) findet man lässige Atmosphäre und überwiegend junge Gäste.

Cocktails – **Prescription Cocktails Club** `3`: 23, rue Mazarine, Métro: Odéon (M4, M10), Mo–Do 19–2, Fr, Sa 19–4, So 19–24 Uhr. Die auf 1930er-Jahre und die Prohibitionszeit gestylte Bar füllt sich insbesondere am Wochenende und zu später Stunde.

American Bar – **Montana** `4`: 28, rue Saint-Benoit, s. S. 49.

Welttheater – **Odéon** `5`: Place Paul-Claudel, s. S. 51.

Ganz großes Kino – Saint-Germain-des-Prés hat mehrere große Programmkinos, allein drei rund um die Métro-Station Odéon am Boulevard Saint-Germain. Filme und Zeiten finden sich im Pariscope.

167

Lieblingsort

Französisch einkaufen im Bon Marché 14

Das Luxus-Kaufhaus nahe der Place de Sèvres setzt bei Parfümerie, Mode, Accessoires und Porzellan ganz auf das Shop-in-Shop-System: Alle großen Marken sind hier vertreten. Wer also bei den Läden der teuren Modedesigner und edlen Handtaschenhersteller noch Schwellenangst hat, kann hier einfach durch die Stände bummeln. Bei Parfüm und Kosmetik sollte man allerdings sehr genau auf die Preise achten: Wegen der hohen Mehrwertsteuer in Frankreich sind die meisten Produkte im Herstellerland teurer als zuhause. Ein absolutes Muss bei jedem Paris-Besuch: die große Lebensmittelabteilung des Bon Marché im Nachbargebäude – für kulinarische Mitbringsel aller Art.
Bon Marché: 5, rue Babylone, s. S. 43

Das Beste auf einen Blick

Trocadéro und Invalidendom

Highlights!

Tour Eiffel (Eiffelturm): Das Wahrzeichen von Paris ist der Klassiker unter den zahlreichen Aussichtspunkten der französischen Hauptstadt. 10 S. 180

Musée du Quai Branly: In einem Neubau von Stararchitekt Jean Nouvel erhält die Kunst der außereuropäischen Kontinente eine Bühne. 11 S. 181

Auf Entdeckungstour

Ein Revolutionär der Bildhauerei – im Musée Rodin: Auguste Rodin, der Michelangelo der Franzosen, ist mit seinem Nachlass in einem wunderschönen Rokoko-Palais ausgestellt. Hunderte von Werken, darunter »Der Kuss« und »Der Denker«, zeugen von der einzigartigen Sichtweise dieses großen Künstlers. 16 S. 184

Kultur & Sehenswertes

Musée Guimet: Highlight im Museum für asiatische Kunst sind die Werke der Khmer. 6 S. 178

Musée d'Art Moderne de la Ville de Paris: Moderne Klassiker des 20. Jh. im Palais de Tokyo. Unter den vielen sehenswerten Kunstwerken »La Tour Eiffel« von Robert Delaunay und »La Danse« von Henri Matisse nicht verpassen! 8 S. 179

Site de Création Contemporaine: In einem Flügel des Palais de Tokyo wird topaktuelle Kunst gezeigt – ein Ort für Entdeckungen. 9 S. 180

Aktiv & Kreativ

Seine-Fahrt: Unterhalb des Eiffelturms am Pont d'Iéna sowie am Pont de l'Alma starten Ausflugsschiffe zu Sightseeing-Rundfahrten. 1, 2 S. 183

Genießen & Atmosphäre

Rue Cler: Rund um die kleine Marktstraße und ihre Nachbarstraßen gibt es auch Brasserien und Lokale mit Atmosphäre. 2 S. 183

Abends & Nachts

Eiffelturm und Trocadéro: Von den beiden Aussichtspunkten hat man nachts einen romantischen Blick auf das erleuchtete Paris. 10 S. 172, 180

Unter dem Eiffelturm

Das 7. und das 16. Arrondissement sind ruhige, großbürgerliche Viertel, in denen einige Sehenswürdigkeiten auch Touristen anziehen, zu allererst der Eiffelturm. Attraktionen in der Nähe sind der Invalidendom mit Napoléons Grab, das Rodin-Museum und das Musée du Quai Branly. Und gleich gegenüber, am anderen Seine-Ufer, lassen weitere Museen die Wahl: Mode im Musée Galliera, Kunst im Musée d'Art Moderne, asiatische Kunst im Musée Guimet, Städtebau in der Cité de l'Architecture, Schifffahrt im Marine-Museum oder Völkerkunde im Musée de l'Homme.

Das 16. Arrondissement insgesamt ist weit größer als nur das ›Museums-Ufer‹, es umfasst mehrere Stadtteile, die noch im 19. Jh. Dörfer vor der Stadt waren. Passy zum Beispiel war wegen seiner Quellen mit eisenhaltigem Wasser bekannt. Im Osten grenzt das Arrondissement an den Bois de Boulogne. Nicht zuletzt dieser ausgedehnte Park bildet den Grund für die Pariser High Society, das Viertel als Wohnadresse zu bevorzugen. Überall sieht man große Limousinen mit Chauffeur und ultraschick ausstaffierte Kinder mit Gouvernanten. Vor den Eigentumswohnungen bewachen statt Concierge heute Gitter, Videokameras und Alarmanlagen den Eingang.

Infobox

Reisekarte: ▶ G–K 8–10

Ausgangspunkt
Place du Trocadéro, etwas erhöht oberhalb der Seine gelegen. Nächste Métro: Trocadéro (M6, M9).

Auch im 7. Arrondissement, dem Viertel der Ministerien und Botschaften, geht es sehr gediegen zu. Hinter wohlbewachten Eingängen arbeiten Botschafter und Diplomaten, in der Rue de Varenne Nr. 57 liegt das Hôtel de Matignon, Amtssitz des französischen Premierministers. Hier sieht man viel Polizei, und die Auffahrt ist häufig von Journalisten bevölkert. Diese streben mittags gemeinsam mit Politikern und Funktionären in die Restaurants der umliegenden Straßen.

Geschäfte gibt es nur wenige, doch rund um die Marktstraße Rue Cler sowie die Rue Saint-Dominique und Rue de l'Université gibt es alles für den täglichen Bedarf und nette Restaurants.

Trocadéro und Palais de Chaillot

Place du Trocadéro

Vom Trocadéro-Hügel hat man einen großartigen Blick auf den Eiffelturm, das weithin sichtbare Pariser Wahrzeichen. Die erhöht gelegene, von vergoldeten Statuen gesäumte Terrasse am Palais de Chaillot nutzt wirkungsvoll die Perspektive zum gegenüberliegenden Seine-Ufer: Frei schweift der Blick über Eiffelturm und Marsfeld bis zum Montparnasse-Turm. Viele Sightseeingbusse halten deshalb für einen Fotostopp. Unterhalb der Treppen dient das Wasserbassin in heißen Sommern – als Planschbecken zweckentfremdet – als willkommene Erfrischung. Rechts und links davon üben Skateboarder meterhohe Sprünge und Inline-Skater Slalomfahren.

Für die Weltausstellung 1878 wurde hier ein orientalisierendes Phantasie-

Trocadéro und Palais de Chaillot

Die Goldfiguren des Palais de Chaillot bewundern den Eiffelturm

gebäude errichtet, das **Palais du Trocadéro.** Sein Nachfolgebau für die Weltausstellung im Jahre 1937 war das monumentale **Palais de Chaillot** mit zwei weit ausgreifenden Seitenflügeln. Diese Weltausstellung kurz vor dem Zweiten Weltkrieg war die letzte in Paris und hatte rund 32 Mio. Besucher. Die beteiligten Nationen nutzten sie für Propagandazwecke, vor allem die nicht erhaltenen Pavillons Deutschlands (mit Hakenkreuz) und Russlands (nicht minder herausfordernd mit Hammer und Sichel). Erhalten blieb mit dem Palais de Chaillot der französische Pavillon, der mit monumentaler Pathosarchitektur ebenfalls den Willen zur nationalen Größe demonstrierte und heute mehrere Museen und ein Theater beherbergt.

Musée de l'Homme 1
www.mnhn.fr, bis Frühjahr 2013 geschl., s. S. 62
Das Museum für Anthropologie und Ethnologie im Palais de Chaillot besitzt eine bedeutende Sammlung von Objekten aus aller Welt, die zum Teil noch auf das Kuriositätenkabinett von König François I. zurückgehen oder über die Jahrhunderte von Forschungsexpeditionen aus den ›unbekannten‹ Erdteilen bzw. von den rührigen Beamten der Kolonialverwaltung nach Frankreich geschafft wurden. Kultgegenstände, Fetische, Masken, Jagdwaffen, Werkzeuge sowie prähistorische Funde dokumentieren die Entwicklung des Menschen seit der Vorzeit.

Musée de la Marine 2
Mo, Mi, Do 11–18, Fr 11–21.30, Sa, So 11–19 Uhr, Eintritt 7 €, erm. 5 €, unter 26 Jahre frei, s. S. 62
Das Musée de la Marine im Westflügel des Palais de Chaillot ist eines der größten und schönsten Seefahrtsmuseen Frankreichs. Neben Schiffsmodellen von Galeeren über Unterseeboote bis zu

Trocadéro und Invalidendom

Sehenswert
1. Musée de l'Homme
2. Musée de la Marine
3. Cité de l'Architecture et du Patrimoine
4. Cimetière de Passy
5. Maison de Balzac
6. Musée Guimet
7. Palais Galliera/Musée de la Mode et du Costume
8. Musée d'Art Moderne de la Ville de Paris
9. Site de Création Contemporaine
10. Tour Eiffel
11. Musée du Quai Branly
12. Musée des Égouts
13. École Militaire
14. Hôtel des Invalides
15. Église du Dôme (Invalidendom)
16. Musée Rodin

Essen & Trinken
1. Au Bon Accueil
2. L'Ami Jean
3. Les Fables de la Fontaine
4. Café Constant
5. Thoumieux

Einkaufen
1. Baccarat
2. Rue Cler

Aktiv & Kreativ
1. Les Vedettes de Paris
2. Bateaux Mouches

modernen Flugzeugträgern, alten Navigationsinstrumenten, Galionsfiguren, nautischen Geräten, alten Seekarten und Ausstellungsstücken zur Meeresforschung besitzt das Marinemuseum Gemälde von Seeschlachten und maritimen Szenen, darunter die berühmte Vedutenserie von Joseph Vernet aus dem 18. Jh. mit Hafenansichten.

Cité de l'Architecture et du Patrimoine 3
www.citecahaillot.fr, Place du Trocadéro, Mi–Mo 11–19, Do bis 21 Uhr, Eintritt 8 €, erm. 5 €, s. S. 60 und Lieblingsort S. 176

Im Herbst 2007 wurde im Palais de Chaillot die Cité de l'Architecture et du Patrimoine eröffnet, das größte Architekturzentrum Europas. Das einstige Musée des Monuments Français (1997 nach einem Brand geschlossen), ist heute ein Museum der Kopien: Abgüsse von Kunstwerken aus ganz Frankreich, Skulpturen, ganze Kirchenportale, Reliefs und Reproduktionen von Wand- und Deckenmalereien werden gezeigt. Das alles chronolo-

Lieblingsort

Cité de l'Architecture 3
Ein Museum ohne ein einziges Original: Mit Nachbildungen und Abgüssen der wichtigsten Bauplastik und Wandmalereien Frankreichs aus zwölf Jahrhunderten wird hier ein außergewöhnlicher Rundgang durch die französische Architekturgeschichte inszeniert. Nur hier (oder anhand von Fotografien) ist der unmittelbare Vergleich geografisch weit auseinanderliegender Meisterwerke möglich – etwa romanischer oder gotischer Portale und Kapitelle aus Toulouse, Vézelay, Moissac, Saint-Gilles, Arles, Reims, Chartres und Bourges.
Cité de l'Architecture et du Patrimoine: Place du Trocadéro: s. S. 60, 175

Trocadéro und Invalidendom

Mein Tipp

Armer Poet 5 ▶ G 10
In einem Häuschen etwas stadtauswärts südwestlich vom Palais de Chaillot lebte Honoré de Balzac von 1840 bis 1847; literarische Dokumente und persönliche Erinnerungen des Schriftstellers sind zu besichtigen. Für den ständig verschuldeten Balzac war es das ideale Haus: Wenn die Gläubiger am Haupteingang klopften, schlüpfte er schnell durch den Hintereingang in die Rue Berton.
Maison de Balzac: 47, rue Raynouard, www.balzac.paris.fr, Métro: La Muette/Passy (M6), Di–So 10–18 Uhr, Eintritt frei, Wechselausstellungen 4 €, erm. 3 €.

gisch geordnet, beginnend mit der Romanik und Gotik bis zum 19. Jh. Mit Hilfe einer geeigneten Patina wurde den Abgüssen der Anschein der originalen Materialien verliehen – rosiger Sandstein bei den Skulpturen des Straßburger Münsters, Marmor für das Grab von François II. und seiner Frau Marguerite in Nantes, Holz für die Türen der Kathedrale von Beauvais. Die erweiterte Cité de l'Architecture thematisiert neben dem baulichen Erbe Frankreichs nun auch die Gegenwartsarchitektur. Wechselausstellungen widmen sich Stadtplanung und Landschaftsarchitektur, u. a. zu Themen wie vertikale Gärten, Ökoarchitektur oder herausragende Architekten.

Cimetière de Passy 4

Gleich gegenüber dem Palais de Chaillot sieht man die hohe Umfassungsmauer des Friedhofs von Passy. Wie auf allen Pariser Friedhöfen fanden auch hier ein paar illustre Persönlichkeiten ihre letzte Ruhestätte: der Maler Édouard Manet, der Schriftsteller Jean Giraudoux, der Komponist Claude Debussy und der berühmte Komödiant Fernandel.

Am Palais de Tokyo

Musée Guimet – Musée national des Arts Asiatiques 6
www.guimet.fr, Mi–Mo 10–18 Uhr, Eintritt 7,50 €, erm. 5,50 €, s. S. 61
Das Musée Guimet präsentiert auf mehreren Etagen rund 3500 Werke aus Vietnam, Indien, Nepal, Afghanistan, Korea, Tibet, China, Japan und Pakistan. Aufgrund von Expeditionen und der kolonialen Vergangenheit in Südostasien ist vor allem die Kunst Kambodschas hervorragend repräsentiert. Die grandiose Kunst der Khmer, etwa eine monumentale vierzehnköpfige Skulptur aus Angkor, ist das absolute Highlight des Museums.

Den Grundstock bildete die Sammlung des Industriellen Émile Guimet (1836–1918), der wertvolle Kunstobjekte von seinen Asienreisen mitgebracht hatte. In der zweiten Hälfte des 19. Jh. wuchs das Interesse an Asien erheblich, die Brüder Goncourt veröffentlichten Studien über japanische Kunst, und auch andere Sammler begannen, fernöstliche Kunst zusammenzutragen, wie Henri Cernuschi (s. S. 61) und Graf Camondo, der seine Sammlung dem Louvre vermachte. Schenkungen, Nachlässe, Ankäufe und Werke aus dem ehemaligen Indochina-Museum erweiterten die in Staatsbesitz übergegangene Sammlung.

Palais Galliera/Musée de la Mode et du Costume 7
bis 2013 geschlossen, Ausstellungen an verschiedenen anderen Orten

Am Palais de Tokyo

Das Musée de la Mode et du Costume im Palais Galliera, einem Stadtpalais aus dem 19. Jh., ist neben dem im Louvre das zweite Pariser Modemuseum. Couturiers wie Balenciaga und Balmain und Damen der Gesellschaft wie Gracia von Monaco, Nathalie Clifford Barney und die Baronin Rothschild spendierten kostbare Roben und Modellentwürfe. Der reichhaltige Fundus besteht aus rund 80 000 Kleidungsstücken und Accessoires (Tauf- und Kinderkleider, Abend- und Hochzeitsroben, Arbeitsbekleidung, Schuluniformen, Korsetts und Dessous, Strümpfe, Handschuhe, Schuhe) sowie 40 000 Zeichnungen und Fotografien. Das Museum organisiert nur Wechselausstellungen, da viele Stücke zu empfindlich für eine dauernde Präsentation sind. Themen sind etwa bekannte Modemacher, bestimmte Aspekte wie Kindermode oder Materialien wie Baumwolle.

Palais de Tokyo

Musée d'Art Moderne de la Ville de Paris: Di–So 10–18, Do bis 22 Uhr, Eintritt frei (Dauerausstellung), s. S. 60
Site de Création Contemporaine:
Di–So 12–21 Uhr, Eintritt 3 €, erm. 1 €, s. S. 63

Wie das Palais de Chaillot wurde auch das Palais de Tokyo für die Weltausstellung 1937 erbaut: Die überdimensionalen Proportionen erinnern an die steinernen Symbole des Faschismus oder Kommunismus, doch die hohen Kolonnaden verleihen dem Bau eine gewisse Leichtigkeit. Zwei an den Hang gebaute Flügel umgeben die zur Seine hin geöffnete Innenterrasse mit Bronzen von Bourdelle.

Seit 1961 ist das **Musée d'Art Moderne de la Ville de Paris** 8 im östlichen Flügel untergebracht. Die »École de Paris«, mehr Künstlervereinigung als Kunstrichtung, bildet den Schwerpunkt der Bestände. Bedeutende Einzelwerke sind das monumentale Gemälde von Henri Matisse »Der Tanz« (1932), das ursprünglich für den Kunstsammler Barnes gedacht war. »La Fée Électricité«, ein mit 600 m^2 riesiges Wandbild von Raoul Dufy, ist eine Auftragsarbeit der Pariser Elektrizitätswerke. Für das Palais de Tokyo, das auf der Weltausstellung 1937 als Pavillon de la Lumière et de l'Électricité fungierte, gestaltete der Maler Geschichte und Erforschung der Elektrizität als großes Panorama.

Das Museum, das auch engagierte Wechselausstellungen organisiert, besitzt Werke von Sonia und Robert Delaunay, Georges Braque, Marc Chagall, Amedeo Modigliani, Fernand Léger, Georges Rouault sowie von zeitgenössischen Künstlern wie Christian Boltanski, Daniel Buren oder Bertrand Lavier.

Anfang 2002 wurde im radikal entkernten Westflügel eine Halle für zeit-

Mein Tipp

Die Kloake von Paris
Das labyrinthische, 2200 km umfassende Kanalisationsnetz *(égouts)* von Paris ist zu einem kleinen Teil auch begehbar. Das Pariser Abwassersystem muss etwa 1,3 Mio. m^3 verschmutztes Wasser pro Tag entsorgen. Themen der Führung: Geschichte der Kanalisation von Paris, Trinkwasserversorgung heute, Technik der Abwasserentsorgung und -aufbereitung, Zukunftsprojekte.
Musée des Égouts 12: 93, quai d'Orsay, Pont de l'Alma, Métro: Alma-Marceau (M9), Mai–Sept., Sa–Mi 11–17, Okt.–April Sa–Mi 11–16 Uhr, Eintritt 4,30 €, erm. 3,50 €.

Trocadéro und Invalidendom

genössische Kunst eröffnet, der **Site de Création Contemporaine** 9. Die beiden jungen Leiter, zuvor Kunstkritiker und Ausstellungsmacher, setzen auf eine Fülle paralleler Ausstellungen, Performances und Veranstaltungen: Die experimentelle Werkstatt der Künste zeigt Aktuelles aus Musik, Film, Kunst, Literatur und Design. In Paris hofft man, damit die Kunstszene in London und New York wieder Konkurrenz machen zu können.

Rund um den Eiffelturm

Tour Eiffel! 10
www.tour-eiffel.fr, tgl. 9.30–23, Mitte Juni bis Aug. tgl. 9–24 Uhr, Eintritt 4,70–13,40 €, 12–24 Jahre 3,70–11,80 €, 4–11 Jahre 3,20–9,30 €
Der Eiffelturm ist mit 6 Mio. Besuchern pro Jahr eine der meistbesuchten Sehenswürdigkeiten Frankreichs. Je nach Saison heißt es kürzer oder länger Schlange stehen: Während im Winter ›nur‹ rund 9000 Besucher täglich den Turm besteigen wollen, muss man im August bei 35 000 Touristen pro Tag mit gut 1 Std. Wartezeit rechnen. Besser kommt man dann früh morgens oder spät abends. Zu Fuß über die Treppen erreicht man die erste und zweite (in 115 m Höhe) Plattform, nur mit den Aufzügen die dritte (in 276 m Höhe). Die oberste Etage lohnt sich nur bei ausgesprochen klarer Sicht.

Anlässlich der Weltausstellung im Jahr 1889 errichtet, war der 320 m hohe Turm zunächst nur als Provisorium für eine Dauer von 20 Jahren geplant. Der Ingenieur Gustave Eiffel (1832–1923), zu dieser Zeit bereits als Brückenbauer bekannt, gewann die Ausschreibung, bei der ausdrücklich Eisen als Baumaterial vorgesehen war. Und mit 1000 Fuß Höhe sollte der Turm das damals höchste Bauwerk der Welt werden. In nur zwei Jahren wurden 18 000 Einzelteile mit 2,5 Mio. Nieten zusammengefügt. Allerdings gefiel die kühne Konstruktion zunächst den wenigsten, im Gegenteil, der ›überdimensionale Brückenpfeiler‹ löste leidenschaftliche Kontroversen aus. »Das Schlimmste an ihm ist«, klagte Guy de Maupassant, »dass man ihn von überall in Paris sieht«. Und bei Baubeginn wurde der ›Protest der Künstler‹ veröffentlicht, die sich im Namen der »bisher unversehrten Schönheit von Paris« erbittert gegen die »Errichtung dieses nutzlosen und monströsen Eiffelturms mitten in unserer Hauptstadt« aussprachen; zu den Unterzeichnern des Manifests gehörten ne-

180

Rund um den Eiffelturm

ben Maupassant auch der Komponist Charles Gounod, der Architekt Charles Garnier und der Schriftsteller Alexandre Dumas.

Über die Jahre wurde aus dem ursprünglichen Ärgernis das Wahrzeichen von Paris – unübersehbar und aus dem Stadtbild wie jedem Sightseeing-Programm nicht mehr wegzudenken. In dieser Zeit begannen auch die Künstler, sich mit dem Turm auseinanderzusetzen: Guillaume Apollinaire widmete ihm Gedichte, Jean Cocteau schrieb ein fast vergessenes Theaterstück, der Maler Robert Delaunay schuf eine ganze Serie von Gemälden. Vor dem geplanten Abriss retteten den Turm jedoch die neue Funktechnik und deren strategische Bedeutung im Ersten Weltkrieg.

Musée du Quai Branly ! 11

www.quaibranly.fr, Di, Mi, So 11–19, Do, Fr, Sa 11–21 Uhr, Eintritt 8,50 €, erm. 6 €, unter 18 Jahren frei, s. S. 63

Für das Museum für Kunst aus Afrika, Asien, Ozeanien und Amerika konzipierte Architekt Jean Nouvel (der auch das Institut du Monde Arabe entwarf) den Neubau. Die rund 200 m lange Ausstellungshalle steht auf Säulen über einem exotischen Garten, und auch eine Fassade ist komplett bepflanzt. Im raffiniert ausgeleuchteten Innern sind rund 3500 Skulpturen, Masken, Schmuckstücke, Textilien, Keramiken, Instrumente ausgestellt – nur ein Bruchteil der Bestände, die aus dem Musée de l'Homme (260 000 Objekte) und dem Musée des Arts d'Afrique et d'Océanie (25 000) kamen.

Architektur als Lichtkunstwerk: Musée du Quai Branly

Trocadéro und Invalidendom

Zum Hôtel des Invalides

École Militaire 13
Die Grünanlagen des **Champ de Mars** am Eiffelturm waren einst Exerzier- und Paradegelände der École Militaire am jenseitigen Ende, in der auch Napoléon für den Armeedienst ausgebildet wurde. Die Offiziersschule für mittellose Adlige entwarf Jacques-Ange Gabriel, der Hofarchitekt von König Louis XV., Mitte des 18. Jh. Das Marsfeld bietet noch einmal einen grandiosen Blick zurück durch die Füße des Turms auf das gegenüberliegende Palais de Chaillot. Hier fanden Ende des 18. Jh. die Revolutionsfeiern und im 19. und 20. Jh. die großen *Expositions universelles,* die Weltausstellungen, statt.

Hôtel des Invalides 14
www.invalides.org, April–Sept. tgl. 10–18, So 18.30, Di bis 21 Uhr, sonst 10–17, So 17.30 Uhr, Eintritt 9 €, erm. 7 €
1671–1674 ließ König Louis XIV. vom Architekten Libéral-Bruant den riesigen, schlossartigen Gebäudekomplex des Hôtel des Invalides erbauen, dessen 196 m lange Fassade zur Avenue de Tourville als vollendete klassizistische Architektur gilt. Wer damals als Invalide von den Feldzügen zurückkehrte, musste zuvor um Almosen betteln oder stehlen, um zu überleben – eine Rente für Soldaten gab es nicht. Das Gebäude sollte rund 7000 Kriegsveteranen Obdach gewähren.

Für Besucher mit einem Faible für Militärgeschichte ist die Besichtigung der einstigen Speisesäle und Schlafräume der Kriegsversehrten ein Muss: Das **Musée de l'Armée** besitzt eine der weltweit reichsten Sammlungen an Waffen, erinnert an Schlachten und Feldzüge, zeigt Rüstungen und Uniformen. Angegliedert sind drei weitere Museen, das **Musée d'Histoire Contemporaine** organisiert Ausstellungen zu Themen der Zeitgeschichte, das **Musée de l'Ordre de la Libération** gedenkt der Résistance-Kämpfer im Zweiten Weltkrieg, und das **Musée des Plans et des Reliefs** zeigt Modelle von Festungen und Zitadellen.

Église du Dôme/Invalidendom 15
s. Hôtel des Invalides
Weithin sichtbar ist die gold-glänzende Kuppel des Invalidendoms, in dessen Krypta sich Napoléons Grabstätte befindet. Der barocke Monumentalbau wurde ab Ende des 17. Jh. nach Entwürfen von Jules Hardouin-Mansart errichtet und 1706 geweiht. Mehrere ineinandergeschachtelte Särge in einem Sarkophag aus rotem Porphyr bilden die Grabstätte für den Kaiser, von zwölf Statuen bewacht, die für seine Feldzüge stehen. 1840 wurde der ›kleine Kaporal‹ von Sankt Helena hierher überführt, da sein letzter Wille war, »an den Ufern der Seine zu ruhen«.

Musée Rodin 16
s. Entdeckungstour S. 184

Essen & Trinken

Marktfrisch – **Au Bon Accueil** 1: 14, rue de Monttessuy, Métro: Alma-Marceau (M9), Tel. 01 47 05 46 11, www.aubonaccueilparis.com, Mo–Fr 12–14.30, 19–22.30, Sa 19–22.30 Uhr, So geschlossen, Menüs 27 € (mittags), 31 €, à la carte um 60 €. Modernes, geschmackvoll ausgestattetes Bistro mit freundlichem Service und frischer innovativer Küche im Schatten des Eiffelturms. Auf der Karte je nach Marktangebot mal Risotto mit Froschschenkeln, mal Hühnchenbrust mit Krebsen.

Baskisch – **L'Ami Jean** **2**: 27, rue Malar, Métro: La Tour-Maubourg (M8), Tel. 01 47 05 86 89, Di–Sa 12–14, 19–23 Uhr, So, Mo geschlossen, Menü 30 €. Lebhaftes kleines Restaurant mit baskischer Küche: täglich wechselnde Karte und ein talentierter Küchenchef, Weine aus Südwestfrankreich und relaxte Stimmung – was will man mehr!

Alles aus dem Meer – **Les Fables de la Fontaine** **3**: 131, rue Saint-Dominique, s. S. 38.

Schlicht und gut – **Café Constant** **4**: 139, rue Saint-Dominique, Métro: École Militaire (M8), Tel. 01 47 53 73 34, www.cafeconstant.com, tgl. 8–23, Küche 12–14.30, 19–22.30 Uhr, Menü 23 €. Schlichtes, helles Café mit gutem Essen aus frischen Produkten, täglich wechselnd auf der schwarzen Schiefertafel angeschrieben. Christian Constant besitzt gleich mehrere Lokale in der Rue Saint-Dominique. Eher als sein kleines, feines Fischrestaurant Les Fables de la Fontaine (s. o.) eignet sich das Café Constant für eine zeitlich begrenzte Mittagspause.

Brasserie – **Thoumieux** **5**: 79, rue Saint-Dominique, Métro: La Tour-Maubourg (M8), Tel. 01 47 05 49 75, www.thoumieux.com, tgl. 12–14.30, 19–23 Uhr, Menü 37 €, à la carte 55 €. Die traditionsreiche Brasserie unweit des Eiffelturms wurde 2009 von Jean-François Piège übernommen, der sich zuvor im Hotel Crillon ein Renommee als ambitionierter Koch erworben hatte. Das schöne Interieur ist renoviert und modernisiert. Auf der Karte unter »Ma Cuisine« persönliche Empfehlungen des Kochs, unter »Room Service« seine Reverenz an die Brasserie-Klassiker.

Einkaufen

Kristall – **Baccarat** **1**: 11, place des États-Unis, Métro: Boissière (M6), www.baccarat.fr, Mo, Mi–Sa 10–18.30 Uhr, Eintritt 5 €, erm. 3,50 €. Stardesigner Philippe Starck hat in einem eleganten Stadtpalais das Domizil des Kristallglasherstellers Baccarat (seit 1764) in Szene gesetzt. Mit Museum, Shop und Restaurant.

Nette Bummelmeile – **Rue Cler** **2**: Die kleine Marktstraße des Viertels. Zwischen Avenue de la Motte-Picquet und Rue Grenelle reihen sich in der belebten Fußgängerzone Marktstände, zahlreiche kleine Läden, Supermärkte und Brasserien oder Grillstuben aneinander.

Aktiv & Kreativ

Bootstouren – **Les Vedettes de Paris** **1**: Ausflugsboote ab Pont d'Iéna, Métro: Iéna (M9), www.vedettesde paris.fr, tgl. ab 11 Uhr alle 30 Min., letzte Abfahrt im Sommer gegen 22.30 Uhr, im Winter gegen 20 Uhr, Normaltour 11 €, Kinder 5 €, viele Sonderfahrten mit Musik und Menü.

Bateaux Mouches **2**: Ausflugsboote ab Pont de l'Alma, Métro: Alma-Marceau (M9), www.bateaux-mouches.fr, im Sommer tgl. 8 Fahrten tagsüber, alle 20 Min. zwischen 19 und 23 Uhr, im Winter 10 x tgl. zwischen 10.15 und 21 Uhr, Normaltour 11 €, Kinder und über 65 Jahre 5,50 €.

Abends & Nachts

Das ruhige Ministerien- und Museumsviertel hat kein besonders spektakuläres Nachtleben zu bieten. Der bis spät abends geöffnete Eiffelturm (im Sommer bis 24 Uhr) und der Aussichtspunkt des Trocadéro sind jedoch romantische Plätze, um den Blick über das glitzernde Häusermeer von Paris bei Nacht zu genießen.

Auf Entdeckungstour

Ein Revolutionär der Bildhauerei – im Musée Rodin

Mit Rodin beginnt die moderne Skulptur: Der wichtigste Bildhauer des 19. Jh. sagte einmal, eine Skulptur könne nur an Vollkommenheit gewinnen, wenn man sie einen Berg hinabrollen lasse, weil dann alles Überflüssige abbreche.

Musée Rodin 16: rue de Varenne, Métro: Varenne (M13), www.museerodin.fr, April–Sept. Di–So 10–16.45, im Sommer 10–17.45, Park bis 18 Uhr, Okt.–März Di–So 10–16.45 Uhr, Park bis 17 Uhr, Eintritt 6 €, erm. 5 €, Familie 10 €.

Mehr von Rodin: Musée d'Orsay (s. S. 158) und in Meudon bei Paris, wo der Künstler 1917 starb, 19, av. Auguste Rodin, April bis Sept. Fr–So 13–18 Uhr, RER C: Meudon Val Fleury, Eintritt 4 €, erm. 2 €.

Das Rodin-Museum wurde im Hôtel Biron eingerichtet, einem 1731 erbauten eleganten Rokoko-Palais, in dem der Bildhauer von 1908 bis zu seinem Tod 1917 lebte und arbeitete, zeitweise Tür an Tür mit Rainer Maria Rilke und dessen Frau Clara Westhoff. Inmitten einer großen Gartenanlage gelegen, wirkt das Stadtpalais wie eine ländliche Idylle. Die hellen Räume bilden den eleganten Rahmen für die Skulpturen Rodins, rund 500 Werke, darunter als berühmteste »Der Kuss« (s. Abb. S. 184), »Das Höllentor«, »Der Denker«, »Die Bürger von Calais« und »Balzac«. Zu entdecken sind auch einige Werke von Camille Claudel, Rodins Mitarbeiterin und Geliebte.

Ein Ausnahmetalent

Auguste Rodin (1840–1917) gehörte zu jenen Künstlern, deren Begabung von den akademischen Kunstinstitutionen zunächst nicht anerkannt wurde. Mehrmals versuchte er vergeblich, an der renommierten École des Beaux-Arts aufgenommen zu werden.

Die Vertreter der etablierten Schulen lehrten zu dieser Zeit, den Menschen idealisiert darzustellen, den vollkommenen Körper zu zeigen. Rodin widersetzte sich: »Auch das Hässliche ist schön« – eine sehr moderne Ansicht, in der ihm viele Zeitgenossen nicht folgen konnten. Eine seiner ersten beim Salon ausgestellten Skulpturen, L'Âge d'Airain (Das eherne Zeitalter, 1875/76 entstanden und 1877 ausgestellt), war so naturalistisch, dass er beschuldigt wurde, Gipsabgüsse nach einem lebenden Modell geformt zu haben. Die allegorische Jünglingsgestalt, eine frei stehende Bronzefigur, war hinsichtlich Bewegung und Muskelspiel dem großen Vorbild Michelangelo verpflichtet, dessen Werk Rodin in Italien kennengelernt hatte.

Porträts von Bürgern und Bohemiens

Rodin hatte die These »Schöner als eine schöne Sache ist die Ruine einer schönen Sache« zu seinem Grundsatz gemacht. Erstaunlich, dass der für seine Großplastiken berühmte Bildhauer auch an Porträtbüsten gearbeitet hat, von Künstlern und Politikern wie Baudelaire und Clemenceau, von seinen Geliebten wie Camille Claudel und Rose Beuret. Man sollte meinen, der hier gefragte Realismus hätte dem Bildhauer ferngelegen, doch im Gegenteil, die Büsten zeugen von subtiler Annäherung an die Person.

Doch ging es Rodin auch bei seinen Porträts nicht darum, Details getreu wiederzugeben. Er will das Charakteristische, das ›Wesentliche‹ seines Modells verkörpern. Die Gesichtszüge werden vereinfacht, elementar, nicht ein Ausdruck soll gezeigt werden, sondern die ›Wahrheit‹ aus allen seinen Ausdrücken. Die expressive Formensprache, die er dafür wählte, war nicht die Sache der Porträtierten – den wenigsten gefielen ihre Konterfeis. Der Politiker Clemenceau etwa empörte sich, seine Büste ähnele ihm nicht. Rodin entgegnete: »Clemenceau sieht sich wie er ist, ich sehe ihn als Teil seiner Legende.«

Die Balzac-Statue

In ihrer Expressivität werden die zahlreichen Porträtbüsten noch weit übertroffen von einem Spätwerk des Bildhauers. Im Garten des Rodin-Museums ist das überlebensgroße »Monument à Balzac« aufgestellt, das 1891 von der Société des gens de lettres in Auftrag gegeben worden war. Dass der Dichter im Schlafrock gezeigt ist, kam nicht gut an – erst 1939 wurde die Plastik in Bronze gegossen und am Boulevard Raspail aufgestellt.

Das Beste auf einen Blick

Louvre und Centre Pompidou

Highlights!

Louvre: Das Musée du Louvre besitzt eine der größten und bedeutendsten Kunstsammlungen der Welt. Mit einem einzigen Besuch ist diese Fülle nicht zu bewältigen. Der Tipp für Museums-Genuss statt Frust: nur einzelne Highlights aussuchen und mit einem Bummel durch den Tuilerien-Park kombinieren. Und den Louvre beim nächsten Mal wieder besuchen. **1** S. 188

Centre Pompidou: Die ›Kulturfabrik‹ Centre Pompidou ist nicht nur ein extravaganter Blickfang inmitten historischer Bauten, sondern besitzt mit dem Musée d'Art Moderne auch eine bedeutende Kunstsammlung von Weltrang. **15** S. 204

Auf Entdeckungstour

Monets Seerosen in der Orangerie: Nach langer Renovierung wieder zu sehen – Monets berühmte Seerosen-Gemälde in einem einzigartigen Raumensemble, das man schon einmal als die »Sixtinische Kapelle des Impressionismus« bezeichnet hat. **4** S. 194

Kultur & Sehenswertes

Musée des Arts décoratifs: Im Seitenflügel des Louvre ist das interessante Museum der Dekorativen Künste mit Abteilungen zu Mode, Textilien sowie Werbung und Design untergebracht, zugänglich von der Rue de Rivoli aus. 3 S. 192

Galerie Vivienne: Die glasüberdachte Ladengalerie ist eine der schönsten Pariser Passagen. 12 S. 203

Aktiv & Kreativ

Tuilerien-Garten: Eine Runde Joggen mitten in der Stadt? Einfach Turnschuhe an und los! S. 193

Forum des Images: Lust auf eine individuelle Filmvorführung? Die Pariser Videothek im Forum des Halles sammelt Spiel- und Dokumentarfilme, Kurzfilme und Werbeclips zum Thema Paris. 17 S. 207

Genießen & Atmosphäre

Garten des Palais Royal: Eine friedliche, ruhige Oase in der Stadt mit Springbrunnen, hohen Bäumen, Sitzgelegenheiten für eine Rast und einem Teesalon. 8 S. 200

Café Marly: Das schicke Café im Richelieu-Flügel wurde in einer gelungenen Stilmischung aus Second-Empire und modernem Design ausgestattet. Bei sonnigem Wetter sind die Plätze im Freien, unter den Arkaden des Louvre, mit Blick auf die Glaspyramide begehrt. 1 S. 39, 208

Abends & Nachts

Rue des Lombards: Bei der Kirche Saint-Merri sind gleich mehrere Jazzclubs Nachbarn. S. 53, 209

Kong: Designbar im franko-japanischen Fusion-Stil am Pont Neuf mit toller Aussicht auf die Seine. 2 S. 209

Rive Droite – das rechte Ufer

Wer vom Rive Droite redet, meint vor allem das erste Arrondissement am rechten Seine-Ufer. Zwischen Louvre und Arc de Triomphe, alter Oper, Börse und Madeleine konzentrieren sich Macht, Reichtum und Eleganz. Hier finden sich elegante Luxushotels wie das Ritz, das Meurice und das Crillon, teure Gourmet-Restaurants wie Lucas Carton, Taillevent oder Le Grand Véfour, Niederlassungen einflussreicher Banken und die Börse. Exklusive Modehäuser und Luxusboutiquen teilen sich mit Juwelieren und Feinkostgeschäften die Ladenfronten.

Vor allem in der Rue de Rivoli, der Rue Saint-Honoré und rund um die Place Vendôme benötigt man eine belastbare Kreditkarte, will man sich durch einen Schaufensterbummel geweckte Wünsche auch erfüllen. Aufatmen oder die erworbenen Schätze in Ruhe betrachten kann man in den bei-

den Grünanlagen des Viertels – im Jardin des Tuileries oder im etwas versteckten Innenhof des Palais Royal.

Bodenständiger, jünger und auch hipper wird es Richtung Centre Pompidou: Les Halles heißt das Viertel rund um das Kulturzentrum. Jeansboutiquen, Platten- und Postkartenläden, Jazzclubs und Szenelokale bestimmen den Charakter dieses touristisch belebten Stadtteils. Für das Forum des Halles, ein unterirdisches Einkaufszentrum über mehrere Etagen, steht die erste große Renovierung an, weil es über die Jahre schon etwas heruntergekommen ist.

Das benachbarte Viertel Sentier dagegen, in dem einst auch die großen Zeitungsredaktionen angesiedelt waren, wird gerade immer beliebter. Rund um die Marktstraße Rue Montorgueil entwickelt es sich immer mehr zum belebten Trendviertel, seit diese zur Fußgängerzone wurde. Hier gibt es viel zu entdecken, glasüberdachte Galerien wie die Passage du Grand Cerf, hübsche Läden und Lokale.

Infobox

Reisekarte: ▶ M–O 7–9

Information
Office de Tourisme: 25, rue des Pyramides, Ecke Rue d'Argenteuil, Métro: Pyramides (M7, M14), RER A: Auber, Juni bis Okt. tgl. 9–19, sonst Mo–Sa 10–19, So 11–19 Uhr.

Ausgangspunkt
Startpunkt ist der Louvre, die nächstgelegene Métro-Station: Palais Royal-Musée du Louvre (M1, M7). Diesen Spaziergang sollte man nicht für einen Dienstag einplanen, denn da sind Louvre und Orangerie geschlossen.

Musée du Louvre ❗ 1

www.louvre.fr, Mo, Do, Sa, So 9–18, Mi, Fr 9–21.45 Uhr, Eintritt 10 €, Multimedia Guide 2–6 €
Schon kurz nach seiner Wahl 1981 kündigte Staatspräsident François Mitterrand die Umgestaltung des Louvre zum Grand Louvre, zum größten Museum der Welt, an. Sichtbarster Ausdruck ist die von dem amerikanischen Architekten Ieoh Ming Pei gestaltete knapp 22 m hohe Glaspyramide, die sich im Wasser der dreieckigen Bassins widerspiegelt. Nach anfänglicher Kritik wird das kristallklare Bauwerk ein-

Musée du Louvre

Im Hof des Louvre laden große Wasserbecken zur Abkühlung ein

hellig akzeptiert – selbstbewusst und zeitlos schön beeinträchtigt sie dennoch nicht den Blick auf die historische Umgebung. Atemberaubend ist der Blick vor allem abends auf die erleuchtete Pyramide, eine transparente Skulptur, am schönsten durch die hohen Arkadenbögen von der Terrasse des **Café Marly** 1 (s. S. 12/13, 39) aus zu betrachten.

Seit 1989 erreichen Besucher die Kunstsammlungen durch die Pyramide, die das darunterliegende Foyer erhellt und die drei U-förmig angeordneten Flügel zentral erschließt. In der lichtdurchfluteten Hall Napoléon verteilt sich – trotz der oft entmutigend langen Warteschlangen am Eingang der Pyramide – die Besuchermenge schnell an Kassen, Automaten, Informations- und Katalogständen.

Dank der Verdoppelung der Ausstellungsfläche auf fast 60 000 m^2 hatte die akute Raumnot ein Ende, bislang in Kellern gestapelte Kunstschätze konnten aus den Magazinen geholt werden. Fast das gesamte zweite Geschoss wird jetzt mit natürlichem Oberlicht erhellt, vieles ist übersichtlicher angeordnet. Die Weitläufigkeit des Museums sollte man nicht unterschätzen und lieber mehrmals wiederkommen. Wer die Besichtigung nach individuellen Vorlieben plant, kann sich – ausgerüstet mit dem kostenlosen Museumsplan – nur die Highlights oder eine bestimmte Epoche vornehmen.

Von der Hall Napoléon im Souterrain unter der Glaspyramide ist der Zugang zu den drei Flügeln Richelieu, Sully und Denon möglich. Die Vielfalt einzigartiger Zeugnisse aus 6000 Jah-

Louvre und Centre Pompidou

ren, die durch Jahrhunderte, Kontinente und Kulturräume voneinander getrennt sind, verteilt sich auf sieben große Abteilungen: orientalische und islamische Kunst, ägyptische Kunst, griechische, etruskische und römische Kunst, Gemäldesammlung, Grafik, Skulpturen, Kunsthandwerk.

Kunst der Antike

Besonders die antiken Altertümer genießen Weltruf. Zu den bedeutendsten Exponaten der Abteilung »Orientalisches Altertum und Kunst des Islam« gehören der babylonische »Kodex Hammurabi«, das älteste noch existierende Gesetzeswerk, eine schwarze Basaltstele (um 1700 v. Chr.). Im abgedunkelten Untergeschoss werden lichtempfindliche Textilien und Kalligraphien der islamischen Kunst ausgestellt. Ägyptische Grabbeigaben, Mumien und Sarkophage geben Zeugnis vom Totenkult der Hochkultur am Nil. Der Reichtum der Ägyptischen Abteilung ist so groß, dass sie allein den Besuch des Museums lohnt. Berühmt ist der hockende Schreiber, der fast 4500 Jahre unversehrt überstanden hat.

In der Abteilung »Griechisches, römisches und etruskisches Altertum« sind die »Venus von Milo« und die »Nike von Samothrake«, beide aus dem 2. Jh. v. Chr., vermutlich die meistfotografierten steinernen Damen der Welt. Ein großer, geometrisch-stilisierter Kopf von den Kykladen (2700 v. Chr.) wirkt in seiner abstrakten Schlichtheit überraschend modern, während die etruskischen Exponate wie der Terrakotta-Sarkophag eines Ehepaares zeitlos schön sind. In einem der drei glasüberdachten Innenhöfe des Richelieu-Flügels (einst Parkplätze des Finanzministeriums), der Cour Khorsabad, kommen die 30 t schweren geflügelten Stiere aus Assyrien gut zur Geltung. Die monumentalen Tiere mit

Menschenköpfen gehören zu den Wandreliefs aus dem Palast des Königs Sargon II. (8. Jh. v. Chr.).

Skulpturen

Mit den leicht gewölbten Glasdächern über den ehemaligen Innenhöfen hat viel Licht Einzug ins Museum gehalten. Cour Puget und Cour Marly sind (neben mehr als 30 weiteren Sälen) der französischen Skulptur gewidmet – hier stehen Arbeiten des 17. und 18. Jh., unter anderem von Pierre Puget (1620–1694) und die originalen »Pferde von Marly« (1706 und 1745), vier Skulpturengruppen von Antoine Coysevaux und Guillaume Coustou, für die auf der Place de la Concorde Kopien aufgestellt wurden. Daneben gibt es eine Fülle romanischer und gotischer Werke, Skulpturen von Jean Goujon und Germain Pilon, den französischen Meistern der Renaissanceplastik. Berühmtestes Werk der italienischen Skulpturensammlung sind die »Sklaven« (1513–1520) von Michelangelo, die der Bildhauer für das Grabmal von Papst Julius II. in Rom schuf (in der Galerie Michel-Ange).

Die Gemäldesammlung

Aus der wertvollen Gemäldesammlung ließen sich angesichts der Vielzahl bedeutender Kunstwerke selbst ›Stars‹ wie die »Mona Lisa« (1503–1506) von Leonardo da Vinci nur noch willkürlich herausgreifen. Die Sammlung europäischer Gemälde vom Ende des 13. bis zur Mitte des 19. Jh. blieb auch nach der Vergrößerung der Museumsfläche nach nationalen Schulen geordnet; da die französische Malerei fast zwei Drittel des Bestände ausmacht, hätte eine Aufteilung nach Stilen und Epochen ein verzerrendes Bild ergeben, entschieden die Konservatoren bei Beginn der Umhängearbeiten. Es gibt daher drei große Gruppen: französische Ma-

Musée du Louvre

lerei, italienische und spanische Malerei sowie nordeuropäische Malerei, die jeweils chronologisch geordnet sind.

Um eine Vorstellung von der Größenordnung zu geben: Obwohl von den rund 6000 Gemälden viele im Depot bleiben müssen, umfasst allein die französische Schule über 70 Säle. Da es unmöglich ist, alle anzusehen, bleibt also nur die Wahl zwischen zufälligen Entdeckungen oder gezielter Suche nach Lieblingsbildern, die man bislang nur von Reproduktionen kennt. Zu den ›Stars‹ der Sammlung gehören »Gabrielle d'Estrées und eine ihrer Schwestern« (um 1599) aus der Schule von Fontainebleau, die Gemälde des Landschaftsmalers Claude Lorrain (Mitte 17. Jh.), die »Spitzenklöpplerin« von Jan Vermeer (1665), Werke von Fra Angelico, Georges de la Tour, Caravaggio, Raffael, Goya, die großformatigen Gemälde des 18. und 19. Jh., wie z. B. »Der Schwur der Horatier« (1784) von Jacques-Louis David, »Das Floß der Medusa« (1819) von Théodore Géricault und »Die Freiheit führt das Volk an« (1830) von Eugène Delacroix.

Einen eigenen, eigens auf die Maße der Bilder abgestimmten Saal erhielt der Zyklus von 24 Rubens-Gemälden (1622–1625). Als Auftragsarbeit erzählen die Bilder die Lebensgeschichte der Königin Maria de Medici bewusst parteiisch. Der niederländische Maler, zuvor Hofmaler ihrer Schwester in Mantua, hatte den Zyklus auf Wunsch der Königin für das Palais du Luxembourg gefertigt.

Kunsthandwerk und Grafik

Eigene Abteilungen bilden auch Kunsthandwerk (mit den Salons von Napoléon III., Mobiliar, Schmuck, Gobelins, Silber-, Glas- und Elfenbeinobjekten bis hin zu Königskronen und Szeptern) und die grafischen Künste.

Die Tausende von Pastellen, Drucken und Zeichnungen aus dem Besitz des Museums wurden zuvor nur in Wechselausstellungen gezeigt; jetzt wurden acht Grafikkabinette eingerichtet.

Die Säle zur Geschichte des Louvre

Bei den Umbauarbeiten wurden unter der Cour Carrée Mauerreste des mittelalterlichen Louvre freigelegt. Die Fundamente der unter Philippe II. Augustus (1180–1223) erbauten und von Charles V. (1364–1380) erweiterten Festung sind im Untergeschoss des Sully-Traktes zu besichtigen. In effektvollem Halbdunkel spaziert man auf einem Holzsteg quasi im alten Burggraben an den Mauern entlang und um den Donjon herum.

Im 16. Jh. ließ König François I. einen Teil der Burg abtragen und zum Re-

---

Mein Tipp

Stilvoll stöbern

Als Teil der Louvre-Modernisierung ist die große Eingangshalle unter der Glaspyramide zu einer eleganten unterirdischen Einkaufsgalerie mit Métro-Anschluss erweitert worden. In der gut sortierten Kunstbuchhandlung kann man in Katalogen und Bildbänden stöbern, in mehreren Läden werden Reproduktionen, Münzen, Geschenkartikel, Postkarten und Poster verkauft. Die vielen auch sonntags geöffneten Läden mit Designobjekten, Schmuck und Accessoires sollen außer Touristen auch Pariser in die Passage locken.

Carrousel du Louvre: www.carrousseldu louvre.fr, Di geschl.

Louvre und Centre Pompidou

naissance-Schloss erweitern. Dieser Teil des Louvre umschließt die Cour Carrée, einen quadratischen Innenhof. In jahrhundertelangen An- und Umbauten unter vielen weiteren Königen erhielt der weitläufige Palast seine heutige Gestalt. König Henri IV. etwa gab die Grande Galerie in Auftrag, die den Louvre Richtung Tuilerien verlängerte. Noch die beiden Kaiser Napoléon I. und Napoléon III. ließen den Bau erweitern.

Nach der Französischen Revolution wurde das Schloss 1793 vom Nationalkonvent als Museum für das Publikum geöffnet. Den Grundstock bildeten die Sammlungen der französischen Könige. Die Säkularisierung kirchlicher Kunst in der Französischen Revolution, konfiszierter Privatbesitz von adligen Emigranten und Kunstraub im großen Stil (der napoléonische übertrifft fast den der römischen Kaiser) ergänzten die Ausbeute absolutistischer Sammelleidenschaft. Vivant Denon (1747–1825), der Napoléon beim Ägyptenfeldzug begleitet und einen reich illustrierten Reisebericht darüber veröffentlicht hatte, wurde der erste Generaldirektor des Louvre, Jean-François Champollion (1790–1832), dem es Anfang des 19. Jh. gelang, die Hieroglyphen zu entschlüsseln, der erste Konservator der Ägyptischen Abteilung.

Die Tuilerien

Arc de Triomphe du Carrousel 2

Der zierliche Arc de Triomphe du Carrousel bildet den Übergang vom Louvre zum Jardin des Tuileries. Dieser Triumphbogen, kleiner als der etwas später errichtete Arc de Triomphe, entstand 1805 als Nachbildung des Septimius-Severus-Bogens im antiken Rom. Ursprünglich trug er vier antike bronzene Pferde, die Napoléon aus San Marco in Venedig entwendet hatte. Wie viele andere Beutestücke aus den besiegten Ländern mussten sie 1815, nach der Schlacht von Waterloo und dem Sturz des Kaisers, zurückgegeben werden. Nun steht oben auf dem Bogen eine später geschaffene Quadriga.

Musée des Arts décoratifs 3

www.lesartsdecoratifs.fr, Di–So 11–18, Do bis 21 Uhr, Eintritt für alle Museen 9 €, erm. 7,50 €, ›Pass Rivoli‹ plus Wechselausstellung 13 €, erm. 10,50 €

Im nördlichen Seitenflügel des Louvre sind drei Museen zum Thema Kunstgewerbe untergebracht. Lohnend ist auch ein Besuch der Buchhandlung im Erdgeschoss, die eine große Auswahl an Kunstbüchern hat.

Das **Musée des Arts décoratifs** zeigt Kunstgewerbe vom Mittelalter bis zu zeitgenössischem Design von Philippe Starck und Niki de Saint-Phalle. Chronologisch gegliedert präsentiert es Mobiliar, Glas, Porzellan, Teppiche, Textilien, Keramik und Porzellan, Glas, Bronze- und Silberobjekte sowie auch ganze Interieurs, etwa das Jugendstilschlafzimmer von Hector Guimard, der die Métro-Eingänge entwarf, und das Art-déco-Badezimmer der Modeschöpferin Jeanne Lanvin.

Eine Unterabteilung präsentiert als **Musée de la Publicité** Teile einer rund 60 000 Werbeplakate umfassenden Sammlung in thematischen Wechselausstellungen; die Spannbreite reicht dabei vom Jugendstilplakat aus dem frühen 20. Jh. bis zur modernen Fernsehwerbung.

In einer dritten Abteilung zeigt das **Musée des Arts de la Mode et du Textile** Kleidung und Uniformen aus vergangenen Jahrhunderten, legendäre Filmkostüme und Entwürfe von den großen Couturiers. Mit einem Fundus

Die Tuilerien

von 20 000 Kleidungsstücken vom An-
zug bis zur Abendrobe, 35 000 Accessoires und 21 000 Textilien ist die Mo-
desammlung die drittgrößte der Welt
nach der im Victoria & Albert Museum
in London und der des Metropolitan
Museum in New York. Auf zwei Etagen
gibt es eine chronologische Dauerausstellung vom 16. bis zum 20. Jh., die um
wechselnde thematische Aspekte ergänzt wird.

Jardin des Tuileries

In der zweiten Hälfte des 17. Jh. gestaltete André Le Nôtre, der auch die
Gartenanlage in Versailles schuf, den
italienischen Renaissancegarten des
Louvre zu einem symmetrischen französischen Park um, mit Mittelachse,
Wasserbassins und zwei äußeren Terrassen. Dort wo einst Ziegel *(tuiles)* ge-
brannt wurden, ließ Katharina de
Medici im 16. Jh. ein Schloss erbauen,
das heute nicht mehr existiert, weil es
1871 bei den Abwehrkämpfen der
Kommune niederbrannte. Doch erst
dieser Verlust eröffnete die grandiose
Blickachse über die Champs-Élysées
bis zum Arc de Triomphe und nach La
Défense.

Aus Anlass der Louvre-Umgestal-
tung in den 1990er-Jahren wurde der
Jardin des Tuileries nach den originalen Plänen restauriert und ergänzt, so
hat etwa der Belgier Jacques Wirtz den
Übergang vom Louvre-Innenhof zum
Park mit radial verlaufenden Hecken
angelegt.

Skulpturenliebhaber finden im Tuilerien-Garten wie in einem Freilichtmuseum zahlreiche Statuen, darunter
Werke von Aristide Maillol, Rodin, San-
dro Chia. Generationen von Pariser
Kindern haben schon im Wasserbassin
die bunten Segelboote gleiten lassen,
beim Marionettentheater mitgefie-
bert oder sind mit dem altmodischen
Karussell gefahren. Bei Sonne verfüh-

ren die grünen Metallstühle jeden Paris-Besucher, sein weiteres Besichti-
gungsprogramm fallenzulassen. In
und vor mehreren Pavillons kann man
Kaffee trinken oder etwas essen. Jeden
Sommer schlägt ein Jahrmarkt mit Rie-
senrad seine Buden auf der Terrasse
des Feuillants an der Rue de Rivoli auf.
Am Ausgang Richtung Place de la Concorde hat eine Buchhandlung ihr Sortiment ganz auf Garten- und Land-
schaftsplanung ausgerichtet.

Die Hauptachse des Jardin des Tuileries, ein breiter Mittelweg, wird jenseits der schmiedeeisernen Tore zur
Place de la Concorde durch die
Champs-Élysées verlängert. Hinter
dem Bogen des Arc de Triomphe erkennt man in der Ferne die Grande Arche, den gigantischen neuen Triumphbogen in La Défense.

Musée de l'Orangerie 4

*www.musee-orangerie.fr, Mi–Mo
9–18 Uhr, Eintritt 7,50 €, erm. 5 €,
s. S. 63*

Am nordwestlichen Ende, an der Place
de la Concorde, bilden zwei klassizistische Gebäude den Abschluss des Tuile-
rien-Gartens. Napoléon III. ließ 1853
zunächst die Orangerie bauen. In ihren
Sälen sind die berühmten riesigen Seerosenbilder von Claude Monet zu sehen, die »Nymphéas« (s. Entdeckungstour S. 194), sowie die Gemäldesammlung von Paul Guillaume und Jean
Walter mit Werken von   ▷ S. 198

Passerelle de Solférino

Statt die Richtung zur Rue de Rivoli
und zur Place Vendôme einzuschlagen,
kann man vom Tuilerien-Garten aus
auch die Seine überqueren. Die Fußgängerbrücke schlägt einen eleganten
Bogen hinüber zum Musée d'Orsay (s.
S. 158).

Auf Entdeckungstour

Monets Seerosen in der Orangerie

Claude Monets berühmteste Werke, die Seerosenbilder, sind seit Ende der 1920er-Jahre im Erdgeschoss der Orangerie 4 zu bewundern. Die einzigartige Bilderserie stellt einen Höhepunkt des Impressionismus insgesamt dar.

Musée de l'Orangerie: Place de la Concorde, Métro: Concorde (M1, M8, M12)

Öffnungszeiten: Mi–Mo 9–18 Uhr, www.musee-orangerie.fr, Eintritt: 7,50 €, erm. 5 €

Mehr von Monet: Musée d'Orsay am anderen Ufer der Seine (s. S. 158), gemeinsames Ticket 13 €.

Die Präsentation der Seerosen – französisch Les Nymphéas – in der Orangerie im Tuilerienpark wurde vom Maler noch selbst konzipiert. Monet gestaltete eigens für diese großformatigen Gemälde ovale Räume, die hintereinander die gesamte Breite der Orangerie einnehmen. Die Eingänge sind seitlich verschoben, sodass vier gekrümmte Flächen entstehen, die jeweils komplett von einem Bild eingenommen werden.

Impressionismus

Claude Monet (1840–1926) gilt zugleich als Begründer und als Hauptvertreter des Impressionismus. Sein 1872 entstandenes Gemälde »Impression, soleil levant« gab der ganzen Stilrichtung den Namen. Die Gruppe der Impressionisten fühlte sich dem Naturalismus verpflichtet, das Gemalte sollte ›wahr‹ sein und das wiedergeben, was der Künstler sieht.

Die Ablehnung der akademischen Malerei, das Bestreben, Objekte realistisch wiederzugeben und die Arbeit im Freien waren zunächst auch für Monet wichtige Ideale. Seine Werke wie die anderer Künstler – Degas, Pissarro, Cézanne, Renoir, Sisley – wurden zum ›Salon‹, den konservativen offiziellen Kunstausstellungen, häufig nicht zugelassen. So hielten die Maler in den 1870er- und 1880er-Jahren wiederholt selbst organisierte Gegenausstellungen ab. An der letzten dieser Kunstmessen weigerte sich Monet jedoch teilzunehmen.

Serienbilder

Ab den 1890er-Jahren arbeitete der Maler vorwiegend an Serienbildern. Im Laufe der Jahre hatte Monet sein Themenspektrum immer mehr eingegrenzt. Er malte dasselbe Motiv mehrfach, zu verschiedenen Tages- und Jahreszeiten, in unterschiedlichen Wetter- und Lichtsituationen, doch von kaum verändertem Standpunkt. An einen Freund schrieb er: »… die Sonne geht so schnell unter, dass ich nicht Schritt halten kann … wie viel Arbeit noch nötig ist, das Angestrebte zu erreichen, den Augenblickseindruck«.

Ihn interessierten immer weniger die Objekte, sondern die flüchtigen Effekte des Lichts und atmosphärische Bedingungen. Vor allem Wasser faszinierte ihn durch den ständigen Wechsel der Lichtreflexe und das geradezu immaterielle Flimmern. In seinen letzten 20 Lebensjahren entstanden von seiner Hand fast ausschließlich Gemälde der Seerosen im Teich seines Hauses im Giverny – ein einziges Motiv war ausreichend. Dem Gegenstand rückte er immer näher – erscheinen in früheren Bildern noch die Brücke und die Uferlinie im Bild, schwimmen in der Orangerie fast nur noch Blüten und Blätter auf einer unsichtbaren Oberfläche, in der sich Himmel, Bäume oder Wolken spiegeln.

Meditation in Blau

Die Seerosen in der Orangerie wurden Monets bedeutendes Spätwerk. An den acht großen Kompositionen arbeitete der Maler in den letzten Jahren seines Lebens, bemüht, einen Pinselstrich und Maltechniken zu finden, mit denen es gelingen konnte, den einmaligen Schimmer und Glanz des veränderlichen Lichts festzuhalten, die »Leinwand funkeln und sprühen« zu lassen. Vor allem im hinteren Oval fügen sich die vier Nachtbilder mit ätherischem Mondlicht auf einer fast schwarzblauen Wasserfläche zu einem Gesamtkunstwerk mit nahezu meditativem Charakter. Auch heute noch, trotz IMAX und Breitwandprojektion, ein sensationeller Raumeindruck.

Louvre und Centre Pompidou

Sehenswert

1. Musée du Louvre
2. Arc de Triomphe du Carrousel
3. Musée des Arts décoratifs
4. Orangerie
5. Jeu de Paume
6. Saint-Germain-l'Auxerrois
7. Galerie Véro-Dodat
8. Palais Royal
9. Comédie-Française
10. Place Vendôme
11. Place des Victoires
12. Galerie Vivienne
13. Bibliothèque Nationale – Site Richelieu
14. Musée des Arts et Métiers
15. Centre Pompidou
16. Fontaine Stravinsky
17. Forum des Halles
18. Bourse de Commerce
19. Saint-Eustache
20. Hôtel de Ville
21. Tour Saint-Jacques

Essen & Trinken

1. Café Marly
2. Angelina
3. Le Rubis
4. Muscade
5. Grand Véfour
6. Willi's Wine Bar

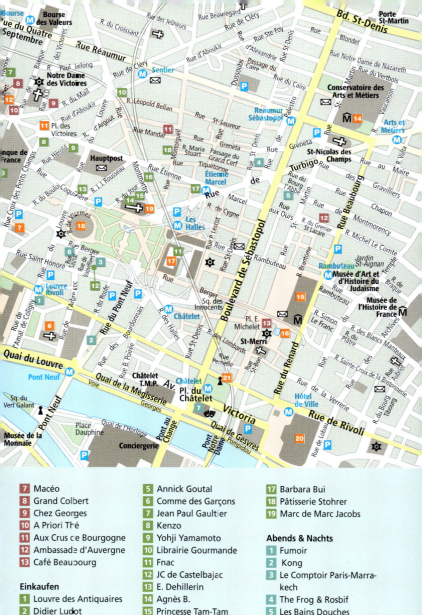

- 7 Macéo
- 8 Grand Colbert
- 9 Chez Georges
- 10 A Priori Thé
- 11 Aux Crus de Bourgogne
- 12 Ambassade d'Auvergne
- 13 Café Beaubourg

Einkaufen

- 1 Louvre des Antiquaires
- 2 Didier Ludot
- 3 Shiseido
- 4 Colette
- 5 Annick Goutal
- 6 Comme des Garçons
- 7 Jean Paul Gaultier
- 8 Kenzo
- 9 Yohji Yamamoto
- 10 Librairie Gourmande
- 11 Fnac
- 12 JC de Castelbajac
- 13 E. Dehillerin
- 14 Agnès B.
- 15 Princesse Tam-Tam
- 16 Comptoir de la Gastronomie
- 17 Barbara Bui
- 18 Pâtisserie Stohrer
- 19 Marc de Marc Jacobs

Abends & Nachts

- 1 Fumoir
- 2 Kong
- 3 Le Comptoir Paris-Marrakech
- 4 The Frog & Rosbif
- 5 Les Bains Douches
- 6 Chacha Club
- 7 Théâtre de la Ville

Louvre und Centre Pompidou

Soutine, Renoir, Cézanne, Matisse, dem ›Zöllner‹ Rousseau, Modigliani, Picasso und Utrillo.

Jeu de Paume 5
www.jeudepaume.org, Di 12–21, Mi–Fr 12–19, Sa, So 10–19 Uhr, Eintritt 8,50 €, erm. 5,50 €
Als architektonisches Gegengewicht zur Orangerie entstand parallel zur Rue de Rivoli das Jeu de Paume. In diesem ›Ballspielhaus‹ pflegte zur Zeit Napoléons III. die kaiserliche Familie eine Art Tennis zu spielen. Während der deutschen Okkupation von Paris stapelten die Besatzer hier bei jüdischen Sammlern konfiszierte Kunstwerke, die nach Deutschland verschleppt wurden. Nach dem Zweiten Weltkrieg zog jahrzehntelang die Impressionisten-Sammlung Besucherscharen an. Nach deren Umzug in das Musée d'Orsay diente das licht renovierte Gebäude als Halle für zeitgenössische Kunst. Seit 2004 finden hier Wechselausstellungen zu Themen rund um Foto, Video und Film statt.

Mein Tipp

Netter Rastplatz
Nahe dem Louvre ist mit dem Fumoir ein idealer Platz für eine Rast in Sicht – die bequemen alten Ledersessel verlocken zu einer ausgiebigen Teepause; für ein leichtes Mittagessen muss man jedoch meist um einen Platz erstmal anstehen.
Le Fumoir 1 : 6, rue de l'Amiral Coligny, Métro: Louvre (M1, M7), Tel. 08 26 10 07 97, www.lefumoir.fr, tgl. 11–2 Uhr, Glas Wein ab 4 €, mittags 10–30 €, Menu du soir 32 €.

Rue de Rivoli und Palais Royal

Die **Rue de Rivoli** verläuft parallel zur Seine entlang dem Louvre und dem Tuilerien-Garten. Unter ihren Arkaden finden sich zwischen zahllosen Andenkenshops elegante Konditoreien wie das Angelina, vornehme Buchläden wie Galignani und Designerboutiquen wie Dolce & Gabbana.

Saint-Germain-l'Auxerrois 6
Gegenüber der Ostfassade des Louvre steht die spätgotische Kirche Saint-Germain-l'Auxerrois. Ihre Glocken gaben im August 1572 das Signal zu den blutigen Massakern der Bartholomäusnacht, in der Tausende von Protestanten ermordet wurden.

Galerie Véro-Dodat 7
Die Galerie Véro-Dodat ließen die beiden Metzger Véro und Dodat 1826 erbauen. Die altmodische Passage mit fast melancholischer Stimmung verbindet die Rue Jean-Jacques Rousseau mit der Rue Croix des Petits Champs. Die dunklen Holzvertäfelungen der Läden, die schwarz-weißen Bodenfliesen und das matte Licht lassen sie nostalgischer wirken als viele andere frisch renovierte Passagen. Neben dem Puppenrestaurator Robert Capia haben sich hier ein Restaurant, ein Kunstverleger und einige feine, auf Lederwaren, Glas, historisches Baumaterial oder anderes Exklusives spezialisierte Händler angesiedelt.

Palais Royal 8
Im 17. Jh. ließ sich Kardinal Richelieu ein Stadtpalais vom Architekten Jacques Le Mercier erbauen (der später auch die Sorbonne errichtete). Nach seinem Tod erbte der König den Wohnsitz; daher der Name ›königli-

Rue de Rivoli und Palais Royal

cher Palast«. Heute ist das Palais Royal Sitz des Kultusministeriums und für die Öffentlichkeit nicht zugänglich.

Ende des 17. Jh. überließ Louis XIV. das Gebäude seinem Bruder, dem Herzog von Orléans, dessen Sohn wiederum zwecks Spekulation und zur Finanzierung seines ausschweifenden Lebenswandels um 1780 die Gebäude mit Ladenlokalen rund um den Garten errichten ließ und vermietete. Die Arkaden des Palais Royal können als Vorläufer der Passagen gelten: Läden, Cafés, Wettbuden und Bordelle sorgten im 18. Jh. für ein reges Treiben, sie zogen Müßiggänger und Spieler, Schürzenjäger, Prostituierte und Taschendiebe an.

Zum Innenhof hatte die Polizei keinen Zutritt, so dass sich unter den Säulengängen nicht nur Geschäfte, Kaffeehäuser, Theater und Spielsäle ansiedelten, sondern auch liberale Clubs, in denen freimütig antimonarchistische Ideen erörtert wurden. Hier rief der Journalist Camille Desmoulins im Juli 1789 das Volk zum Sturz der Monarchie auf, Auslöser für die Französische Revolution.

Heute ist der **Jardin du Palais Royal,** der Garten im Innenhof, eine Oase der Ruhe mitten im Zentrum von Paris, fern von Hektik und Lärm der benachbarten Rue de Rivoli. In den eleganten Arkaden flanieren nur noch vereinzelte Besucher, kein Vergleich zu den Menschenmengen des 19. Jh. Die umstrittenen gestreiften Säulenstümpfe von Daniel Buren, die 1986 im Ehrenhof des Palais Royal aufgestellt wurden, finden bei Kindern und müden Touristen Beifall.

Sehenswert ist das Luxusrestaurant **Le Grand Véfour** 5 mit denkmalgeschütztem Interieur im Directoire-Stil. Darüber hat Jean Cocteau gewohnt, und nur ein paar Schritte weiter, in Nr. 9 der Rue de Beaujolais, hat lange Zeit

Colette gelebt. Wo einst Getümmel herrschte, kann man heute in aller Ruhe alte Zinnsoldaten erwerben oder bei **Didier Ludot** 2 originale Dior- oder Chanelroben aus der Vorkriegszeit anprobieren. Der japanische Kosmetikhersteller **Shiseido** 3 hat eine Parfümerie in dunklen Violett- und Mauvetönen eingerichtet, exklusive Antiquitätenhändler und Innenausstatter bieten Wertvolles fern aller modischen Trends.

Comédie-Française 9

s. S. 50

Am westlichen Ausgang grenzt das Palais Royal an die Comédie-Française, das bedeutendste Staatstheater Frankreichs, in dem vor allem die französischen Klassiker aufgeführt werden. Im Foyer des Theaters steht noch jener Sessel, auf dem Molière 1673 während einer Aufführung von »Der eingebildete Kranke« einen tödlichen Herzanfall bekam. 1680 hatte König Louis XIV. das Schauspielensemble von Molière mit einem zweiten vereinigt und die neue Truppe, aus der das erste Nationaltheater Europas wurde, Comédie-Française genannt. Erst Ende des 18. Jh. zogen die Nachfolger in das heutige Gebäude.

Ein Sonderfall ist dieses Theater noch immer: Die Statuten sehen eine ständige Truppe festangestellter, quasi verbeamteter Schauspieler, der sogenannten *sociétaires,* vor, während die *pensionnaires* nur kurzfristig engagiert werden. Auf dem Spielplan der traditionsreichen Institution stehen neben den Werken von Molière (noch heute meistgespielter Autor), Racine und Corneille auch Stücke der klassischen Moderne, wie Camus, Sartre, Ionesco, Claudel, Giraudoux, Anouilh, und neuerdings sogar zeitgenössischer oder ausländischer Autoren von Shakespeare bis Pirandello.

199

Lieblingsort

Der Garten des Palais Royal
Das Anziehendste birgt das Palais Royal in seinem Inneren. Durch einen kleinen Hof und Säulenreihen erreicht man den schönen Jardin du Palais Royal, der zu den Geheimtipps in Paris gehört. Ringsum drängeln sich Busse und Autos, Fußgänger und Vespafahrer – hier liegt zwischen Arkaden eine versteckte Oase der Ruhe, ganz ohne Verkehrslärm. Verstreute Stühle laden zur Rast ein, bei Sonnenschein verführt auch die Terrasse des Teesalons Muscade dazu, sich dem reinen Müßiggang zu überlassen und einfach den schönen Garten zu betrachten.
Palais Royal 8 : s. S. 198

Louvre und Centre Pompidou

Place Vendôme [10]

Die Place Vendôme wurde von Jules Hardouin-Mansart an der Wende zum 18. Jh. als geschlossene klassizistische Platzanlage mit weitgehend einheitlicher Fassadengestaltung entworfen. In der Mitte des Platzes, der nur von einer Straße durchschnitten wird, ließ Napoléon 1810 zur Erinnerung an die siegreiche Schlacht bei Austerlitz die **Vendôme-Säule** errichten. Um sie winden sich spiralförmig Bronzereliefs, die aus den erbeuteten Kanonen gegossen wurden und nach dem Vorbild der Trajanssäule in Rom Schlachtszenen zeigen, während die Statue oben auf der 44 m hohen Säule Napoléon als Cäsar mit Lorbeerkranz und Toga darstellt (allerdings mehrfach gestürzt und wieder erneuert). Heute wecken hier die Schaufenster berühmter Juwelierläden, des Herrenschneiders Charvet und des Mailänder Modemachers Giorgio Armani kostspielige Wünsche.

Neben dem Justizministerium nächtigen im **Hotel Ritz** illustre Gäste. 1898 verwirklichte César Ritz (1850–1918), nach Lehr- und Wanderjahren in erstklassigen europäischen Grandhotels, einen Traum und eröffnete seinen eigenen Hotelpalast in Paris. Der Schweizer war so sehr ein Perfektionist darin, auf die Wünsche der Hautevolee einzugehen, dass der Prinz von Wales und spätere König Edward VII. die Anrede ›Hotelier der Könige und König der Hoteliers‹ für ihn kreierte.

Als einer der ersten Stammgäste hat hier Marcel Proust spätabends in einem für ihn reservierten Salon zum Diner geladen. Hemingway brüstete sich, das Hotel im August 1944 befreit zu haben, Coco Chanel wohnte hier jahrelang – heute schweigt sich die Direktion diskret darüber aus, ob Rod Ste-

Illustre Shoppingmeile: Place Vendôme

wart, Elton John und Woody Allen hier ihre Stammsuiten haben, wie das Gerücht behauptet.

An der Place des Victoires

Place des Victoires 11

Die Ende des 17. Jh. von Jules Hardouin-Mansart entworfene Place des Victoires wurde zu Ehren von Louis XIV. angelegt – in der Mitte des runden Platzes sollte eine Reiterstatue den König ins rechte Licht setzen (heute steht dort eine Kopie). Rund um den ›Platz der Siege‹ und in den Seitenstraßen haben sich Modeschöpfer wie Anne Fontaine, Kenzo, Yohji Yamamoto, François und Marithé Girbaud niedergelassen. In der Kirche **Notre-Dame-des-Victoires** zeugen über 30 000 Votivtafeln an den Wänden von Marienkult und Wundergläubigkeit.

Galerie Vivienne 12

Die elegante Galerie Vivienne und die parallel verlaufende Galerie Colbert wurden 1823 und 1826 erbaut. Seit dieser Zeit schon ist die Buchhandlung Siroux in der Passage ansässig. Sorgfältig restauriert, kommen der Mosaikfußboden und das klassizistische Dekor in Pastelltönen wieder gut zur Geltung. Für eine Verschnaufpause nach der Großstadthektik bieten der Teesalon **A Priori Thé** und die mit überbordendem Belle-Époque-Dekor ausgestattete **Brasserie Grand Colbert** Gelegenheit (hier endet der Film »Was das Herz begehrt« mit Diane Keaton, Keanu Reeves und Jack Nicholson). Der gestylte Laden von Jean-Paul Gaultier, die künstlichen Blumen von Emilio Robba, eine Galerie und ein renommierter Weinhandel mit hübscher Bar verlocken zu einem Schaufensterbummel.

Bibliothèque Nationale – Site Richelieu 13

Di–Sa 10–19, So 12–19 Uhr, Fei geschl., evtl. Einschränkungen aufgrund der Renovierung bis 2017, Eintritt 7 €, erm. 5 €

In der alten Bibliothèque Nationale an der Rue de Richelieu werden seit Beginn des 18. Jh. alte Handschriften, Inkunabeln und Bücher archiviert. Schon im 16. Jh., knapp 100 Jahre nach Erfindung des Buchdrucks, verfügte König François I. die Ablieferung eines Pflichtexemplars von jedem in Frankreich gedruckten Buch. Ende des 20. Jh. gab es dann endgültig zu wenig Stau- und Archivraum. Der Bestand von rund 12 Mio. Büchern zog in einen Neubau (s. S. 260); in der alten Bibliothek blieben Stiche, mittelalterliche Handschriften, Medaillen und Noten zurück.

Benutzer und Bibliothekare bedauerten den Auszug aus dem wunderschönen überkuppelten Lesesaal, in dem ledergebundene Raritäten in wandhohen Regalen aufgereiht waren. Der im 19. Jh. in Eisenarchitektur errichtete Büchertempel ist das Meisterwerk des Architekten Henri Labrouste: Schlanke Säulen aus Gusseisen tragen weiße Gewölbe mit gläsernen Oberlichtern.

Rund um das Centre Pompidou

Musée des Arts et Métiers 14

Eingang: 60, rue Réaumur, www.arts-et-metiers.net, Di–So 10–18 Uhr, Do bis 21.30 Uhr, Eintritt 6,50 €, erm. 4,50 €

In der Kirche Saint-Martin-des-Champs, dem ungewöhnlichsten Museumsbau in Paris, schweben Doppeldecker über alten Limousinen, doch lange Jahrzehnte wollte die Veteranen der Flug-

Louvre und Centre Pompidou

kunst kaum jemand sehen. Dann machte Umberto Ecos Bestseller das Foucaultsche Pendel zum Begriff, und plötzlich zogen eine Zeitlang Touristenströme durch das Museum.

Das zur Zeit der Französischen Revolution gegründete Museum besitzt musizierende Automatenpuppen des Mechanikers Vaucanson, die Rechenmaschine von Pascal, Instrumente aus dem Laboratorium von Lavoisier, die Dampfmaschine von Watt, daneben Webstühle, Kameras, Phonographen und viele andere Modelle, Werkzeuge und Apparate aus den Gründerjahren von Technik und Wissenschaft.

Centre Pompidou ! 15

www.centrepompidou.fr, tgl. 11–22 Uhr, Métro: Rambuteau, Hôtel de Ville, Châtelet-Les Halles.
Musée d'Art Moderne: Mi–Mo 11–21 Uhr, Eintritt 12 €, erm. 9 €, unter 26 Jahren frei (außer Sonderausstellungen)

Als das Centre Pompidou 1977 seine Tore dem Publikum öffnete, wurde über seine Industrie-Ästhetik heftig gestritten. Der Entwurf von Renzo Piano und Richard Rogers sorgte zunächst für Entsetzen oder Spott bei vielen Parisern. Die nach außen verlegten, bunt lackierten Versorgungsrohre für Wasser, Belüftung, Elektrizität ließen an eine Raffinerie denken, die gigantischen Ausmaße den 42 m hohen und 166 m langen Koloss in der historisch gewachsenen Umgebung des Hallenviertels nur um so fremdartiger wirken. Heute gilt die ›Kulturfabrik‹ als eines der Wahrzeichen von Paris und auch quantitativ hat sie sich zu einem riesengroßen Erfolg entwickelt: Prognostiziert waren 7000 Besucher pro Tag, im Schnitt kamen über 25 000.

Die Originalität des Centre Pompidou besteht in seiner pluralistischen Ausrichtung, mit einer großen öffentlichen Bibliothek, dem Zentrum für industrielles Design (CCI), dem Institut zur Erforschung von Akustik und Musik (IRCAM), einer gut sortierten Kunstbuchhandlung, einem Programmkino sowie Kinderateliers. Außerdem finden viele Ausstellungen, Performances, Aufführungen und Debatten statt. Vom Werkstattcharakter des Kulturzentrums profitieren sicher eher die Pariser, Touristen genießen die Aussichtsplattform, das futuristisch designte Restaurant »Georges« in der fünften Etage und den Blick aus den raupenartigen Plexiglasröhren, in denen Rolltreppen außen am Gebäude hochführen, auf das Häusermeer von Paris (kostenpflichtig, 3 €).

Rund um das Centre Pompidou

Aushängeschild des Centre Pompidou ist das **Musée d'Art Moderne,** das beim Umbau deutlich Platz gewann und auf rund 14 000 m^2 Kunst des 20. Jh. zeigt. Die Sammlung, in der alle wichtigen Strömungen und Schulen von Fauvismus über Kubismus, Futurismus, Dadaismus und Surrealismus bis in die Gegenwart vertreten sind, gilt als eine der bedeutendsten der Welt. 1905, dort wo das Musée d'Orsay den zeitlichen Schlusspunkt für seine Sammlung setzt, schließt das Museum für moderne Kunst an.

Unter den rund 1400 Werken, die zusammen einen großartigen Abriss des 20. Jh. bieten, sind Künstler vertreten wie Francis Bacon, Joseph Beuys, Christian Boltanski, Constantin Brancusi, Georges Braque, Daniel Buren, Alexander Calder, Otto Dix, Jean Dubuffet, Max Ernst, Wassily Kandinsky, Anselm Kiefer, Paul Klee, Yves Klein, Fernand Léger, Henri Matisse, Joan Miró, Pablo Picasso, Jackson Pollock, Gerhard Richter, Mark Rothko, Niki de Saint-Phalle, Christian Schad, Julian Schnabel, Richard Serra, Jean Tinguely. Die Hängung respektiert die Chronologie, allerdings zum Teil mit überraschenden visuellen Dialogen, frappierenden Kontrasten und Korrespondenzen. Zum neuen Konzept des Museums gehört es, die Sammlung regelmäßig durch das Auswechseln von Werken zu beleben.

Der große Platz vor dem Centre Pompidou ist ein beliebter Treffpunkt

Louvre und Centre Pompidou

Fontaine Stravinsky [16]
Die Fontaine Stravinsky entzückt alle Kinder und nicht nur sie: Die Metallskulpturen von Jean Tinguely (1925–1991) und die bunten Figuren von Niki de Saint-Phalle (1930–2002) sind ständig in Bewegung, sprühen Wasser, trüben die Luft mit einem Schleier und erfrischen bei Wind auch schon mal die Gäste auf den benachbarten Caféterrassen. Der fröhliche Brunnen des Künstlerpaares ist Werken des russischen Komponisten gewidmet.

Forum des Halles [17]
www.forum-des-halles.com, Mo–Sa 10–20 Uhr, Teile bis 2014 im Umbau
Das Forum des Halles, ein über vier Etagen in die Tiefe gebautes Einkaufszentrum, wurde an der Stelle des »Bauchs von Paris« erbaut: Rund 800 Jahre, seit dem 12. Jh., befand sich hier der Pariser Großmarkt. Mitte des 19. Jh. wurden hier von Victor Baltard Markthallen in elegant-filigraner Eisenarchitektur errichtet. Dem pittoresken Marktleben hat Émile Zola 1873 in seinem Roman »Der Bauch von Paris« ein literarisches Denkmal gesetzt: Metzger mit blutigen Schürzen und kräftige Lastenträger, die legendären *forts des Halles*, die ganze Rinderhälften wuchteten, Fuhrleute und Fischweiber. Verkehrsprobleme bescherten dem Markt das Aus: Weil die engen Straßen des Viertels den ständig wachsenden Lieferverkehr nicht mehr bewältigten, musste der Großmarkt Ende der 1960er-Jahre nach Rungis umziehen, vor die Tore der Stadt. Mit ihm verschwanden auch die typischen Marktbistros, in denen Zwiebelsuppe oder gegrillte Schweinsfüße rechtschaffenen Hunger stillten. Zwar hätte der Großmarkt nicht im Stadtzentrum bleiben können, doch dass die alten Markthallen abgerissen wurden, ist einer der bedauerlichsten architektonischen Verluste der Stadt.

Das 1979 eingeweihte Forum des Halles mit den gewölbten Spiegelfassaden ist dagegen architektonisch gründlich misslungen. Zum Glück ist das meiste trichterförmig in die Erde versenkt, die Fläche darüber wurde begrünt. Durch die auf Billigklamotten, Wohnnippes und Fastfood orientierte, schon sehr heruntergekommene Shoppingmall schieben sich gewaltige Menschenmengen – nicht zuletzt, weil sich darunter der labyrinthische Umsteigebahnhof Châtelet-Les Halles erstreckt.

Mehrere Kinos, ein Hallenbad und eine Fnac-Filiale gehen in der Masse der Jeansboutiquen fast unter. Auch rund um das Einkaufszentrum haben sich Läden und Bistros auf Vorstadtkids und Touristen eingestellt – mit jeder Menge Fastfood, Postkarten, CDs, Souvenirs, T-Shirts, Sonnenbrillen und anderen für den jeweiligen Look erforderlichen Accessoires.

Mein Tipp

Für Koch-Enthusiasten
Bei E. Dehillerin [18] in der Rue Coquillère, seit 1820 Spezialist für Küchengeräte aller Art, sind ambitionierte Hobbyköche fast im Paradies. Der Laden ist vollgestopft mit Kupferpfannen, Wiegemessern und Spezialwerkzeug. Auch ganz altmodische Dinge gibt es, die man sonst nirgends mehr auftreiben kann, und riesige Größen, Schöpflöffel wie Fußbälle und Kochtöpfe für Hundertschaften.
E. Dehillerin: 18, rue Coquillère, Métro: Les Halles (M4), www.e-dehillerin.fr, Mo 9–12.30, 14–18, Di–Sa 9–18 Uhr (s. S. 42).

Das **Forum des Images** (www.vdp.fr), die Pariser Videothek, ist ein einzigartiges Gedächtnis der Stadtgeschichte – das Archiv besitzt mehr als 6500 Filme mit Paris als Thema oder Drehort, von Spiel- und Werbefilmen über Dokumentationen bis zu alten Wochenschauberichten und Fernsehsendungen. Nachmittags und abends werden in den Vorführsälen thematische Reihen gezeigt, etwa Filme aus Québec, schwul-lesbische Filme, Dokumentarfilme, daneben gibt es Festivals und Themenschwerpunkte wie Mai 1968 oder Väter und Söhne im Film.

Bourse de Commerce [18]
Die Bourse de Commerce, eine Rotunde mit Metallkuppeldach vom Ende des 19. Jh., ist Sitz der Pariser Warenbörse. Einst stand hier ein Palais von Katharina de Medici, von dem nur eine 31 m hohe Säule erhalten blieb, die dem Hofastrologen als Sternwarte gedient haben soll.

Saint-Eustache [19]
Saint-Eustache ist die zweitgrößte Kirche der Stadt und vielleicht auch die zweitschönste. In der Übergangszeit von Gotik zu Renaissance im 16./17. Jh. erbaut, wirkt sie festlicher, nicht ganz so streng wie die gotischen Kathedralen. Hier fanden die Trauerfeiern für Colbert, Molière und Mozarts Mutter statt, im 19. Jh. führte Berlioz hier sein »Te Deum« auf, Liszt erlebte die Uraufführung seiner »Missa Solemnis – Graner Messe«. Heute finden häufig Kirchenmusik-Konzerte in Saint-Eustache statt, bei denen die gewaltige Orgel die Hauptrolle spielt. Die farbenprächtige Skulptur von Raymond Mason, »Der Auszug von Obst und Gemüse aus dem Herzen von Paris«, ist eine wehmütige Erinnerung an das Marktleben von einst.

An der Südseite der Kirche liegt ein 70 t schwerer Kopf seitlich auf seinem Ohr – die Plastik von Henri de Miller animiert alle Kinder zum Klettern. In der Rue Coquillère findet sich eines der letzten Hallenrestaurants, das rund um die Uhr geöffnete **Pied de Cochon**; Nachbar ist **Déhillerin** [13], ein altmodischer Laden für Gastronomiebedarf, der Hobbyköche glücklich macht (s. S. 206). Modebewusste stöbern noch in einem der Läden von **Agnès B.** [14] in der Rue du Jour, Müde wählen eine Caféterrasse für eine Verschnaufpause mit Ausblick auf das Forum des Halles und den Betrieb rundherum.

Am Hôtel de Ville

Hôtel de Ville [20]
Das Pariser Rathaus (Hôtel de Ville) ließ François I. Anfang des 16. Jh. im Stil der Renaissance erbauen. Bei seinen Feldzügen nach Oberitalien hatte der König diesen neuen Kunststil kennengelernt. Er verpflichtete italienische Baumeister und Künstler, unter anderen auch Leonardo da Vinci; mit dem Bau des Hôtel de Ville beauftragte er den Architekten Domenico von Cortona. 1871 wurde das Rathaus von den Kommunarden niedergebrannt, aber schon bald darauf wieder aufgebaut, wenn auch ins Bombastische vergrößert (der Originalbau entsprach nur etwa dem heutigen Mittelteil).

Genau 18 Jahre lang war Staatspräsident Jacques Chirac Bürgermeister von Paris, dann residierte hier weitere sechs Jahre (1995–2001) sein Parteifreund Jean Tiberi. Nach 23 Jahren ein linker Bürgermeister in Paris – das kam einem Erdrutsch gleich: Seit Bertrand Delanoë (PS) 2001 in das Rathaus einzog, hat sich die Stadtpolitik gründlich geändert. Mit den Vélib-Rädern ist sie ökologischer geworden, und obendrein auch bürgernäher und transparenter.

Louvre und Centre Pompidou

Tour Saint-Jacques **21**

Die spätgotische Tour Saint-Jacques (16. Jh.) ist der einzige Rest einer heute nicht mehr existierenden Kirche. Vermutlich blieb sie auch nur deswegen erhalten, weil ein findiger Fabrikant von oben herab Blei in Wasser tropfen ließ, um so Schrotkügelchen herzustellen. Saint-Jacques-de-la-Boucherie, die Kirche der Metzgerinnung, war einst Sammelplatz für Jakobspilger auf dem Weg nach Santiago und wurde während der Französischen Revolution zerstört.

Essen & Trinken

Logenplatz am Louvre – **Café Marly** **1**: 93, rue de Rivoli, s. S. 39.
Eine Institution – **Angelina 2**: 226, rue de Rivoli, s. S. 40.
Traditionell – **Le Rubis 3**: 10, rue du Marché Saint-Honoré, Métro: Tuileries (M1) oder Pyramides (M7, M14), Mo–Fr 7–22, Sa 9–16 Uhr, Plat du jour um 20 €. Sehr pariserisch: Mittags sorgt die bunte Mischung der Gäste für eine lebhafte Stimmung, Fässer auf der Straße erweitern im Sommer den Schankraum.
Versteckte Oase – **Muscade 4**: 36, rue de Montpensier, Métro: Palais-Royal (M1, M7), Di–So 10–19 Uhr. Teesalon in der versteckten Oase im Garten des Palais-Royal (mittags Restaurant) mit köstlichem Schokoladen- und Rhabarberkuchen. Schön zum Draußensitzen!
Prachtvoll – **Le Grand Véfour 5**: 17, rue de Beaujolais, s. S. 33, 199.
Aus aller Welt – **Willi's Wine Bar 6**: 13, rue des Petits-Champs, Métro: Pyramides (M7, M14), www.williswinebar.com, Bar Mo–Sa 12–24 Uhr, Küche 12–14.30, 19–23 Uhr, Menü ab 20 € (mittags) bis 32 €. Von Engländern geführtes geselliges Weinbistro, kosmopolitisches Publikum und Weine.
Trendy – **Macéo 7**: 15, rue des Petits-Champs, s. S. 36.

Filmreif – **Le Grand Colbert 8**: 4, rue Vivienne, Métro: Bourse (M3), Tel. 01 42 86 87 88, www.legrandcolbert.fr, tgl. 12–1 Uhr, Menü 27 €, à la carte 45 €. Denkmalgeschützte Brasserie aus dem Jahr 1880 in der Galerie Colbert, Mosaiken, Fresken, der große Tresen und der hohe Raum ergeben ein eindrucksvolles Ambiente. Auf der Karte: Fisch und Fleischgerichte, vor allem Brasserie-Klassiker von *tête de veau* bis *choucroute.* Diane Keaton, Keanu Reeves und Jack Nicholson essen hier im Film »Was das Herz begehrt«.
Wie in alten Zeiten – **Chez Georges 9**: 1, rue du Mail, s. S. 37.
Charmant – **A Priori Thé 10**: 35–37, Galerie Vivienne, Métro: Bourse (M3), Mo–Fr 9–18, Sa 9–18.30, So 12–18.30 Uhr. Schicker Salon de thé in der eleganten Galerie Vivienne, fernab vom Verkehr. Mittags Gerichte wie Tarte Cantal (mit Cantal-Käse aus der Auvergne) und Salate, nachmittags zum Tee Brownies und Muffins, Sa und So Brunch.
Bistroküche – **Aux Crus de Bourgogne 11**: 3, rue Bachaumont, s. S. 36.
Botschaft des Zentralmassivs – **Ambassade d'Auvergne 12**: 22, rue du Grenier Saint-Lazare, s. S. 34.
Modernes Literatencafé – **Café Beaubourg 13**: 100, rue Saint-Martin, s. S. 39.

Einkaufen

Wertvolle Kunst – **Louvre des Antiquaires 1**: 2, place du Palais Royal, s. S. 41.
Vintage – **Didier Ludot 2**: 20–24, Galerie Montpensier, s. S. 44, 199.
Japanisch – **Shiseido 3**: 142, Galerie de Valois, s. S. 46, 199.
Kult, häufig kopiert – **Colette 4**: 213, rue Saint-Honoré, s. S. 42.
Parfüm & Beauty – **Annick Goutal 5**: 14, rue de Castiglione, s. S. 46.
Stylish – **Comme des Garçons Parfum 6**: 23, pl. du Marché St-Honoré, s. S. 46.

Adressen

Unkonventionelle Mode – **Jean Paul Gaultier** `7`: 6, Rue Vivienne, s. S. 45.
Multikulti – **Kenzo** `8`: 3, place des Victoires, s. S. 45.
Puristisch – **Yohji Yamamoto** `9`: 45–47, rue Etienne Marcel, s. S. 45.
Kochkunst – **Librairie Gourmande** `10`: 92–96, rue Montmartre, s. S. 42.
Bücher und Multimedia – **Fnac** `11`: Forum des Halles, s. S. 42.
Bunt & schrill – **JC de Castelbajac** `12`: 10, rue Vauvilliers, s. S. 45.
Für Hobbyköche – **E. Dehillerin** `13`: 18, rue Coquillère, s. S. 42, 206.
Vielseitig weiblich – **Agnès B.** `14`: Mehrere Läden in der Rue du Jour bei Saint-Eustache, s. S. 44, 207.
Dessous – **Princesse Tam-Tam** `15`: 5, rue Montmartre, Métro: Les Halles (M4), Mo 14–19, Di–Sa 10.30–19 Uhr, www.princessetamtam.com. Filialist mit hübschen und erschwinglichen Dessous, Bikinis, Badeanzügen, Nachthemden und Pyjamas.
Alles von der Gans – **Comptoir de la Gastronomie** `16`: 34, rue Montmartre, Métro: Les Halles (M4), www.comptoir-gastronomie.com, Di–Sa 9–20, So, Mo 9–19 Uhr. Alteingesessener Spezialist für Gänseleberpastete (Foie gras) und andere Produkte Südwestfrankreichs. Mittagstisch im kleinen Restaurant.
Hippe City-Mode – **Barbara Bui** `17`: Rue Étienne-Marcel, s. S. 44.
Delikatessen – **Pâtisserie Stohrer** `18`: 51, rue Montorgueil, s. Lieblingsort S. 210.
Trendboutique – **Marc de Marc Jacobs** `19`: 19, place du Marché Saint-Honoré, s. s. 45.

Abends & Nachts

Paris gilt als eine der Jazz-Metropolen Europas. In der **Rue des Lombards** nahe Centre Pompidou finden sich gleich mehrere Jazz-Lokale, s. S. 53

Neokolonial – **Le Fumoir** `1`: 6, rue de l'Amiral-de-Coligny, s. S. 48, 198.
Starck-Design – **Kong** `2`: 1, rue du Pont Neuf, Métro: Pont Neuf (M7) oder Châtelet (M1, M4, M7, M11), www.kong.fr, tgl. 10.30–2 Uhr. Schickes Dachrestaurant und Bar unter einer Glaskuppel im Kenzo-Gebäude gegenüber dem ehemaligen Kaufhaus Samaritaine, in dem es neben dem Kenzo-Flagshipstore auch ein luxuriöses Day Spa gibt. Die Ausstattung des Desgnlokals stammt von Philippe Starck, der hier viel mit japanischen Elementen gearbeitet hat. Empfehlenswert ist der Laden auch wegen der Aussicht – am besten man kommt mittags auf einen Salat oder abends auf einen Drink.
Marokkanisch – **Le Comptoir Paris-Marrakech** `3`: 37, rue Berger, Métro: Châtelet-Les Halles (M1, M4, M7, M11), So–Do 12–2, Fr, Sa 12–3 Uhr. Das Szenecafé mögen Models und Filmleute. Von der Terrasse hat man einen guten Blick auf die Kirche Saint-Eustache und die Grünanlage über dem Einkaufszentrum Forum des Halles. Menükarte und Interieur sind marokkanisch inspiriert.
Very british – **The Frog & Rosbif** `4`: 116, rue Saint-Denis, Métro: Etienne Marcel (M4), tgl. 12–2 Uhr, www.frogpubs.com. Im Pub in der Fußgängerzone Rue Saint-Denis werden Guinness und Biere mit kuriosen Namen (Inseine, Darc de Triomphe, Parislytic) gezapft, dazu laufen Rugby-, Cricket- und Fußball-Übertragungen auf den Fernsehbildschirmen. Es gibt noch eine Filiale Frog & Princess in Saint-Germain, 9, rue Princesse.
Im türkischen Bad – **Les Bains Douches** `5`: 7, rue du Bourg-l'Abbé, s. S. 49.
Raucherclub – **Chacha Club** `6`: 47, rue Berger, s. S. 48.
Tanztheater – **Théâtre de la Ville** `7`: 2, place du Châtelet, s. s. 50.

Lieblingsort

Rue Montorgueil
In der Rue Montorgeuil, die von der Kirche Saint-Eustache leicht nach Sentier ansteigt, ist der bunte Straßenmarkt, der letzte Überrest des alten Hallenviertels, geschäftig wie eh und je. Neben Händlern für Meeresfrüchte, Käse und Foie Gras ist die Pâtisserie Stohrer in einem denkmalgeschützten Laden mit verspiegelten Wänden und Art-déco-Kacheln ein besonderer Tipp. Die Spezialität ist hier Puits d'amour, ein Kuchen nach einem Rezept aus dem 18. Jh., und die Croissants wurden gar zu den besten der Hauptstadt gekürt.
Pâtisserie Stohrer 18: 51, rue Montorgueil, Métro: Etienne-Marcel (M4) oder Sentier (M3), www.stohrer.fr, tgl. 7–20.30, So ab 7.30 Uhr, die beiden ersten Wochen im Aug. geschl.

Das Beste auf einen Blick

Champs-Élysées und Opéra

Auf Entdeckungstour

Unter dem Pflaster von Paris – die neue Métro: Von den Jugendstileingängen bis zu komplett von Künstlern gestalteten Bahnhöfen – unter- und oberirdisch ist viel Kunst in der Métro zu entdecken. Und zunehmend verkehrt die Métro als Geisterbahn – einen Fahrer benötigt die Météor-Linie von der Gare Saint-Lazare zur Gare de Lyon nicht mehr, und seit 2010 fährt auch Linie 1 vollautomatisiert. S. 228

Kultur & Sehenswertes

Petit Palais: Eine kleine Sammlung von Kunst aus dem 19. Jh. 3 S. 218

Pont Alexandre III: Die zur Weltausstellung 1900 erbaute Brücke schwelgt in üppigem Dekor. 4 S. 218

Aktiv & Kreativ

Arc de Triomphe: Man kann dem Triumphbogen aufs Dach steigen! Es belohnt der Blick auf die Champs-Élysées und auf das berühmte Pariser Grau der Dächer und Häuser. Das Innere wurde kürzlich renoviert und mit viel Multimedia zur Geschichte der Triumphbögen aufgepeppt. 1 S. 214

Joggen im Parc Monceau: Der Park im exklusiven 8. Arrondissement mit seinen großbürgerlichen Altbauten ist die grüne Oase im Norden der Stadt. S. 219

Genießen & Atmosphäre

Champs-Élysées: Die schönste Avenue der Welt lädt zum Bummeln und Flanieren ein. S. 214

Place de la Madeleine: Feinkostgeschäfte, Kaviar-, Senf, Trüffel- und Honigspezialisten reihen sich hier aneinander. S. 226

Abends & Nachts

Lido: Die klassische Pariser Revue. 1 S. 55, 227

Opéra Garnier: Ballettinszenierungen von Weltrang. 12 S. 222

Bar du Plaza Athénée: Hotelbars sind wieder im Kommen. 4 S. 227

Prächtige Avenuen, elegante Boulevards

Paris als »Hauptstadt des 19. Jahrhunderts« hatte andere Treffpunkte der mondänen und literarischen Welt als die Gegenwart – die Champs-Élysées, die Oper, die großen Boulevards und die Passagen mit überdachten Geschäftsstraßen. Vom Arc de Triomphe bis zur Place de la Concorde verläuft die berühmte Prachtstraße von Paris, deren Name weltweit nach Luxus und Eleganz klingt. Und in den Seitenstraßen wie Avenue Montaigne und Avenue George V reihen sich auch tatsächlich die Parfümerien und Modehäuser der Haute Couture aneinander.

Das 8. Arrondissement insgesamt gilt als teures Pflaster. Die Mixtur aus vornehmen Galerien, ausländischen Botschaften und eleganten Einkaufsstraßen mit luxuriösen Geschäften verleiht dem Viertel weltstädtische Noblesse. Mittendrin liegt der Élysée-Palast, die Residenz des französischen Staatspräsidenten.

Infobox

Reisekarte: ▶ H–O 6–8

Informationen
Office de Tourisme: Avenue des Champs-Élysées, Ecke Avenue de Marigny, Métro: Champs-Élysées-Clémenceau (M1, M13), April–Okt. 9–19 Uhr.

Ausgangspunkt
Startpunkt ist die Place Charles de Gaulle Étoile, die nächstgelegene Métro-Station Charles de Gaulle Étoile (M1, M2, M6) befindet sich gleich dort.

Von der alten Oper im Palais Garnier ziehen sich halbkreisförmig die Boulevards durch Paris. An der Stelle alter Stadtbefestigungen angelegt, waren die großen Boulevards um 1900 Flaniermeile für Tout-Paris und mit betriebsamen Cafés, Theatern und später Kinos Zentrum des städtischen Nachtlebens. Heute sind sie überlastete Verkehrsadern und haben viel von ihrem Glanz verloren. Die eleganten Boutiquen wanderten schon in den 1950ern ab, doch versteckte Passagen, in denen die Zeit stehen blieb, und auch die berühmten großen Kaufhäuser lohnen den Abstecher.

Champs-Élysées

Arc de Triomphe [1]
http://arc-de-triomphe.monuments-nationaux.fr/, April–Sept. tgl. 10–23, Okt.–März tgl. 10–22.30 Uhr, Eintritt 9 €, erm. 5,50 €
Den Arc de Triomphe ließ Napoléon 1806 nach dem Sieg von Austerlitz gegen Österreich und Russland zu Ehren der Grande Armée errichten, doch erst 1836 war der mächtige Bogen fertiggestellt. Als künstlerisch bedeutendstes der vier Reliefs gilt der »Auszug der Freiwilligen von 1792« von François Rude (1784–1855) am nordöstlichen Pfeiler, das auch »La Marseillaise« genannt wird.

Seit 1920 erinnert unter dem Bogen das Grabmal des unbekannten Soldaten an die Toten des Ersten Weltkriegs. Dass im Zweiten Weltkrieg deutsche Truppen um dieses nationale Symbol der Grande Nation marschierten, machten 1944 erst die triumphale

Champs-Élysées

Symbol für Triumph und Größe der französischen Nation – Arc de Triomphe

Rückkehr von General de Gaulles aus dem britischen Exil und die Befreiungsfeiern wieder wett.

Von der Dachterrasse in 50 m Höhe erkennt man in der Ferne den mehr als doppelt so hohen neuen Triumphbogen inmitten der Wolkenkratzerskyline von La Défense (s. S. 276), der die Achse vom Louvre über die Champs-Élysées bis hinter den Périphérique verlängert und einen (vorläufigen) Schlusspunkt setzt. Von hier oben wird auch deutlich, warum der Platz früher Place de l'Étoile hieß: sternförmig treffen zwölf Avenuen aufeinander.

Avenue des Champs-Élysées

Bis in die 1960er-Jahre galten die Champs-Élysées zu Recht als ›schönste Avenue der Welt‹: Die breiten Bürgersteige der Allee waren gesäumt von klangvollen Namen der Haute Couture und der Finanz, den großen Premierenkinos und mondänen Restaurants. Zugleich war die Avenue ›Schaufenster der Nation‹: Hier findet traditionell die Militärparade am 14. Juli statt, in einem Meer von blau-weiß-roten Trikoloren, hier ist umjubelter Zieleinlauf von Tour de France und Paris-Marathon, hier wird ausländischen Staatsoberhäuptern lichterstrahlender Luxus vorgeführt, und Silvester strömen Tausende von Menschen auf die Straße, um den Beginn des neuen Jahres zu feiern.

Seither war die Pariser Prachtavenue heruntergekommen, nur noch Fastfoodketten und Fluggesellschaften

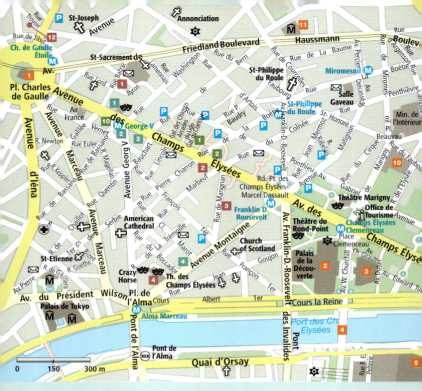

Champs-Élysées und Opéra

Sehenswert
1. Arc de Triomphe
2. Grand Palais
3. Petit Palais
4. Pont Alexandre III
5. Assemblée Nationale
6. Galerie Royale
7. Cité Berryer
8. Galerie de la Madeleine
9. Sainte Marie Madeleine
10. Palais de l'Élysée
11. Musée Jacquemart-André
12. Opéra Garnier
13. Passage des Panoramas
14. Passage Jouffroy
15. Passage Verdeau
16. Musée Grévin

Essen & Trinken
1. Pierre Gagnaire
2. L'Atelier Renault
3. Spoon at Marignan
4. Maison Blanche
5. L'Ardoise
6. Ladurée
7. Café de la Paix
8. Aux Lyonnais
9. Racines
10. L'Arbre à Cannelle
11. Chartier
12. Guy Savoy

Einkaufen
1. Furla
2. Virgin Megastore
3. Maison de la Truffe
4. Hédiard
5. Hermès
6. Comme des Garçons
7. Cour aux Antiquaires
8. Au Printemps
9. Galeries Lafayette
10. Louis Vuitton

Abends & Nachts
1. Lido
2. Barfly
3. Fouquet's
4. Bar du Plaza Athénée
5. Buddha Bar
6. Harry's New York Bar

216

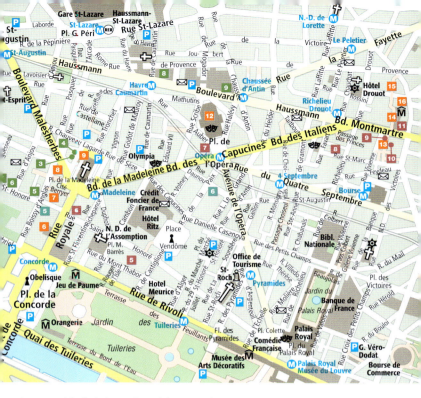

konnten sich die hohen Mieten leisten. Eine endlose Blechlawine hatte die Straße erobert, Touristen und Wochenendinvasionen jugendlicher Vorstädter die Bürgersteige. Dank einer aufwendigen Verschönerungskampagne erlebten die Champs-Élysées jedoch eine Renaissance: Grelle Leuchtreklame und aufdringliche Werbeplakate wurden verboten, die Bürgersteige verbreitert und die parkenden Autos in Tiefgaragen verbannt, neue Bäume gepflanzt und Laternen, Bänke, Kioske von Stararchitekt Jean-Michel Wilmotte im Stil der Belle Époque ›erneuert‹.

Schon seit der Jahrhundertwende gilt die 1899 eröffnete **Brasserie Fouquet's** 3 als Prominententreff – Ettore Bugatti und Winston Churchill, Marlene Dietrich und Sarah Bernhardt, Jean Gabin und Raimu, Marcel Pagnol und François Truffaut zählten zu den Gästen. Als das legendäre Lokal geschlossen werden sollte, sorgten Stammgäste wie Jean-Paul Belmondo und der Literaturpapst Bernard Pivot dafür, dass es unter Denkmalschutz gestellt wurde. Die Terrasse an der Ecke zur Avenue George V ist wieder ein Ort zum Sehen und Gesehenwerden. Spezialität ist der Cocktail César, der hier erfunden wurde.

Auf der anderen Straßenseite treten im **Revuetheater Lido** 1 die Bluebell-Girls in Strass und Straußenfedern mit blankem Busen und perfektem artistischem Können auf. Die jeweils zwei Shows pro Abend sind jedoch garan-

217

Champs-Élysées und Opéra

tiert jugendfrei. Auch wenn 500 000 Zuschauer pro Jahr für einen gefüllten Saal sorgen, lässt der hohe Aufwand – rund 10 Mio. Euro – für Bühnenausstattung, Lichtanlage, Spezialeffekte und Kostüme trotzdem nur alle drei, vier Jahre ein neues Spektakel zu.

Der **Virgin Megastore** 2 bezog die Räume einer ehemaligen Bank, groß und marmorn wie ein Palasthotel. Die große Auswahl an CDs, Videos und anderen Medien und die Öffnungszeiten bis Mitternacht locken jeden Tag Tausende von Kunden an.

Avenue Montaigne

Die vornehme Avenue Montaigne ist für die oberen Zehntausend das Mekka der Mode. Ein großer Name der Haute Couture reiht sich an den anderen: Givenchy, Dior, Balmain, Versace, Ungaro, Valentino, Courrèges. In den Schaufenstern gibt es selbstverständlich keine Preisschilder – Understatement, Exklusivität und Diskretion heißt die Devise der Haute Couture.

Nach dem Luxusshopping kann man sich in der Hotelbar des **Plaza Athénée,** einem der größten Pariser Luxushotels, einen schicken Drink genehmigen. Oder man diniert im eleganten Dachrestaurant **Maison Blanche** 4: Der postmoderne Restaurant-Aufbau, der auf das **Théâtre des Champs-Élysées** gesetzt wurde, hat viele Kritiker, doch der Blick durch die riesigen Glasfenster auf Paris begeistert die Gäste.

Rund um Grand und Petit Palais

Grand Palais 2
Variierende Öffnungszeiten, siehe www.grandpalais.fr
Grand Palais und Petit Palais entstanden zur Weltausstellung im Jahr 1900.

Seit der Gründung dieser Schauveranstaltungen für Fortschritt, Industrie und Technik Mitte des 19. Jh. richtete Paris 1855, 1867, 1878, 1889, 1900 und 1937 Weltausstellungen aus. In der Regel werden die provisorischen Bauten rasch wieder abgebaut, in Paris haben jedoch einige – allen voran der Eiffelturm – die Stadt bleibend geprägt.

Das Grand Palais entstand als damals fortschrittliche Eisenkonstruktion, der eine historische Steinfassade vorgeblendet wurde. Die riesige Glaskuppel, eine beeindruckende Konstruktionsleistung, verleiht dem Bauwerk eine überraschende Leichtigkeit. Seit langem wird das restaurierte Grand Palais für große Kunstausstellungen genutzt: Poussin, Gauguin, Renoir, Cézanne, Toulouse-Lautrec und Matisse/Picasso zogen Hunderttausende von Besuchern an. Außerdem finden hier auch Messen wie die Biennale des Antiquaires (Antiquitäten) statt.

Petit Palais 3
www.petit-palais.paris.fr, Di–So 10–18 Uhr außer Fei, Sonderausstellungen auch Do bis 20 Uhr, Dauerausstellungen Eintritt frei
Das Petit Palais mit Neorokoko-Fassade gleich gegenüber zeigt kostenlos eine Sammlung städtischen Kunstbesitzes aus Schenkungen von privater Hand sowie Wechselausstellungen. Zu den permanenten Exponaten gehören Gemälde von Cézanne, Courbet, Delacroix, Ingres, Manet, Sisley und anderen sowie Skulpturen und Kunstobjekte wie Jugendstilvasen. Nach der Restaurierung des Gebäudes hat das Museum an Fläche gewonnen und lässt viel Tageslicht in die Ausstellungsräume.

Pont Alexandre III 4
Der Pont Alexandre III an der Esplanade des Invalides, ein einziger ele-

Place de la Concorde

Mein Tipp

Parc Monceau ▶ K 5
Im exklusiven 8. Arrondissement teilen sich Jogger und fein ausstaffierte, adrette Kinder der Großbourgeoisie die Wege des hübschen Parks. Unter Aufsicht ihrer Au-Pair-Mädchen werden sie hier zum Spielen ausgeführt.
Ende des 18. Jh. hatte Philippe d'Orléans, Herzog von Chartres, nahe dem Dorf Monceau einen Park nach englischem Vorbild anlegen lassen, damals »Folie de Chartres« genannt. Voller ›Verrücktheiten‹ *(folies)* wie Tempelchen, Pagoden, Ruinen und Grotten war der ›Garten der Illusionen‹ tatsächlich, erhalten sind jedoch nur eine Kolonnade am See und eine Pyramide. Mitte des 19. Jh. ließ Baron Haussmann den Parc Monceau um die Hälfte verkleinern und mit hohen schmiedeeisernen, üppig vergoldeten Gittern umgeben.
»Hier ist es hübsch. Hier kann ich ruhig träumen. Hier bin ich Mensch«, beginnt das Gedicht »Park Monceau« von Kurt Tucholsky, der Ende der 1920er-Jahre in Paris lebte. Noch heute wird man ihm zustimmen.

ganter Bogen über die Seine, ist ein Meisterwerk der Ingenieurkunst und zugleich die pompöseste Brücke der Stadt. Das üppige Dekor mit Kandelabern und Putten steht ganz im Zeichen der Belle Époque. Gebaut wurde die Brücke anlässlich der Weltausstellung im Jahr 1900 – heute ist sie ein beliebtes Fotomotiv, wie zum Beispiel mit dem Glasdach des Grand Palais im Hintergrund.

Place de la Concorde

Anders als die geschlossenen Platzanlagen der Place Vendôme, Place des Victoires und Place des Vosges ist die Place de la Concorde eine weite, offene Fläche. Als einzige Gebäude direkt am Platz flankieren das Luxushotel Crillon und das Marineministerium, beide im Louis-XV-Stil erbaut, die Rue Royale. Der Mitte des 18. Jh. angelegte Platz eröffnet zwei Blickachsen – in Ost-West-Richtung zwischen Louvre und Arc de Triomphe, in Nord-Süd-Richtung zwischen Madeleine-Kirche und Palais Bourbon.

In der Französischen Revolution stand auf dem Platz bis Juni 1794 die Guillotine; über 1300 Bürger wurden allein hier hingerichtet, 1793 auch Louis XVI. und Königin Marie Antoinette sowie schließlich die Revolutionäre Robespierre und Saint-Just selbst. Der knapp 23 m hohe, 230 t schwere und rund 3000 Jahre alte Obelisk, den der Bürgerkönig Louis-Philippe 1831 als Geschenk von Ägypten erhielt, stammt aus dem Tempel von Pharao Ramses II. in Luxor. Allein der Transport nahm fünf Jahre in Anspruch, und zur (technisch komplizierten) Aufstellung eilten rund 200 000 Schaulustige herbei.

Im 19. Jh. wurde der Platz vom Kölner Architekten Jakob Ignaz Hittorf mit monumentalen Brunnen und Statuen neu gestaltet. Die Skulpturen der

Champs-Élysées und Opéra

beiden Brunnen, die für Fluss- und Meerschifffahrt stehen, stellen Rhein und Rhône, Atlantik und Mittelmeer dar, und die acht fülligen Frauenfiguren auf Sockeln sind allegorische Figuren für die französischen Städte Bordeaux, Brest, Lilles, Lyon, Marseille, Nantes, Straßburg und Rouen.

Jenseits der Seine bildet das **Palais Bourbon/Assemblée Nationale** 5 das Pendant zur Madeleine (s. S. 220). Unter Napoléon wurde dem Palast, der ursprünglich für die legitimierte Tochter von König Louis XIV. und Madame de Montespan, der Herzogin von Bourbon, erbaut worden war, eine klassizistische Tempelfassade vorgeblendet, die mit der Säulenfassade der Madeleine-Kirche korrespondiert. Seit dem Jahr 1918 tagen hier die Abgeordneten der Nationalversammlung (Assemblée Nationale).

Zum Boulevard Haussmann

Rue Royale
In der Rue Royale reihen sich mehrere luxuriöse Läden aneinander, darunter Baccara, Lalique und Christofle, die

Einer der beiden monumentalen Brunnen an der Place de la Concorde

Zum Boulevard Haussmann

kostbare Kristallgläser, Silber, Parfümflakons und Vasen führen. Die renommierte Porzellanfirma Bernardaud hat in der **Galerie Royale** 6, einer Passage zur Rue Boissy d'Anglas, ein elegantes Café eröffnet, mit hauseigenem Porzellan.

Auf der anderen Straßenseite ist der Teesalon **Ladurée** 6 ganz im Stil des Fin de siècle ausgestattet. Gleich um die Ecke, in der Rue du Faubourg Saint-Honoré, entwickelte sich der einstige Sattler **Hermès** 5 zum Luxusunternehmen mit verlockenden Schaufenstern und sündhaft teuren Tüchern und Taschen. Vor allem für japanische Paris-Besucherinnen ein Muss wie der Eiffelturm und der Louvre.

Die benachbarte **Cité Berryer** 7 ist keine überdachte Ladenstraße, sondern ein kopfsteingepflastertes Gässchen unter freiem Himmel mit einem Lokal und einer Handvoll schicker Geschäfte.

Die **Galerie de la Madeleine** 8, die zur Rue Boissy d'Anglas führt, ist noch nicht ›wiederentdeckt‹ worden – nachgedunkelte, abblätternde Fassaden stehen im Kontrast zu dem so eleganten wie teuren Gourmettempel direkt neben der Passage, dem Restaurant von Alain Senderens, einem der Sterne-Köche Frankreichs.

Sainte Marie Madeleine 9

Die Mitte des 19. Jh. fertiggestellte Madeleine-Kirche wirkt mit ihren Kolonnaden aus korinthischen Säulen wie ein griechischer Tempel; das Innere ist düster und feierlich. Von den Treppen vor dem Eingang geht der Blick zurück über die Rue Royale bis zur Assemblée Nationale.

Besonders für Feinschmecker lohnt es sich, die Kirche zu umrunden: Mit **Fauchon** und **Hédiard** 4 haben sich die beiden bekanntesten Pariser Delikatessengeschäfte am Platz niedergelassen, in beiden kann man auch kleine Gerichte essen oder Tee trinken. Daneben gibt es Läden, die sich auf Trüffel, Kaviar oder feine Pralinen spezialisiert haben. An der Ostseite der Kirche wird ein kleiner Blumenmarkt abgehalten; der Theaterkiosk vermittelt ermäßigte Karten für Vorstellungen am selben Abend.

Rue du Faubourg St-Honoré

Die Rue du Faubourg Saint-Honoré ist eine der teuersten und exklusivsten Pariser Einkaufsstraßen: Haute Couture und Accessoires von Hermès bis Tods, das Auktionshaus Sotheby's und Kunst-

221

Champs-Élysées und Opéra

galerien. 55, rue du Faubourg Saint-Honoré ist jedoch keine Adresse wie jede andere: Im **Palais de l'Élysée** 10 residiert seit 1873 der jeweilige Staatspräsident, seit 2007 ist Nicolas Sarkozy hier Hausherr. Der zu Beginn des 18. Jh. für den Adligen Henri de la Tour d'Auvergne erbaute Palast wird stets von den Nationalgardisten bewacht, einer Elitetruppe der Gendarmerie. Fußgänger dürfen nur den Bürgersteig der gegenüberliegenden Straßenseite benutzen. Zu besichtigen ist der Élysée-Palast am Tag der offenen Tür im September (s. S. 56).

Musée Jacquemart-André 11
www.musee-jacquemart-andre.com, Museum tgl. 10–18, Café 12–17.30 Uhr, Eintritt 10 €, Studenten und Kinder über 7 Jahre 8,50 €
Für das Musée Jacquemart-André lohnt sich der Abstecher zum Boulevard Haussmann. Das prächtige Stadtpalais aus dem 19. Jh. vermittelt die Atmosphäre einer privaten Residenz. Es präsentiert die Privatsammlung von Édouard André und Nélie Jacquemart, u. a. Werke der italienischen Renaissance, der flämischen Meister und der französischen Schule des 18. Jh. Beliebt: das Café im ehemaligen Esszimmer (11.45–17.30 Uhr, Formule Déjeuner 16,50 €).

Rund um die Oper

Opéra Garnier 12
Rue Scribe, Ecke Rue Auber, tgl. 10–17 Uhr, www.opera-de-paris.fr
1860 ließ Napoléon III. einen Architekturwettbewerb für eine neue Oper ausschreiben. Der junge, noch unbekannte Architekt Charles Garnier (1825–1898), der die Ausschreibung gewann, entwarf ein Gebäude im pompösen, überladenen Stil des Zweiten Kaiserreichs. Schon die monumentale Fassade des 1875 eröffneten Operngebäudes, Fluchtpunkt einer eigens angelegten Prachtstraße, stimmte das Publikum auf einen Abend in prunkvollem Rahmen ein.

Das große Foyer, die imposante Prachttreppe und der Zuschauerraum ganz in Rot und Gold boten dem Bürgertum Raum für mondäne Selbstdarstellung. Der erste Eindruck ist der opulenter Ausstattung und ostentativen Prunks – bunte Marmorverzierungen, Gemälde mit allegorischen Darstellungen, Skulpturen, Kristall-Lüster, viel Purpur und Gold. Garnier wurde durch das extravagante Opernhaus zum berühmten Architekten, das Gebäude zum Prototyp des Second-Empire-Stils.

Seit 1990 die neue Bastille-Oper den Spielbetrieb aufgenommen hat, ist das Palais Garnier mit rund 2100 Plätzen allerdings nur noch das kleine Haus für Opern und vor allem Ballett. Tagsüber kann man die Innenräume besichtigen. Für das 1964 entstandene De-

---

Mein Tipp

Panoptikum
Abends strömen die Opernbesucher in das Café de la Paix – vielleicht, weil auch hier das Paris des 19. Jh. in Dekor und Ambiente noch präsent ist. Einem geflügelten Wort zufolge sieht man die ganze Welt vorüberziehen, bleibt man nur lange genug sitzen.
Café de la Paix 7: 5, place de l'Opéra, Tel. 01 40 07 36 36, www.cafedelapaix.fr, Café-Bar ab 10 Uhr, Restaurant nur 12–15, 18–23.30 Uhr, Menü 72 €, kleine Meeresfrüchteplatte mit 14 Austern 37 €.

Rund um die Oper

Gebaut wie ein Opernhaus: die Galeries Lafayette

ckenbild hat sich Marc Chagall von Opern und Balletten inspirieren lassen, darunter Mozarts Zauberflöte und Strawinskys Feuervogel.

Printemps und Galeries Lafayette
Zwischen Gare Saint-Lazare und der Oper finden sich direkt nebeneinander gleich zwei Pariser Warenhäuser. Die farbenprächtige Glaskuppel des **Printemps** 8 überspannt das Self-Service-Restaurant in der obersten Etage. In der Modeabteilung findet man die neuesten Kollektionen internationaler Designer. Vom Dach des Kaufhauses bietet sich eine schöne Aussicht über die Kuppeln der Oper und die umliegende Dächerlandschaft.

223

Champs-Élysées und Opéra

Die **Galeries Lafayette** `9` sind der Star unter den Pariser Kaufhäusern, ein Paradies der Wareninszenierung. Verwirklicht ist hier die Idee vom Kaufhaus als Bühne – ähneln die Balkone rund um den 73 m hohen, von einer farbigen Jugendstilglaskuppel überwölbten Saal nicht überdeutlich Theaterlogen? Die Galeries Lafayette rühmen sich der größten Parfümerie der Welt, aber auch Mode-, Wäsche- und Accessoire-Abteilungen sowie die Geschirr- und Glas-Abteilung in **Lafayette Maison** (das Gebäude gegenüber) bieten eine große Auswahl.

Grands Boulevards

Die mit Bäumen bepflanzten und mit breiten Bürgersteigen versehenen Boulevards wurden zum Teil anstelle der alten Befestigungsanlagen, die im Zuge von Stadterweiterungen geschliffen worden waren, angelegt – das Wort Bollwerk, Bohlenwerk hat die gleiche etymologische Wurzel wie *boulevard.* In weitem Halbbogen führen sie rechts der Seine um die Stadt. Im 19. Jh. waren diese Promenaden Zentrum des gesellschaftlichen Lebens, und es ist Ausdruck dieses pulsierenden, bunten Treibens, wenn Heinrich Heine schreibt: »Die Boulevards gewährten wirklich einen überaus ergötzlich bunten Anblick und ich dachte an das alte Sprichwort: Wenn der liebe Gott sich im Himmel langweilt, dann öffnet er das Fenster und betrachtet die Boulevards in Paris« (Französische Zustände, 1832).

Vorbei an Geschäften und Theatern, Varietés und Clubs, Vergnügungslokalen und Tanzstätten promenierte von früh bis spät eine niemals versiegende Menschenmenge. Das Gewühl auf den Trottoirs mit Vertretern jeden Standes von Monde bis Demi-Monde bot eine unübertreffliche Gelegenheit zum Schauen und Staunen. Vor allem die Terrassen der Cafés hatten großen Unterhaltungswert, hier sah man und wurde gesehen. Heute gibt es mehr Geschäfte als Theater und Tanzlokale, doch die Boulevards ziehen noch immer viele Menschen an.

Passage des Panoramas `13`

Die Passage des Panoramas, um 1800 entstanden, ist eine der ältesten Pariser überdachten Galerien. Der Teesalon **L'Arbre à Cannelle** `10` fällt dank seiner geschnitzten Second-Empire-Holzvertäfelung sofort auf. Dazwischen altmodische Läden wie der des **Graveur Stern**, Lieferant eleganter Visitenkarten und Briefbögen. Gerade dieser vorgestrige Charme macht die Passage, ebenso wie die Passagen Jouffroy und Verdeau (s. u.), liebenswürdiger als die picobello restaurierte, aber etwas kühle Galerie Vivienne.

Verschwunden sind heute allerdings die großen namengebenden Panoramen, 20 m hohe und 90 m breite Leinwände in Rotunden, die Stadt- und Landschaftsansichten zeigten. Das Publikum der Belle Époque war begeistert von diesen monumentalen Rundgemälden, die eine Art Vorläufer des Kinos darstellten.

Passage Jouffroy `14` und Passage Verdeau `15`

Gegenüber, auf der anderen Seite des Boulevard Montmartre, befinden sich Passage Jouffroy und Passage Verdeau, beide von 1845. Spazierstockhändler Ségas, der Dekorateur Thomas Boog, der barock überladene Schatullen aus Muscheln fertigt, der wie eine Kulisse wirkende Eingang zum Hotel Chopin mit der großen Uhr darüber und nicht zuletzt das Wachsfigurenkabinett des Musée Grévin scheinen noch ganz und gar der Welt des 19. Jh. anzugehören.

Grands Boulevards

Musée Grévin **16**
www.grevin.com, Mo–Fr 10–18.30, Sa, So 10–19 Uhr, Eintritt 21 €, erm. 18 und 13 €

Das 1882 eröffnete Musée Grévin bildet das Pendant zum Wachsfigurenkabinett der Madame Tussaud in London. Nachgebildet wurden historische Szenen wie die Ermordung Marats in der Badewanne durch Charlotte Corday, Louis XIV. in Versailles, Napoléon und Josephine in Malmaison oder Marie Antoinette im Kerker und Prominente aus Kunst, Medien, Sport und Politik, von Jeanne d'Arc bis zu Jean-Paul Belmondo.

Essen & Trinken

Avantgarde – **Pierre Gagnaire** **1**: 6, rue Balzac, im Hôtel Balzac, s. S. 33.

Essen im Showroom – **L' Atelier Renault** **2**: 53, av. des Champs-Elysées, s. S. 36.

Crossover-Küche – **Spoon at Marignan** **3**: 14, rue Marignan, s. S. 37.

Mit Aussicht – **Maison Blanche** **4**: 15, av. Montagne, Métro: Franklin D. Roosevelt (M1, M9), Tel. 01 47 23 55 99, Mo–Fr 12–14, 20–23, Sa/So 20–23 Uhr, www.maison-blanche.fr, Menüs mittags 58 €, abends 69 €, 110 €. Nobelrestaurant auf dem Dach des Théatre des Champs-Élysées, für Forbes die Nr. 1 der World's Top Power Dining Spots. Edelküche mit toller Aussicht, s. S. 218.

Bistrot modern – **L'Ardoise** **5**: 28, rue du Mont-Thabor, Métro: Concorde, Tel. 01 42 96 28 18, Di–Sa 12–14.30, 18.30–23, So 18.30–23 Uhr, Menü 35 €. Dass es im kleinen Bistrot nahe der Tuilerien gute und bezahlbare Gerichte gibt, hat sich herumgesprochen. Daher reservieren!

Feine Pâtisserie – **Ladurée** **6**: 16, rue Royale, s. S. 40, 221.

Nach der Oper – **Café de la Paix** **7**: 5, place de l'Opéra, s. S. 222.

Provinzküche veredelt – **Aux Lyonnais:** **8** 32, rue Saint-Marc, s. S. 35.

Weinbistro – **Racines** **9**: 8, passage des Panoramas, Métro: Bourse (M3), Tel. 01 40 13 06 41, Mo–Fr 12–24 Uhr. Zur Weinauswahl (auch viele Bioweine) gibt's Käse- oder Aufschnittteller und ein paar Tagesgerichte.

Historisch – **L'Arbre à Cannelle** **10**: 57, passage des Panoramas, Métro: Grands

---

Baron Haussmann

Unter Napoléon III. (1848–1870) wird die Zeit ungelenkten Wachstums durch strenge Planung abgelöst. Paris, dessen Bevölkerung durch stete Zuwanderungen rasch anwuchs, hatte zu Beginn des 19. Jh. eine im Wesentlichen noch mittelalterliche Struktur. Mit der radikalen Modernisierung wurde Georges Eugène Haussmann beauftragt, den Napoléon III. 1853 zum Präfekten von Paris berufen hatte. Eines von Baron Haussmanns Anliegen war die Verbesserung der Lebensbedingungen durch Straßenbeleuchtung, Kanalisation, Parks, Asyle, Schulen und Hospitäler, Gas- und Wasserversorgung sowie öffentliche Verkehrsmittel.

Prunkvollstes Zeugnis des Zweiten Kaiserreichs ist die von Charles Garnier erbaute Oper (1875 fertiggestellt). Aber vor allem sind die regelmäßigen Straßenfluchten, wie man sie noch heute als charakteristisch mit Paris verbindet, dem Stadtplaner Haussmann geschuldet. Die Bürgerhäuser entlang der großen Avenuen und Boulevards wurden nach strengen Bauvorschriften errichtet, einheitlich in Proportionen und Material.

Champs-Élysées und Opéra

Boulevards (M8, M9) Mo–Sa 11.30–18.30 Uhr. Der Teesalon in der überdachten Passage fällt durch seine Holzvertäfelung aus dem Second Empire auf. Salzige und süße Tartes, Crumble mit Äpfeln oder Beeren, s. S. 224.
Beliebt und preiswert – **Chartier** 3 : 7, rue du Fbg. Montmartre, s. S. 33, s.u.
Raffiniert und einfallsreich – **Guy Savoy** 4 : 18, rue Troyon, s. S. 33.

Einkaufen

Elegante Taschen – **Furla** 1 : 74, av. des Champs-Élysées, Métro: George-V (M1), www.furla.com. Schicke Handtaschen, Gürtel und Portemonnaies aus Italien.
Musik und Multimedia – **Virgin Megastore** 2 : 52/60, av. des Champs-Élysées, Métro: Franklin D. Roosevelt (M1, M9),

Volkstümliches Traditionslokal
Beenden kann man den Spaziergang im Chartier, einem betriebsamen, lauten und preiswerten Speiselokal in der Rue du Faubourg-Montmartre. Seit der Eröffnung 1896 hat sich kaum etwas verändert, die großen Spiegel, die Glasdecke, Milchglaskugellampen und Garderobenablagen sind original erhalten. Im Saal eilen flinke Kellner mit schwarzen Westen und weißen Schürzen von Tisch zu Tisch. An den rund 300 Plätzen werden 2000 Gedecke einfachster Kost täglich serviert; zu Stoßzeiten muss man hier recht schnell essen, weil immer schon neue Gäste warten.
Chartier 11 : 7, rue du Fbg. Montmartre, Métro: Grands Boulevards (M8, M9), tgl. 11.30–14.30, 18–21.30 Uhr, s. S. 33.

Mo–Sa 10–24, So 12–24 Uhr. CDs, DVDs, Elektronik und Konzertkarten fast rund um die Uhr, s. S. 218.
Alles rund um die Trüffel – **Maison de la Truffe** 3 : 19, place de la Madeleine, s. S. 44.
Feinkost vom Feinsten – **Hédiard** 4 : 21, place de la Madeleine, s. S. 44, 221.
High Snobiety – **Hermès** 5 : 24, rue du Faubourg Saint-Honoré, s. S. 46, 221.
Avantgarde – **Comme des Garçons** 6 : 54, rue du Fbg. Saint-Honoré, s. S. 44.
Antiquitäten – **Cour aux Antiquaires** 7 : 54, rue du Fbg. Saint-Honoré, Métro: Concorde (M1, M8, M12). Mehrere kleine Antiquitätenläden in einem ruhigen versteckten Innenhof.
Department Store französisch – **Au Printemps** 8 : 64, bd. Haussmann, s. S. 43, 223.

Adressen

Viel Flair in der Passage des Panoramas

Mit Glaskuppel – **Galeries Lafayette** 9 : 40, bd. Haussmann, s. S. 43, 223.
Nobel – **Louis Vuitton** 10 : 101, Champs-Élysées, s. S. 45.

Aktiv & Kreativ

Kochen – **In den Galeries Lafayette** kann man in der extrem gut bestückten Küchenabteilung nicht nur Geschirr und Utensilien erwerben, sondern beim »Atelier des Chefs« auch Kochkurse belegen (Buchung auch im Internet über www.atelierdeschefs.com).

Abends & Nachts

Aufwendige Shows – **Lido** 1 : 116, av. des Champs-Élysées, s. S. 54, 217.

Snobby – **Barfly** 2 : 49, av. George-V, s. S. 47.
Promi-Tresen – **Fouquet's** 3 : 99, av. des Champs-Elysées, Tel. 01 40 69 60 50, 8–2 Uhr morgens, Menüs ab 78 €. Seit 1899 ist das Fouquet's die Brasserie für Showbiz und Politikprominenz, s. S. 217.
Design meets Klassik – **Bar du Plaza Athénée** 4 : 25, av. Montaigne, Métro: Franklin D. Roosevelt (M1, M9), Tel. 01 53 67 66 00, www.plaza-athenee-paris.com, tgl. 18–2 Uhr morgens. Von Patrick Jouin entworfene, super-schicke Bar mit spektakulärem Glastresen und edlen Leder-Fauteuils.
Das Original, schon oft kopiert – **Buddha Bar** 5 : 8, rue Boissy d'Anglas, s. S. 48.
Sank Roo Doe Noo – **Harry's New York Bar** 6 : 5, rue Daunou, s. S. 48.

227

Auf Entdeckungstour

Unter dem Pflaster von Paris – die neue Métro

Wie kaum in einer anderen Stadt ist die Métro zu einem Symbol von Paris geworden, obwohl sie keinesfalls die erste Untergrundbahn Europas war. Auf dieser kleinen und sehr bequemen Tour entdeckt man die Zukunft der Métro, ihre Anfänge und viel Kunst.

Planung: Gare Saint-Lazare, 5 Min. vom Boulevard Haussmann entfernt. Von dort mit der Linie 14 (Méteor) bis Châtelet, weiter mit Linie 1 bis Palais Royal und Concorde. Beim Umsteigen oder nach Verlassen der Métrostation benötigt man ein neues Ticket.

Paris gehörte nicht zu den ersten Städten, die für die Lösung ihrer Verkehrsprobleme in den Untergrund gingen, in London fuhr man bereits seit 1863 unterirdisch. Zur Weltausstellung 1900 wurde am 19. Juli der *Chemin de Fer Métropolitain* eröffnet, von der Porte de Vincennes zur Porte Maillot im Westen – heute die Métro-Linie 1. Danach entstand in Paris ein dichtes Netz, in dem heute nur rund 500 Meter zwischen den Stationen liegen.

Geisterbahn

Gute hundert Jahre später rüstet Paris auf die Métro der Zukunft um: Die neue Linie 14, Météor (**MET**ro Est-Ouest **R**apide) genannt, fährt wie von Geisterhand, führerlos. Vom **Gare Saint-Lazare,** wo wir einsteigen, fährt sie sehr schnell und mit nur 9 Haltestellen über Châtelet zur Endstation Olympiades nahe Place d'Italie – also einmal quer durch die Stadt. Glaswände mit automatischen Schiebetüren auf den Bahnsteigen sorgen für Sicherheit. Die besten Plätze sind ganz vorn im ersten Waggon, wo man durch die große Frontscheibe sieht, wie der Zug durch die Röhre rast.

Belle Époque und Jugendstil

An der Station **Châtelet-Les Halles** steigen wir aus, hier kreuzt die Linie 1, die der Ingenieur Fulgence Bienvenüe (1859– 1936) als erste Linie in nur zwei Jahren Bauzeit konstruierte. Bis zum Ersten Weltkrieg arbeitete er weiter am unterirdischen Reich der Métropolitain. 1933, nach seinem Rückzug aus dem Arbeitsleben mit 80 Jahren, wurde die Station am Montparnasse-Bahnhof nach ihm benannt.

Heute nutzen täglich rund 4,5 Millionen Passagiere den öffentlichen Nahverkehr; wenn die U-Bahn ausfällt oder gestreikt wird, bricht das Hauptstadtleben unausweichlich zusammen. Linie 1 ist dabei mit 165,9 Mio. Passagieren jährlich (2006) die am häufigsten befahrene. In Châtelet kreuzen zudem drei Linien der S-Bahn (RER), diese Station ist daher eine der betriebsamsten von Paris. Statt einfach umzusteigen, geht man besser zum Ausgang Rue des Halles, wo eine schöne originale Eingangsüberdachung im Jugendstil erhalten ist. Diese gusseisernen, verschlungenen Konstruktionen, die das oberirdische Bild der Métro einst überall prägten, entwarf der Architekt Hector Guimard (s. S. 241).

Neue Kunst

Am besten zu Fuß geht es dann weiter zur Station **Palais Royal-Musée du Louvre** – hier wurde zum hundertsten Geburtstag der Pariser Métro vom Künstler Jean-Michel Othoniel (geb. 1964) ein ungewöhnlicher Eingang aus farbigen Glaskugeln und Aluminium geschaffen, der den klassischen Jugendstileingang modern interpretiert.

Mit Linie 1 Richtung La Défense fährt man zwei Stationen weiter bis **Concorde.** Auch diese Linie wurde bis 2010 auf automatischen Betrieb umgestellt, dabei wurden auch die berüchtigten Waggons mit Gummireifen, die immer für das typische Fahrgeräusch der Linie sorgten, durch moderne Wagen der Firma Siemens ersetzt.

Wie andere Stationen, so wurde auch Concorde künstlerisch gestaltet: weiße Keramikkacheln mit blauen Buchstaben, die den Text der Menschenrechte von 1789 ergeben. Andere Stationen der Linie 1, wie z. B. Bastille oder Hôtel de Ville, erzählen Kapitel aus der Pariser Stadtgeschichte. Wer noch Zeit hat, kann ohne neues Ticket alle Stationen abfahren bis hinaus nach La Défense oder zurück zur Gare de Lyon, wo man wieder auf die Météor stößt.

Das Beste auf einen Blick

Montmartre

Highlight!

Sacré Cœur: Das Treppensteigen hinauf zu Sacré Cœur lohnt sich allemal für den Blick auf Paris. Die malerische Kirche ist einer der beliebtesten Treffpunkte für Jungtouristen geworden. So geht es hier sehr locker zu, ringsum regiert das Fastfood. **2** S. 233

Auf Entdeckungstour

Montmartre der Künstler: Pure Nostalgie rund um das Musée de Montmartre – mit Erinnerungen an Künstlerkabaretts und Bohème, an Toulouse-Lautrec, Utrillo, Renoir und Picasso. **5** S. 236

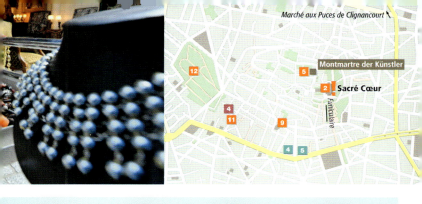

Kultur & Sehenswertes

Musée de Montmartre: Das Bohèmeleben der brotlosen Dichter und Künstler am Montmartre hat tatsächlich existiert – das zeigt das kleine Museum. Und auch der Garten scheint der Neuzeit entrückt. 5 S. 236

Cimetière de Montmartre: Auf dem stimmungsvollen Friedhof ist neben vielen anderen Dichtern, Musikern, Malern und Künstlern auch Heinrich Heine begraben. 12 S. 239

Aktiv & Kreativ

Funiculaire: Mit der Bergbahn in Paris unterwegs? Am Montmartre geht's tatsächlich, die Drahtseilbahn nach Sacré Cœur spart ein paar Höhenmeter. 2 S. 233

Genießen & Atmosphäre

Place des Abbesses und Rue Lepic: Wer den Montmartre abseits der Touristenbusse erleben will, ist hier richtig. 9 11 S. 239

Café des Deux Moulins: Das Café ist durch den Film »Die fabelhafte Welt der Amélie« berühmt geworden. 4 S. 239, 242

Marché aux Puces de Clignancourt: Der Flohmarkt, nördlich vom Montmartre an der Périphérique-Autobahn gelegen, gilt als einer der größten weltweit. S. 244

Abends & Nachts

Divan du Monde: Der Music Club steht für ein buntes World Music-Programm. Erst Live, dann Dancefloor. 4 S. 49, 243

La Boule Noire/La Cigale: Das ehemalige Vaudeville-Theater dient als Konzerthalle für Brit-Pop, Rock und World. 5 S. 55, 243

Der ›Berg von Paris‹

Die Butte Montmartre heißt nicht umsonst Berg oder genauer gesagt Hügel: Es geht steil hinauf, über schmale Straßen und unzählige Treppen. 129 Meter und ein paar Zentimeter hoch ist der Kalkhügel an seiner höchsten Stelle.

So stabil er zunächst auch wirkt, in diesem Fall täuscht der Eindruck: Der ganze Berg ist unterhöhlt und droht in sich zusammenzustürzen. »Montmartre wackelt« heißt mit schöner Regelmäßigkeit die beunruhigende Titelzeile eines Zeitungsartikels. Bis 1813 wurde das gesamte Baumaterial für Paris aus dem eigenen Untergrund gewonnen. Der Name der Place Blanche erinnert noch heute an den weißen Gips, der hier abgebaut wurde.

Zu den alten Stollen und Schächten sind Métro, Tiefgaragen, Kanalisation und Keller gekommen – der Berg ist regelrecht unterminiert. Und manchmal sackt er auch ab. Immer wieder müssen Häuser abgestützt und alte Gänge aufgefüllt werden, zeigen die Wände Risse, brechen Wasserrohre oder reißen Straßen auf.

Zwischen 1880 und 1920 als Künstlerkolonie beliebt (s. S. 236), prägt den Montmartre heute eine durchaus interessante Mischung – kleinstädtische Idylle, Szenetreffs für eine jüngere Klientel, schlimmster Touristennepp, schäbige Sexshops und Peepshows, dazu afrikanische Läden und Lokale rund um den Boulevard Barbès und die Rue de la Goutte d'Or.

Neben den alteingesessenen und neuzugewanderten Anwohnern, die hier unberührt vom Trubel um die Ecke leben, wohnen hier aber auch Trendsetter – etwa die Comiczeichnerin Claire Brétecher, der Filmregisseur Claude Lelouch und der Modedesigner Jean-Paul Gaultier. Vor allem seit der Film »Die fabelhafte Welt der Amélie« zum Kassenschlager wurde, wollen die vielen Fans dieses Kinomärchens die Schauplätze besuchen – wie etwa das Café in der Rue Lepic.

Infobox

Reisekarte: ▶ M–O 4/5

Informationen
21, place du Tertre, tgl. 10–19 Uhr, www.montmartre-guide.com.
Weitere Websites: www.montmartre net.com, www.lepic-abbesses.fr

Ausgangspunkt
Startpunkt ist die Basilika Sacré Cœur auf dem Montmartre-Hügel, die nächste Métro-Station Anvers (M2), etwas weiter geht man von Abbesses. Beide liegen ein gutes Stück unterhalb, doch kann man nahe der Station Anvers mit einer Kabinenbahn hochfahren (Métro-Ticket erforderlich).

Rund um Sacré Cœur

Von der Métro-Station Anvers klettern steile Straßen und Treppen zur Kirche Sacré Cœur auf dem Montmartre-Hügel hinauf. Oben gibt es keine Métro-Station, denn der Untergrund zwingt zur Vorsicht, der Berg ist durchlöchert. Die Kirche stützen 83 mehr als 30 m tief in der Erde verankerte Pfeiler ab.

Die **Place St-Pierre** vor den Treppen zur Kirche säumen Fastfoodbuden,

Rund um Sacré Cœur

Vor Sacré Cœur trifft sich die Jugend der Welt

aber auch das aus »Amélies Welt« bekannte alte Kettenkarussell und der Marché Saint-Pierre.

Musée d'Art Naïf Max Fourny 1
www.hallesaintpierre.org, 2, rue Ronsard, Mo–Fr 10–18, Sa 10–19, So 11–18 Uhr, Eintritt 8 €, erm. 6,50 €
In der schönen restaurierten Eisenbauhalle des Marché Saint-Pierre ist heute ein Museum zur Naiven Kunst untergebracht. Hier wird eine der größten Sammlungen Frankreichs zur Art Brut ausgestellt, d. h. von autodidaktischen Künstlern, oft psychisch Kranken oder Gefangenen, geschaffene Kunstwerke.

Sacré Cœur ! 2
Tgl. 6–23 Uhr, Eintritt frei, Métro: Anvers, eine Standseilbahn (Funiculaire) erleichtert den Aufstieg
Die mattweiße Kuppelkirche auf dem Montmartre-Hügel gehört zu den charakteristischen Bauten der Pariser Stadtsilhouette. Dabei wurde die Basilika Sacré Cœur erst 1877 begonnen und 1923 fertiggestellt, und nicht jeder hält sie für eine architektonische Bereicherung. Der Architekt Paul Abadie (1812–1884) vereinte in dem Sakralbau Stilelemente romanischer, gotischer und byzantinischer Baukunst nach dem Vorbild der Kathedrale von

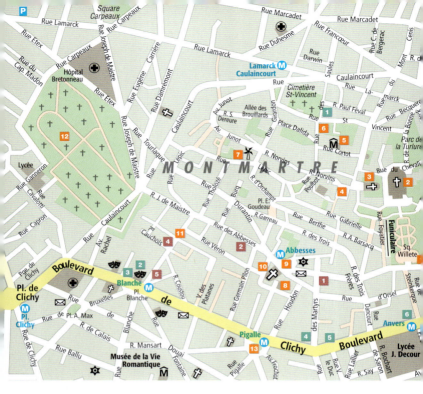

Périgueux – ein Stilgemisch, das gern als Konditorkitsch verspottet wird.

Anstoß für den Bau gab der Bürgerkrieg nach der Niederlage im deutsch-französischen Krieg von 1870/71. Nach der Niederschlagung der linksrepublikanischen Pariser Kommune wurde Sacré Cœur als Sühne- und Pilgerkirche errichtet – sozusagen als frommes Zeichen der Buße und Sühne für das (revolutionsfreundliche und gottlose) Sündenbabel Montmartre zu ihren Füßen, in dem die Kommune ihren Ausgang genommen hatte.

Um solche national-reaktionären Hintergründe scheren sich Touristen recht wenig, für sie ist Sacré Cœur ein dekoratives Foto- oder Postkartenmotiv. Und eindrucksvoll ist die Aussicht auf die Dächer von Paris nicht nur von der Kuppel in luftiger Höhe, zu der man mehr als 200 Stufen hinaufklettert, sondern auch schon von der Treppenanlage vor der Kirche – ein turbulenter Treffpunkt für junge Leute aller Nationalitäten. Hier kann man ruhig ein paar Minuten verschnaufen, irgendjemand macht immer Musik oder führt Turnkunststücke vor, und die Stimmung ist gut. In Acht nehmen sollte man sich jedoch vor Taschendieben, die im Gedränge ein gutes Auskommen finden.

Saint-Pierre-de-Montmartre 3
Die Kirche Saint-Pierre-de-Montmartre ist eines der in Paris so seltenen romanischen Bauwerke, aufgrund ei-

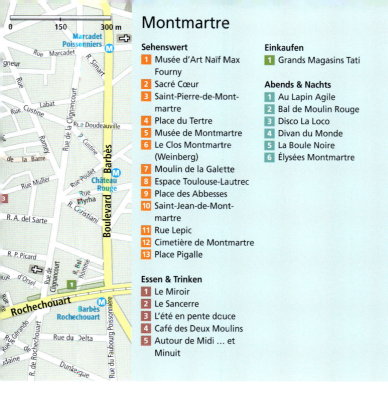

Montmartre

Sehenswert
1. Musée d'Art Naïf Max Fourny
2. Sacré Cœur
3. Saint-Pierre-de-Montmartre
4. Place du Tertre
5. Musée de Montmartre
6. Le Clos Montmartre (Weinberg)
7. Moulin de la Galette
8. Espace Toulouse-Lautrec
9. Place des Abbesses
10. Saint-Jean-de-Montmartre
11. Rue Lepic
12. Cimetière de Montmartre
13. Place Pigalle

Essen & Trinken
1. Le Miroir
2. Le Sancerre
3. L'été en pente douce
4. Café des Deux Moulins
5. Autour de Midi … et Minuit

Einkaufen
1. Grands Magasins Tati

Abends & Nachts
1. Au Lapin Agile
2. Bal de Moulin Rouge
3. Disco La Loco
4. Divan du Monde
5. La Boule Noire
6. Élysées Montmartre

ner umfassenden Restaurierung im 19. Jh. sind aber nur wenige Teile noch original erhalten. Ursprünglich gehörte das Gotteshaus zu einem von König Louis VI. und Königin Adelaide von Savoyen im 12. Jh. gegründeten Benediktinerinnenkloster, das im 17. Jh. aufgegeben wurde. Im Innern sind einige romanische Kapitelle und Säulen aus einem gallo-römischen Tempel, der ursprünglich hier stand, zu entdecken.

Place du Tertre 4

Der Platz ist das touristische Zentrum des Montmartre. Es ist gar nicht so einfach, als Straßenmaler auf der pittoresken Place du Tertre eine Konzession zu bekommen – die Warteliste ist lang. Dicht an dicht haben sie ihre Werke auf ein paar Quadratmetern ausgestellt. Von den vielen Restaurants und Cafés auf und rund um den Platz werden die Epigonen Utrillos eng zusammengedrängt, von den Touristenmassen umrundet – doch die Künstler geben sich alle Mühe, das Spektakel zu ignorieren.

Neben anderen Lokalen lag am Platz auch das berühmte **Restaurant Patachou,** einst ein Café-Cabaret wie das Lapin Agile (s. S. 243). 1948 hatte hier die Chansonette Patachou, die wie Edith Piaf die französische Musik der 1960er- und 1970er-Jahre prägte, ihre Karriere begonnen. Die wirklich wunderbare Aussicht auf Paris, die die Gartenterrasse bot, war auch ▷ S. 239

235

Auf Entdeckungstour

Montmartre der Künstler

In den Jahren zwischen 1880 und 1920 war Montmartre das von Künstlern bevorzugte Viertel. Alle Großen von Toulouse-Lautrec bis Picasso genossen hier das Leben in vollen Zügen, bis die Bohème-Gemeinde in den Goldenen Zwanzigern dann nach Montparnasse abwanderte.

Ausgangspunkt: Musée de Montmartre, Métro: Lamarck Caulaincourt

Öffnungszeiten: Musée de Montmartre 5 : 12, rue Cortot, Métro: Lamarck Caulaincourt (M12), www.museedemontmartre.fr, tgl. 10–18 Uhr, Eintritt 8 €, erm. (Schüler, Studenten, Senioren) 6 €.

Dauer: 2 Std., nach dem Museumsbesuch schlendert man über die Rue Lepic hinunter zum Boulevard de Clichy oder zur Place des Abbesses.

Zu Beginn des 20. Jh. war das erst 1860 eingemeindete Dorf Montmartre noch eine ländliche Idylle vor den Toren der Stadt. Rund 30 Windmühlen wurden zu der Zeit auf dem 129 m hohen Hügel betrieben, an den Hängen zog man Weinreben. Im 19. Jh. hatten sich die volkstümlichen Gartenlokale (guinguettes), in denen der Montmartre-Wein zollfrei ausgeschenkt wurde, zu beliebten Ausflugszielen entwickelt. Auguste Renoirs berühmtes Gemälde »Moulin de la Galette« (im Musée d'Orsay) hat den Zauber eines Tanzvergnügens bei einer der Windmühlen eingefangen, Maurice Utrillo hielt in seinen Bildern den Reiz der steilen, von Bäumen gesäumten Treppen, malerischen Plätze und Gassen fest.

Das Haus des Gauklers

An diese romantische Welt, die die Künstler faszinierte und anzog, wird im **Musée de Montmartre** 5 erinnert. Es ist in einem ländlichen Haus des 16. Jh. untergebracht, das im 17. Jh. ein berühmter Schauspieler aus Molières Truppe, genannt Rosimond, erwarb. Im ›Manoir de Rosimond‹ hatten Ende des 19. Jh. diverse Künstler ihre Ateliers: Auguste Renoir, Raoul Dufy, Émile Bernard, später wohnte hier Suzanne Valadon, die als Hutmacherin und Aktmodell begann und es als Autodidaktin und Schülerin von Degas bis zur geachteten Malerin brachte. Sie hatte diverse, stets tumultuöse Liebschaften, eine lange mit Toulouse-Lautrec (1864–1901), dem Maler der Bordelle und Revuetheater, der an der Rue Caulaincourt wohnte, eine kurze auch mit Eric Satie, wohnhaft gleich nebenan in Nr. 6. Nach 1909 lebte sie hier mit André Utter und ihrem Sohn Maurice Utrillo (1883–1955) zusammen, der zum berühmtesten Montmartre-Maler im 20. Jh. wurde.

Bohème und Kommune

Das Museum dokumentiert mit Gemälden, Fotos, Plakaten und Dokumenten nicht nur Künstlerleben und ihre von Leichtigkeit, Alkohol und Eifersucht geprägten wechselnden Liebschaften, sondern insgesamt die Geschichte des alten Montmartre. Im Mittelpunkt steht die Jahrhundertwende, als Montmartre zum Inbegriff eines ›Künstlerviertels‹ wurde. In Dachateliers und Hinterhöfen hofften Poeten und Maler, bald berühmt zu werden und nicht Hungers zu sterben. Daneben geht es aber auch um die Pariser Kommune von 1871, die am ›Butte‹ von Montmartre ausgerufen und in einem Blutbad niedergeschlagen wurde.

Das Künstler-Kabarett

Maurice Utrillo ist 1955 nur ein kleines Stück weiter auf dem **Cimetière Saint-Vincent** begraben worden (Eingang ganz unten an der Rue Gaulard). Auf dem Weg durch die Rue des Saules kommt man am Clos Montmartre, dem letzten Weinberg des Viertels, vorbei zum kleinen Häuschen des **Au Lapin Agile** 1. Das ›Flinke Karnickel‹ ist ein Künstlerkabarett, das sich nicht sehr verändert hat, seit Picasso und Renoir hier waren. Diese Kneipe, die vor allem Montmartre-Wein ausschenkte, bestand schon seit 1860, wurde aber ab 1903 unter dem Wirt Frédéric Gérard, den man als Mischung aus Robinson Crusoe und einem kalabrischen Banditen beschrieb, zum Treffpunkt der Bohème vom Montmartre. Um es vor dem Abriss zu retten, kaufte der Chansonnier Aristide Bruant, dessen beeindruckende Erscheinung Toulouse-Lautrec verewigt hat, das Lokal 1913. »Père Frédé« blieb aber Chef.

Die Stimmung war libertär, ein wenig anarchistisch und vor allem ›dada‹:

Das Lapin Agile existiert noch heute

Am 11. April 1920 wurde im Lapin Agile die Freie Kommune Montmartre ausgerufen, die Unabhängigkeit des 18. Arrondissements deklariert – und die Umwandlung von Sacré Cœur in ein Aquarium gefordert. Da unter den Stammgästen Picasso, Utrillo, Van Dongen, Braque und Modigliani waren, kamen viele Gäste nur, um sie zu sehen, während der cognacsüchtige Esel Lolo umherwandelte und abgestellte Gläser ausleckte.

Doch schon 1922 klagte Fernande Olivier, damals die Freundin von Picasso: »Im Sommer verbrachte man oft den Abend dort, als es noch nicht die traurige Bude der Snobs war wie heute und als der Besitzer Frédé der beste Freund der Künstler zu sein schien. Ich sage ›schien‹, denn seither ist er fast ihr Feind geworden. Er findet sie ›unerwünscht‹. Er sieht nur noch die arrivierten Künstler gerne, jene, die seinen Ruf gemacht haben, und er reserviert im Übrigen den Platz lieber für die Amerikaner und Nordländer, die seit dem Krieg in Scharen kommen.«

Die Mühle am Montmartre

Hübsche Ecken gibt es in Montmartre aber noch mehr. An der Rue Girardon biegt rechts die Allée des Brouillards ab, ein romantischer Fußweg, der zwischen Privatgärten hindurchführt. Über die Rue Girardon kommt man auf die Rue Lepic, die in einer weiten Kurve um den Hügel herumführt. In Nr. 54 hat van Gogh bei seinem Bruder Theo gewohnt. Die berühmte **Moulin de la Galette** [7], eine der letzten Windmühlen aus der ländlichen Vergangenheit des Viertels, war um 1900 ein beliebter Tanzboden, den Renoir impressionistisch, Toulouse-Lautrec im Japonismus und Picasso im Art-déco-Stil gemalt haben. Heute ist sie geschlossen, aber etwas weiter ist ein Restaurant gleichen Namens mit netter Terrasse geöffnet.

Etwas weiter unten an der Place Émile Goudeau stand einst das Bateau Lavoir, ein kleines, 1970 leider abgebranntes Holzhaus, in dem Pablo Picasso, Juan Gris und Braque gearbeitet haben. Von hier ist man in wenigen Schritten an der Place des Abbesses.

in Amélies »Fabelhafter Welt« zu sehen. Inzwischen ist das Restaurant geschlossen und ein Poster-Laden und ein
Coffeeshop sind hier eingezogen.

Place des Abbesses

Über abschüssige Straßen geht es zur
hübschen **Place des Abbesses** 9 . Im
Schatten der Bäume steht ein schöner
Métro-Eingang im Jugendstil von
Hector Guimard mit gusseisernen Bö-
gen. 30 m tief muss man dort zur Métro-Station hinuntersteigen.

Guimard (1867–1942) war der berühmteste Designer des Art Nouveau,
des französischen Jugendstils; seine
gusseiserne Eingänge zur Métro prä-
gen noch heute das Stadtbild. Die beiden schönsten sind die Stationen Porte
Dauphine und hier die von Abbesses,
die beide sogar noch ihre verglasten
Überdachungen besitzen. Aufgrund
dieser Gestaltung der Pariser Métro
um 1900 wurde der Begriff ›Style Métro‹ sogar zum Synonym für den französischen Jugendstil. Außerdem erwarb sich Guimard auch als Möbel-
künstler und als Architekt einen Ruf.
Sein bekanntestes Gebäude ist das Cas-
tel Béranger in der Rue La Fontaine Nr.
14; ebenfalls von Guimard stammt unter anderem eine Synagoge in der Rue
Pavée im Marais.

Saint-Jean-de-Montmartre 10

In der Kirche Saint-Jean-de-Montmartre verbinden sich Jugendstil und Elemente islamischer Architektur. Hinter
der Ziegelfassade verbirgt sich allerdings ein Anfang des 20. Jh. errichteter
Stahlbetonbau, einer der ältesten dieser Bauweise in Paris.

Rue Lepic 11

Die steile Marktstraße des Viertels, die
Rue Lepic, führt hinunter zur Place

Blanche. Obst- und Gemüsehändler,
eine Metzgerei mit einem großen Pfer-
dekopf über dem Eingang, ein Kaffee-
geschäft, ein Traiteur und ein Blumen-
laden säumen die steile Straße, die
meisten nehmen auch das Trottoir in
Beschlag. Tagsüber wirkt diese Ecke
noch fast dörflich.

Das **Café des Deux Moulins** 4 , nahe
Rue Cauchois, fristete hier ein beschei-
denes Dasein zwischen Obst- und Ge-
müseständen, bis »Die fabelhafte Welt
der Amélie« zum Kinoknüller wurde.
Das bescherte ihm einen Ansturm von
Fans.

Montmartre-Friedhof

20, av. Rachel, Mitte März bis Anfang
Nov. Mo–Sa 8–18, So 9–19 Uhr
Der **Cimetière de Montmartre** 12 , über
den die Rue Caulaincourt auf einer
blau gestrichenen Brücke hinweg-
führt, ist nur vom Boulevard de Clichy
aus zu erreichen. Auf dem 1825 eingerichteten Areal sind in Mausoleen oder
mit Statuen geschmückten Gräbern
Schriftsteller wie Stendhal, Émile Zola
(die Gebeine liegen seit 1908 im Panthéon), die Brüder Goncourt und Alexandre Dumas begraben, ebenso die
Komponisten Hector Berlioz und
Jacques Offenbach, die Maler Frago-
nard und Degas, der Balletttänzer Ni-
jinsky, die Schauspieler Sacha Guitry
und Louis Jouvet, die Sängerin Dalida
und der Filmregisseur François Truffaut.

Berühmtester Deutscher ist Heinrich
Heine (1797–1856, 27. Div.), der 25
Jahre im Pariser Exil lebte, weil ihm
seine jüdische Herkunft und sein poli-
tisches Engagement im Deutschland
der Restauration alle Wege zurück ver-
sperrten. Es wurde Sitte, dass deutsche

Montmartre

Autoren ihm Besuch abstatteten, er selbst verkehrte mit den französischen Geistesgrößen seiner Zeit.

Auch mit dem Hinweis auf das Grab von Alphonsine Plessis, besser bekannt als ›Kameliendame‹ bei Alexandre Dumas oder als ›Traviata‹ in der Vertonung von Verdi, ist die Liste noch lange nicht vollständig. Ein kostenloser Lageplan mit einer vollständigen Übersicht über Gräber prominenter Künstler ist am Eingang erhältlich.

Pigalle

Das Pigalle-Viertel, rund um die **Place Pigalle** 13 und am Boulevard de Clichy, wurde in den letzten 20 Jahren des 19. Jh. zum Synonym für Sünde und Unmoral (so die Konservativen) bzw. die freie und käufliche Liebe (so die Bohème). Berühmte Cabarets und Revuetheater wie Le Chat Noir oder Moulin Rouge öffneten in rascher Folge. Um 1910 entdeckte die Halbwelt das Viertel, durch Gewinne aus Prostitution und Glücksspiel stiegen Kleinkriminelle zu mächtigen Geschäftsleuten auf. Nachdem Pigalle während der deutschen Besatzung noch einmal einen Aufschwung erfahren hatte, begann nach dem Krieg der Niedergang. Pigalle tat zwar sein Bestes, den Mythos aufrecht zu erhalten, doch irgendwann dominierten anrüchige Nachtclubs, Sexshops und Peepshows.

Aus einigen der alten Tanzhallen wurden Kinos oder Boxarenen, aus Variététheatern wie dem Élysée-Montmartre Konzerthallen, in denen französischer Rock oder afrikanische Musik gespielt wird, Modenschauen stattfinden und die Gay-Szene Feste feiert. Auch schicke Bars und Nachtclubs gibt es noch, in der Rue Fontaine etwa und rund um die Place Pigalle.

Moulin Rouge 2

Im Moulin Rouge, der berühmtesten Pariser Mühle mit roten Flügeln auf dem Dach, ist niemals Mehl gemahlen worden. Die 1889 an der Place Blanche neugebaute Tanzhalle wurde vor allem durch den Cancan legendär, bei dem die Tänzerinnen ihre leinweißen, knielangen Unterhosen unter den

Pigalle

Original Jugendstil – der Métro-Eingang an der Place des Abbesses

knöchellangen Röcken offenbarten und dazu ordentlich ordinär kreischten. 1893 soll hier auch – von einem Aktmodell der Kunsthochschule namens Mona – bei einer Karnevalsparty der Striptease erfunden worden sein. Das wilde Bohème-Leben inspirierte Maler, Schriftsteller und Filmemacher von John Huston (Moulin Rouge, 1952) über Jean Renoir (French Cancan, 1955) bis zum Australier Baz Luhrmann, der in seinem respektlosen Filmmusical (Moulin Rouge, 2001) das Lebensgefühl in Bilder für die Kinder von Viva und MTV übersetzte.

Auch heute noch wird hier den Touristen Cancan vorgeführt, doch meist tragen die Revue-Mädel fast nur Fe-

Montmartre

dern, hauptsächlich auf dem Kopf. Champagner ist obligatorisch und teuer. Doch eigentlich lebt diese Art Nachtleben von der Nostalgie und der Erinnerung an die Belle Époque.

Essen & Trinken

Neo-Bistrot – **Le Miroir** 1: 94, rue des Martyrs, Métro: Abbesses (M12), Tel. 01 46 06 50 73, Di–Sa 12–15, 19–23 Uhr, Menü 18 € (mittags), 32 €. Tresen, Spiegel, rote Lederbänke und Glasdach – alle Ingredienzien eines Bistros sind da, dazu entschieden moderne Bistrotküche. Zum Lokal gehört auch die Weinhandlung gegenüber, dementsprechend gute offene Tropfen.

Angesagter Treffpunkt – **Le Sancerre** 2: 35, rue des Abbesses, Métro: Abbesses (M12), Di–Sa 19–1 Uhr, Mi, Do 12–15 Uhr. Das sympathische Bistro in lebhafter Lage überzeugt durch eine beheizte Außenterrasse und vernünftige Preise. Beliebt als Treffpunkt zum ›Apéro‹ und daher oft voll.

Blick ins Grüne – **L'été en pente douce** 3: 23, rue Muller, 18. Arr., Métro: Anvers, Château-Rouge, tgl. 12–23.30 Uhr. Abseits der Touristenströme und doch direkt am Fuß von Montmartre und mit Blick ins Grüne von der Terrasse. Auf der Karte große Salate (um 15 €), Quiche (um 10 €), Tofu-Lasagne, Fleisch und Fisch (15–18 €).

Amélies Welt – **Café des Deux Moulins** 4: 15, rue Lepic, Métro: Blanche (M2), Tel. 01 42 54 90 50, tgl. 7–2 Uhr morgens, So 12–16 Uhr Brunch, à la carte 20 €, Brunch 13,50 €, s. S. 239.

Mit Jazzkeller – **Autour de Midi … et Minuit** 5: 11, rue Lepic, Métro: Blanche (M2), Tel. 01 55 79 16 48, www.autourdemidi.fr, 12–14.30, 19–23 Uhr, Mo geschl. Ländlich-gemütlich eingerichtetes Restaurant mit familiärer Marktküche nach Tradition der Ardèche, im Untergeschoss ein kleiner Jazzkeller mit bunt gemischtem Programm von Swing bis Cool Jazz (Konzerte Do, Fr, Sa, Di/Mi Jamsession und Newcomer).

Einkaufen

Grands Magasins Tati 1: 4, bd. Rochechouart, Métro Barbès (M2, M4), Mo–Sa bis 19 Uhr. Das Billigkaufhaus mit dem rosa-weiß-karierten Logo ist besonders bei den Franzosen mit Migrationshintergrund beliebt: Maghrebiner mit weißen Käppis und Schwarzafrikaner in bunten Gewändern versorgen sich hier. Wenn's nicht auf die Marke ankommt, kann man günstig einkaufen – die Läden ziehen sich an der rechten Straßenseite entlang bis zum Boulevard Barbès.

Mein Tipp

Weinfest am Montmartre
Das Weinlesefest beim **Clos Montmartre** 6 an der Rue des Saules, dem letzten Rest der zahlreichen Weinberge, die es Mitte des 19. Jh. noch am Montmartre gab, zieht Anfang Oktober alljährlich Tausende von Menschen an. Aus dem Ertrag der gut 1500 Quadratmeter werden etwa 1700 Halbliterflaschen Clos Montmartre abgefüllt, die vom Bürgermeister des 18. Arrondissements in der Mairie zugunsten wohltätiger Zwecke versteigert werden. Weil die Etiketten von Malern gestaltet werden oder vielleicht auch nur als Kuriosum, jedenfalls nicht, weil der Wein ausgesprochen gut ist, erzielen manche Sechserkisten Preise bis zu 3000 €.

Adressen

Zwischen Place du Tertre und Rue Norvins reihen sich romantische Brasserien

Abends & Nachts

Paris romantisch – **Au Lapin Agile** 1 : 2, rue des Saules, Métro: Lamarck-Caulaincourt (M12), Tel. 01 46 06 85 87, www.au-lapin-agile.com, Di–So 21–2 Uhr, Show plus ein Getränk 24 €, Studenten 17 €, keine Küche. Kleinkunstbühne mit romantischen Pariser Liedern aus der guten alten Zeit, s. S. 237.

Heimat des Cancan – **Bal de Moulin Rouge** 2 : 82, bd. de Clichy, s. S. 54, 240.
Discofabrik – **La Loco** 3 : 90, bd. de Clichy, s. S. 49.
Weltmusik rockt – **Divan du Monde** 4 : 75, rue des Martyrs, s. S. 49.
Rock bis Worldmusic live – **La Boule Noire/La Cigale** 5 : 120, bd. Rochechouart, s. S. 55.
Zwischen NME und Rap – **Élysée Montmartre** 6 : 72, bd. Rochechouart, s. S. 55.

243

Der Clignancourt-Flohmarkt

Schnäppchen ergattert man nur bei Sonnenaufgang. Im Morgengrauen finden Antiquitätenhändler aus Frankreich und dem Ausland im Schein ihrer Taschenlampen unter der frisch ausgepackten Ware wertvolle Möbel, Lampen, Geschirr, Gläser oder Gemälde, mit denen in München oder London noch Profit zu erzielen ist. Wenn am späten Vormittag dann Tausende von Touristen über den Flohmarkt streifen, ist das Wettrennen der *chineurs* längst zu Ende. Originelle *trouvailles* – Fund-

stücke – gibt es aber durchaus noch für jeden ganz normalen ›Schatzsucher‹ – je nach Leidenschaft, Sammelgebiet und Portemonnaie natürlich.

Marché aux Puces de Saint-Ouen – Porte de Clignancourt

www.marchesauxpuces.fr, Métro: Porte de Clignancourt, Sa 9–18, So 10–18, Mo 11–16 Uhr (Mo öffnet nur etwa die Hälfte der Händler)

Der berühmteste Pariser Flohmarkt an der Porte de Clignancourt ist auch der größte der Welt. Im Norden der Stadt direkt am Boulevard Périphérique kann man in einem regelrechten Flohmarkt-Viertel von Samstag früh bis Montag insgesamt gut 15 Kilometer Standfläche ablaufen im Labyrinth von rund 2500 Ständen und Geschäften.

Ein Paradies zum Stöbern also – doch wer sich nicht wirklich auskennt, sollte lieber Zurückhaltung üben und vor allem seine Finger von ›echt Antikem‹ lassen. Denn der Marché aux Puces ist auch der kommerziellste Antikmarkt – die Pariser Handelskammer schätzt den jährlichen Umsatz auf über eine halbe Milliarde Euro. Hier findet das große Geschäft mit dem Trödel statt, manches ist völlig überteuert, anderes unerschwinglich. Rechnen Sie also nicht mit unverhofften Schnäppchen – Sie haben es hier mit Profis zu tun; viele Händler betreiben sogar Läden im vornehmen Louvre des Antiquaires oder sonst irgendwo in der Pariser Innenstadt. Und wer größere Menschenmengen scheut, sollte vor elf Uhr kommen, an Rekordwochenenden zieht es bis zu 120 000 Besucher hierher.

Für jeden der passende Markt

Der Flohmarkt besteht aus mehreren Bereichen und Hallen mit festen Ständen, die zum Teil spezialisiert sind und sogar Eintritt verlangen. Der mit 300 Händlern sehr große **Marché Vernaison** ist der älteste Teil und bietet mit kleinen, überquellenden Ständen ein pittoreskes Bild. Ganz in afrikanischer Hand scheinen die Märkte am Rand des eigentlichen Geländes, der Maché au Plateau auf dem Dach des Périphe-rique und die Märkte auf den Straßen

244

Clignancourt

Rue Jean Henri Fabre und Avenue Michelet.

Im vornehmen **Marché Biron** mit gut 200 zum Teil recht großen Ständen ist es am teuersten, im **Marché Malik** gibt es Lederjacken, Jeans, bedruckte T-Shirts, ausrangierte Militärkleidung. Auf dem **Marché Jules Vallès** wird echter Trödel angeboten, auch von ambulanten Verkäufern unter freiem Himmel, die sogar rostige Schrauben noch an den Mann bringen wollen.

Der kleinste Markt ist der **Marché des Rosiers** mit nur einem Dutzend Ständen, die sich auf kostbare Stücke aus Art déco und Jugendstil (Art nouveau) spezialisiert haben. Im **Marché Serpette** in einer alten Werkstatt konzentrieren sich die angesagtesten Trödler, die führen, was gerade im Trend liegt: Afrikanisches, Art déco oder 50er-Jahre.

Der **Marché Paul Bert** hat 250 Stände und ist kaum spezialisiert. Hier wird Trödel wie alte Küchenherde und Türklinken, ausrangierte Türen, Koffer, Reisetaschen und Bücher umgeschlagen.

Trödel oder Antiquitäten – alles gibt's in Clignancourt

Das Beste auf einen Blick

Montparnasse

Auf Entdeckungstour

Ein Besuch in der Unterwelt: Im Montparnasse-Viertel kann man nicht nur mit dem Express-Lift hoch hinauf auf den Montparnasse-Turm fahren, sondern auch tief hinunter in die Katakomben von Paris steigen: Dort lagern die Knochen von rund 6 Mio. Parisern, fein säuberlich sortiert und gestapelt.
7 S. 256

Kultur & Sehenswertes

Cimetière du Montparnasse: Auf dem dritten großen Pariser Prominentenfriedhof sind viele berühmte Leute, z. B. Jean-Paul Sartre und Simone de Beauvoir, begraben. 6 S. 251

Parc André Citroën: Der Konzeptpark am Seine-Ufer westlich von Montparnasse lohnt einen Abstecher. 10 S. 255

Aktiv & Kreativ

Fondation Cartier: Mit zeitgenössischer Kunst ganz intensiv auseinandersetzen? Die Soirées Nomades der Kunsthalle bieten Foren dafür. 8 S. 253

Genießen & Atmosphäre

Tour Montparnasse: Die bis spät abends zugängliche Dachterrasse des Wolkenkratzers erlaubt den Blick auf das nächtliche Paris. 1 S. 248

La Coupole: Ein Meeresfrüchte-Plateau (s. S. 87) oder Austern als Vorspeise in der 20er-Jahre-Brasserie vermitteln echtes Paris-Flair. 3 S. 34, 254

Abends & Nachts

Rue de la Gaîté: Viele Kinos und Brasserien sorgen abends für Betrieb im Viertel. S. 251

Unter dem dunklen Turm

In den 1920er- und 1930er-Jahren löste Montparnasse den Montmartre als Künstlerviertel ab. Hier ließen sich amerikanische Schriftsteller und französische Maler nieder: Picasso und Léger, Scott Fitzgerald, Hemingway, Henry Miller und Gertrude Stein, die in der nahen Rue Fleurus wohnte und den Begriff Lost Generation prägte. Man sah George Gershwin, Marinetti (den Wortführer der italienischen Futuristen), Matisse, Braque und natürlich Kiki, die »Muse vom Montparnasse«, die Man Ray so oft porträtiert hat.

Die Brasserien Coupole, Dôme, Select und Rotonde am Boulevard du Montparnasse waren jene »Trottoirakademien« der ›Montparnos‹, »an denen das Bohème-Leben, die Geringschätzung des Bürgertums, der Humor und das Saufen gelehrt« wurden (Léon Paul Fargue, Der Wanderer durch Paris) und in denen jeder Poet oder Maler, der auf dem Kontinent etwas werden wollte, »ein wenig Militärdienst« abgeleistet haben musste.

Von Künstlerromantik ist heute zwar nichts mehr zu spüren (zwei Ateliers können aber noch besichtigt werden, die von Zadkine und Bourdelle),

doch rund um die in den 1970er-Jahren entstandenen Neubauten wie die Gare Montparnasse und den Wolkenkratzer Tour Montparnasse blieben viele Straßenzüge in ihrer historischen Form erhalten. Abends sind die zahlreichen Kinos und Brasserien beliebte Ausgehziele. Ein Besuch des Viertels lohnt sich daher nicht nur, um den Toten auf dem Friedhof Montparnasse einen Besuch abzustatten. Selten in Paris findet man eine so lebendige und angenehm untouristische Atmosphäre wie hier.

Rund um Gare Montparnasse

Tour Montparnasse [1]
Aussichtsplattform: www.tourmontparnasse56.com, Okt.–März So–Do 9.30–22.30, Fr, Sa bis 23, April–Sept. tgl. 9.30–23.30 Uhr, Eintritt 11,50 €, erm. 8,50 €, Kinder 4,70 €, unter 7 Jahren frei
Der Turm mit 58 Etagen und 210 m Höhe, offiziell Tour Maine-Montparnasse genannt, war der erste Wolkenkratzer der Stadt und wurde bei der Errichtung heftig kritisiert. Von der Dachterrasse bietet sich ein eindrucksvolles Panorama. Mit einem Express-Lift gelangt man in wenigen Sekunden zur Aussichtsplattform mit 360°-Ausblick und zahlreichen interaktiven Orientierungstafeln.

Zu Füßen des Turms hat der urbanistische Kahlschlag Platz für Bürokomplexe und neue Wohnbauten geschaffen. Die Abrisspolitik, der zahllose Häuser und Künstlerateliers geopfert wurden, galt wohl weniger dem Interesse der Bewohner als dem der Geschäftswelt, für die neue Büro- und

Infobox

Reisekarte: ▶ L–N 12/13

Ausgangspunkt
Tour Montparnasse, die nächste Métro-Station ist unter dem Bahnhof: Montparnasse-Bienvenüe (M4, M6, M12, M13), nicht weit entfernt sind die Stationen Edgar Quinet oder Gaîté.

Rund um Gare Montparnasse

Der Montparnasse-Turm überragt ehrwürdige Gründerzeithäuser

Gewerbeflächen entstanden. Diese unübersehbaren Bausünden der 1970er-Jahre haben das Viertel gründlich verändert. Der Turm steht so als Symbol für die Stadtplanung zur Zeit von Präsident Georges Pompidou, der über Paris sagte: »Man muss die Stadt dem Automobil anpassen«. Heute sind die großen Freiflächen über dem Einkaufszentrum im Untergeschoss bei Skatern und Inlinern beliebt.

Jardin Atlantique 2

Zu Füßen des Hochhauses liegt die Gare Montparnasse, der Bahnhof, von dem Züge Richtung Bretagne und At-

Montparnasse

Sehenswert
1. Tour Montparnasse
2. Jardin Atlantique
3. Musée Bourdelle
4. Théâtre de la Gaîté Montparnasse
5. Fondation Cartier-Bresson
6. Cimetière du Montparnasse
7. Les Catacombes de Paris
8. Fondation Cartier
9. Musée Zadkine
10. Parc André Citroën

Essen & Trinken
1. Le Plomb du Cantal
2. La Cerisaie
3. La Coupole
4. Closerie des Lilas

lantikküste starten. Ein paar Crêperien und Buchläden zeugen noch von der einstigen bretonischen Kolonie, die sich hier rund um ihren Ankunftsbahnhof angesiedelt hatte.

Ganz versteckt liegt der größte Dachgarten Europas, der Jardin Atlantique, oberhalb des Bahnhofs. Neben Gleis 1 führt eine steile Metalltreppe nach oben. 18 m über den Bahngleisen haben die Landschaftsgärtner Michel Péna und François Brun auf einer Betonplatte eine kleine Grünanlage geschaffen, für die aus statischen Gründen nur 2 m hoch Erde aufgeschüttet werden konnte.

Umgeben von barriereartigen, monotonen Wohnblöcken wie viele andere Bauten in Montparnasse, bildet das Ensemble aus Brunnen, Wegen, Rasenflächen und mehreren Tennisplätzen eine vollkommen artifizielle Enklave innerhalb der urbanen Umgebung. Den unwirklichen Charakter unterstreicht noch das schrille Klingeln zur Abfahrt der Züge, das vom Bahnhof nach oben dringt. Ein Ausgang auf der anderen Seite des Gartens führt zum Boulevard Pasteur.

Musée Bourdelle 3

www.bourdelle.paris.fr, Di–So 10–18 Uhr, Eintritt frei, Wechselausstellungen 7 €, erm. 5,50 €
Bourdelle (1861–1929), richtig Émile mit Vornamen, aber von Schülern und Freunden Antoine genannt, richtete sich 1885 ein Atelier in der damaligen Impasse du Maine im Montparnasse-Viertel ein. 45 Jahre hat der Bildhauer in dem Gebäude gearbeitet. Zu den berühmtesten Werken des Rodin-Schülers unter den rund 900 ausgestellten überlebensgroßen Skulpturen, Gemälden und Zeichnungen des Musée Bourdelle gehören der »Kopf des Apoll« und »Herakles als Bogenschütze«. In seinen letzten beiden Lebensjahrzehnten konzentrierte sich Bourdelle auf große Monumente und Architekturplastik wie etwa die Reliefs für das Théâtre des Champs-Élysées.

Rue de la Gaîté

Über den Boulevard Edgar Quintet, mittwochs und sonntags mit einem großen Wochenmarkt, kommt man zur Rue d'Ocessa, die ebenso wie wie Rue du Montparnasse und Rue Delambre gesäumt sind von Hotels und ein-

facheren Restaurants – heute ein beliebtes Ausgehviertel ohne viel Tourismus.

Hauptachse dieses Viertels war die Rue de la Gaîté, die ihren Namen nicht nur von den vielen Revuetheatern, sondern auch zahlreichen Bordellen hat, die sich hier im 19. Jh. aneinanderreihten. Berühmt wurde das **Théâtre de la Gaîté Montparnasse** 4 aus dem Jahr 1868. Wo erst die Revuedamen tanzten, traten später Maurice Chevalier oder Colette auf, heute findet dort modernes Theater einen Platz. Ein paar Sexshops ringsum erinnern noch an die wilde Zeit, aber sonst locken eher Restaurants die Flaneure.

Fondation Cartier-Bresson 5

www.henricartierbresson.org, 2, impasse Lebouis, Di, Do, Fr, So 13–18.30, Mi 13–20.30, Sa 11–18.45 Uhr, Eintritt 6 €, erm. 3 €
Jenseits der Métro-Station Gaîté widmet sich eine Galerie dem Werk des legendären Fotografen Henri Cartier-Bresson (1908–2004). S. auch S. 60.

Montparnasse-Friedhof

3, bd. Edgar Quinet, März bis Nov. Mo–Sa 8–18, So 9–18 Uhr, sonst nur bis 17.30 Uhr, kostenloser Plan am Eingang
Gleich um die Ecke dieser großen Lustbarkeit liegt der **Cimetière du Montparnasse** 6, der 1824 eingerichtet wurde. Der Friedhof mit linearem, in 30 Divisionen aufgeteiltem Raster ist jedoch nicht so grün wie der Père Lachaise. Als Jean-Paul Sartre im April 1980 starb, folgten seinem Sarg rund 50 000 Menschen. Direkt neben ihm wurde Simone de Beauvoir (1908–1986) bestattet (20. Div.). Auch die

Montparnasse

Fassaden der Rue de la Gaîté

Bildhauer Constantin Brancusi (1876–1957, 18. Div.), Antoine Bourdelle (1861–1929, 15. Div.) und Ossip Zadkine (1890–1967, 8. Div.) wurden hier unweit ihrer einstigen Ateliers begraben. Die berühmte Skulptur »Der Kuss« (22. Div.) von Brancusi ziert jedoch nicht sein Grab, sondern steht im Winkel zwischen Boulevard Raspail und Rue Émile-Richard (19. Div.).

Baudelaire (1821–1867) findet man gleich zweimal, ein Denkmal für ihn und dann sein Grab, neben dem seines gehassten Schwiegervaters (6. Div.). Jüdischer Herkunft sind der aus Russland stammende Maler Chaim Soutine (1893–1943, 15. Div.) und der Chansonnier Serge Gainsbourg (1928–1991, 1. Div.), beide sind jedoch nicht im israelitischen Teil des Friedhofs (30. Div.) bestattet. Der Dadaist Tristan Tzara (1896–1965, 8. Div.), der Architekt der Oper, Charles Garnier (1825–1898, 11. Div.), die Schriftsteller Samuel Beckett (1906–1989, 11. Div.) und Guy de Maupassant (1850–1893, 26. Div.), die

Am Boulevard Montparnasse

hier ihre letzte Ruhe fanden. Südlich des Friedhofs ist die **Rue Daguerre** die Marktstraße des Viertels. Vor allem im hinteren Bereich, Richtung Place Denfert-Rochereau, reihen sich einfache Läden und Bistros, das macht die Straße durchaus sehenswert: ein Kleine-Leute-Paris ohne teure Edelrestaurants.

Les Catacombes de Paris 7
s. Entdeckungstour S. 256
An der Place Denfert-Rochereau liegt der Eingang zu einem gewaltigen Katakombensystem, das aus ehemaligen Steinbrüchen entstanden ist. Seit 1785 wurden hier die Gebeine von allen innerstädtischen Pariser Friedhöfen eingelagert, aber auch viele Tote der Guillotine brachte man dorthin.

Fondation Cartier 8
http://fondation.cartier.com, Di–So 11–20, Do bis 22 Uhr, Eintritt 9,50 €, erm. 6,50 €
Für die Fondation Cartier am Boulevard Raspail entwarf Jean Nouvel ein Glashaus mit minimaler Binnenstruktur, das je nach Lichteinfall mal durchsichtig wirkt, mal die Umgebung widerspiegelt. Mit dem Versuch, das Schwere, Lastende von Architektur zu dematerialisieren und Grenzen zwischen Innen und Außen zu verwischen, gelang dem Architekten ein virtuoses Meisterwerk von immaterieller Wirkung.

Die Fondation Cartier unterstützt mäzenatisch zeitgenössische Kunst; in Wechselausstellungen werden die Arbeiten von Bildhauern, Malern, Performance- und Videokünstlern bekannt gemacht. Begleitet werden die Ausstellungen von den wöchentlich stattfindenden Soirées Nomades, einem ausgefallenen Abendprogramm, zu dem Stars wie William Forsythe, Archie Shepp und Patti Smith eingeladen sind, die Ausstellung zum ›Kunstlabor‹ zu machen.

Schauspielerin Jean Seberg (1938–1979, 13. Div.), der Filmregisseur Jacques Becker (1906–1960, 22. Div.), der Automobilfabrikant André Citroën (1878–1935, 28. Div.), die Verleger Louis Hachette (1800–1864, 15. Div.) und Pierre Larousse (1815–1875, 14. Div.), der Fotograf Man Ray (1890–1976, 7. Div.), Henri Langlois (1914–1977, 6. Div.), Begründer der Cinémathèque, und der Comic-Zeichner Jean-Marc Reiser (1941–1983, 13. Div.) sind nur einige weitere Prominente, die

Montparnasse

Am Boulevard Montparnasse

Der Boulevard zählt zu den großen belebten Verkehrsachsen der Stadt und wird gesäumt von Geschäften, Brasserien, Kinos und Modeshops.

Brasserie La Coupole 3
In der 1927 im Stil des Art déco eröffneten Brasserie La Coupole (s. S. 34) ließen die Besitzer die Stützpfeiler von Künstlern gegen Freigetränke mit Fresken versehen – daraufhin avancierte das Lokal schnell zum beliebten Treffpunkt der Bohème. Es wäre müßig, all die illustren Gäste von Josephine Baker bis Chaim Soutine dieser riesigen Pariser Prominentenkantine im Lauf der Jahrzehnte aufzuführen. Seit der Restaurierung in den 1980er-Jahren ist das Coupole so brechend voll wie eh und je, und wie einst geht man weniger um des (guten) Essens willen hierher, als um zu sehen und gesehen zu werden.

Musée Zadkine 9
www.zadkine.paris.fr, Di–So 10–18 Uhr, Eintritt frei
Der Exilrusse Ossip Zadkine (1890–1967) lebte von 1928 bis zu seinem Tod in einem kleinen Hinterhaus mit Atelier und Garten in der Rue d'Assas, einer winzigen grünen Oase mitten in der Stadt. In gedrängter Enge stehen im Musée Zadkine viele seiner Arbeiten, von den kubistischen Anfängen bis zu expressionistischen und gänzlich abstrakten Werken. Aus der Nachkriegsepoche stammt sein berühmtestes Werk, »Die zerstörte Stadt«.

Closerie des Lilas 4
An der Brasserie Closerie des Lilas (s. rechts) kurz vor dem Jardin du Luxembourg endet das Montparnasse-Viertel. Im 19. Jh. noch ein Ausflugs- und Tanzlokal vor den Toren der Stadt, wurde aus der Closerie zu Beginn des 20. Jh. ein Treffpunkt russischer Revolutionäre, darunter Lenin und Trotzki. Die Symbolisten versammelten sich hier jeden Dienstag zu Dichter-Soireen, während sich nach dem Ersten Weltkrieg Surrealisten und Dadaisten in der Brasserie als Bürgerschreck übten. Messingtafeln informieren über einstige Stammplätze, etwa von Hemingway, Baudelaire, Rodin und Apollinaire.

Essen & Trinken

Auvergnatische Küche – **Le Plomb du Cantal** 1: 3, rue de la Gaîté, Métro: Edgar Quinet (M6) oder Gaîté (M13), Tel. 01 43 35 16 92, tgl. 12–23 Uhr, Menü ab 18 €, Salate ab 9 €. Das große, rustikal eingerichtete Lokal ist immer gut gefüllt. Viel gelobte Küche mit Spezialitäten aus der Auvergne, gute Salate.

Neo-Bistrot – **La Cerisaie** 2: 70, bd. Edgar Quinet, Métro: Edgar Quinet (M6), Tel. 01 43 20 98 98, www.restaurant lacerisaie.com, Mo–Fr 12–14, 19–22 Uhr, Menü 19 € (mittags), 22 €, 27 €. Hinter einer traditionellen Bistrofassade verbirgt sich ausgesprochen moderne Kochkunst mit täglich wechselnden, frischen Marktprodukten. Nur wenige Tische, daher reservieren!

Die Montparnasse-Legende – **La Coupole** 3: 102, bd. du Montparnasse, s. links und S. 34.

Einstige Künstlerkneipe – **Closerie des Lilas** 4: 171, bd. du Montparnasse, Métro Vavin (M4), Tel. 01 40 51 34 50, www.closeriedeslilas.fr, Restaurant 12–14.30, 19–23.30 Uhr, Brasserie 12–1 Uhr, Restaurant mittags 48 €, à la carte drei Gänge ab 80 €, Brasserie Hauptgerichte ab 22 €, s. links.

Adressen

Abstecher zum Parc André Citroën 10 ▶ F 12
Wo früher Autos gebaut wurden, erfreut heute der 14 ha große Parc André Citroën Anwohner und Besucher. Auf einem leicht abfallenden Gelände am Quai Javel (15. Arr.) entstand auf dem ehemaligen Werksgelände von Citroën eine so ungewöhnliche wie anziehende Grünanlage. Zwei große Glaskuben dienen als Gewächshäuser; die Reihe sprudelnder Fontänen auf einer abschüssigen Fläche davor sind für Kinder im Sommer eine willkommene Erfrischung. Von kleineren Gewächshäusern rauscht ebenfalls Wasser herab. Die große rechteckige Rasenfläche, die von Wasserbecken gerahmt wird, umgaben die Landschaftsgestalter Alain Provost und Gilles Clément mit mehreren Themengärten: Der Metamorphosengarten verändert sich im Wechsel der Jahreszeiten, der Garten in Bewegung je nach Pflanzenwuchs. Einige weitere, wie der schwarze und der weiße Garten, sind Farben gewidmet, daneben gibt es aber auch wildwachsende Ökowiesen. Und als einziger Pariser Park reicht er direkt bis ans Flussufer. Seit 1999 kann man mit dem **Ballon Air de Paris** auf rund 150 m Höhe schweben und ein fantastisches Panorama der Stadt erleben (tgl. 9– jeweils 30 Min. vor Schließzeit des Parks, Fahrt Sa, So 12 €, Mo-Fr 10 €, Kinder 10, 9, 6 oder 5 €, www.ballondeparis.com). Der Ballon strahlt übrigens je nach aktueller Luftqualität in unterschiedlichen Farben, wobei grün gute und rot besonders schlechte Luft anzeigt.
Parc André Citroën: 2, rue de la Montagne de la Fage oder 2, rue Cauchy, 15. Arr., Mai bis Sept. 8–20.30, sonst bis 19, im Winter bis 17.45 Uhr, Métro: Javel-André Citroën (M10), Balard (M8), RER C: Javel

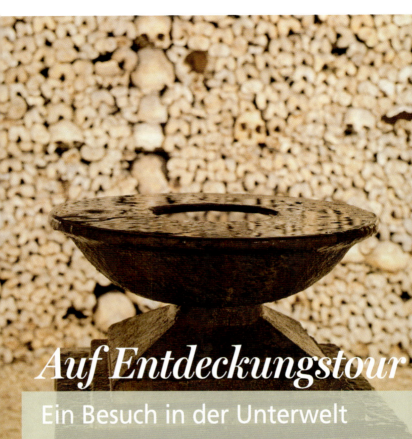

Auf Entdeckungstour

Ein Besuch in der Unterwelt

In den Katakomben von Paris [7] lagern die Gebeine von ca. 6 Mio. Toten, die in den Jahrhunderten vor 1785 gelebt hatten, praktisch alle Einwohner der mittelalterlichen Stadt über viele Generationen. Diese sinistre Unterwelt mit sorgfältig gestapelten Knochen kann man besichtigen.

Ausgangspunkt: Place Denfert-Rochereau, Métro-Station Denfert-Rochereau (M4).

Öffnungszeiten: Di–So 10–17 Uhr, www.catacombes.paris.fr, www.catacombes.info, Eintritt 8 €, erm. 6 €.

Wichtige Hinweise: Etwa 130 Stufen steigt man hinunter und befindet sich dann etwa 20 m unter der Erdoberfläche. Am besten bringt man eine eigene Taschenlampe mit. Temperatur ca. 14 °C, keine Toiletten vorhanden. Maximal 200 Besucher werden eingelassen.

Am Eingang warnen die Worte »Halt – hier beginnt das Reich des Todes«. Und *Barrière d'Enfer,* Höllenschranke, lautet der Name des Eingangs zur Unterwelt, ein ehemaliger Zollpavillon von Nicolas Ledoux an der Place Denfert-Rochereau. Hier steigt man über eine enge Wendeltreppe hinab, die bis in 20 m Tiefe zu den Toten hinunterführt.

Ein durchlöcherter Untergrund

Angelegt wurde das Beinhaus in alten Steinbrüchen, die schon seit der gallorömischen Epoche ausgebeutet wurden. Der Pariser Untergrund ist an vielen Stellen unterhöhlt, weil bis 1813 das gesamte Baumaterial für Paris aus dem eigenen Untergrund gewonnen wurde. Die geologische Substanz des Pariser Beckens, der beliebte helle Kalkstein, lieferte jahrhundertelang das Material für viele Pariser Häuser. Selbst der Montmartre ist komplett unterhöhlt – und durch das unsichere Erdreich ist auch die Sicherheit der Bebauung mehr als zweifelhaft.

Louis-Sébastien Mercier beschreibt in seinem Buch »Tableau de Paris«, dass schon im 18. Jh. die ersten Häuser zusammenstürzten, weil die Steinbrüche unter ihnen nicht ausreichend abgestützt worden waren. Das verzweigte Höhlensystem machen sich gern Unbefugte zunutze. Die unterirdischen Gänge sind zum Teil bewohnt, geheime Feten und Rockkonzerte finden im Untergrund statt – auch die Résistance im Zweiten Weltkrieg hatte dort ihr Hauptquartier.

Friedhof der Unschuldigen

Noch im Mittelalter gab es zahllose Friedhöfe inmitten der eng bebauten Stadt. Am Square des Innocents beispielsweise (nahe Forum des Halles und Centre Pompidou) gab es bis 1786 eine von Beinhäusern umgebene Kirche mit dem »Friedhof der Unschuldigen«. Jahrhunderte lang hatte man hierher die Toten des Krankenhauses Hôtel-Dieu (auf der Seine-Insel) und der umliegenden Pfarrgemeinden gebracht, Jahrhunderte Tag für Tag die Leichname herbeigekarrt und in Gräbern verscharrt oder ihre Knochen in Beinhäusern aufgeschichtet. Hier, am »allerstinkendsten Ort des gesamten Königreichs«, lässt Patrick Süskind seinen Grenouille, den Helden des Romans »Das Parfüm«, zwischen Fischabfällen zur Welt kommen. 1780 waren diese Grabstätten überfüllt, überdies war die Seuchengefahr groß, sodass man sich entschied, die Gebeine in stillgelegten unterirdischen Steinbrüchen zu deponieren.

Prozession der Toten

Dass der Staatsrat 1785 beschloss, den Friedhof zu schließen, hatte nicht nur mit der Überfüllung und den hygienischen Problemen zu tun. Entscheidend war wohl, dass diese Höfe Sammelplätze für Obdachlose und Krüppel wurden, deren Zahl am Vorabend der Revolution enorm gestiegen war. Zwei Jahre lang zogen nun die Fuhren mit den Gebeinen durch Paris, um sie in die Katakomben zu schaffen – immer nachts und begleitet von Priestern, die die Totenlieder sangen.

Heute lagern in den unterirdischen Gängen und Sälen die Knochen von mehr als 6 Mio. Menschen, die fein säuberlich nach Körperteilen aufgeschichtet wurden. Wandhoch, mit einem Streifenmuster aus Schädeln, stapeln sich etwa in der Rotunde der Schienbeine die Schenkelknochen. Wie in der Oberwelt haben die Gänge der Nekropole Namen, doch es gibt keine durchgängige Aufsicht auf den vielen Kilometern Länge. Zur Vorsicht wird daher geraten.

Das Beste auf einen Blick

Außerhalb des Zentrums

Highlight!

Versailles: Schloss und Gärten des Sonnenkönigs Louis XIV. sind Inbegriff und Symbol des Absolutismus im 17. Jh. Frankreich befand sich auf dem Höhepunkt seiner Macht, und für die Fürstenhöfe Europas war Versailles lange das unerreichbare Vorbild. S. 270

Auf Entdeckungstour

Das Paris der Pariser – auf dem Canal Saint-Martin: Entlang dem Canal Saint-Martin zeigt sich Paris von einer beschaulichen, fast holländischen Seite. Ausflugsboote fahren vom Bastille-Platz zum Parc de la Villette, durch Tunnel, Schleusen und unter romantischen Fußgängerbrücken hindurch. Am schönsten an einem sonnigen Herbsttag, wenn das Laub der hundertjährigen Kastanien rötlich aufstrahlt. S. 266

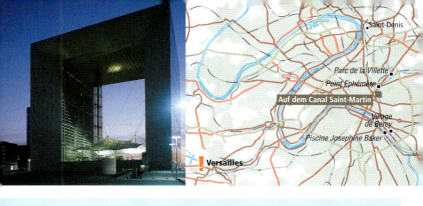

Kultur & Sehenswertes

Parc de la Villette: Der weitläufige Park, das Wissenschafts- und das Musikmuseum sowie die Géode mit IMAX-Kino lohnen den Abstecher in den Nordosten von Paris. S. 264

Saint-Denis: Die gotische Kirche im Norden von Paris ist Grabstätte der französischen Könige. S. 274

Aktiv & Kreativ

Piscine Josephine Baker: Früher gab es viele hölzerne Schwimmbadschiffe an den Seine-Ufern. Dieses neue und moderne Badeschiff liegt direkt vor der Nationalbibliothek im Fluss. S. 59, 261

Genießen & Atmosphäre

Village de Bercy: Einst hatte der größte Weinumschlagplatz Europas dort seine Lagergewölbe, heute genießt man hier die Natur, die Sonne und die Openair-Terrassen der vielen Restaurants. S. 260, 262

Grandes Eaux Musicales: Ein ganz besonderes Erlebnis sind die Wasserspiele im Park von Versailles. S. 272

Abends & Nachts

Point Ephémère: Am Canal Saint-Martin tut sich was – ein paar Szenekneipen und Musikklubs zogen bereits an den bislang ausgesprochen ruhigen Kanal, zahlreiche verschiedene Kulturevents bietet das Point Ephémère. S. 267

Ausflüge rund um Paris

Auch außerhalb des Zentrums bietet Paris bedeutende Ziele, wobei für das königliche Schloss von Versailles, im Osten jenseits einer Seine-Schleife gelegen, mindestens ein halber Tag angesetzt werden sollte. Ihre Grablege fanden die Könige Frankreichs in der ehrwürdigen Kathedrale Saint-Denis, die heute im Schatten des Stade de France, des Weltmeisterschaftsstadions, steht.

Schöne Gärten und interessante Museen mit viel Technik bieten die Parks von Bercy und La Villette. La Défense steht hingegen als Name für ambitionierte Hochhausbauten, als Manhattan-sur-Seine.

Parc de Bercy ▶ S/T 13

Métro: M 6, 14 Bercy und M 14 Cour Saint-Émilion
Im 20. Jh. neu angelegt wurde der Parc de Bercy (12. Arr.). Einst war Bercy das Reich der Weinhändler, direkt an der

Infobox

Informationen
Websites zu den einzelnen Orten sind jeweils dort angegeben.

Anfahrt
Alle Ziele sind besser, schneller und einfacher per Métro oder RER-Bahn zu erreichen als mit dem Auto. Bei der Zeitplanung sollte man nicht allzu eng kalkulieren, da alle Ziele sehr viel bieten und es sich oft auch lohnt, noch eine Pause in einem kleinen Restaurant einzulegen.

Seine, über die Weinfässer aus ganz Frankreich hierher transportiert wurden. Die edlen Tropfen von der Loire und aus Bordeaux wurden in den *chais,* oberirdischen Weingewölben, eingelagert und weiterverkauft. Einst der größte Weinhandelsplatz Europas, begann sein Niedergang mit dem der Lastschifffahrt. Heute rollt über die Straße, was früher auf dem Wasserweg transportiert wurde.

An der Stelle der alten Lagerhäuser entstanden das Tagungs- und Handelszentrum **Bercy-Expo,** ein Multiplexkino, die große Mehrzweckhalle **Palais Omnisports (POPB)** für Sport- und Musikveranstaltungen, und in ein Gebäude, das Stararchitekt Frank Gehry entworfen hat, zogen die berühmte Cinémathèque française und das Filmmuseum ein. Auf 13 ha des Geländes wurde der **Parc de Bercy** angelegt, in den restaurierte Lagerhallen, einige gepflasterte Wege, Transportgleise und alter Platanenbestand integriert wurden. Es gibt drei Gartenabteilungen: den *Jardin romantique* Richtung Village de Bercy mit See und Dünen, die *Parterres* in der Mitte mit Rosengarten und Schulgarten und die *Prairies* Richtung POPB, wo auf Wiesen gern Fußball gespielt wird.

Am östlichen Ende, an der Métro-Station Cour Saint-Émilion, siedelten sich im **Village de Bercy** Restaurants, Läden und der Club Med an – bei Sonne ein schöner Platz zum Draußensitzen (www.bercyvillage.com). Leider schirmt ein hoher, mit Linden bepflanzter Wall den Garten vom Seine-Ufer ab, oder vielmehr von der lauten Schnellstraße.

Eine **Passerelle** (Fußgängerbrücke) führt vom Park auf das linke Flussufer zur neuen **Bibliothèque nationale de**

La Villette

Silbern glänzt die Kugel des Géode-Kinos im Parc de la Villette

France (www.bnf.fr) und ins Tolbiac-Viertel hinüber, wo ein neues Schwimmbadschiff vertäut liegt, die **Piscine Josephine Baker** (s. S. 59), und nicht weit davon das Batofar (s. S. 49).

Aktiv & Kreativ

Auf dem Wasser – **Piscine Josephine Baker:** Qua François Mauriac. Neues Schwimmbadboot, s. S. 59.

La Villette ▶T3

Im Nordosten von Paris war früher der zentrale Schlachthof angesiedelt, der lange den Charakter des Arbeiterviertels prägte. 1974 wurde der Betrieb eingestellt. Auf dem Gelände weitab vom touristischen Pflichtprogramm entstanden der weitläufige Parc de la Villette mit einem interaktiven Wissenschaftsmuseum (Cité des Sciences, s. rechts) und der Cité de la Musique (s. S. 265).

Der einzige erhaltene historische Bau ist die **Grande Halle** im Südteil des Parks. Die über 200 m lange Eisen-Glas-Konstruktion von 1867, in der einstmals der Rindermarkt abgehalten wurde, dient heute als Ausstellungshalle für Messen und Theateraufführungen.

Am Ostrand zieht die Zelthalle **Zénith** mit über 6000 Plätzen und großen Rock- und Popkonzerten viele Besucher an. Ursprünglich als Provisorium geplant, haben inzwischen viele an-

261

Lieblingsort

Village de Bercy ▶ S/T 13
Ideal für eine kleine Pause beim Ausflug in den Pariser Osten: Am stadtauswärts gelegenen Ende des Parc de Bercy eröffnete das Bercy-Village, ein paar niedrige Pavillons im Stil der alten Weinlager. Restaurants und Läden sind hier in die ›Chais‹ eingezogen (so heißen die Lagerhallen). Beliebt sind etwa der Club Med World und die Terrassen der Lokale wie Chai 33. An einem sonnigen Sommertag kommt man sich hier vor wie bei einem Ausflug aufs Land.
Métro: Cour Saint-Émilion (M14).

Außerhalb des Zentrums

dere französische Städte solche preiswerten Zelthallen geordert, die sich als erstaunlich haltbar erwiesen haben.

Cité des Sciences et de l'Industrie

www.cite-sciences.fr, Avenue Corentin-Cariou, Métro: Porte de la Villette (M 7), Di–Sa 10–18, So 10–19 Uhr; Eintritt 15 € für Explora und Géode, viele weitere Kombi- und Einzeltickets möglich; Audioguide-Verleih mit deutschsprachigen Informationen in der zentralen Eingangshalle

Ende der 1950er-Jahre war für den Schlachthof ein neues Gebäude errichtet worden, das sich bald als Fehlplanung erwies und zum Finanzskandal auswuchs. Aus der Bauruine machte der Architekt Adrien Fainsilber einen Abenteuerspielplatz für Wissensdurstige. Im riesigen Museum **Explora** bringen interaktive Spiele naturwissenschaftliche Gesetze näher. In den Abteilungen zu Ton, Bild, Licht, Klima, Meeresforschung, Raumfahrt, Energie, und Informatik können überall Knöpfe und Hebel gedrückt werden, laden Geräte und Apparaturen zum Ausprobieren ein. Im Planetarium reproduziert ein Projektor den Himmel auf eine große Kuppel, im Simulationssaal **Cinaxe** kann der Flug in einem Düsenjet oder die Fahrt mit einem Bob im Eiskanal erlebt werden. Überall wurde darauf geachtet, dass Technologie nicht nur Informations-, sondern auch einen hohen Unterhaltungswert hat.

La Géode

Programm: www.lageode.com, Eintritt 10,50 €, erm. 9 €

In einer glitzernden Kugel mit einer blankpolierten Außenhülle spiegeln sich das Museumsgebäude und der Pariser Himmel. Im Innern des Kinos La Géode mit einer halbkugelförmigen Projektionswand fühlt sich der fast liegende Zuschauer mitten ins Filmge-

schehen versetzt, wenn es in die Tiefsee, auf Alpengipfel oder mit Delfinen durchs Meer geht. Gezeigt werden vorwiegend effektvolle Natur- und Wissenschaftsfilme, etwa Mount Everest, Tiefseetauchen oder Paragliding in 3 D, die mit speziellen Kameras und Projektoren gedreht werden. Das projizierte Bild auf der Leinwand ist um ein Vielfaches größer als in einem normalen Kino. Die 1000 m² große, ›hemisphärische‹ Leinwand ergibt ein 180°-Bild, während das menschliche Gesichtsfeld nur 120° (horizontal) bzw. 140° (vertikal) umfasst. Mit den akustischen Möglichkeiten der 21 000-Watt-Anlage wird der hyperrealistische visuelle Eindruck akustisch noch gesteigert.

U-Boot Argonaute

Eintritt 3 €

Das aus den 1950er-Jahren stammende U-Boot Argonaute hatte 24 Jahre in der französischen Marine Dienst getan, bevor es über Flüsse und Kanäle von der Küste nach Paris transportiert wurde. Man kann durchs Periskop sehen, den Radarschirm beobachten und versuchen, sich das Leben in dieser ›Blechdose‹ vorzustellen.

Parc de la Villette

Der Parc de la Villette, mit 35 ha die größte Pariser Grünanlage, wurde von dem Schweizer Bernard Tschumi (geb. 1949) konzipiert. Knallrote, wie Skulpturen wirkende Würfel setzte er nach einem Rastersystem zwischen Themengärten (Spiegel-, Wind-, Nebel-, Bambus-, Drachengarten) und Lehrpfade, darunter ein ›kinematographischer Spazierweg‹, ein blau gepflasterter Pfad, der sich wie eine achtlos hingeworfene Filmrolle durch die Anlage schlängelt.

Die Kuben mit knapp 11 m Kantenlänge, jeder anders aus dem Quadrat

Versailles

entwickelt, dienen unterschiedlichen Funktionen – als Kinderatelier, Infostelle, Café, Imbiss oder Erste-Hilfe-Station. Hatte der Nordosten zuvor wenig Freizeitmöglichkeiten zu bieten, sind inzwischen Park und Kanäle beliebtes Ausflugs- und Radlerziel für Pariser und Touristen. Die Grünanlage hat sich zum Volkspark entwickelt – an Sommerwochenenden wird hier gegrillt, Musik gemacht und gepicknickt (www.la-villette.com).

Cité de la Musique

Avenue Jean Jaurès, Métro: Porte de Pantin (M5), www.cite-musique.fr, Musikmuseum: Di–Sa 12–18, So 10–18 Uhr, Eintritt 8 €, erm. 5 €

Im Südteil des Parks entwarf Christian de Portzamparc, der 1994 mit dem Pritzker-Preis die höchste Auszeichnung für Architekten erhielt, den postmodernen Komplex der Cité de la Musique mit Konservatorium, Studios, Bibliothek. Die ›musikalische Straße‹ mit ausgestellten Notenblättern, Fotos und Büchern windet sich als überdachte Spirale um die ovale Mitte, den Konzertsaal, die Heimstatt des Ensemble InterContemporain mit Platz für 800 bis 1200 Zuhörer. Das angegliederte **Musée de la Musique** besitzt eine kostbare Sammlung von rund 4500 Instrumenten. Damit der Besucher Musik- und Klangproben hören kann, wird er mit Kopfhörern auf den Rundgang geschickt.

In unmittelbarer Nähe entsteht die neue Philharmonie, entworfen von Stararchitekt Jean Nouvel, die 2014 den Konzertbetrieb aufnehmen soll (www.philharmoniedeparis.com).

Essen & Trinken

Belle Epoque – **Le Boeuf Couronné:** ▶ T 4, 188, av. Jean-Jaurès, Tel. 01 42 39 44 44, Métro: Porte de Pantin, tgl. 12–15 und 19–24 Uhr, Menü 32 €. Seit 1365 gibt es das traditionsreiche Lokal mit authentisch altmodischem Interieur. Beliebt sind die hausgemachte Terrine und die Fleischgerichte.

Mein Tipp

Parc des Buttes-Chaumont ▶ S 5

Die hügelige Landschaft des Parc des Buttes-Chaumont (19. Arr.) entstand aus einem ehemaligen Gipssteinbruch. 1867 ließen Napoleon III. und sein Präfekt Haussmann den Park von Adolphe Alphand anlegen – bewusst in einem Arbeiterviertel. Seine abwechslungsreiche Gestalt verdankt der romantische Park vor allem dem steilen Felsen in seiner Mitte, auf dem ein Tempelchen thront. Von dort oben eröffnet sich eine schöne Aussicht auf Montmartre und Saint-Denis. Den See zu Füßen des Felsens umrahmt eine Rollschuhbahn, hoch darüber schwingt sich eine schmale Brücke. Auf 27 ha findet man zwischen verschlungenen Spazierwegen auch eine Grotte und einen 32 m hohen Wasserfall. Ein Fußgängerweg (Allée Darius Milhaud und Allée Arthur Honegger) führt auf der ehemaligen Trasse einer Bahnlinie zum Parc de la Villette.
Métro: M7 Buttes-Chaumont oder Botzaris; Sommer 7–22, Winter 7–20 Uhr.

Auf Entdeckungstour

Das Paris der Pariser – auf dem Canal Saint-Martin

Romantik pur: Zahlreiche Schleusen, eine Wendebrücke und steile, eiserne Fußgängerstege, von denen man den Bootsbetrieb beobachten kann, lassen den von Bäumen gesäumten Canal Saint-Martin fast holländisch wirken.

Zeit: Vom Arsenal-Hafen zum Parc de la Villette ca. 2.30 Std.

Planung: Fahrten ab Port de l'Arsenal (▶ R 10) mit Canauxrama (www.canauxrama.com), unterhalb Bastille-Oper. Neben der Normalfahrt (2 x tgl. 9.45 und 14.30 Uhr) gibt es auch Abendfahrten und Rundfahrten über Canal Saint-Denis und die Seine. Mit Paris-Canal (19, quai de la Loire, www.pariscanal.com) kann man auch ab Musée d'Orsay fahren.

Am Port de l'Arsénal, dem Jachthafen von Paris unterhalb der Place de la Bastille, mündet der knapp 5 km lange Canal Saint-Martin in die Seine. Mit dem Canal de l'Ourcq und dem Canal Saint-Denis, die am Bassin de la Villette von ihm abzweigen, wurde er zu Beginn des 19. Jh. unter Napoleon als Wasserversorgung und schiffbare Verbindung angelegt, da das Trinkwasser in der Hauptstadt knapp war. Heute verschwindet der Kanal unweit der Place de la République unter einem Boulevard, das Teilstück bis zur Place de la Bastille wurde überdacht.

Tunnel und Drehbrücken

Daher geht es bei der Fahrt mit dem Ausflugsboot auch zuerst durch einen Kanaltunnel. Unheimlich gluckst das Wasser, grüne Neonlichter spiegeln sich darin, durch Lichtschächte fällt bläulich das Tageslicht.

Ab der Rue du Faubourg du Temple verläuft der Kanal dann wieder oberirdisch. Hier passiert man die erste Schleuse, die das Boot wieder auf Straßenniveau hebt. Gesäumt von hundertjährigen Bäumen gleitet das Boot zum Square des Récollets, passiert Drehbrücken und weitere Schleusen. Zwischen Quai de Valmy und Quai de Jemmapes spannen sich steile, eiserne Fußgängerstege, von denen man den Bootsbetrieb beobachten kann, wenn man nicht mit dem Boot fährt. An einer der Schleusen hier spielt übrigens auch die Szene aus »Amélies fabelhafter Welt«, in der sie Steinchen übers Wasser schnellen lässt, um sich die Langeweile zu vertreiben. Fast holländisch wirkt die Szenerie.

Seit kurzem entdeckt auch die Szene das Viertel, Cafés und Kneipen eröffnen. Das Kulturzentrum **Point Ephémère** am Quai de Valmy zog in ein altes Lagerhaus. Das Programm ist bunt: Konzerte, Ausstellungen, Tanzveranstaltungen, dazu eine Kneipe, auch zum Draußensitzen (200, quai de Valmy, www.pointephemere.org, Métro Jaurès, tgl. 10–2 Uhr).

Filme und Atmophäre

Cineasten ist auch der Film »Hôtel du Nord« (1938) von Marcel Carné ein Begriff, in dem die Schauspielerin Arletty auf einer Brücke über den Kanal den angeblich meistzitierten Ausspruch des französischen Films tat: »Atmosphère, Atmosphère, est-ce que j'ai une gueule d'atmosphère«. Der Film wurde aber im Studio gedreht, die Szenerie originalgetreu nachgebaut.

An der Place de Stalingrad erweitert sich das Kanalbecken zum Bassin de la Villette. Die 1784 von Charles-Nicolas Ledoux erbaute Rotonde de la Villette lag einst an der Stadtgrenze und diente als Zollhaus. Die hier oberirdische Métro macht auf dorischen Eisensäulen einen Bogen um den Rundbau. Auf der Terrasse des Cafés am Kino mk2 Quai de Seine, für das ein altes Lagerhaus mit gläsernen Fronten renoviert wurde, lässt sich der Blick auf das Kanalbecken genießen. Am Ufer starten Pendelboote (navettes) zum Park in La Villette.

Nahe der Brücke der Rue de Crimée, einer Hebebrücke mit großen Stahlsäulen und dicken Trossen, wurde in den Speicherhäusern der Kultfilm »Diva« (1980) von Jean-Jacques Beineix gedreht. Der Stadtteil hatte noch lange seinen frühindustriellen Charakter bewahrt, heute entstehen hier immer mehr Neubauten, in schöner Lage direkt am Wasser etwa das Jugendhostel St Christopher's. Verkehrsgünstig an den Kanälen lag einst auch der Schlachthof, der heutige Parc de la Villette (s. S. 261), wo die Bootsfahrt endet.

Lieblingsort

mk2 – Kino am Kanal ▶ R 4

Paris ist die Kinometropole schlechthin und ein Paradies für Cineasten. Die Programmkinos, die Cinémathèque und das Forum des Images zeigen so viele interessante Retrospektiven, thematische Reihen und Filmklassiker, dass Filmfans wie ich gleich mehrmals am Tag ins Kino gehen können. Da gibt das Kino eigentlich nicht den Ausschlag. Aber auch in Paris gibt es schlecht belüftete Schachtelkinos mit Minileinwand. Wenn also möglich, schaue ich die Filme doch lieber in einem der beiden modernen mk2-Kinos am Bassin de la Villette – mit einem Aperitif auf der Terrasse direkt am Wasser zur Einstimmung!

mk2: quai de la Seine und 7, quai de la Loire, Métro: Stalingrad (M2, M5, M7), Vorstellungen tgl. ca. 13–22, Sa/So auch ab ca. 10.30 Uhr, s. S. 54

Außerhalb des Zentrums

Versailles! ▶ Karte 4, A4

Das gewaltige Schloss von Versailles, erbaut unter Louis (Ludwig) XIV., wurde schon für die Zeitgenossen zum Symbol des Absolutismus. Militärisch erklomm Frankreich unter dem ›Sonnenkönig‹ den Höhepunkt seiner Macht, doch begann mit der Prunksucht des Königs und seiner Entourage, zu der praktisch der gesamte Adel des Landes zählte, die schleichende Ausplünderung der Provinzen, was zur Revolution 1789 führte.

Schloss

www.chateauversailles.fr, RER C Versailles Rive Gauche, Nov.–März Di–So 9–17.30, April–Okt. Di–So 9–18.30 Uhr, Gesamtticket 18 € (25 € mit Eaux Musicales), nur Schloss 15 €, unter 26 Jahre frei

Auch unter dem Sonnenkönig hatte der Hof zunächst keinen festen Aufenthaltsort und wechselte zwischen Fontainebleau, den Tuilerien, Saint-Germain-en-Laye, Chambord und Vincennes. Doch ab 1662 ließ Louis XIV. das Jagdschloss Versailles südwestlich von Paris zur größten und prächtigsten Residenz Europas umbauen, die vielen anderen Monarchen zum (unerreichten) Vorbild werden sollte.

Um die Machtansprüche des Königs und der Monarchie durch ostentativen Luxus zu demonstrieren, verpflichtete Louis XIV. den Architekten Louis Le Vau (1612–1670), den Gartengestalter André Le Nôtre (1613–1700) und den Maler Charles Le Brun (1619–1690) für den Umbau, die wiederum ganze Heerscharen von Webern, Stuckateuren und Malern für die Innenausstattung heranzogen. Nach 1678 übernahm Jules Hardouin-Mansart die Aufsicht über die Bauarbeiten, die sich noch bis 1715 hinzogen. Mehr als fünf Jahrzehnte sollte es dauern, bis die imponierende Schlossanlage fertiggestellt war, doch bereits 1682 siedelte der Hof dauerhaft nach Versailles über.

Insgesamt umfasste der Hofstaat rund 30 000 Personen, Adlige und Diener, Kurtisanen und Offiziere, Stallknechte und Gärtner, in deren Mitte sich das Leben des Königs weitgehend öffentlich vollzog. Die Versammlung der einflussreichsten Adligen in seiner Nähe war ein Instrument zur Kontrolle, denn in ihren Provinzen konnten sie ein beträchtliches Machtpotenzial aufbauen, hier am Hof aber waren sie stets im Blickfeld. Louis XIV. hatte als junger Mann selbst den Fronde-

Versailles

Das Symbol des absolutistischen Zeitalters – Schloss Versailles

Aufstand der Adligen miterlebt, durch den diese versucht hatten, seine Herrschaft zu brechen und Kardinal Mazarin zu stürzen. Das strenge Hofprotokoll und der hohe finanzielle Aufwand für ein standesgemäßes Leben, sprich verschwenderischen Luxus, verhinderten eigene politische Ambitionen. Grafen und Herzöge teilten ihre Zeit zwischen Zeremoniell, Spieltischen und Kostümbällen – die übelste Bestrafung war, aus Versailles verbannt zu werden.

Die für Louis XV. geschaffenen **Petits Appartements** (die königlichen Wohnräume) und die **Grands Appartements** (die repräsentativen Hof- und Festsäle) demonstrieren das Zusammenwirken aller Künste zur Selbstdarstellung eines großen Monarchen. Besonders prunkvoll ist der 73 m lange Spiegelsaal, in dem 1871 das Deutsche Reich proklamiert, fast 50 Jahre später dann der Versailler Vertrag unterzeichnet wurde.

Louis XIV. hatte die Sonne zu seinem Attribut gewählt – der König als zentrales Gestirn der von ihm gelenkten Welt. An vielen Stellen wird der Sonnenmythos nicht nur durch Gemälde und Skulpturen aufgenommen wie im **Salon d'Apollon** mit den von Charles de La Fosse ausgeführten Deckengemälden, sondern auch symbolisch durch die Lage des Königsgemachs – im Zentrum des Schlosses und zugleich an der Stelle, auf die die ersten Sonnenstrahlen treffen.

271

Außerhalb des Zentrums

Schlosspark

Grand und Petit Trianon, Nov.–März Di–So 12–17.30, April–Okt. Di–So 12–18.30 Uhr (10 €), Park: Besichtigung frei, im Winter Di–So 7–18, im Sommer Di–So 7–20.30 Uhr. Wasserspiele (25 €) nur So im Sommer

Der weitläufige Park wurde von André Le Nôtre als ein ›französischer‹, der Geometrie und den Perspektiven verpflichteter Barock-Garten angelegt. Unerwartete Achsen ermöglichen immer wieder Durchblicke. Von künstlich angelegten Kanälen durchzogen, ist der Park wie das Schloss vor allem auf Wirkung hin konzipiert – dafür wurden Bäume verpflanzt, Hügel abgetragen, Sümpfe trockengelegt, Wasser von weither umgeleitet – mit einem Wort, die Natur wurde untertan gemacht.

Mein Tipp

Der Garten des Königs
Für den Potager du Roi, den königlichen Küchengarten nahe der Kirche Saint-Louis, wurden 8 ha in große Vierecke und kleinere umschlossene Gärten eingeteilt. Der Gärtner Louis XIV. legte dort Ende des 17. Jh. einen der außerordentlichsten Gemüsegärten Europas an. Neben heimischen Gewächsen wie Erbsen, Salat, Stangenbohnen, Zwiebeln, Gewürzkräutern, Spalierobst und Blumen pflanzte Jean-Baptiste de la Quintinie auch exotische Pflanzen wie Feigen und Melonen; späteren Nachfolgern gelang sogar der Anbau von Kaffee und Ananas.
Potager du Roi: April–Okt. Di–So 10–18 Uhr, Sa, So 11, 14.30 und 16 Uhr Führungen, www.potager-du-roi.fr

Auch die Anordnung von Terrassen, Statuen, Wasserbassins, Springbrunnen und der Blumenrabatten ist symmetrischer Strenge unterworfen; Bäume und Sträucher wurden zu exakten geometrischen Formen beschnitten.

Die Parklandschaft diente als Schauplatz höfischer Festkultur – beim »Großen Divertissement« 1668 sahen rund 1500 geladene Gäste und Höflinge die Opernaufführungen, Feuerwerke und Theaterstücke. Hunderte von Gärtnern wechselten die Bepflanzung eines Beetes auch mehrmals am Tag, wenn ein Anlass dies erforderte. Besonders sehenswert sind das **Apollo-Bassin** mit dem Sonnenwagen (der immer wieder auftaucht, wo sich Louis XIV. als Sonnenkönig feiern lässt) und das terrassierte **Latona-Bassin** (Latona ist die Mutter Dianas und Apollos) mit fünf Marmorbecken voller Frösche – einer der schönsten Brunnen von ganz Versailles.

Besonders nah an den Originalprunk heran kommt der Park bei den **Grandes Eaux Musicales**, den illuminierten und musikalisch animierten Wasserspielen im Sommer. 50 Brunnen und 32 Bassins sprudeln in festgelegter Reihenfolge, ganz wie einst für den König.

Domaine de Marie-Antoinette

Die strohgedeckten Häuser im Westen der Parkanlage entstanden im 18. Jh. Das Kulissenhafte dieser pastoralen Idylle wird heute noch dadurch betont, dass hier bei schönem Wetter meist gleich mehrere Brautpaare fürs Familienalbum posieren. Einst kam Marie Antoinette, Tochter der österreichischen Kaiserin Maria Theresia, in den kleinen ›Weiler‹ am Dorfteich, um der steifen Etikette am Hof zu entfliehen.

Im künstlichen Idyll mit strohgedeckten Fachwerkhäusern, Bauernhof, Meierei und Mühle streifte die Königin ein einfaches Bauernkleid über, melkte

Versailles

Der berühmte Spiegelsaal von Versailles

frischgewaschene Kühe und weidete parfümierte Schafe, während im Land die Unzufriedenheit und die Not der echten Bauern wuchs und sich die Französische Revolution anbahnte. Den hungernden Massen riet die gedankenlose Königin, doch Kuchen zu essen, wenn kein Brot da sei. Am 6. Oktober 1789 wurden Louis XVI. und die königliche Familie gewaltsam von einer aufgebrachten Volksmenge nach Paris geführt.

Châteaux de Trianon

Das offizielle Zeremoniell zwang den König, selbst die privatesten Dinge – vom morgendlichen Aufstehen, dem Lever, bis zum abendlichen Zubettgehen, dem Coucher – in Anwesenheit des Hofes zu vollziehen. Dem Wunsch nach ein wenig Intimität entsprangen zwei kleine ›Lustschlösschen‹ im Park.

Das graziöse **Grand Trianon** im italienischen Stil, ab 1687 in nur sechs Monaten von Jules Hardouin-Mansart erbaut, besteht aus zwei Flügeln, die durch ein Peristyl aus rosa Marmor verbunden sind. Hierher zog sich Louis XIV. gerne mit seiner letzten Mätresse, Madame de Maintenon, zurück.

Das **Petit Trianon** wurde ab 1762 von Jacques-Ange Gabriel für Madame Pompadour, die Mätresse von Louis XV., erbaut. Sie starb jedoch vor der Vollendung, sodass der König das klassizistische Schlösschen mit ihrer Nachfolgerin Madame Dubarry einweihte.

Essen & Trinken

Für jeden etwas – **Café de la Place d'Armes:** 1, av. de St-Cloud, Tel. 01 39 50 03 60, www.cafedelaplacedarmes.fr. Großes Lokal in einem alten Stadthaus mit Kuchen, Snacks und traditioneller Küche; auch die Karten fürs Schloss werden hier verkauft.

Außerhalb des Zentrums

Infos

Anfahrt: 20 km, mit dem Auto über die N 185, mit der Linie C der RER bis Versailles-Rive Gauche.
Informationen im Internet: www.chateauversailles.fr

Saint-Denis ▶ Karte 4, D 2

Saint-Denis im Norden von Paris, heute ein von Industrie geprägter Vorort, entstand aus einer der reichsten mittelalterlichen Abteien Frankreichs. Die Abteikirche, Gründungsbau der Gotik und Grabstätte der französischen Könige, spiegelt den Glanz des Königtums im 12. Jh. wider.

Kathedrale
1, rue de la Légion d'Honneur, 93200 Saint-Denis, Métro: Linie 13 Saint-Denis-Basilique, Mo–Sa 10–18.15, So 12–18.15, im Winter bis 17.15 Uhr, Eintritt 7 €, 18–25 Jahre 4,50 €, unter 18 Jahre frei, www.saint-denis.monuments-nationaux.fr

Dionysius, ein Mitte des 3. Jh. als Missionar nach Gallien entsandter Grieche, fiel der Christenverfolgung zum Opfer und wurde auf dem Montmartre enthauptet. Der Legende nach wanderte der Heilige mit seinem Kopf in der Hand nach Norden, bis zu dieser Stelle, an der er auch bestattet sein soll. Die Kirche über dem Grab des Märtyrers Saint Denis entwickelte sich bald zum Wallfahrtsziel.

Ein Meisterwerk der Gotik – die Abteikirche Saint-Denis

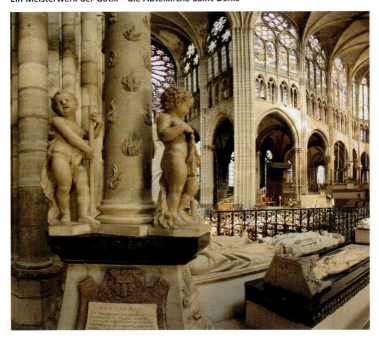

274

Saint-Denis

Zwölf Jahrhunderte lang, von Dagobert, der im 7. Jh. hier eine Benediktinerabtei begründet hatte, bis zu Louis XVIII., wurden fast alle französischen Könige hier feierlich bestattet. Besonders sehenswert sind die prächtigen Grabmäler von Louis XII. und Anne de Bretagne, François I. und Claude de France, Henri II und Katharina de Medici. Während der Französischen Revolution war Saint-Denis besonderes Ziel der gegen Kirche und Königtum gerichteten Zerstörungswut, doch einiges konnte gerettet bzw. restauriert werden.

Unter Abt Suger (1081–1151), dem einflussreichen politischen Berater von Louis VI. des Dicken (1108–1137) und Louis VII. (1137–1180) und Regent Frankreichs während des Zweiten Kreuzzugs, wurde Saint-Denis zum Vorbild der gotischen Kathedralen Frankreichs, regte Wetteifer und Baulust im mittelalterlichen Europa an. Innerhalb weniger Generationen entstanden in Nordfrankreich unter enormem Aufwand kühne, monumentale Bauwerke.

In Saint-Denis ließ der Bauherr nach 1130 vor den karolingischen Bau im Westen eine neue Fassade setzen und im Osten einen neuen Chor anbauen. Deutlich erinnert die trutzige Westfassade mit Zinnenkranz und drei Portalen an ein Stadttor. Im Tympanon des Mittelportals entscheidet Christus als Weltenrichter beim Jüngsten Gericht darüber, wer durch dieses ›Tor des Himmels‹ tritt. Zum ersten Mal in der abendländischen Architektur wird eine Fensterrosette als Schmuck in die Fassade eingefügt, von nun an ein wesentliches Element beim Kirchenbau.

Im 19. Jh. übernahm Viollet-le-Duc die Restaurierungsarbeiten. Weil der Nordturm von einem Blitz getroffen worden war, wurde er im 19. Jh. abgebrochen.

Während im Westbau die neue gotische Bauweise noch schwerfällig wirkt, hatte Suger für den Chor einen Baumeister gefunden, der seine Vision einer Lichtmetaphysik zu verwirklichen vermochte. Erstmals werden Spitzbogen, Rippen und Dienste so eingesetzt, dass die Gewölbe nicht mehr von den Wänden, sondern von Säulen und Pfeilern getragen werden und große Öffnungen für Fenster möglich wurden. Es entstanden ein Chorumgang mit zwölf Säulen, die für die zwölf Apostel stehen, sieben Kapellen und farbige Fenster von damals ungewöhnlicher Größe, die auf Zeitgenossen, die nur die düsteren, gedrungenen romanischen Kirchen kannten, wie durchscheinende Wände wirkten. Dem Abt zufolge erhoben die Fenster den Betrachter »vom Materiellen zum Immateriellen«, eine Formulierung für die im 12. Jh. verbreitete Vorstellung von der übernatürlichen Wirkung des Lichts. Unter dem Chor liegt mit der auf karolingische Zeit zurückgehenden Krypta der älteste Teil des Bauwerks.

Stade de France

www.stadefrance.fr, Autobahn A 1, Ausfahrt Nr. 2 und A 86, Ausfahrt Nr. 9, RER B La Plaine Stade de France, RER D St-Denis, Métro 13 Porte de Paris. Besichtigung außer bei Veranstaltungen April bis August stdl. zwischen 10 und 17 Uhr, in Engl. um 10.30 und 14.30, sonst nur 11, 13, 15, 17 Uhr, Eingang G, Eintritt 12 €, Studenten und Kinder über 6 Jahre 8 €
Für die Fußballweltmeisterschaft 1998 wurde in Saint-Denis ein neues Stadion mit 80 000 Plätzen und elliptischem Spanndach gebaut. Anders als vom Sportministerium geplant, war jedoch Paris Saint-Germain, die Erstliga-Mannschaft der Hauptstadt, nicht bereit, sich für Saint-Denis als Heimsta-

Außerhalb des Zentrums

dion zu entscheiden; das Team blieb im Parc des Princes. Die ›Fußball-Kathedrale‹ wird auch für Konzerte und die Rugby-Meisterschaften genutzt.

La Défense ▶ Karte 4, B 2

Das Hochhausviertel im Westen von Paris ist von vielen Punkten der Stadt aus sichtbar und liegt nur wenige Métro-Stationen entfernt – die Pariser jedoch mögen dieses Manhattan-sur-Seine nicht wirklich. Als zu unpersönlich hat sich die Idealstadt des Funktionalismus erwiesen (s. S. 90). Der gigantische Kubus der Grande Arche und die Aussicht von der Dachterrasse über die Ost-West-Achse bis zum Arc de Triomphe lohnen den Weg vor die Tore der Stadt jedoch allemal.

Darüber hinaus kann man gleich südlich des Bogens das **Einkaufszentrum Les Quatre Temps** besuchen (www.les4temps.com). Die Boutiquen haben hier bis 20 Uhr, der Supermarkt Auchan bis 22 Uhr geöffnet. Daneben gibt es noch einen 3700-Plätze-Kinokomplex und zahlreiche Restaurants.

Gegenüber spannt sich die flache Betonschale der **CNIT-Messehalle** (Centre National des Industries et Techniques), erbaut schon 1959. Das kühne, nur an drei Punkten in der Erde verankerte Betonzelt besaß mit der Spannweite von 230 m lange das größte Gewölbe der Welt. Seit der kompletten Entkernung 1989 beherbergt es neben den Messehallen (jetzt zweistöckig) ein Hilton-Hotel, Restaurants und eine Fnac-Filiale.

Grande Arche
www.grandearche.com, tgl. 10–19, Sommer 10–20 Uhr, Eintritt 10 €, Kinder/Studenten 8,50 €, Familien 25 €, Métro 1 und RER A Grande Arche
Wie die Glaspyramide am Louvre, die Opéra de la Bastille und die neue Nationalbibliothek gehört der ›Große Bogen‹ im Stadtteil La Défense zu den ›grands travaux‹, den Prestigeprojekten von Staatspräsident François Mitterrand. Das wohl spektakulärste Bauwerk Europas beeindruckt durch symbolische Maße: Der innere Ausschnitt des Bogens entspricht dem Ehrenhof des Louvre und ist so breit wie die Champs-Élysées.

Das große Tor nimmt nicht nur die Form des Triumphbogens wieder auf, sondern auch die Maße der quadratischen Cour Carrée des Louvre. Die Kathedrale Notre-Dame würde mühelos in die Öffnung hineinpassen. Die strenge Form des Kubus wird durch das in der Öffnung aufgespannte, wolken-

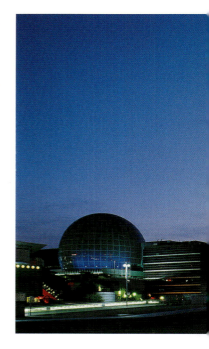

La Défense

artige Segel *(le nuage)* aufgelockert. Geradezu futuristisch wirkt die Grande Arche bei Nacht, wenn sie angestrahlt wird.

Während in den beiden Seitenträgern Firmen ihre Büroräume haben, wird das Dach von staatlichen Einrichtungen genutzt. Neben Abteilungen des Kommunikationsministeriums ist dort auch das **Musée de l'Informatique** untergebracht, das eine imposante Sammlung von PCs seit den 1960er-Jahren ausstellt (zum Besuch des Museums ist kein weiterer Eintritt nötig). Die Dachterrasse in 110 m Höhe ist mit vier freistehenden, gläsernen Aufzügen zu erreichen. Die Aussicht reicht über die ganze Achse zurück bis zum Arc de Triomphe.

Essen & Trinken

Auf dem Dach des Kubus – Ô **110**: Tel. 01 47 39 73 79, www.grandearche.com, Mo–Fr 11.30–14.30, Brasserie 10–18 Uhr, Zugang zum Dach kostenlos für Restaurantgäste, Entrées ab 12 €, Hauptgerichte ab 20 €. Unter der Leitung von zwei Köchen, die zuvor bei berühmten Sternerestaurants arbeiteten, wird hier eine leichte Mittagsküche kredenzt.

Infos

Office de Tourisme: Place de la Défense, mit einer detaillierten Info-Ausstellung zu den Hochhäusern.

Der neue Triumphbogen – die Grande Arche im Hochhausviertel La Défense

Sprachführer

Allgemeines

guten Morgen/Tag	bonjour
guten Abend	bonsoir
gute Nacht	bonne nuit
auf Wiedersehen	au revoir
Entschuldigung	pardon
hallo/grüß dich	salut
bitte sehr	de rien
bitte	s'il vous plaît
danke	merci
ja/nein	oui/non
einverstanden	d'accord
bis später	à plus tard
Wie bitte?	Pardon?
Wann?	Quand?

Unterwegs

Haltestelle	arrêt
Bus	bus/car
Auto	voiture
Ausfahrt/-gang	sortie
Tankstelle	station-service
Benzin	essence
rechts	à droite
links	à gauche
geradeaus	tout droit
Auskunft	information
Telefon	téléphone
Postamt	poste
Bahnhof	gare
Flughafen	aéroport
Stadtplan	plan de ville
alle Richtungen	toutes directions
Einbahnstraße	rue à sens unique
Eingang	entrée
geöffnet	ouvert/-e
geschlossen	fermé/-e
Kirche	église
Museum	musée
Strand	plage
Brücke	pont
Platz	place
Hafen	port
hier	ici
dort	là

Zeit

Stunde	heure
Tag	jour
Woche	semaine
Monat	mois
Jahr	année
heute	aujourd'hui
gestern	hier
morgen	demain
morgens	au matin
mittags	à midi
nachmittags	à l'après-midi
abends	au soir
früh	tôt
spät	tard
vor	avant
nach	après
Montag	lundi
Dienstag	mardi
Mittwoch	mercredi
Donnerstag	jeudi
Freitag	vendredi
Samstag	samedi
Sonntag	dimanche
Feiertag	jour de fête
Winter	hiver
Frühling	printemps
Sommer	été
Herbst	automne

Notfall

Hilfe!	Au secours!
Polizei	police
Arzt	médecin
Zahnarzt	dentiste
Apotheke	pharmacie
Krankenhaus	hôpital
Unfall	accident
Schmerzen	douleur
Zahnschmerzen	mal aux dents
Panne	panne

Übernachten

Hotel	hôtel
Pension	pension

Einzelzimmer	chambre individuelle	teuer	cher/chère
Doppelzimmer	chambre double	billig	bon marché
Doppelbett	grand lit	Größe	taille
Einzelbetten	deux lits	bezahlen	payer
mit/ohne Bad	avec/sans salle de bains		

Zahlen

Toilette	cabinet	1 un	17 dix-sept
Dusche	douche	2 deux	18 dix-huit
mit Frühstück	avec petit-déjeuner	3 trois	19 dix-neuf
Halbpension	demi-pension	4 quatre	20 vingt
Gepäck	bagages	5 cinq	21 vingt et un
Rechnung	note	6 six	30 trente
Preis	prix	7 sept	40 quarante
		8 huit	50 cinquante

Einkaufen

		9 neuf	60 soixante
Geschäft	magasin	10 dix	70 soixante-dix
Markt	marché	11 onze	80 quatre-vingt
Kreditkarte	carte de crédit	12 douze	90 quatre-vingt-dix
Geld	argent	13 treize	100 cent
Geldautomat	guichet automatique	14 quatorze	150 cent cinquante
Bäckerei	boulangerie	15 quinze	200 deux cent(s)
Lebensmittel	aliments	16 seize	1000 mille

Die wichtigsten Sätze

Allgemeines

Sprechen Sie Deutsch/Englisch?	Parlez-vous allemand/anglais?
Ich verstehe nicht.	Je ne comprends pas.
Ich spreche kein Französisch.	Je ne parle pas français.
Ich heiße …	Je m'appelle …
Wie heißt Du/ heißen Sie?	Comment t'appelles tu/vous appellez-vous?
Wie geht's?	Ça va?
Danke, gut.	Merci, bien.
Wie viel Uhr ist es?	Il est quelle heure?

Unterwegs

Wie komme ich zu/nach …?	Comment est-ce que j'arrive à …?
Wo ist bitte …?	Pardon, où est …?
Könnten Sie mir bitte … zeigen?	Pourriez-vous me montrer … ?

Notfall

Können Sie mir bitte helfen?	Pourriez-vous m'aider?
Ich brauche einen Arzt.	J'ai besoin d'un médecin.
Hier tut es weh.	Ça me fait mal ici.

Übernachten

Haben Sie ein freies Zimmer?	Avez-vous une chambre de libre?
Wie viel kostet das Zimmer pro Nacht?	Quel est le prix de la chambre par nuit?
Ich habe ein Zimmer bestellt.	J'ai réservé une chambre.

Einkaufen

Wie viel kostet das?	Ça coûte combien?
Ich brauche …	J'ai besoin de …
Wann öffnet/ schließt …?	Quand ouvre/ ferme …?

Kulinarisches Lexikon

Zubereitung/Spezialitäten

à la nage de …	in einem Sud von …
à l'huile d'olive	in Olivenöl
au pistou	mit Basilikumpaste
à point	medium gebraten
bien cuit	gut durchgebraten
braisé	geschmort
chaud	heiß
civet de …	Ragout von …
confit de …	Eingelegtes/Einge-kochtes von …
cru	roh
en croûte (de sel)	im (Salz-)Mantel
escabèche	saurer Sud
farci	gefüllt
glacé	gefroren, geeist
grillé	gegrillt
nature	in Salzwasser ge-kocht, ohne Gewürze
petits farcis	verschiedene junge Gemüse mit Füllung
rouille	Knoblauchmayon-naise mit Peperoni und Chili
saignant	blutig/roh
taboulé	nordafrikanisches Grießgericht, oft als Salat mit Minze

Fisch und Meeresfrüchte

anchois	Sardellenfilet
anchoiade	Sardellenpaste
bourride/ bouillabaisse	Fischsuppe
calamar	Tintenfisch
coquillage	Schalentier
daurade	Dorade, Goldbrasse
espadon	Schwertfisch
gamba	Garnele
homard	Hummer
huître	Auster
langouste	Languste
langoustine	Langustine
lotte de mer	Seeteufel
moule	Miesmuschel
rascasse	Drachenkopf
rouget	Rotbarbe
saint-pierre	Petersfisch
sardine	Sardine
saumon	Lachs
seiche	Sepia
thon	Thunfisch

Fleisch

agneau	Lamm
boeuf	Rind
brochette	Spießchen
cabri	Zicklein
carré (d'agneau)	(Lamm-)Rücken
côte de …	Rippenstück vom …
entrecôte	Zwischenrippenstück
escalope	Schnitzel/Schnitte
gigot (d'agneau)	(Lamm-)Keule
pavé de …	Filetstück von …
petit salé	Kasslerfleisch
porc	Schwein
steak frites	Steak mit Pommes
steak hachée	Frikadelle, Bulette
tripes	Kutteln
veau	Kalb

Geflügel und Wild

escargot	Schnecke
foie gras	Leberpastete
gésier	Geflügelmagen
lapin	Kaninchen
lièvre	Hase
magret de canard	Entenbrust
petits gris	eine Schneckenart
poule	Huhn
poulet	Hähnchen
sanglier	Wildschwein

Gemüse und Kräuter

ail	Knoblauch
artichaut	Artischocke
avocat	Avocado
basilic	Basilikum
câpre	Kaper
cèpe	Steinpilz

champignon de Paris	weißer Champignon
courgette	Zucchini
fenouil	Fenchel
fleur de courgette	Zucchiniblüte
oignon	Zwiebel
poireau	Lauch
poivron	große Paprika
thym	Thymian
truffe	Trüffel

Obst

abricot	Aprikose
cerise	Kirsche
figue	Feige
fraise (de forêt)	(Wald-)Erdbeere
framboise	Himbeere
griotte	Sauerkirsche
marron	Esskastanie
melon	Honigmelone
pastèque	Wassermelone
pêche	Pfirsich
poire	Birne
pomme	Apfel

Käse

banon	Ziegenkäse im Kastanienblatt
brebis	Schafskäse
cabécou	kleiner Ziegenkäse
chèvre	Ziegenkäse
fromage blanc	Quark, Frischkäse

Nachspeisen und Gebäck

brioche	süßes Hefebrot
calisson	Mandel-Melonen-Plätzchen
charlotte	Dessert aus Löffel-biskuits und Creme
coupe de glace	Eisbecher
crème anglaise	Vanillecreme
crème Chantilly	Schlagsahne
fouace/fougasse	Hefebrot mit Kräutern und Oliven
fruits confits	kandierte Früchte
gâteau	Kuchen
île flottante	Eischnee in Vanille-creme
meringue	weiches Baiser
profiterolles	mit Vanilleeis gefüllte Windbeutel in Schokoladensauce
tarte tatin	heiße Apfeltarte

Getränke

bière (pression)	Bier (frisch gezapft)
café	Kaffee
eau de vie	Schnaps, Obstbrand
eau gazeuse/plate	Mineralwasser mit/ohne Kohlensäure
jus/lait	Saft/Milch
thé	Tee
tisane/infusion	Kräutertee
vin blanc/rouge	Weiß-/Rotwein
vin mousseux	Sekt

Im Restaurant

Ich möchte einen Tisch reservieren.	Je voudrais réserver une table.
Die Speisekarte, bitte.	La carte, s. v. p.
Weinkarte	carte des vins
Die Rechnung, bitte.	L'addition, s. v. p.
Appetithappen	amuse bouche
Vorspeise	hors d'œuvre
Suppe	soupe
Hauptgericht	plat principal
Nachspeise	dessert
Beilagen	garniture
Tagesgericht	plat du jour
Gedeck	couvert
Messer	couteau
Gabel	fourchette
Löffel	cuillère
Glas	verre
Flasche	bouteille
Salz/Pfeffer	sel/poivre
Zucker/Süßstoff	sucre/saccharine
Kellner/Kellnerin	serveur/serveuse

Register

À Priori Thé 203, 208
Abaelard, Pierre 135
Abbaye Saint-Germain,
   Hôtel de l' 26
Académie française 156
Alcazar **34**, 155, 166
Alençon, Emilienne d' 86
Ambassade d'Auvergne 34
Amélie 97, 232, 235, 239,
   267
Ami Jean, L' 183
Amour, Hôtel 28
Anreise 22
AOC 35
Apotheken 64
Appartements 30
Aragon, Louis 15
Arbre á Cannelle, L' 224, **225**
Arc de Triomphe 213, **214**
Arc de Triomphe du Carrou-
   sel 192
Archives Nationales 122
Arénes de Lutéce 145, **148**
Argonaute **264**
Arrondissement 64, 79
Artus, Hôtel 27
Ärzte 64
As du Falafel, L' 132
Assemblée Nationale 220
Atelier des Chefs 58, 227
Atelier Renault 36
Au Bon Accueil 182
Au Duc des Lombards 53
Au Lapin Agile 237, **243**
Au Sauvignon 166
Auberge de Jeunesse Jules
   Ferry 30
Ausflugsschiffe 107, 133
Aussichtspunkte 21
Autour de Midi ... et Minuit
   242
Aux Crus de Bourgogne 36
Aux Lyonnais **35,**103
Avenue George V 214
Avenue Montaigne 214, **218**
Avril, Jane 86

Baccarat 183
Bains du Marais, Les 59
Balabus 21
Ballon Air de Paris 255
Balzac, Honoré de 15, 136,
   185
Balzar 153

Banken 65
Bar du Marché 166
Barbès 80
Bartholomäusnacht 73,
   114, 198
Bassin de la Villette 267
Bastille 74, 82, 84, **118**, 120,
   131
Bastille-Oper s. Opéra Bas-
   tille
Bastille-Viertel 93, 118, 120
Bateau Lavoir 238
Bateaux Mouches 183
Batobus 20
Batofar 47, 49
Baudelaire, Charles 252
Beaubourg, Café 39
Beauvoir, Simone de 161,
   251
Beckett, Samuel 252
Behinderte 66
Belle Èpoque 85
Belleville 9, 80, 82
Bercy 260
Berthillion 116, 117
Bibliothèque nationale de
   France 260
Bibliothéque Nationale –
   Site Richelieu **203**
Bienvenuë, Fulgence 229
Bilboquet, Le 155, 167
Bistrot de l'Oulette 133
Blancs-Manteaux 54
Blum, Léon 75
Bob Cool 167
Boeuf Couronné, Le 265
Bofinger 34, 87
Bois de Boulogne 172
Bon Marché 43, 44, 155,
   167, **168**
Botschaften 64
Bouffes du Nord 51
Boule Noire, La/Cigale, La
   55, 231, 243
Boulevard de Clichy 239, 240
Boulevard Montparnasse
   254
Boulevard périphérique 71,
   79
Boulevard Raspail 99
Boulevard Saint-Germain
   161
Boulevard Saint-Michel
   140, **142**

Bouquinistes, Les 163
Bourdelle, Antoine 94, 251
Bourse de Commerce **207**
Braille, Louis 148
Brancusi, Constantin 94, 251
Braque, Georges 238
Bretonnerie, Hôtel de la 27
Brown, Dan 154, 165
Bruant, Aristide 86, 237
Bulle Kenzo, La 59
Busse 24

Café-Théâtres 54
Canal de l'Ourcq 267
Canal Saint-Denis 133, 267
Canal Saint-Martin 21, 59,
   133, 258, 259, **266**
Canauxrama 21, 119, 137,
   266
Cancan 86
Capet, Hugo 72
Carré Rive Gauche 41, 166
Carrousel du Louvre 191
Carsharing 24
Cartoucherie 51
Catacombes de Paris, Les
   246, 253, **256**
Caveau de la Huchette 53,
   139
Centre Pompidou 82, 92,
   186, **204**
Cerisaie, La 254
Cézanne, Paul 160
Chacha Club 48
Chagall, Marc 179
Champ de Mars 84, **182**
Champs-Élysées **212**, 213,
   214
Charles de Gaulle Roissy 22
Charles IV. 73
Charles X. 74
Chartier **33**, 65, **226**
Chat noir, Le 86
Châtelet – Théâtre munici-
   pal de Paris 52
Chevalier, Maurice 86
Chez Georges 37
Chez Janou 133
Chez Marianne 37, 132
Chez Michel 36
Chinatown 9, 82, 140
Chirac, Jacques 76
Chlodwig (Clovis) 72
Chopin, Frédéric 136

Register

Cigale, La/Boule Noire, La 55
Cimetière de Montmartre 231, **239**
Cimetière de Passy **178**
Cimetière de Picpus 84
Cimetière du Montparnasse 247, 251
Cimetière Saint-Vincent 237
Cinémathèque française 53, 61, 96
Cité Berryer 221
Cité de l'Architecture et du Patrimoine 60, 175, **176**
Cité de la Musique 60, 65, 80, **265**
Cité des Sciences et de l'Industrie 60, 65, 80, 264
Clergerie, Robert 167
Clignancourt 42, 231, **244**
Clos Médicis, Hôtel 28
Clos Montmartre 242
Closerie des Lilas 254
Clovis 72
Club Quartier Latin 153
Cohn-Bendit, Daniel 146
Comédie-Française 50, **199**
Comptoir de la Gastronomie 209
Comptoir du Relais Saint-Germain 36, 166
Comptoir Paris-Marrakech 209
Conciergerie 84, 107, 111
Conran Shop 167
Constant, Café 183
Costes, Hôtel 25
Coude-Fou, Le 39
Coupole, La **34**, 247, **254**
Cour aux Antiquaires 226
Cour Saint-Émilion 260
Course au Ralenti 56
Crazy Horse 55
Crypte Archéologique 115
Curie, Marie 148

Dame mit dem Einhorn 143
Danton 83, 155
de Gaulle, Charles 76, 147, 214
Debauve & Gallais 166
Degas, Edgar 160, 237, 239
Dehillerin, E. 42, 206
Delacroix, Eugène 94

Delanoë, Bertrand 24, 77, 80
Delaunay, Robert 179, 181
Designers Day 57
Desmoulins, Camille 199
Désossé, Valentin le 86
Deux Magots, Café Les 39, 155, **161**, 166
Deux Moulins, Café des 239, **242**
Diderot, Denis 148
Docks en Seine 9, 80
Dritte Republik 75
Ducasse, Alain 35, 38, 102
Dufy, Raoul 179
Dumas, Alexandre 148
Duncan, Isadora 136

École des Beaux-Arts 157
Ècole Militaire **182**
École Normale Supérieure 140
Église du Dôme **182**
Eiffelturm 82, 170, 171, **180**
Einreise 22
Einwohner 71
Élysée Montmartre 55, 243
Elysée-Palast **222**
Ensemble InterContemporain 52, 265
Espace 21 91
Étages Saint-Germain, Les 167

Fables de la Fontaine, Les **38**, 183
Familia Hotel 29
Fauchon 221
Feiertage 64
Feste 56
Festival d'Art Sacré 57
Festival d'Automne 57
Festival du Cinéma en Plein-air 57
Festivals 56
Fête de la Musique 56, 57
Fête des Vendanges 57
Feuchtwanger, Lion 15
Feuerwehr 65
FIAC 56
Finkelsztajn 133
Fish la Boissonnerie 163
Flo 34
Flohmärkte 42

Flore en l'Île, Le **40**
Flore, Café de **40**, 155, **161**
Flughafen 22
Fnac **42**, 209
Foire du Trône 56
Fondation Cartier 60, 247, **253**
Fondation Henri Cartier-Bresson 60, 94, 251
Fondation Dubuffet 60, 94
Fontaine de Médicis 163
Fontaine Stravinsky **206**
Fontane, Theodor 85
Forum des Halles **206**
Forum des Images **53**, 187, 207
Foucaultsches Pendel 204
Fouquet's 217, **227**
François I. 174, 192, 203, 207
French Tennis Open 57, 66
Frog & Rosbif 209
Fundbüro 64
Fünfte Republik 76
Funiculaire 231

Galerie de la Madeleine 221
Galerie Royale 221
Galerie Véro-Dodat **198**
Galerie Vivienne 187, **203**
Galeries Lafayette 41, 43, 46, 223, 224, 227
Galerien 93
Gare de l'Est 23
Gare de Lyon 212
Gare du Nord 23
Gare Montparnasse 249
Gare Saint-Lazare 212, 228
Gare, Café de la 54
Gauguin, Paul 160
Gaumont Grand Écran Italie 53
Gay Pride March 57
Gay-Szene 50, 137
Gaya Rive Gauche **38**, 163
Geld 64
Geneviève 72, 148
Genoveva 72, 148
Géode, La 54, 65, **264**
Géricault, Théodore 136, 191
Geschäfte 65
Gibus, Le 49
Giscard d'Estaing, Valéry 76
Grand Colbert, Le 203, 208

Register

Grand Palais **218**
Grand Rex, Le 54
Grand Trianon 273
Grand Véfour, Le **33**, 103
Grande Arche 90, **276**
Grande Halle 261
Grande Parade de Paris 56
Grandes Eaux Musicales 259, **272**
Grandes Écoles, Hôtel des 28
Grands Magasins Tati 242
Green, Julien 15
Guilbert, Yvette 86
Guillotine 83, 219
Guimard, Hector 124, 229, 239
Guy Savoy 33

Halles, Les 82, 188
Hammam de la Mosquée **59**, 153
Handys 67
Haussmann, George Eugène Baron 75, 108, 225, 265
Hédiard **44**, 98, 221
Heine, Heinrich 224, 239
Héloise 135
Hemingway, Ernest 15, 202, 248
Henri IV., de Navarre 73, 74, 108, 109, 114, 118, 124, 128, 129, 162, 192
Hermé, Pierre 167
Hermés **46**, 167, 221
Hôtel Carnavalet 123
Hôtel d'Aumont 130
Hôtel de Beauvais 130
Hôtel de Béthune-Sully 129
Hôtel de Cluny 63, **142**, **144**
Hôtel de Lauzon 116
Hôtel de Matignon 172
Hôtel de Mayenne 130
Hôtel de Saint-Aignan 122
Hôtel de Sens 130
Hôtel de Soubise 122
Hôtel de Ville **207**
Hôtel des Invalides **182**
Hôtel Donon 123
Hôtel du Nord 267
Hôtel Guénégaud 121
Hôtel Lambert 116
Hôtel Lamoignon 123
Hôtel Peletier de Saint-

Fargeau 123
Hôtel Salé 120
Hôtel-Dieu 113
Hugo, Victor 16, 131,148

Île de France 70
Île de la Cité 108, 111
Île Saint-Louis 20, **115**
Impressionisten-Sammlung 160
Industrie, Café de l' 137
Information 14
Inline-Skaten 58
Institut de France **156**
Institut du Monde Arabe 139, **150**, **152**
Internet 14, 65
Invalidendom 82, **170**, **182**
Izrael 133

Jardin Atlantique **249**
Jardin des Plantes **152**
Jardin des Tuileries **193**
Jardin du Luxembourg 73, 154, **162**
Jardins du Luxembourg, Hôtel Les 28
Jaurés, Jean 148
Jazz à la Villette 57
Jazz Festival 57
Jazzclubs 52
Jeanne d'Arc, Hôtel 29
Jeu de Paume 60, 160, **198**
Jeu de Paume, Hôtel 27
Joggen 58
Journées du Patrimoine 56, 57
Juli-Revolution 74

Kabarett 54
Kapetinger 72
Kartenvorverkauf 52
Katakomben 65, 246, **256**
Katharina de Medici 193, 207, 275
Kinder 65
Kinos 53
Klima 17
Kochkurse 19, 58
Kommune 75, 136, 234, 237
Kong 187, 209
Königsstatuen 145, 146
Kreditkarte 65
L'Ardoise 225

L'été en pente douce 242
L'Hôtel 25
La Défense **90**, 276
La Goulue 86
La Villette **261**
Ladurée 40, 221
Le 104 **60**, 93
Leroux, Gaston 16
Lido **55**, 213, 217
Lizard Lounge 137
Loco, La **49**, 243
Loir dans la Théière, Le 132
Louis IX. 111, 115
Louis XIII. 74, 125, 152
Louis XIV. 70, 74, 122, 130, 135, 182, 199, 203, 220, 225, 270, 271, 272, 274
Louis XV. 148, 182, 271, 274
Louis XVI 74, 219
Louis-Philippe 74
Louvre 186, 187, **188**
Louvre des Antiquaires 41
Ludot, Didier 199
Ludwig, König s. Louis
Lutetia 70, 72, 138, 140, 144, **145**
LVMH 101

Macéo 36
Madeleine-Kirche **221**
Maison Blanche 218, 225
Maison de Balzac 60, **178**
Maison de la France 15
Maison de Victor Hugo 131
Maison des Trois Thés 153
Maison Européenne de la Photographie **60**, 132
Maison Roue Libre 59
Malar, Hôtel 29
Malraux, André 148
Mama Shelter, Hôtel 29
Man Ray 252
Manet, Édouard 160
Manufacture, Hôtel La 28
Marais 29, 31, 46, 81, **118**, 128
Marc de Marc Jacobs 45
Marché aux Fleurs 113
Marché aux Puces 42, 231, 244
Marché biologique 99
Marché des Enfants Rouges 122
Marché des Rosiers 245

Register

Marché Saint-Quentin 99
Marché Sainte-Cathérine 21
Marguerite (Margot) 73
Marie Antoinette 84, 111, 122, 219, 225, 272
Marie-Antoinette, Domaine de **272**
Märkte 99
Marly, Café 12, 21, **39**, 187, 189
Marronniers, Hôtel des 27
Marsfeld 84, **182**
Martin, Guy 103
Matisse, Henri 179
Maure, Café 40, **149**
Mayet, Hôtel 30
Mazarin 74, 156
Medici, Maria de 109, 162, 191
Mémorial de la Shoah 132
Mémorial des Martyrs de la Déportation 115
Ménilmontant 137
Merci 133
Mercier, Louis-Sébastien 16
Mérode, Cléo de 86
Merowinger 72
Métro **23, 228**
Michelangelo 190
Miller, Henry 16
Millet, Jean-François 160
Mirliton 86
Miroir, Le 242
Mistinguette 86
Mitterrand, François 76, 83, 115, 131, 162, 188
mk2-Kinos 54, 267, **268**
Mobilis 23
Modiano, Patrick 16
Modigliani, Amadeo 136, 179, 238
Moliére 199
Mon vieil ami 117
Mona Lisa 190
Monet, Claude 160, 186, 193, **194**
Montalambert, Hôtel 26
Montmartre 82,104 **230**
Montorgueil 82
Montparnasse 82, **246**
Moreau, Gustave 94
Morrison, Jim 135
Mosquée de Paris **149**
Moulin de la Galette **238**

Moulin Rouge 55, 86, **240,** 243
Moulin, Jean 148
Murger, Henri 16
Muscade, Café 208
Musée Bourdelle 61, **251**
Musée Carnavalet **61,** 84, **122,** 133
Musée Cernuschi 61
Musée Cognacq-Jay 61, **123**
Musée d'Art et d'Histoire du Judaïsme 60, **122**
Musée d'Art Moderne 60, 92, 186, **205**
Musée d'Art Moderne de la Ville de Paris 60, 171, **179**
Musée d'Art Naïf Max Fourny 233
Musée d'Histoire Contemporaine 62, **182**
Musée d'Orsay 63, 82, 154, **158,** 166
Musée de l'Armée 60, **182**
Musée de l'Histoire de France 62, **122**
Musée de l'Homme 62, **174**
Musée de l'Informatique 277
Musée de l'Orangerie 63, 186, 193, **194**
Musée de l'Ordre de la Libération 182
Musée de la Chasse et de la Nature **121**
Musée de la Marine 62, **174**
Musée de la Mode et du Costume 62, **178**
Musée de la Monnaie 62, **157**
Musée de la Publicité 192
Musée de la Sculpture en Plein Air 139, **152**
Musée de la Vie Romantique **63,** 94
Musée de Montmartre 62, 230, 231, **236**
Musée des Arts de la Mode et du Textile 192
Musée des Arts décoratifs 61, 187,192
Musée des Arts et Métiers 65, **203**
Musée des Égouts **179**

Musée des Plans et des Reliefs 182
Musée du Cinéma 61
Musée du Louvre 62, 186, **188**
Musée du Moyen Âge 63, **142, 144**
Musée du Quai Branly 63, 65, 170, **181**
Musée Eugéne Delacroix 61, 155, **160**
Musée Grévin 62, 65, 84, **225**
Musée Guimet – Musée national des Arts Asiatique 61, 171, **178**
Musée Gustave Moreau 62
Musée Jacquemart-André 62, **222**
Musée Maillol 62
Musée Marmottan 62
Musée Nissim de Camondo 63
Musée Picasso 63, **120**
Musée Rodin 170, **184**
Musée Victor Hugo 63
Musée Zadkine 63, 254
Muséum d'Histoire Naturelle 62, 65, 139, **149**

Nachtbus 24
Napoléon Bonaparte 74, 75, 114,162, 214, 225
Napoléon III. 70, 74, 191, 192, 193, 222, 225
Nationalbibliothek 80
Nationalfeiertag 57
New Morning 52, 53
Nike von Samothrake 190
Nini patte en l'air 86
Noir, Victor 135
Nord, Hôtel du 30
Normannen 72
Notre-Dame-des Victoires 203
Notre-Dame, Cathedrale 68, 106, 107, **113**
Notruf 65
Nouvel, Jean 91, 151, 265
Nuit blanche 57
Nullmeridian 165

Ô 110 277
Oberkampf 137

285

Register

Odéon – Théâtre de l'Europe 50
Office de Tourisme 15
Öffnungszeiten 65
Olympia 55
Open Tour 21
Opéra Bastille 52, 80, 119, **131**
Opéra Comique 52
Opéra Garnier **52, 222**
Orangerie 63, 186, 193, 194
Orly 22
Orwell, George 16
Otéro 86

Paix, Café de la 222
Palais Bourbon 220
Palais de Chaillot 173
Palais de Justice 110
Palais de l'Élysée 222
Palais de Tokyo 179
Palais Galliera 62, **178**
Palais Omnisports (POPB) 80, 260
Palais Royal **198, 200**
Palette, Café La 158, 163
Pannenhilfe 23
Panthéon 84, 139, **148**
Paradis Latin 55
Parc André Citroën 247, **255**
Parc de Belleville 9, 80
Parc de Bercy 80, **260**
Parc de la Villette 53, 259, 261, **264**
Parc des Buttes-Chaumont **265**
Parc Monceau 213, **219**
Paris à Vélo 59
Paris Marathon 56, 66
Paris Plage 57
Paris Saint-Germain 67, 275
Paris Story 82
Paris Visite 23
Parisier, gall. Stamm 70, 72
Parisinfo 14
Parissi 14
Parisvoice 14
Park de Bercy 80
Parken 23
Parks 20
Passage des Panoramas 224
Passage du Grand Cerf 89
Passage Jouffroy 224
Passage Verdeau 224

Passagen 89, 199
Passy 172
Patachou, Restaurant 235
Pavillon de l'Arsenal 119, **132**
Pavillon de la Reine, Hôtel 26
Péage 23
Père Lachaise, Friedhof 118, **134**
Pétain, Philippe 76
Petit Fer à Cheval, Le 39, **126**
Petit Moulin, Hôtel du 27
Petit Palais 213, **218**
Petit Trianon 273
Philippe II. Augustus 73, 191
Piaf, Edith 135
Picasso, Pablo 120, 236, 238, 248
Pierre Gagnaire 32, 39, 103, 225
Pierre Marcolini 167
Pigalle 82, **240**
Pilier des Nautes 145
Piscine des Halles 59
Piscine Josephine Baker 59, 259, 261
Piscine Pontoise 59, 153
Place d'l'Odéon 156
Place d'Aligre 99
Place d'Armes, Café de la 273
Place d'Italie 140
Place Dauphine 109
Place de la Bastille 267
Place de la Concorde 84, 219, **229**
Place de la Madeleine 213
Place de la Nation 84
Place Denfert-Rochereau 256
Place des Abbesses 231, **239**
Place des Sévres 155
Place des Victoires 100, **203**
Place des Vosges 121, **124**
Place des Vosges, Hôtel de la 28
Place du Louvre, Hôtel de la 28
Place du Marché Sainte-Honoré 21
Place du Tertre **235**
Place du Trocadéro 172

Place Vendôme **202**
Plaza Athénée 25, 48, 102, 213, 218, **227**
Plomb du Cantal 254
Point Ephémère 259, **267**
Point Zéro 113
Polidor 34, 65, 166
Polizei 65
Pompidou, Georges 76, 249
Pont Alexandre III 213, **218**
Pont d'Iena 171
Pont de l'Alma 171
Pont des Arts 155, **156**
Pont Neuf 108
Port de Plaisance Arsenal 119, **137**
Postämter 65
Potager de Roi 272
Pougy, Liane de 86
Pré Verre, Le 153
Prescription Cocktails Club 167
Printemps 41, 43, 46, **223**
Printemps des Musées 56
Procope, Café **162**
Promillegrenze 23
Puces du Design 57

Quartier Latin 80, **138**
Quatre Temps 276
Queneau, Raymond 16

Radfahren 24, 58
Racines 225
Rauchen 66, 48
Regyn's Montmartre, Hôtel 29
Reisezeit 17
Relais Christine, Hôtel 26
Relais Saint-Germain, Hôtel 27
Renoir, Pierre-Auguste 160, 237
RER 24
Revolution 70, 74, 83, 131, 219
Richelieu 74
Ritz, Hotel 202
Rive Droite **188**
Robespierre, 74, 83, 84, 122, 162, 219
Rodin, Auguste 94, 170, **185**
Rotonde de la Villette 267
Rousseau, Henri 160

Register

Rousseau, Jean-Jacques 148
Rubis, Le 208
Ruche, La 94
Rue Cler 171, 172, **183**
Rue Daguerre 253
Rue de Buci 151
Rue de la Gaité 247, **251**
Rue de la Huchette **141**
Rue de Lappe 119, **137**
Rue de Rivoli **198**
Rue des Lombards 187
Rue des Rosiers 119, **123**
Rue Étienne Marcel 100
Rue Lepic 231 **239**
Rue Montorgueil 99, 188, **210**
Rue Mouffetard 99, 139, 140
Rue Royale 220
Rungis 99

Sacré Cœur 82, 230, 232 **233**
Saint Denis 72
Saint Étienne-du-Mont **148**
Saint Louis s. Louis IX.
Saint-Denis 259, **274**
Saint-Eustache **207**
Saint-Germain-des-Prés, Kirche 155, **161**
Saint-Germain-des-Prés, Viertel 81, 93, **154**
Saint-Germain l'Auxerrois **198**
Saint-Gervais-et-Saint-Protais 132
Saint-Jean-de-Montmartre **239**
Saint-Julien-le-Pauvre **140**
Saint-Just 83
Saint-Louis-en-l'Île 115
Saint-Ouen 42, **244**
Saint-Phalle, Niki de 206
Saint-Pierre-de-Montmartre 234
Saint-Séverin **41**
Saint-Sulpice **154, 162, 164**
Sainte Marie Madeleine **221**
Sainte-Chapelle 107, 111
Sakrileg 154, 165
Salon de l'Agriculture 56, 57
Salon du Cinéma 56
Salon du Livre 56
Samaritaine 123
Sancerre, Le 242

Sand, George 63, 94
Sarkozy, Nicolas 77, 91, 222
Sartre, Jean-Paul 161, 251
Savoy, Guy 33, 102, 103, 163
Schlussverkauf 41, 66
Seberg, Jean 252
Seine 70, 79
Seine-Inseln 81
Seine-Fahrt 171
Sentier 188
Shakespeare & Co 153
Sicherheit 66
Simenon, Georges 125
Site de Création Contemporaine 63, 171, **180**
SNCF 23
Sorbonne 140, **146**
Souleiado 167
Spoon at Marignan **37**, 103
Square des Innocents 257
Square des Récollets 267
Square du Vert Galant 21, 107, **109**
St. Christopher's 30
Stade de France 66, **275**
Stein, Gertrude 16, 136, 248
Stohrer, Pâtisserie **210**
Suger, Abt 275
Sunset Sunside 53
Surftipps 14
Süskind, Patrick 257

Tartine, La 39
Taverne Henri IV 110, **116**
Taxi 24
Telefonieren 67
Thalys 22
Théatre de la Gaité Montparnasse 251
Théâtre de la Ville 50
Théatre des Champs Èlysées **52**, 218
Théâtre du Soleil 51
Thérése, Hôtel 28
Thermen 63, **144**
Thoumieux 183
Tiberi, Jean 77
Tiquetonne, Hôtel 30
Toulouse Lautrec, Henri de 86, 160, 237, 238
Tour Areva 91
Tour d'Argent 111
Tour de César 111
Tour de France 57, 66

Tour de l'Horloge 111
Tour Descartes 91
Tour Eiffel 82, 170, 171, **180**
Tour Elf 91
Tour First 91
Tour Montparnasse 247, **248**
Tour Nobel 91
Tour Saint-Jacques **208**
Tour Signal 91
Tour T1 91
Tour Total 91
Train Bleu, Le 37
Trinkgeld 67
Trocadéro 170
Trois Baudets, Les 55
Tuilerien 192

Utrillo, Maurice 237, 238

Valadon, Suzanne 237
Valois 73
Van Dongen, Kees 238
Vedettes de Paris, Les 183
Vedettes du Pont-Neuf 117
Vélib 24, 80
Vendôme-Säule 202
Venus von Milo 190
Verkehrsregeln 23
Versailles 258, **270**
Vierte Republik 76
Village de Bercy 259, 260, **262**
Village Saint-Paul 41, 133
Virgin Megastore 218, 226
Volksfront 75
Voltaire 148
Vuitton, Louis 45

Wappen 70
Wedekind, Frank 86
Weinfest 242
Weltausstellungen 85
Westermann, Antoine 117
Wetter 17
Wilde, Oscar 135
Willi's Wine Bar 208
Woody, Allen 97

Zadkine, Ossip 93, 254
Ze Kitchen Galerie 36, 163
Zénith 55, 261
Zola, Èmile 16, 148
Zoll 22
Zweig, Stefan 86

Abbildungs- und Quellennachweis/Impressum

Abbildungsnachweis

Bildagentur Huber, Garmisch: S. 68/69 (Simeone), 138 li., 146/147 (SIME/ Kaos02)

Bilderberg, Hamburg: S. 231 li., 245 (Gleichauf/Gran-Angular)

Corbis, Düsseldorf: S. 144 (Arthus-Bertand)

dpa/Picture Alliance, Frankfurt: S. 40 (Valicenti); 67 (epa/Valat); 78 (Bangura/Okapia), 80/81 (epa/AFP/Guez); 83 (akg images/Lessing); 90/91 (Huber/Giovanni); 106 li., 112 (Deloche/Godong), 230 li., 236 (Karl Thomas); 273 (Grubitzsch)

DuMont Bildarchiv, Ostfildern: S. 38/39, 77, 106 re., 114, 157, 154 re., 163, 212 li., 215, 249, 258 li. und re., 261, 270/271 (Kuypers); 240/241, 259 li., 276/277, Umschlagrückseite (Gaasterland)

Getty Images, Frankfurt: S. 85 (D'Souza/ AFP)

Gabriele Kalmbach, Köln: S. 8

laif, Köln: S. 95, 104/105, 233 (Siemers); 19, 26, 35 (Rigaud); 43, 102 (Martin/Le Figaro Mag.); 47 (Apaydin/Le Figaro Mag.); 51 (Prignet/Le Figaro Mag.); 54 (Benainous); 58 (Ortola); 12/13 (J. C. Jones); Titelbild, 73 (Sonnet/hemis.fr); 84 (Steinbiller); 87 (Krinitz); 88, 100 (RAPHO); 99 (Gladieu/Le Figaro Mag.); 103 (Sudres/hemis.fr); 109, 180/181 (Chicurel/hemis.fr); 107 li., 116/117 (Mates/hemis.fr); 118 re., 121 (Heeb); 119 li., 134 (Hughes/hemis.fr); 139 li., 141 (Kloeve); 11 o.re.,138 re., 150/151 (Bruno/hemis.fr); 154 li., 164 (Rieger/hemis.fr); 170 li., 173 (Adenis/GAF); 171 li., 184, 266 (Maisant/ hemis.fr); 186 re., 189 (Escudero/hemis.fr); 194 (Gaillarde/Gamma); 10 u.re., 186 li., 200/201 (Gantner/REA); 202 (Hahn/Madame Figaro); 212 re., 220/221 (Borges/hemis.fr); 226/227 (Craig/REA); 228 (Galli); 238 (Nicolas/hemis.fr); 247 li., 255 (Tripelon/Top.'Eyedea Illustration); 10 u.li., 262/263 (Wo f/Hoa-Qui); 11 u.li., 268/269 (Hahn); 274 (Thomas/Hoa-Qui/ Eyedea Illustration)

LOOK-Foto, München: Umschlagklappe vorn, S. 11 o.li., 61, 126/127 (age fotostock); 92 (Bi); 98 (travelstock44); 204/205 (Larrea); 230 re., 243 (Grandadam); 246 re., 252/253 (B. Fischer)

Thomas Rötting/Sylvia Pollex, Leipzig: S. 9, 10 o.re., 10 o.li., 11 u.re., 118 li., 128, 155 li., 168/169, 170 re., 176/177, 210/211, 223, 246 li., 256

Quellennachweis

Stefan Zweig, Die Welt von gestern, Erinnerungen eines Europäers, S. 153, 154, 155, Fischer Verlag, Frankfurt/Main S. 86, 87

Kartografie

DuMont Reisekartografie, Fürstenfeldbruck
© DuMont Reiseverlag, Ostfildern

Umschlagfotos

Titelbild: Blick vom Notre-Dame-Turm auf die Seine und das Palais de la Justice
Umschlagklappe vorn: Der Eiffelturm gesehen vom Karussell am Port d'Iéna

Hinweis: Autorin und Verlag haben alle Informationen mit größtmöglicher Sorgfalt geprüft. Gleichwohl sind Fehler nicht vollständig auszuschließen. Alle Angaben erfolgen ohne Gewähr. Bitte, schreiben Sie uns! Über Ihre Rückmeldung zum Buch und über Verbesserungsvorschläge freuen sich die Autorin und der Verlag: **DuMont Reiseverlag,** Postfach 3151, 73751 Ostfildern, info@dumontreise.de, www.dumontreise.de

3., aktualisierte Auflage 2012
© DuMont Reiseverlag, Ostfildern
Alle Rechte vorbehalten
Lektorat/Redaktion: Hans E. Latzke, Silvia Engel
Grafisches Konzept: Groschwitz/Blachnierek, Hamburg
Printed in China